le Guide du **routard**

Directeur de collection
Philippe GLOAGUEN

Cofondateurs
Philippe GLOAGUEN et Michel DUVAL

Rédacteur en chef
Pierre JOSSE

Rédacteur en chef adjoint
Benoît LUCCHINI

Directrice de la coordination
Florence CHARMETANT

Rédaction
Yves COUPRIE, Olivier PAGE,
Véronique de CHARDON, Amanda KERAVEL,
Isabelle AL SUBAIHI, Anne-Caroline DUMAS,
Carole BORDES, Bénédicte BAZAILLE,
André PONCELET, Jérôme de GUBERNATIS,
Marie BURIN DES ROZIERS et Thierry BROUARD

CANADA OUEST ET ONTARIO

2001
2002

D1078631

Hors-d'œuvre

Le *GDR*, ce n'est pas comme le bon vin, il vieillit mal. On ne veut pas pousser à la consommation, mais évitez de partir avec une édition ancienne. D'une année sur l'autre, les modifications atteignent et dépassent souvent les 40 %.

Chaque année, en juin ou juillet, de nombreux lecteurs se plaignent de voir certains de nos titres épuisés. À cette époque, en effet, nous n'effectuons aucune réimpression. Ces ouvrages risqueraient d'être encore en vente au moment de la publication de la nouvelle édition. Donc, si vous voulez nos guides, achetez-les dès leur parution. Voilà.

Nos ouvrages sont les guides touristiques de langue française le plus souvent révisés. Malgré notre souci de présenter des livres très réactualisés, nous ne pouvons être tenus pour responsables des adresses qui disparaissent accidentellement ou qui changent tout à coup de nature (nouveaux propriétaires, rénovations immobilières brutales, faillites, incendies...). Lorsque ce type d'incidents intervient en cours d'année, nous sollicitons bien sûr votre indulgence. En outre, un certain nombre de nos adresses se révèlent plus « fragiles » parce que justement plus sympas ! Elles réservent plus de surprises qu'un patron traditionnel dans une affaire sans saveur qui ronronne sans histoire.

Spécial copinage

– *Restaurant Perraudin* : 157, rue Saint-Jacques, 75005 Paris. ☎ 01-46-33-15-75. Fermé le samedi midi, le dimanche, le lundi midi et la 2e quinzaine d'août. À deux pas du Panthéon et du jardin du Luxembourg, il existe un petit restaurant de cuisine traditionnelle. Lieu de rencontre des éditeurs et des étudiants de la Sorbonne, où les recettes d'autrefois sont remises à l'honneur : gigot au gratin dauphinois, pintade aux lardons, pruneaux à l'armagnac. Sans prétention ni coup de bâton. D'ailleurs, c'est notre cantine, à midi.

– Un grand merci à *Hertz*, notre partenaire, qui facilite le travail de nos enquêteurs, en France et à l'étranger. Centrale de réservations : ☎ 01-39-38-38-38.

IMPORTANT : le 36-15, code ROUTARD, a fait peau neuve ! Pour vous aider à préparer votre voyage : présentation des nouveaux guides ; « Du côté de Celsius » pour savoir où partir, à quelle saison ; une boîte à idées pour toutes vos remarques et suggestions ; une messagerie pour échanger de bons plans entre routards. Nouveau : notre rubrique « Bourse des vols » permet désormais d'obtenir en un coup d'œil tous les tarifs aériens (charters et vols réguliers). On y recense tous les tarifs de 80 voyagistes et 40 compagnies pour 400 destinations. Fini le parcours du combattant pour trouver son billet au meilleur prix ! Et notre rubrique « Docteur Routard » ! Vaccinations, protection contre le paludisme, adresses des centres de vaccination, conseils de santé, pays par pays.
Et toujours les promos de dernière minute, les voyages sur mesure, les dates de parution des *GDR*... et une information détaillée sur Routard Assistance.

Le contenu des annonces publicitaires insérées dans ce guide n'engage en rien la responsabilité de l'éditeur.

TABLE DES MATIÈRES

Pour la carte générale du Canada voir le cahier central en couleur.

L'ONTARIO

LE MANITOBA

LE SASKATCHEWAN

L'ALBERTA

LA COLOMBIE BRITANNIQUE

NOS NOUVEAUTÉS

PARIS BALADES (mars 2001)

Paris est chargée d'histoire. Chaque quartier raconte des histoires, petites ou grandes, sordides ou magnifiques, mais toujours passionnantes. Découvrez-les au cours d'itinéraires pédestres thématiques. Avec, comme toujours, la recherche de l'inédit et de l'insolite, de l'anecdote peu connue, voire du scoop qui donne une couleur, un intérêt surprenant à la visite.

Le principe est simple : on débarque à une station de métro et on repart par une autre. Durée des itinéraires : de une à trois heures. L'un d'entre eux fait 482 m, le plus long 3 km. Pour tous les goûts, au rythme de chacun. Thèmes variés des parcours : la Révolution française, Mai 68, les villas cachées du XIXe arrondissement, la Commune de Paris, le Montparnasse des écrivains américains, les derniers vestiges de la Bastille, le Paris égyptien... Il y en a pour tous les fantasmes (avec, bien sûr, quelques itinéraires coquins !). Voici donc une nouvelle façon de découvrir Paris. À pied, le nez en l'air, à un rythme humain, l'histoire en bandoulière. Un guide d'atmosphères.

MARRAKECH ET SES ENVIRONS (janv. 2001)

Marrakech, évocation magique rappelant toutes les images de l'Orient des caravanes. Avec le Routard, on quitte vite la foule pour se perdre dans sa médina secrète au lacis de ruelles imprévisibles. Là, se cachent des riads et des palais riches d'histoire. Flânez dans ses souks regorgeant de trésors et d'épices. Retrouvez votre âme d'enfant au milieu de la féerie des conteurs, jongleurs et autres charmeurs de la place Jemaa El Fna. Et le soir venu, prenez tout votre temps pour choisir l'un des nombreux restaurants de Guéliz, la ville nouvelle. Évadez-vous dans les montagnes du Haut-Atlas et ses paysages grandioses ou plus sagement dans la tranquille vallée de l'Ourika. Enfin, ne quittez pas cette province de rêve sans un détour par Essaouira. Cité battue par les vents, elle attire de nombreux artistes et des routards du monde entier. Quel que soit l'itinéraire choisi, vous ne rentrerez pas indemne !

LES GUIDES DU ROUTARD
2001-2002

(dates de parution sur le 36-15, code ROUTARD)

France

- Alpes
- Alsace, Vosges
- Aquitaine
- **Ardèche, Drôme (mars 2001)**
- Auvergne, Limousin
- Banlieues de Paris
- Bourgogne, Franche-Comté
- Bretagne Nord
- Bretagne Sud
- Châteaux de la Loire
- Corse
- Côte d'Azur
- Hôtels et restos de France
- Junior à Paris et ses environs
- Languedoc-Roussillon
- Lyon et ses environs
- Midi-Pyrénées
- Nord, Pas-de-Calais
- Normandie
- Paris
- Paris à vélo
- **Paris balades (nov. 2000)**
- **Paris casse-croûte (sept. 2000)**
- Paris exotique
- Pays basque (France, Espagne)
- Pays de la Loire
- Poitou-Charentes
- Provence
- Restos et bistrots de Paris
- Le Routard des amoureux à Paris
- Tables et chambres à la campagne
- Vins à moins de 50 F
- Week-ends autour de Paris

Amériques

- Argentine, Chili et île de Pâques
- Brésil
- Californie et Seattle
- Canada Ouest et Ontario
- Cuba
- **Équateur (fév. 2001)**
- États-Unis, côte Est
- Floride, Louisiane
- Guadeloupe, Saint-Martin, Saint-Barth
- Martinique, Dominique, Sainte-Lucie
- Mexique, Belize, Guatemala
- New York
- Parcs nationaux de l'Ouest américain et Las Vegas
- **Pérou, Bolivie (fév. 2001)**
- Québec et Provinces maritimes
- Rép. dominicaine (Saint-Domingue)

Asie

- Birmanie
- **Chine du Sud (avril 2001)**
- Inde du Nord
- Inde du Sud
- Indonésie
- Israël
- Istanbul
- Jordanie, Syrie, Yémen
- Laos, Cambodge
- Malaisie, Singapour
- Népal, Tibet
- Sri Lanka (Ceylan)
- Thaïlande
- Turquie
- Vietnam

Europe

- Allemagne
- Amsterdam
- **Andorre, Catalogne (fév. 2001)**
- Angleterre, pays de Galles
- Athènes et les îles grecques
- Autriche
- **Baléares (mars 2001)**
- Belgique
- Écosse
- Espagne du Centre
- Espagne du Sud, Andalousie
- Finlande, Islande
- Grèce continentale
- Hongrie, Roumanie, Bulgarie
- Irlande
- Italie du Nord
- Italie du Sud, Rome
- Londres
- Norvège, Suède, Danemark
- Pologne, République tchèque, Slovaquie
- Portugal
- Prague
- Sicile
- Suisse
- Toscane, Ombrie
- Venise

Afrique

- Afrique noire
  Mauritanie
  Mali
  Burkina Faso
  Niger
  Côte-d'Ivoire
  Togo
  Bénin
- Égypte
- Île Maurice, Rodrigues
- Kenya, Tanzanie et Zanzibar
- Madagascar
- **Marrakech et ses environs (janv. 2001)**
- Maroc
- Réunion
- Sénégal, Gambie
- Tunisie

et bien sûr...

- Le Guide de l'expat
- Humanitaire
- Internet
- Des Métiers pour globe-trotters

NOS NOUVEAUTÉS

CHINE DU SUD (avril 2001)

Depuis Tintin et *Le Lotus Bleu,* on rêve de la Chine. Avec l'ouverture économique de l'empire du Milieu et la baisse des tarifs aériens, voyager librement et en routard dans cet immense pays est désormais une réalité à la portée de tous. Un peu de yin, un peu de yang et en route pour le Tao ! La Grande Muraille, la Cité interdite de Pékin, le palais d'Été, l'armée impériale en terre cuite de Xian, les paysages d'estampes de Guilin, Shanghai, la trépidante vitrine en pleine explosion et aussi Hong Kong, le grand port du Sud, Canton et la Rivière des Perles sans oublier Macao, la ville des casinos et du jeu. Avec notre coup de cœur : le Yunnan, la grande province du Sud-Ouest, « Au sud des Nuages », une région montagneuse, sauvage, habitée par de nombreuses minorités ethniques. Toute la Chine ne tiendra pas dans un seul Guide du routard, mais un seul routard peut tenir à la Chine plus qu'à nul autre pays.

PARIS CASSE-CROÛTE (paru)

Parce qu'un mauvais sandwich, c'est un scandale ! Pourtant on n'a pas tous les jours envie de se mettre vraiment à table. Et puis, les McDo et autres fast-foods de la grande distribution n'ont jamais été notre tasse de thé. Parce que les vrais casse-dalle, les bons vieux casse-croûte, ça se mérite. Nous nous devions donc d'aller jeter un œil sur toutes les boulangeries, sur tous les bars à vin et autres sandwicheries de la capitale, des plus connus aux plus anonymes. Voici ce qui se fait de mieux à Paname, pour casser une graine sympa, le nez au vent ou sur une fesse, entre deux courses ou deux musées, tranquille à une terrasse ou à l'ombre d'un square. Alors, à la santé des jambons-beurre, falafels et autres tartines périgourdines, à vos marques, prêt, bon appétit !

LA CHARTE DU ROUTARD

À l'étranger, l'étranger c'est nous ! Avec ce dicton en tête, les bonnes attitudes coulent de source.

– Les us et coutumes du pays

Respecter les coutumes ou croyances qui semblent parfois surprenantes. Certains comportements très simples, comme la discrétion et l'humilité, permettent souvent d'éviter les impairs. Observer les attitudes des autres pour s'y conformer est souvent suffisant. S'informer des traditions religieuses est toujours passionnant. Une tenue vestimentaire sans provocation, un sourire, quelques mots dans la langue locale sont autant de gestes simples qui permettent d'échanger et de créer une relation vraie. Tous ces petits gestes constituent déjà un pas vers l'autre. Et ce pas, c'est à nous visiteurs de le faire. Mots de passe : la tolérance et le droit à la différence.

– Visiteur/visité : un rapport de force déséquilibré

Le passé colonial ou le simple fossé économique peut entraîner parfois inconsciemment des tensions dues à l'argent. La différence de pouvoir d'achat est énorme entre gens du Nord et du Sud. Ne pas exhiber ostensiblement son argent. Éviter les grosses coupures, que beaucoup n'ont jamais eues entre les mains.

– Le tourisme sexuel

Il est inadmissible que des Occidentaux utilisent leurs moyens financiers pour profiter sexuellement de la pauvreté. De nouvelles lois permettent désormais de poursuivre et de juger dans leur pays d'origine ceux qui se rendent coupables d'abus sexuels, notamment sur les mineurs des deux sexes. C'est à la conscience personnelle et au simple respect humain que nous faisons appel. Combattre de tels comportements est une démarche fondamentale. Boycottez les établissements favorisant ce genre de relations.

– Photo ou pas photo ?

Renseignez-vous sur le type de rapport que les habitants entretiennent avec la photo. Certains peuples considèrent que la photo vole l'âme. Alors, contentez-vous des paysages, ou bien créez un dialogue avant de demander l'autorisation. Ne tentez pas de passer outre. Dans les pays où la photo est la bienvenue, n'hésitez pas à prendre l'adresse de votre sujet et à lui envoyer vraiment la photo. Un objet magique : laissez-lui une photo Polaroïd.

– À chacun son costume

Vouloir comprendre un pays pour mieux l'apprécier est une démarche louable. En revanche, il est parfois bon de conserver une certaine distanciation (on n'a pas dit distance), en sachant rester à sa place. Il n'est pas nécessaire de porter un costume berbère pour montrer qu'on aime le pays. L'idée même de « singer » les locaux est mal perçue. De même, les tenues dénudées sont souvent gênantes.

– À chacun son rythme

Les voyageurs sont toujours trop pressés. Or, on ne peut ni tout voir, ni tout faire. Savoir accepter les imprévus, souvent plus riches en souvenirs que les périples trop bien huilés. Les meilleurs rapports humains naissent avec du temps et non de l'argent. Prendre le temps. Le temps de sourire, de parler, de communiquer, tout simplement. Voilà le secret d'un voyage réussi.

– Éviter les attitudes moralisatrices

Le routard « donneur de leçons » agace vite. Évitez de donner votre avis sur tout, à n'importe qui et n'importe quand. Observer, comparer, prendre le temps de s'informer avant de proférer des opinions à l'emporte-pièce. Et en profiter pour écouter, c'est une règle d'or.

– Le pittoresque frelaté

Dénoncer les entreprises touristiques qui traitent les peuples autochtones de manière dégradante ou humiliante et refuser les excursions qui jettent en pâture les populations locales à la curiosité malsaine. De même, ne pas encourager les spectacles touristiques préfabriqués qui dénaturent les cultures traditionnelles et pervertissent les habitants.

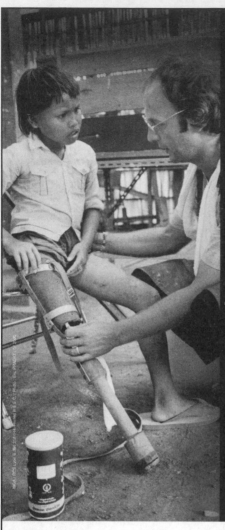

Dans nos ateliers, 600 000 victimes...

...amputées de leurs droits.

Depuis 20 ans, dans nos ateliers, nous fabriquons des béquilles et des prothèses pour aider 600 000 victimes des mines antipersonnel à remarcher.

Mais pour les aider à "Vivre Debout", nous devons aussi réparer l'injustice qui leur est faite.

HANDICAP INTERNATIONAL

Tapez 3615 HANDICA (1,28 F/min)
ou www.handicap-international.org

Nous tenons à remercier tout particulièrement Mathilde de Boisgrollier, François Chauvin, Gavin's Clemente-Ruiz, Grégory Dalex, Michèle Georget, Fabrice Jahan de Lestang, Pierrick Jégu, Géraldine Lemauf-Beauvois, Bernard-Pierre Molin, Jean Omnes, Patrick de Panthou, Jean-Sébastien Petitdemange, Benjamin Pinet, Anne Poinsot et Alexandra Sémon pour leur collaboration régulière.

Et pour cette chouette collection, plein d'amis nous ont aidés :

Cécile Abdesselam
Isabelle Alvaresse
Didier Angelo
Marie-Josée Anselme
Philippe Bellenger
Laurence de Bélizal
Cécile Bigeon
Yann Bochet
Anne Boddaert
Philippe Bordet et Edwige Bellemain
Gérard Bouchu
Nathalie Boyer
Benoît Cacheux et Laure Beaufils
Guillaume de Calan
Danièle Canard
Jean-Paul Chantraine
Bénédicte Charmetant
Franck Chouteau
Sandrine Copitch
Christian dal Corso
Maria-Elena et Serge Corvest
Sandrine Couprie
Franck David
Laurent Debéthune
Agnès Debiage
Monica Diaz
Tovi et Ahmet Diler
Raphaëlle Duroselle
Sophie Duval
Flora Etter
Hervé Eveillard
Pierre Fayet
Didier Farsy
Alain Fisch
Carole Fouque
Dominique Gacoin
Bruno Gallois
Cécile Gauneau
Adélie Genestar
Alain Gernez
David Giason
Adrien Gloaguen et Côme Perpère
Hubert Gloaguen
Olivier Gomez et Sylvain Mazet

Isabelle Grégoire
Jean-Marc Guermont
Xavier Haudiquet
Claude Hervé-Bazin
Bernard Houlat
Christian Inchauste
Carine Isambert
Catherine Jarrige
François Jouffa
Sandrine Kolau
Jacques Lanzmann
Vincent Launstorfer
Raymond et Carine Lehideux
Jean-Claude et Florence Lemoine
Valérie Loth
Jean-Luc Mathion
Pierre Mendiharat
Xavier de Moulins
Alain Nierga et Cécile Fischer
Michel Ogrinz et Emmanuel Goulin
Franck Olivier
Alain et Hélène Pallier
Martine Partrat
J.-V. Patin
Odile Paugam et Didier Jehanno
Bernard Personnaz
Jean-Alexis Pougatch
Michel Puységur
Jean-Luc Rigolet
Guillaume de Rocquemaurel
Philippe Rouin
Benjamin Rousseau
Martine Rousso
Ludovic Sabot
Jean-Luc et Antigone Schilling
Guillaume Soubrié
Régis Tettamanzi
Marie Thoris et Julien Colard
Thu-Hoa-Bui
Christophe Trognon
Isabelle Verfaillie
Stéphanie Villard
Isabelle Vivarès
Solange Vivier

Direction : Isabelle Jeuge-Maynart
Contrôle de gestion : Dominique Thiolat et Martine Leroy
Direction éditoriale : Catherine Marquet
Édition : Catherine Julhe, Anne-Sophie du Cray, Peggy Dion et Fabienne Travers
Préparation-lecture : Elisabeth Bernard
Cartographie : Cyrille Suss et Fabrice Le Goff
Fabrication : Gérard Piassale et Laurence Ledru
Direction artistique : Emmanuel Le Vallois et Stephan Lencot
Direction des ventes : Francis Lang
Direction commerclale : Mlchel Goujon, Cécile Boyer, Dominique Nouvel, Dana Lichiardopol et Sylvie Rocland
Informatique éditoriale : Lionel Barth
Relations presse : Danielle Magne, Martine Levens et Maureen Browne
Régie publicitaire : Florence Brunel et Monique Marceau
Service publicitaire : Frédérique Larvor et Marguerite Musso

Remerciements

Pour ce guide, nous tenons à remercier tout particulièrement la commission canadienne du Tourisme, pour son aide et son efficacité, notamment Bernard Couet, Thierry Journé et Anne Zobenbuhler.

COMMENT ALLER AU CANADA ?

LES LIGNES RÉGULIÈRES

▲ **AIR FRANCE :** 119, av. des Champs-Élysées, 75008 Paris. M. : George-V. Renseignements et réservations : ☎ 0820-820-820 (0,79 F/mn) de 8 h à 21 h. ● www.airfrance.fr ● Minitel : 36-15 ou 36-16, code AF. Et dans les agences de voyages.
– *Montréal :* 2000, rue Mansfield, 15ᵉ étage. ☎ 514-847-1106.
– *Toronto :* 151, Bloor Street West, Suite 810. ☎ (1) 800-667-2747.
Air France dessert le Canada avec 1 vol quotidien vers Montréal et 1 vol quotidien vers Toronto (sans escale) au départ de Roissy-Charles-de-Gaulle, aérogare 2.
Air France propose une gamme de tarifs très attractifs sous la marque *Tempo*, accessibles à tous : *Tempo 1* (le plus souple), *Tempo 2, Tempo 3, Tempo 4* (le moins cher). Plus vous réservez tôt, plus il y a de choix de vols et de tarifs aux meilleures conditions. La compagnie propose également le tarif *Tempo Jeunes* (pour les moins de 25 ans).
Au départ de France vers les destinations long-courriers, il suffit d'effectuer un vol aller-retour. Le billet est valable un an et la date de retour est libre. Il est possible de modifier la réservation avant le départ et d'annuler le voyage jusqu'à la veille du départ (frais à prévoir).
Pour les moins de 25 ans, la carte de fidélité « Fréquence Jeune » est nominative, gratuite et valable sur l'ensemble des lignes nationales et internationales d'Air France. Cette carte permet d'accumuler des *Miles* et de bénéficier ainsi de billets gratuits. La validité des *Miles* peut être à vie, si l'adhérent voyage au moins une fois tous les trois ans sur Air France ou sur les compagnies de l'alliance SkyTeam regroupant Aeromexico, Delta Airlines et Korean Air. La carte Fréquence Jeune apporte également de nombreux avantages ou réductions chez les partenaires d'Air France : FNAC, Disneyland Paris, etc.
Tous les mercredis dès minuit, sur Minitel 36-15, code AF (1,29 F/mn), ou sur Internet (www.airfrance.fr), Air France propose les tarifs « Coup de cœur », une sélection de destinations en France métropolitaine et en Europe à des tarifs très bas pour les 7 jours à venir. L'émission des billets aller-retour et le règlement doivent se faire dans les 72 heures suivant la date de réservation sur Minitel. Les billets peuvent être retirés dans un point de vente Air France ou une agence de voyages.
Pour les enchères sur Internet, Air France propose pour les clients disposant d'une adresse en France métropolitaine, tous les 15 jours, le jeudi de 12 h à 22 h plus de 100 billets mis aux enchères. Il s'agit de billets aller-retour, sur le réseau Métropole, moyen-courrier et long-courrier, au départ de France métropolitaine. Air France propose au gagnant un billet sur un même vol au même tarif.

▲ **AIR CANADA :** 10, rue de la Paix, 75002 Paris. M. : Opéra. ☎ 0825-880-881 (du lundi au vendredi de 9 h à 18 h).
– *Lyon :* 57, bd Vivier-Merle, immeuble Le Gemmelyon Nord, 5ᵉ étage, 69003. ☎ 0825-880-881. Fax : 04-37-91-39-99.
– *Toulouse :* 81, bd Carnot, 31000. ☎ 0825-880-881.

Air Canada dessert quotidiennement Montréal et Toronto au départ de Paris, et offre, grâce à ses transporteurs régionaux, des correspondances au Québec, dans les Provinces maritimes et dans l'Ouest canadien. Sa filiale *Vacances Air Canada* est à votre disposition pour étudier votre séjour. ☎ 01-40-15-15-15.

▲ **AIR TRANSAT :** représenté en France par *Vacances Air Transat*. Air Transat est devenu le plus important transporteur aérien du Canada dans le secteur des vols charters internationaux avec 35 vols par semaine de la France vers le Canada. L'été, Vacances Air Transat propose des vols sur sa propre compagnie aérienne, à destination de Montréal, Québec, Toronto (au départ de Paris) et à destination de Montréal (au départ de Bâle, Bordeaux, Lyon, Marseille, Nantes, Nice, Toulouse).

▲ **BRITISH AIRWAYS :** 13-15, bd de la Madeleine, 75001 Paris. M. : Madeleine. Et 6, place Charles-Béraudier, 69428 Lyon Cedex 03. M. : Part-Dieu. Fax : 01-44-77-23-17. Ouvert du lundi au vendredi de 9 h à 19 h (jusqu'à 18 h le samedi). Informations et réservations : ☎ 0825-825-400 (0,99 F/mn) du lundi au vendredi de 8 h 30 à 20 h, les samedi et dimanche de 9 h à 18 h. • www.britishairways.fr • Minitel : 36-15, code BA et 36-15, code BARESA (2,21 F/mn). Comptoirs de vente à Paris (Orly et Roissy), Lyon, Nice, Marseille, Nantes, Bordeaux, Toulouse et Montpellier.
Au départ de Paris et province *via* Londres-Heathrow, British Airways propose 1 vol quotidien pour Vancouver et 2 vols quotidiens sur Toronto. En complément de ses vols, la compagnie propose aussi dans ces deux villes des séjours à la carte à des tarifs très compétitifs.

▲ **KLM :** BP 495.08, 75366 Paris Cedex 08. ☎ 01-44-56-18-18. Fax : 01-44-56-18-98. • www.klm.fr • Minitel : 36-15, code KLM (2,23 F/mn). Réservation ouverte du lundi au vendredi de 9 h à 18 h.
KLM dessert quotidiennement Vancouver au départ de Paris et de plusieurs villes de France *via* Amsterdam.

LES ORGANISMES DE VOYAGES

– Encore une fois, un billet « charter » ne signifie pas toujours que vous allez voler sur une compagnie charter. Bien souvent, sur des destinations extra-européennes, vous prendrez le vol régulier d'une grande compagnie. En vous adressant à des organismes spécialisés, vous aurez simplement payé moins cher que les ignorants pour le même service.
– Ne pas croire que les vols à tarif réduit sont tous au même prix pour une même destination à une même époque : loin de là. On a déjà vu, dans un même avion partagé par deux organismes, des passagers qui avaient payé 40 % plus cher que les autres... Authentique ! Donc, contactez tous les organismes et jugez vous-même.
– Les organismes cités sont classés par ordre alphabétique, pour éviter les jalousies et les grincements de dents.

▲ **ANYWAY.COM :** ☎ 0803-008-008 (0,99 F/mn). Fax : 01-49-96-96-99. Central téléphonique accessible du lundi au samedi, de 9 h à 19 h. • www.anyway.com • Minitel : 36-15, code ANYWAY.
Ne vous déplacez pas, ANYWAY vient à vous ! Avec ses 12 ans d'expérience, le spécialiste de la vente à distance s'adresse à tous les routards, qu'ils soient marseillais, lillois ou parisiens. Ses conseillers dénichent en un temps record d'excellents tarifs sur 80 compagnies régulières et l'ensemble des vols charters. Pour réserver, ANYWAY offre le choix : Internet, téléphone ou Minitel avec la possibilité sur le 36-15, code ANYWAY et sur le

Tarifs Tempo.
Vous allez aussi nous aimer pour nos prix.

De tous petits prix sur tous les vols réguliers, toutes les destinations.
Profitez des services Air France, sourire compris.
Renseignez-vous dans votre agence de voyages, votre agence Air France,
0 802 802 802 (0,79 F TTC/mn), 3615 AF (1,29 F TTC/mn)
et www.airfrance.fr

AIR FRANCE

Faire du ciel le plus bel endroit de la terre.

web de connaître la disponibilité des vols, de les réserver et de payer avec votre carte de crédit en toute sécurité, même sur les tarifs les plus bas : une exclusivité ANYWAY. Les meilleurs prix sont garantis, la disponibilité sur les vols est donnée en temps réel et les places réservées sont définitives : cliquez, vous décollez! Voyageant « chic » ou « bon marché », tous les routards profiteront des plus ANYWAY; simplicité, service, conseil... la garantie d'un spécialiste.

▲ **BACK ROADS :** 14, pl. Denfert-Rochereau, 75014 Paris. ☎ 01-43-22-65-65. Fax : 01-43-20-04-88. M. ou RER : Denfert-Rochereau. Ouvert du lundi au vendredi de 10 h à 19 h et le samedi de 10 h à 18 h.
Depuis 1975, Jacques Klein et son équipe sillonnent chaque année les routes américaines, ce qui fait d'eux de grands connaisseurs des États-Unis, de New York à l'Alaska, et du Canada. Pour cette raison (mais aussi parce qu'ils proposent des tarifs très compétitifs), ils ne vendent leurs produits qu'en direct. Dans leur Club du Grand Voyageur, ils vous feront partager leurs expériences et vous conseilleront sur les circuits les plus adaptés à vos centres d'intérêt. Spécialistes des auto-tours, qu'ils programment eux-mêmes, ils ont également le grand avantage de disposer de contingents de chambres dans les hôtels de New York et dans les *YMCA*. De plus, Back Roads représente deux centraux de réservation américains lui permettant d'offrir les tarifs les plus bas :
– *Amerotel :* un seul appel téléphonique pour réserver dans plus de 3 000 hôtels sur tout le territoire, des *Hilton* aux *YMCA*.
– *Car Discount :* un courtier en location de voitures, motos (Harley notamment), camping-cars proposant des prix discount sur toute l'Amérique du Nord.

▲ **BOURSE DES VOLS-BOURSE DES VOYAGES**
Le 36-17, code BDV est un serveur Minitel sur le marché des voyages qui présente plus de 2 millions de tarifs aériens et des centaines de voyages organisés pouvant être réservés en ligne. En matière de vols secs, les tarifs et promotions de 40 voyagistes et 80 compagnies aériennes sont analysés et mis à jour en permanence. Quant aux voyages organisés, qu'il s'agisse de séjours, circuits, croisières, week-ends ou locations de vacances, BDV propose une sélection rigoureuse de produits-phares et d'offres dégriffées d'une cinquantaine de tour-opérateurs majeurs. Enfin, BDV permet d'accéder à toutes sortes d'informations pratiques pour préparer son voyage.
Sur le site ● www.bdv.fr ● retrouvez les « bons plans » de la Bourse des Vols, tous les produits de la Bourse des Voyages et les rubriques informations pratiques. Pour les promos vols secs, composez : ☎ 0836-698-969 (2,23 F/mn).

▲ **CANADA CONSEIL**
Devis et brochures sur demande, réception sur rendez-vous, renseignements au : ☎ 01-45-46-51-75. Fax : 01-45-47-55-53. ● usatour@club-internet.fr ●
Un bureau de conseil en tourisme spécialisé sur les voyages en Amérique du Nord. Canada Conseil s'adresse particulièrement aux familles ainsi qu'à toutes les personnes désireuses de visiter et de découvrir le Canada, en maintenant un très bon rapport qualité-prix. L'équipe de Canada Conseil vous adresse un devis gratuit et détaillé pour votre projet de voyage et propose une gamme complète de vols, voitures, motos, motor-homes, hôtels, motels, circuits individuels et accompagnés, excursions, ainsi que toutes prestations en rapport avec votre budget.

▲ **CLUB AVENTURE**
– *Paris :* 18, rue Séguier, 75006. N° Indigo : ☎ 0803-306-032. Fax : 01-44-32-09-59. ● www.clubaventure.fr ● M. : Saint-Michel ou Odéon.

– *Marseille* : Le Nereïs, av. André-Roussin, Saumaty-Séon, 13016. Nº Indigo : ☎ 0803-306-032. Fax : 04-96-15-10-59.

Depuis 19 ans, Club Aventure est le spécialiste du voyage actif et innovant, qui privilégie le trek comme le moyen idéal pour parcourir le monde. Le catalogue offre 200 itinéraires dans 90 pays différents en 4x4, en pirogue ou à dos de chameau. Ces voyages sont conçus pour une dizaine de participants, encadrés par des accompagnateurs professionnels et des grands voyageurs.

L'esprit est résolument axé sur le plaisir de la découverte des plus beaux sites du monde souvent difficilement accessibles. Une intendance et une logistique pointues permettent des bivouacs inoubliables en plein désert, en montagne. Mais refuges andins, *funduks* yéménites, carbets de passage abriteront vos nuits.

Le soin apporté aux repas préparés par des cuisiniers locaux accroît la convivialité.

La formule reste malgré tout confortable dans le sens où le portage est confié à des chameaux, des mulets, des yaks et des lamas. Les circuits en 4x4 ne ressemblent en rien à des rallyes mais laissent aux participants le temps de flâner, contempler et faire des découvertes à pied. Le choix des hôtels en ville privilégie le charme et le confort.

▲ **CLUB MED DÉCOUVERTE**

Pour se renseigner, recevoir la brochure et réserver : ☎ 0810-802-810 (numéro Azur et prix appel local en France). ● www.clubmed.com ● Minitel : 36-15, code CLUB MED (1,29 F/mn). Agences Club Med Voyages, Havas Voyages, Forum Voyages et agences agréées.

Département des circuits et escapades organisées par le Club Méditerranée. Présence dans le monde : Afrique du Sud, Argentine, Australie, Birmanie, Brésil, Cambodge, Canada, Chine, Corse, Costa Rica, Cuba, Égypte, Espagne, États-Unis, Grèce, Inde, Indonésie, Israël, Italie, Laos, Madagascar, Malaisie, Maroc, Mexique, Norvège, Polynésie française, Portugal, Réunion, République Dominicaine, Russie, Sénégal, Sicile, Singapour, Sri Lanka, Thaïlande, Tunisie, Turquie, Vietnam. Redécouvrir le monde avec Club Med Découverte. Le savoir-faire du Club, c'est :

– Le départ garanti sur la plupart des destinations, sauf pour les circuits où un minimum de participants est exigé.

– La convivialité grâce à de petits groupes (limités à 24 personnes, sauf pour l'Égypte, limités à 30 personnes).

– La pension complète pour la plupart des circuits : les plaisirs d'une table variée et équilibrée entre spécialités locales et cuisine internationale.

– Les boissons comprises aux repas (une boisson locale avec thé ou café), et pendant les trajets, bouteilles d'eau dans les véhicules. Vous n'aurez jamais soif... sauf d'en savoir plus.

– Un guide accompagnateur choisi pour sa connaissance et son amour du pays.

– Des hôtels sélectionnés pour leur confort (au regard des normes locales), leur situation en centre-ville, proche des sites exceptionnels.

– Si vous voyagez seul(e), vous aurez la possibilité de partager une chambre double (excepté pour les auto-tours et les « Événements »). Ainsi, le supplément en chambre individuelle ne vous sera pas imposé.

▲ **COMPAGNIE DES ÉTATS-UNIS ET DU CANADA** : 82, bd Raspail (angle de la rue Vaugirard), 75006 Paris. ☎ 01-53-63-15-35. Fax : 01-42-22-20-15. Et 3, av. de l'Opéra, 75001 Paris. ☎ 01-55-35-33-55 (pour les États-Unis) et ☎ 01-55-35-33-50 (pour le Canada). Fax : 01-55-35-33-59. ● etats. unis@compagniesdumonde.com ● M. : Palais-Royal. Ouvert de 9 h à 20 h du lundi au vendredi, et le samedi de 9 h à 19 h.

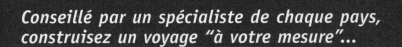

Après 20 ans d'expérience, Jean-Alexis Pougatch, passionné de l'Amérique du Nord, a ouvert à Paris, en février 1997, le centre des voyages et de l'information sur les États-Unis et le Canada.

La compagnie propose 1 500 vols négociés sur les États-Unis et le Canada, avec toutes les compagnies régulières.

Également deux brochures, l'une sur les États-Unis, l'autre sur le Canada offrent toutes les formules de voyages à imaginer : des circuits thématiques (en Harley Davidson, en trains panoramiques, en avions privés, en camping, en trekking, etc.), des circuits en groupes et de nombreux circuits individuels en voiture. De nombreux clients viennent aussi les voir pour des circuits ou séjours à la carte.

La société vient de lancer une nouvelle brochure appelée *Compagnie de l'Amérique latine* (renseignements au : ☎ 01-55-35-33-57) et propose des départs garantis en groupes et des circuits individuels organisés sur le Mexique, le Guatemala, l'Équateur et les Galápagos, le Pérou, la Bolivie, le Brésil et l'Argentine.

Et une brochure *Compagnie Caraïbes* proposant les Bahamas, la Jamaïque, Cuba, la République Dominicaine, la Barbade, les Grenadines, Sainte-Lucie et Porto Rico.

▲ **COMPTOIR DES ÉTATS-UNIS ET DU CANADA :** 344, rue Saint-Jacques, 75005 Paris. ☎ 01-53-10-21-70. Fax : 01-53-10-21-71. ● ame riques@comptoir.fr ● www.comptoir.fr ● Minitel : 36-15, code COMPTOIRS (2,23 F/mn). M. : Port-Royal. Ouvert du lundi au vendredi de 10 h à 18 h 30, le samedi de 11 h à 18 h.

Spécialiste de l'Amérique du Nord, Comptoir des États-Unis et du Canada propose mille et une façons de composer votre voyage : tarifs aériens préférentiels sur lignes régulières, location de voitures, Harley Davidson et motor-homes. Pour ceux qui préfèrent les voyages individuels : voiture + hôtel, des itinéraires accompagnés et d'excellents circuits sur mesure, adaptés à votre budget et à vos goûts.

Comptoir des États-Unis et du Canada s'intègre à l'ensemble des Comptoirs organisés autour de thématiques : Afrique, déserts, Maroc, États-Unis, Canada et Islande.

▲ **CONTACTS :** 27, rue de Lisbonne, 75008 Paris. ☎ 01-45-63-35-53 et 01-56-59-66-70. Fax : 01-56-59-66-35. ● info@contacts.org ● www.contacts. org ● M. : Monceau ou Villiers. Bureaux ouverts au public du lundi au vendredi de 9 h 30 à 12 h 30 et de 14 h à 17 h. S'adresser à Catherine Mathews qui reçoit sur rendez-vous.

L'association Contacts propose toute l'année pour les 18-30 ans un large éventail de stages, jobs, perfectionnements linguistiques (jusqu'à 40 ans) en Europe, aux États-Unis et au Canada : écoles de langues pour adultes ; hébergement en famille ou en résidence étudiante (en Grande-Bretagne, Irlande, Espagne, Allemagne, Canada et aux États-Unis) ; stages en entreprise (aux États-Unis, au Canada, en Grande-Bretagne, en Allemagne et en Espagne) ; « jobs » en hôtellerie (en Grande-Bretagne et en Italie) ; séjours chez le professeur (hébergement dans une famille d'accueil dont l'un des membres est enseignant et donne des cours à son hôte) ; séjours en immersion totale en famille (en Grande-Bretagne, en Allemagne, en Espagne et aux États-Unis).

▲ **DÉGRIFTOUR-RÉDUCTOUR**

Envie d'une semaine de soleil ou de montagne ? Ou juste une escapade le temps d'un week-end ? Dégriftour est la formule idéale pour satisfaire une envie soudaine d'évasion et vous propose, de 15 jours à 1 jour avant votre départ, des séjours, des billets d'avion, des croisières, des thalassos en France et à l'autre bout du monde. ● www.degriftour.fr ● Minitel : 36-15, code DT.

Vous aimez préparer vos vacances à l'avance tout en valorisant votre budget ? C'est désormais possible avec Réductour, le voyagiste qui vend ses produits en direct de 11 mois à 1 jour avant le départ. ● www.reductour.fr ● Minitel : 36-15, code RT.

Juste besoin d'un billet d'avion ? Rien de plus simple avec « Vols à tous prix », puissant moteur de réservation de vols qui permet d'accéder à toute l'offre aérienne en temps réel. ● www.touslesvols.com ●

Trois services complémentaires pour toutes vos envies ! Mais Dégriftour, c'est aussi une vingtaine des plus grands restaurants qui vous ouvrent leurs portes avec le site : ● www.grandes-tables.com ● et les spectacles sur Minitel : 36-15, code SORTEZ.

▲ **EBOOKERS FRANCE-LA COMPAGNIE DES VOYAGES :** 28, rue Pierre-Lescot, 75001 Paris. ☎ 01-45-08-44-88. Fax : 01-45-08-03-69. ● www.ebookers.fr ● M. : Étienne-Marcel ou Les Halles.

Créé il y a près de 20 ans, ce spécialiste du transport aérien long-courrier pratiquant le circuit court de distribution représente la filiale française du premier portail pan-européen de voyages sur Internet : le groupe ebookers.com. 900 destinations, 70 compagnies aériennes et plus de 500 000 tarifs négociés.

▲ **EXPERIMENT :** 89, rue de Turbigo, 75003 Paris. ☎ 01-44-54-58-00. Fax : 01-44-54-58-01. M. : Temple ou République. Ouvert du lundi au vendredi de 9 h à 18 h sans interruption.

Partager en toute amitié la vie quotidienne d'une famille pendant une à quatre semaines, aux dates que vous souhaitez, c'est ce que vous propose l'association Experiment. Cette formule de séjour en famille à la carte existe dans une trentaine de pays à travers le monde (Amériques, Europe, Asie, Afrique ou Océanie).

Aux États-Unis, Experiment offre également la possibilité de suivre des cours intensifs d'anglais sur 10 campus pendant 1 à 9 mois. Les cours d'anglais avec hébergement en famille existent également en Irlande, en Grande-Bretagne, à Malte, au Canada et en Australie. Experiment propose aussi des cours d'espagnol, d'allemand, d'italien et de japonais dans les pays où la langue est parlée. Ces différentes formules s'adressent aux adultes et adolescents.

Sont également proposés : des jobs aux États-Unis, en Grande-Bretagne et en Espagne ; des stages en entreprise aux États-Unis, Angleterre, Irlande, Espagne et Allemagne ; des programmes de bénévolat aux États-Unis, en Équateur et au Togo ; du volontariat en Europe. Service *Départs à l'étranger* : ☎ 01-44-54-58-02.

Pour les 18-26 ans, Experiment organise des séjours « au pair » aux États-Unis (billet aller-retour offert, rémunération de 128 US\$ par semaine, formulaire IAP-66, etc.). Service *Au Pair* : ☎ 01-44-54-58-09. Également en Espagne et en Angleterre.

▲ **FLÂNERIES AMÉRICAINES :** 7, rue Rouget-de-Lisle, 75001 Paris. ☎ 01-44-77-30-30. Fax : 01-44-77-30-37. M. : Concorde.

Aux États-Unis, Canada, Mexique, Caraïbes, toutes les formules de voyages sont dans une brochure très complète. Flâneries Américaines est l'agent général du réseau ferroviaire *Amtrak* et du spécialiste du voyage en autocar de luxe *Tauck Tours*. L'agence est également le représentant de *Trek America*, leader dans l'organisation de circuits de randonnée et d'aventure en Amérique du Nord.

Excellente offre de tarifs aériens sur vols réguliers avec extensions vers Hawaii, l'Alaska, les Bahamas et la Jamaïque.

▲ **FLEUVES DU MONDE :** 17, rue de la Bûcherie, 75005 Paris. ☎ 01-44-32-12-85. Fax : 01-44-32-12-89. M. : Maubert-Mutualité.

Canada
Ouest

circuit aventure
Randonnée sur la route des glaciers 9660 F 1472,66 €

11 jours / 9 nuits en campings et refuges
avion et taxes aériennes 170 F compris

circuit minibus
Glaciers, Rocheuses et la Côte Pacifique 12520 F

21 jours / 19 nuits en campings
avion et taxes aériennes 170 F compris

1908,66 €

circuit minibus
Splendeurs de l'Ouest 13400 F

2042,82 €

16 jours / 14 nuits
en petits hôtels et motels
avion et taxes aériennes 110 F compris

PRIX TTC PAR PERSONNE
DEPART DE PARIS
A CERTAINES DATES
TAXES ET REDEVANCES COMPRISES
PAYABLES EN FRANCE,
SUSCEPTIBLES DE MODIFICATIONS
SANS PREAVIS.
200 AGENCES EN FRANCE
MINITEL 3615 NF
1,29 F la minute et 0,65 F en semaine de 19 h à 0 h,
du samedi 12 h au lundi 8 h
www.nouvelles-frontieres.fr

▶ N° Indigo 0 825 000 825
0,98 F TTC/MN

NOUVELLES FRONTIERES

Voyager ça fait avancer

PAYLOFF & ASSOCIES LIC. LI.075970049 **PRIX AU 15 SEPTEMBRE 2000** TAUX DE CONVERSION DE L'EURO : 6.55957

Fleuves du Monde défend l'élément naturel du voyage. Appréhender l'histoire d'un pays, pénétrer le cœur d'une civilisation, toucher l'intimité d'une culture et savourer le silence de la nature constituent l'objet de ces voyages au fil de l'eau. « Voguer » ou « explorer » sont les deux thèmes de Fleuves du Monde.

Le premier savoure l'exotisme et le confort d'une embarcation traditionnelle, pour aborder les coutumes de lointaines destinations. Le deuxième thème éveille l'esprit et l'œil en touchant des cultures à peine déflorées, rencontrées en felouques, pirogues, sampans ou canots. Des voyages à dimension humaine, en groupe ou en individuel aux quatre coins de la planète et toujours sur les « chemins qui marchent » !

▲ FORUM VOYAGES

Pour se renseigner, pour réserver ou pour recevoir la brochure, numéro Indigo : ☎ 0803-833-803 (0,99 F/mn). ● www.forum-voyages.com ● Liste des agences Forum Voyages de Paris et de province sur Minitel : 36-15, code FV (1,29 F/mn).

Forum Voyages propose une brochure générale avec des séjours et des circuits aux États-Unis, au Canada, au Mexique, au Costa Rica, au Brésil, au Pérou, à Cuba, en Thaïlande, en Birmanie, au Laos, au Vietnam, au Cambodge, en Chine, en Inde, au Sri Lanka, en Australie, au Maroc, en Syrie, en Jordanie, en Égypte, en Afrique du Sud et en Namibie.

Également une brochure *Vols Discount Réguliers* avec plus de 1 500 destinations sur des compagnies aériennes régulières.

Trois grands types de séjours et de circuits :

– *Le voyage à la carte :* ce sont des séjours ou itinéraires que vous construisez avec l'un des conseillers de vente en piochant parmi les nombreux hôtels, locations diverses et autres prestations de la brochure.

– *Le voyage individuel organisé :* ce sont des itinéraires variés, conçus avec attention et pré-établis une voiture, des hôtels, des excursions et une documentation très complète de ce que vous allez découvrir.

– *Les circuits groupes accompagnés :* ce sont des circuits pour individuels regroupés au départ garanti (à dates fixes), de Paris ou de la ville de votre destination, qui offrent l'encadrement de guides-accompagnateurs parlant le français, des hôtels de qualité et des autocars ultramodernes. Ce sont également des circuits de groupes pour les comités d'entreprise ou associations.

▲ FRAM

– *Paris :* 128, rue de Rivoli, 75001. ☎ 01-40-26-20-00. Fax : 01-40-26-26-32. ● www.fram.fr ● Minitel : 36-16, code FRAM. M. : Châtelet.

– *Toulouse :* 1, rue Lapeyrouse, 31008. ☎ 05-62-15-16-17. Fax : 05-62-15-17-17.

L'un des tout premiers tour-opérateurs français pour le voyage organisé, FRAM programme désormais plusieurs formules qui représentent « une autre façon de voyager ». Ce sont :

– Les *autotours* (Andalousie, Maroc, Tunisie, Sicile, Malte, Chypre, Grèce, Crète, Guadeloupe, Réunion) ;

– Les *voyages à la carte* en Amérique du Nord (Canada, États-Unis), en Asie (Thaïlande, Sri Lanka, Inde...) et dans tout le Bassin méditerranéen ;

– Des *avions en liberté* ou vols secs ;

– Des *circuits aventure* (comme la saharienne en 4x4 en Tunisie, des randonnées pédestres au Maroc, le safari au Kenya, la découverte sportive de l'île de Madère et de la Réunion) ;

– Des *voyages au long cours* (Chine, Inde, Sri Lanka, Thaïlande, Vietnam, Indonésie, Birmanie, Laos, Réunion, Maurice, Cuba, Saint-Domingue, États-Unis, Canada et Mexique) ;

– les *Framissima :* c'est la formule de « Clubs Ouverts » (Agadir, Marrakech, Fès, Ouarzazate, Andalousie, Djerba, Monastir, Tozeur, Majorque, Sicile, Crète, Égypte, Grèce, Turquie, Sénégal, Canaries, Guadeloupe, Martinique...). Des sports nautiques au tennis, en passant par le golf, la plongée et la remise en forme, des jeux, des soirées qu'on choisit librement et tout compris, ainsi que des programmes d'excursions pour visiter la région.

▲ **FRANCE-ONTARIO :** allée de Clotomont, 77183 Croissy-Beaubourg. ☎ 01-60-06-44-50. Fax : 01-60-05-03-45. ● france.ontario@wanadoo.fr ● Cette association spécialisée sur le Canada Est et Ouest élabore elle-même ses voyages, dans un juste équilibre entre sites célèbres et régions méconnues mais surprenantes pour leur histoire et/ou leur nature. Quelques exemples de séjours à thème : carnaval d'hiver, été indien, ski, pêche, route des pionniers, séjours linguistiques, échanges scolaires. Pour une découverte hors des sentiers battus et une rencontre avec des francophones.

▲ **FUAJ**
– *Paris* (centre national) : 27, rue Pajol, 75018. ☎ 01-44-89-87-27. Fax : 01-44-89-87-49 ou 10. ● www.fuaj.org ● M. : La Chapelle, Marx-Dormoy ou Gare-du-Nord.
Renseignements dans toutes les auberges de jeunesse et les points d'information et de réservation en France.
La FUAJ (Fédération unie des auberges de jeunesse) accueille ses adhérents dans 200 auberges de jeunesse en France. Seule association française membre de l'IYHF (International Youth Hostel Federation), elle est le maillon d'un réseau de 6 000 auberges de jeunesse dans le monde. La FUAJ organise, pour ses adhérents, des activités sportives, culturelles et éducatives ainsi que des expéditions à travers le monde. Les adhérents de la FUAJ peuvent obtenir les brochures *Go as you please*, *Activités été* et *Activités hiver*, le *Guide français* pour les hébergements. Les *Guides internationaux* regroupent la liste de toutes les auberges de jeunesse dans le monde. Ils sont disponibles à la vente ou en consultation sur place.

▲ **GO VOYAGES :** 6, rue Troyon, 75017 Paris. Réservations : ☎ 0803-803-747. Serveur vocal promo : ☎ 0825-825-747. ● www.govoyages.com ● Minitel : 36-15, code GO. Et dans toutes les agences de voyages.
Spécialiste du vol sec, Go Voyages propose des tarifs sur 1 000 destinations dans le monde entier. Où que vous alliez, n'hésitez pas à les contacter, ils vous feront des offres tarifaires des plus intéressantes.

▲ **JETSET**
Brochure disponible dans les agences de voyages. Renseignements : ☎ 01-53-67-13-00. Fax : 01-53-67-13-29. ● jetset@jetset-voyages.fr ● www.jetset-voyages.fr ●
Jetset édite une brochure annuelle exclusivement consacrée au Canada. Choix important de circuits individuels en voiture, dans l'Ouest canadien, au départ de Vancouver ou Calgary. Ces circuits sont modulables (on peut ajouter des nuits aux étapes) selon le choix des voyageurs. Les Rocheuses canadiennes sont aussi proposées en hiver. Circuits en train (avec Via Rail) et séjours à la carte complètent cette production.
L'Ontario est proposé en circuit, au volant ou accompagné, et au travers de séjours en *resorts* ou en ville.
Vols à prix négociés sur la plupart des compagnies desservant le Canada.

▲ **JUMBO**
Vous pouvez joindre Jumbo au : ☎ 05-61-23-35-12. ● www.jettours.com ● Minitel : 36-15, code JUMBO (1,29 F/mn).
Jumbo s'adresse à tous ceux qui ont envie de se concocter un voyage personnalisé, en couple, entre amis, ou en famille, mais surtout pas en groupe. Tout est proposé à la carte : il suffit de « faire son marché » et d'ajouter aux

vols internationaux les prestations de votre choix : location de voitures, hôtels de 2 à 4 étoiles, des petits établissements de charme, des itinéraires tout faits ou à composer soi-même, des escapades à l'aventure ou des sorties en ville. Tout est préparé avant votre départ, et sur place, vous aurez tout le loisir d'apprécier le pays sans contrainte et en toute liberté. Jumbo organise votre voyage où l'insolite ne rime pas avec danger et où l'imprévu ne se conjugue pas avec galère.

Dans l'Ouest du Canada, Jumbo met l'accent sur la découverte du pays en voiture de location. La formule « en liberté » permet de réserver ses étapes avant le départ selon l'itinéraire et la catégorie d'hôtels de son choix. Les points de chute proposés couvrent tout l'Ouest canadien jusqu'à Prince Rupert au nord de la Colombie britannique que l'on rejoint après une journée de croisière parmi les fjords (un avant-goût de l'Alaska). Des suggestions d'itinéraires mettent particulièrement en avant la grande nature canadienne, et, dans les parcs nationaux, Jumbo incite le voyageur à réserver ses nuitées dans des *lodges* situés à l'intérieur des parcs.

Jumbo, les voyages à la carte de Jet Tours, c'est aussi de nombreuses propositions en Andalousie, à Madère, au Maroc, en Tunisie, en Grèce, au Québec, aux États-Unis, au Mexique, en Martinique, en Guadeloupe, dans l'océan Indien, en Afrique australe, en Thaïlande, en Indonésie et en Australie. Et des nouveautés chaque année...

Le catalogue Jumbo est disponible dans toutes les agences de voyages. Les agences Jet Tours et Forum Voyages sont particulièrement aptes à vous construire un voyage à la carte Jumbo.

▲ LOOK VOYAGES

Les brochures sont disponibles dans toutes les agences de voyages. ● www. look-voyages.fr ● Informations et réservations sur Minitel : 36-15, code LOOK VOYAGES (2,23 F/mn).

Ce tour-opérateur généraliste vous propose une grande variété de produits et de destinations pour tous les budgets : des séjours en clubs *Lookéa*, des séjours classiques en hôtels, des mini-séjours, des safaris, des circuits découverte, des croisières, des auto-tours et sa nouvelle formule *Look Accueil* qui vous permet de sillonner une région ou un pays en toute indépendance en complétant votre billet d'avion par la location d'une voiture et 1 à 3 nuits d'hôtel.

Look Voyages est un grand spécialiste du vol sec aux meilleurs prix avec 1 000 destinations dans le monde sur vols charters et réguliers.

▲ MAISON DES AMÉRIQUES-DELTAVACATIONS

– *Paris :* 34, bd de Sébastopol, 75004. ☎ 01-42-77-50-50. Fax : 01-42-77-50-60. ● www.maisonameriques.com ● infos@maisonameriques.com ● Minitel : 36-15, code MDA. M. : Châtelet-Les Halles. Escalier B, 2e étage. Ouvert de 9 h à 19 h du lundi au jeudi, et de 9 h à 18 h le vendredi et le samedi.

Maison des Amériques est, comme son nom l'indique, spécialiste du continent américain. Son équipe est constituée de gens de terrain, qu'ils soient français, sud ou nord-américains, et donc particulièrement aptes à vous conseiller pour établir votre itinéraire, qu'il s'agisse des grands parcs de l'Ouest des États-Unis, du désert de l'Atacama ou de passer le cap Horn à la voile.

Grand choix de vols secs à petits prix vers les États-Unis, l'Amérique centrale et l'Amérique du Sud, les Caraïbes. Circuits en petits groupes, et surtout, toutes les possibilités de voyages à la carte, réservations de vols intérieurs, d'hôtels, de voitures de location.

▲ NOUVEAU MONDE

– *Paris :* 8, rue Mabillon, 75006. ☎ 01-53-73-78-80. Fax : 01-53-73-78-81. Ligne directe pour les voyages moto : ☎ 01-53-73-78-90. M. : Mabillon.

attention
touristes

Le tourisme est en passe de devenir la première industrie mondiale. Ce sont les pays les plus riches qui déterminent la nature de l'activité touristique dont les dégâts humains, sociaux ou écologiques parfois considérables sont essuyés par les pays d'accueil et surtout par leurs peuples indigènes minoritaires. Ceux-ci se trouvent particulièrement exposés: peuples pastoraux du Kenya ou de Tanzanie expropriés pour faire place à des réserves naturelles, terrain de golf construit sur les sites funéraires des Mohawk du Canada, réfugiées karen présentées comme des "femmes-girafes" dans un zoo humain en Thaïlande... Ces situations, parmi tant d'autres, sont inadmissibles. Le tourisme dans les territoires habités ou utilisés par des peuples indigènes ne devrait pas être possible sans leur consentement libre et informé.

Survival s'attache à promouvoir un "tourisme responsable" et appelle les organisateurs de voyages et les touristes à bannir toute forme d'exploitation, de paternalisme et d'humiliation à l'encontre des peuples indigènes.

Soyez vigilants, les peuples indigènes ne sont pas des objets exotiques faisant partie du paysage !

Survival est une organisation mondiale de soutien aux peuples indigènes. Elle défend leur volonté de décider de leur propre avenir et les aide à garantir leur vie, leurs terres et leurs droits fondamentaux.

Survival
pour les peuples
indigènes

✂ ....

Oui, je veux soutenir l'action de Survival International
A retourner à Survival 45 rue du Faubourg du Temple 75010 Paris.

❏ **Envoyez-moi d'abord une documentation sur vos activités et votre fiche d'information « Tourisme et peuples indigènes »**

❏ **J'adhère à Survival : ci-joint un chèque de 250 F (membre actif)**

❏ **J'effectue un don :** ❏ **150 F** ❏ **250 F** ❏ **500 F** ❏ **1000 F** ❏ **autre ....**

(L'adhésion ou le don vous permettent d'être régulièrement tenus au courant de nos activités, de recevoir les Bulletins d'action urgente et les Nouvelles de Survival.)

Nom ....

Adresse ....

– *Bordeaux :* 57, cours Pasteur, 33000. ☎ 05-56-92-98-98. Fermé le samedi.
– *Marseille :* 8, rue Haxo, 13001. ☎ 04-91-54-31-30. Fermé le samedi.
– *Nantes :* 20 *bis,* rue Fouré, 44000. ☎ 02-40-89-63-64. Fermé le samedi.
Toujours passionnée par l'Amérique latine, en particulier par la Bolivie, l'équipe de Nouveau Monde s'intéresse également à l'Amérique du Nord, essentiellement au Canada, aux Caraïbes, mais aussi au Pacifique et à l'Asie. Proposant vols à tarifs réduits, hôtels et circuits sur toutes ces destinations, il était inévitable que Nouveau Monde devienne une référence pour les globe-trotters qui trouvent dans sa brochure *Voyages autour du Monde* plus de 30 circuits aériens autour de la planète.
Sa vocation de découvreur s'affirme encore lorsqu'il s'agit de concocter des virées d'enfer pour motards aux 4 coins du monde, des États-Unis à la Nouvelle-Zélande, en passant par Madagascar et même la France depuis cette année.

▲ **NOUVELLES FRONTIÈRES :** 87, bd de Grenelle, 75015 Paris. M. : La Motte-Picquet-Grenelle. Renseignements et réservations dans toute la France : ☎ 0825-000-825 (0,99 F/mn). ● www.nouvelles-frontieres.fr ● Minitel : 36-15, code NF (à partir de 0,65 F/mn).
Plus de 30 ans d'existence, 2 500 000 clients par an, 250 destinations, une chaîne d'hôtels-clubs et de résidences *Paladien,* deux compagnies aériennes, *Corsair* et *Aérolyon*, des filiales spécialisées pour les croisières en voilier, la plongée sous-marine, la location de voitures... Pas étonnant que Nouvelles Frontières soit devenu une référence incontournable, notamment en matière de tarifs. Le fait de réduire au maximum les intermédiaires permet d'offrir des prix « super serrés ».
Un choix illimité de formules vous est proposé :
– des vols sur les compagnies aériennes de Nouvelles Frontières : *Corsair* et *Aérolyon*, au départ de Paris et de province, en classe Horizon ou Grand Large, et sur toutes les compagnies aériennes régulières, avec une gamme de tarifs selon confort et budget;
– toutes sortes de circuits, à l'aventure ou organisés;
– des séjours en hôtels, en hôtels-clubs et en résidences, notamment dans les *Paladien,* les hôtels de Nouvelles Frontières avec « vue sur le monde »;
– des week-ends, des formules à la carte (vol, nuits d'hôtel, excursions, location de voitures...);
– des croisières en voilier ou en paquebot, des séjours et des croisières avec plongée sous-marine.
Avant le départ, des permanences d'information sont organisées par des spécialistes qui présentent le pays et répondent aux questions des clients. Les 13 brochures Nouvelles Frontières sont disponibles gratuitement dans les 200 agences du réseau, par Minitel, par téléphone et sur Internet.

▲ **OTU VOYAGES**
Vous pouvez contacter l'une des 36 agences en France pour obtenir l'adresse et le téléphone de la plus proche de chez vous. Un numéro de renseignements et de réservations national : ☎ 01-40-29-12-12. ● www.otu.fr ● www.isic.tm.fr ●
– *Paris :* ☎ 01-40-29-12-12. Fax : 01-40-29-12-25.
– *Aix-en-Provence :* ☎ 04-42-27-76-85. Fax : 04-42-93-09-16.
– *Amiens :* ☎ 03-22-72-18-29. Fax : 03-22-72-14-42.
– *Angers :* ☎ 02-41-88-45-57. Fax : 02-41-88-09-55.
– *Besançon :* ☎ 03-81-83-03-03. Fax : 03-81-83-10-11.
– *Bordeaux :* ☎ 05-56-80-71-87. Fax : 05-56-37-44-60.
– *Caen :* ☎ 02-31-56-60-93. Fax : 02-31-56-60-91.
– *Clermont-Ferrand :* ☎ 04-73-34-44-14. Fax : 04-73-34-44-70.
– *Compiègne :* ☎ 03-44-86-43-41. Fax : 03-44-20-34-56.

– *Dijon :* ☎ 03-80-39-69-33/34. Fax : 03-80-39-69-43.
– *Grenoble :* ☎ 04-76-51-27-25. Fax : 04-76-01-18-57.
– *Le Mans :* ☎02-43-23-55-50. Fax : 02-43-25-55-53.
– *Lille :* ☎ 03-20-67-27-45. Fax : 03-20-91-90-29.
– *Limoges :* ☎ 05-55-49-00-73. Fax : 05-55-43-88-93.
– *Lyon :* ☎ 04-72-71-98-07. Fax : 04-78-72-35-02.
– *Montpellier :* ☎ 04-67-66-74-20. Fax : 04-67-66-30-72.
– *Nancy :* ☎ 03-83-54-49-63. Fax : 03-83-56-62-11.
– *Nantes :* ☎ 02-40-73-99-17. Fax : 02-40-69-69-93.
– *Nice :* ☎ 04-93-96-85-43. Fax : 04-93-37-43-30.
– *Pau :* ☎ 05-59-02-26-98. Fax : 05-59-02-20-26.
– *Poitiers :* ☎ 05-49-37-25-55. Fax : 05-49-39-26-46.
– *Rennes :* ☎ 02-23-20-52-05. Fax : 02-23-20-52-06.
– *Rouen :* ☎ 02-35-70-21-65. Fax : 02-35-10-00-59.
– *Strasbourg :* ☎ 03-88-25-53-99. Fax : 03-88-52-15-70.
– *Toulon :* ☎ 04-94-21-24-00. Fax : 04-94-21-25-99.
– *Toulouse :* ☎ 05-61-12-18-88. Fax : 05-61-12-36-79.
– *Villeurbanne :* ☎ 04-78-93-11-49. Fax : 04-78-94-99-03.

L'OTU Voyages propose le fameux billet d'avion SATA pour les jeunes et les étudiants, l'ensemble des titres de transport en émission immédiate : train, location de voitures, bus, billets d'avions réguliers... mais aussi des hôtels en France et dans le monde, des séjours hiver et été, des week-ends en Europe, des assurances de voyage, etc.

L'OTU Voyages propose l'ensemble de ces prestations à des tarifs étudiants (autrement dit à des prix bas) tout en assurant souplesse d'utilisation et sécurité de prestations.

L'OTU Voyages est également responsable de la distribution et du développement de la carte d'étudiant internationale (carte ISIC).

▲ **RÉPUBLIC TOURS**

– *Paris :* 1 *bis,* av. de la République, 75541 Paris Cedex 11. ☎ 01-53-36-55-55. Fax : 01-48-07-09-79. M. : République.
– *Lyon :* 4, rue du Général-Plessier, 69002. ☎ 04-78-42-33-33. Fax : 04-78-42-24-43.

● infos@republictours.com ● www.republictours.com ● Minitel : 36-15, code REPUBLIC (2,23 F/mn).

Et dans les agences de voyages.

République Tours, c'est une large gamme de produits et de destinations tous publics et la liberté de choisir sa formule de vacances :
– Séjours « détente » en hôtel classique ou club.
– Circuits en autocar, voiture personnelle ou de location.
– Croisières en Égypte, en Irlande, aux Pays-Bas ou aux Antilles.
– Insolite : randonnées en 4x4, vélo, roulotte, randonnées pédestres...
– Week-ends : plus de 50 idées d'escapades pour se dépayser, s'évader au soleil ou découvrir une ville.

République Tours, c'est aussi :
– Le Bassin méditerranéen : Égypte, Espagne, Chypre, Grèce, Crète, Malte, Maroc, Portugal, Sicile, Tunisie.
– Les long-courriers sur les Antilles françaises, le Canada, les États-Unis, l'île Maurice, les Seychelles et la Polynésie.
– L'Afrique et le Moyen-Orient : Sénégal, Liban, Dubaï.
– L'Europe avec l'Autriche, la Grande-Bretagne, les Pays-Bas, les îles Anglo-Normandes (Guernesey, Aurigny, Herm, Jersey, Sercq), l'Irlande du Sud et du Nord, l'Allemagne.

▲ **LA ROUTE DES VOYAGES :** 59, rue Franklin, 69002 Lyon. ☎ 04-78-42-53-58. Fax : 04-72-56-02-86. ● www.route-voyages.com ●
La Route des Voyages organise des voyages à la carte sur tout le continent

LOCATION DE VOITURES

une solution nouvelle, économique et flexible

Auto Escape achète aux loueurs de gros volumes de location obtenant en échange des remises importantes qu'il répercute à ses clients.

Leur service ne coûte rien puisqu'ils sont commissionnés par le loueur. Ils ne sont pas un intermédiaire, mais une centrale de réservation.

Ils vous aident à vous orienter dans le dédale des assurances optionnelles liées à la location de voitures afin d'éviter les mauvaises surprises.

10 ans d'expérience aux USA dans ce métier nouveau en France leur permettent d'appréhender au mieux vos besoins.

Leurs règles de base sont:
- **Service et flexibilité** (numéro d'appel gratuit, aucune pénalité de changement, ni d'annulation même à la dernière minute)
- **Kilométrage illimité**
- **Service à la clientèle**

5% de réduction supplémentaire aux lecteurs du Guide du Routard

Contact en France:
AUTO ESCAPE

APPEL GRATUIT
0800 920 940

tél: +33 (0)4 90 09 28 28
Fax +33 (0)4 90 09 51 87
site web: www.autoescape.com

A savoir:
- Il vaut toujours mieux réserver votre véhicule avant de partir en appelant votre centrale de réservation. Leurs tarifs négociés sont toujours inférieurs à ceux trouvés localement. De plus vous serez sûrs de trouver un véhicule à votre arrivée.
- Pour éviter des désagréments et bénéficier d'un service assistance en cas de problème, privilégiez les grandes compagnies de location.
- Renseignez-vous bien sur les assurances souscrites (Resp.Civile fondamentale en Amérique - ALI ou LIS -)
- Ayez toujours une carte de crédit pour réserver et payer votre véhicule.

américain de l'Alaska à la Terre de Feu. Elle propose un catalogue sur les États-Unis et le Canada, et deux autres sur l'Amérique du Sud. Elle s'est spécialisée plus particulièrement sur le Costa Rica et le Pérou. Vaste choix de vols secs à bas prix. Privilégiant les formules très souples pour 2, 4 personnes ou en petit groupe, sur la base d'un des itinéraires qu'elle suggère ou que les passagers ont imaginé, elle réserve vols internationaux, vols intérieurs, hôtels, voitures ou excursions.

▲ **SCANDITOURS-CELTICTOURS :** 36, rue de Saint-Pétersbourg, 75008 Paris. 4e étage. ☎ 01-42-85-64-30. Fax : 01-42-85-64-34. M. : Place-de-Clichy.
Scanditours est une véritable institution sur la Norvège, la Finlande, la Suède, le Danemark, l'Islande, le Groenland, les îles Féroé, le Spitzberg et le Canada.
Celtictours consacre sa programmation à l'Irlande, la Grande-Bretagne et l'Écosse. Les formules Scanditours-Celtictours proposent des circuits accompagnés et des voyages individuels : transport aérien, location de voitures, auto-tours, séjour à la ferme, en maisons de pêcheur, les *rorbus* (Norvège), chez l'habitant, en auberges, en hôtels, en manoirs ou location de chalets.
Un bon tuyau : Scanditours est l'agent général des car-ferries directs sur la Scandinavie : *Color Line, TT-Line* et *Silja Line,* sans doute les plus somptueux ferries du monde.
Scanditours est également l'agent général de *Scandlines* qui assure les liaisons Allemagne-Danemark ainsi que les traversées entre les îles du Danemark. On peut également réserver des traversées à bord de *Stena Line* et *DFDS Seaways*. Bref, toutes les possibilités de voyages vers les pays nordiques.

▲ **UCPA**
Informations et réservations : ☎ 0803-820-830. • www.ucpa.com • Minitel : 36-15, code UCPA.
Bureaux de vente à *Paris, Bordeaux, Lille, Lyon, Marseille, Nancy, Strasbourg, Toulouse* et *Bruxelles*.
Voilà plus de 30 ans que 5 millions de personnes de 7 à 40 ans font confiance à l'UCPA pour réussir leurs vacances sportives. Et cela, grâce à une association dynamique, toujours à l'écoute des attentes de ses clients, une approche souple et conviviale de plus de 60 activités sportives, des séjours en France et à l'étranger en formule tout compris (moniteurs professionnels, pension complète, matériel, animations, assurance et transport pour les séjours à l'étranger) et à des prix toujours très serrés. Possibilité de choisir parmi les 5 nouvelles formules de vacances : « Ucep » (encadrement permanent ou à mi-temps), « Automne » (en toute liberté), « Variation » (pour varier les activités selon ses envies), « Découverte » (pour donner une dimension plus culturelle à ses vacances), « Séjour » (pour apprécier la détente sans contraintes). Plus de 100 centres en France et 30 à l'étranger (4 aux Antilles, Crète, Cuba, Égypte, Espagne, Maroc, Tunisie, Turquie, Thaïlande, Vietnam...) auxquels s'ajoutent près de 300 programmes en « Sport Aventure » pour voyager à pied, à cheval, à VTT, en catamaran... dans 50 pays d'Europe, d'Asie, du Proche-Orient, d'Afrique, d'Amérique latine et d'Amérique du Nord.

▲ **USIT CONNECT**
Informations et réservations par téléphone : ☎ 0825-082-525. • www.usit connect.fr • usitconnect@usitconnect.ie •
– *Paris 2 :* 12, rue Vivienne, 75002. Fax : 01-44-55-32-61. M. : Bourse.
– *Paris 2 :* 31 *bis,* rue Linné, 75005. Fax : 01-44-08-71-25. M. : Jussieu.
– *Paris 5 :* 85, bd Saint-Michel, 75005. Fax : 01-43-25-29-85. M. : Luxembourg.

NOUVEAUTÉ

BALÉARES (mars 2001)

Oui, le tourisme de masse a envahi cet archipel, mais non, ce n'est pas une raison pour ne pas y aller. Les Baléares ce n'est pas que la béton-nite aiguë et les plages bondées (sous le soleil exactement...). On y trouve encore des petits coins typiques et des paysages carte postale en veux-tu en voilà, qui valent vraiment le voyage. Les calanques de Majorque sont les plus époustouflantes de l'archipel et pour certains, de la Méditerranée. Rien que ça !

Les hippies sur le retour qui veulent fuir la cohue mettront le cap sur Formentera, la plus petite des îles de l'archipel, la mieux préservée et donc la plus sauvage. Les amateurs de bonne chère trouveront leur bonheur sur l'île de Minorque, réputée pour ses spécialités culinaires. N'oublions pas que c'est dans la ville de Mahon, située sur cette île, que fut inventée la mayonnaise !

Mais les Baléares c'est avant tout Ibiza avec ses nuits folles et comme souvent en Espagne, ici on ne dort jamais ! Une foule hétéroclite et avide de techno a remplacé les babas des années 1960. Faire la fête jusque tard dans la matinée est ici une véritable institution, à vous de choisir le thème de votre débauche : *Mousse, Sacré et Profane, Attache-moi...* Faites gaffe quand même !

– *Paris 6 :* 6, rue de Vaugirard, 75006. Fax : 01-42-34-56-91. M. : Odéon.
– *Aix-en-Provence :* 7, cours Sextius, 13100. Fax : 04-42-93-48-49.
– *Bordeaux :* 284, rue Sainte-Catherine, 33000. Fax : 05-56-33-89-91.
– *Lyon :* 33, rue Victor-Hugo, 69002. Fax : 04-72-77-81-99.
– *Montpellier :* 1, rue de l'Université, 34000. Fax : 04-67-60-33-56.
– *Nice :* 15, rue de France, 06000. Fax : 04-93-87-10-91.
– *Toulouse :* 5, rue des Lois, 31000. Fax : 05-61-11-52-43.

Usit Connect est membre du réseau mondial Usit World aujourd'hui présent dans 65 pays avec plus de 250 agences. Usit Connect propose une gamme complète de produits pour tous : des tarifs aériens à prix réduits, la location de voitures en France et à l'étranger, tous types d'hébergement, des formules découverte très bon marché à New York, Los Angeles, Londres, Amsterdam... et des *pass* (avion, bus ou train).

Usit Connect édite des brochures ski, Irlande, Grande-Bretagne, États-Unis, Canada, Australie, Asie dans lesquelles sont proposés des produits exclusifs négociés pour l'ensemble du groupe Usit World. Les jeunes et les étudiants ne sont pas oubliés. Ils pourront profiter du billet d'avion *Skytrekker* offrant une plus vaste souplesse (validité de 6 mois à 1 an, modifiable, remboursable ; c'est le billet idéal pour les études, stages ou jobs à l'étranger!). Les étudiants trouveront chez Usit Connect l'indispensable carte ISIC (carte d'étudiant internationale reconnue par l'Unesco) donnant droit à une multitude de réductions à l'étranger (jusqu'à 50 % de réduction sur les transports en bus et train en Irlande).

Avec ses relais partout dans le monde, les étudiants pourront trouver une assistance locale pour modifier leurs billets ou profiter des avantages proposés (visites locales, transports et hébergements économiques).

▲ **VACANCES AIR CANADA :** 10, rue de la Paix, 75002. ☎ 01-40-15-15-15. Fax : 01-42-61-68-81. ● www.vacancescanada.com ● Et dans toutes les agences de voyages.

Voyagiste spécialiste du Canada et filiale de la compagnie Air Canada, Vacances Air Canada propose des voyages à la carte à travers tout le pays, des plus simples (vols secs) aux plus élaborés, pour tous les types de budgets, pour les individuels comme pour les groupes. Découverte ou aventure, plusieurs formules sont proposées dans leur brochure annuelle (hiver et été). Au programme : vols *Air Canada,* circuits accompagnés, séjours multi-activités, voyages à la carte, circuits aventure, hébergements variés, location de voitures et de motor-homes, week-ends thématiques à prix très attractifs...

▲ **VACANCES AIR TRANSAT**

Filiale du plus grand groupe de tourisme au Canada, Vacances Air Transat possède sa propre compagnie aérienne *(Air Transat),* et vous propose de découvrir le Canada, avec 35 vols par semaine l'été (au départ de Paris, Bâle-Mulhouse, Bordeaux, Lyon, Marseille, Nantes, Nice, Toulouse et Bruxelles). En hiver, départs de Paris uniquement.

Leader sur la destination Canada, Vacances Air Transat organise vos vacances comme vous le souhaitez et vous propose une palette de programmes (vols, voitures, camping-cars, circuits accompagnés, auto-tours, séjours, excursions) sur l'Amérique du Nord (Canada, États-Unis), mais aussi en Amérique du Sud (Pérou, Costa Rica, Brésil, Équateur), et dans les Caraïbes (Cuba, République Dominicaine).

Les catalogues Vacances Air Transat sont disponibles dans toutes les agences de voyages ou au : ☎ 0825-325-825. Informations et promotions sur Minitel : 36-15, code VATF (2,23 F/mn).

▲ **VACANCES FABULEUSES**

– *Paris :* 22 *bis,* rue Georges-Bizet, 75116. ☎ 01-53-67-60-00. Fax : 01-47-23-68-31. M. : Alma-Marceau ou Charles-de-Gaulle-Étoile.

TICKET POUR UN

ALLER-RETOUR-ALLER-

RETOUR-ALLER-RETOUR-

ALLER-RETOUR...

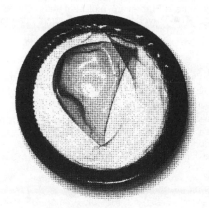

LES PRÉSERVATIFS VOUS SOUHAITENT

UN BON VOYAGE. **AIDES**

Association de lutte contre le sida
Reconnue d'Utilité Publique

3615 AIDES (1.29 F/MIN.) www.aides.org

– *Nice :* 2, rue de Rivoli, 06000. ☎ 04-93-16-18-10. Fax : 04-93-87-87-88. Et dans toutes les agences de voyages.

Vacances Fabuleuses, c'est « l'Amérique à la carte ». Ce spécialiste de l'Amérique du Nord (États-Unis, Canada, Mexique et Caraïbes) vous propose de découvrir le Canada de l'intérieur, avec un choix de formules infini : location de voitures, une grande sélection d'hôtels (plus de 250), des mini-séjours à Montréal, Québec, Toronto et Vancouver ; des circuits individuels de 6 à 15 jours au départ de Montréal ou de Vancouver ; des circuits accompagnés au Canada, ou combinés États-Unis et Canada. Le transport est assuré à des prix charters, sur compagnies régulières, avec Air France, British Airways, KLM et Air Canada. Le tout, proposé par une équipe de vrais spécialistes.

▲ VOYAGES WASTEELS (JEUNES SANS FRONTIÈRE)

66 agences en France, 160 en Europe. Pour obtenir l'adresse et le numéro de téléphone de l'agence la plus proche de chez vous : ☎ 0836-682-206 (Audiotel). Agence de voyages en ligne directe (renseignements, conseils, vente et envois de billets à domicile) et infos-ventes : ☎ 01-43-62-30-00.
● www.voyages-wasteels.fr ● Minitel : 36-15, code WASTEELS (2,23 F/mn). Tarifs réduits spécial jeunes et étudiants.

– *En train :* pour tous les jeunes de moins de 26 ans en France jusqu'à 50 % de réduction, en Europe, avec le BIJ la possibilité de se balader dans tous les pays et même au Maroc à tarif réduit, sans oublier les super tarifs sur Londres en *Eurostar* et sur Bruxelles et Amsterdam en *Thalys*.

– *En avion :* les billets *Tempo Air France* mettent à la portée des jeunes de moins de 26 ans toute la France aux meilleurs tarifs. Sur plus de 450 destinations, Student Air STA Travel propose aux étudiants de moins de 30 ans de voyager dans le monde entier sur les lignes régulières des compagnies aériennes à des prix très compétitifs et à des conditions d'utilisation extra souples.

– *En bus :* des prix canons.

– *Divers :* séjours de ski, séjours en Europe (hébergement, visite, surf...), séjours linguistiques et location de voitures à tout petits prix.

▲ VOYAGEURS AU CANADA

– *Paris :* La Cité des Voyageurs, 55, rue Sainte-Anne, 75002. ☎ 01-42-86-17-30. Fax : 01-42-86-17-89. M. : Opéra ou Pyramides. Bureaux ouverts du lundi au samedi de 9 h 30 à 19 h.

– *Lyon :* 5, quai Jules-Courmont, 69002. ☎ 04-72-56-94-56. Fax : 04-72-56-94-55.

– *Fougères* (ex-agence Rallu) *:* 19, rue Chateaubriand, 35300. ☎ 02-99-94-21-91. Fax : 02-99-94-53-66.

– *Rennes* (ex-agence Rallu) *:* 2, rue Jules-Simon, BP 10206, 35102. ☎ 02-99-79-16-16. Fax : 02-99-79-10-00.

– *Saint-Malo* (ex-agence Rallu) *:* 17, av. Jean-Jaurès, BP 206, 35409. ☎ 02-99-40-27-27. Fax : 02-99-40-83-61.

– *Toulouse :* 26, rue des Marchands, 31000. ☎ 05-34-31-72-72. Fax : 05-34-31-72-73. M. : Esquirol.

● www.vdm.com ● (panorama complet des activités et services proposés par Voyageurs). Minitel : 36-15, code VOYAGEURS ou VDM.

Toutes les destinations de Voyageurs du Monde se retrouvent en un lieu unique, sur trois étages, réparties par zones géographiques.

Tout voyage sérieux nécessite l'intervention d'un spécialiste. D'où l'idée de ces équipes, spécialisées chacune sur une destination, qui vous accueillent à la Cité des Voyageurs Paris, premier espace de France (1 800 m²) entièrement consacré aux voyages et aux voyageurs, ainsi que dans les agences régionales. Leurs spécialistes vous proposent : vols simples, voyages à la carte et circuits culturels « civilisations » et « découvertes » sur les destinations du monde entier à des prix très compétitifs puisque vendus directement sans intermédiaire.

La Cité des Voyageurs, c'est aussi :

– Une librairie de plus de 15 000 ouvrages et cartes pour vous aider à préparer au mieux votre voyage ainsi qu'une sélection des plus judicieux et indispensables accessoires de voyages : moustiquaires, sacs de couchage, couvertures en laine polaire, etc. ☎ 01-42-86-17-38.

– Des expositions-ventes d'artisanat traditionnel en provenance de différents pays. ☎ 01-42-86-16-25.

– Un programme de dîners-conférences : les jeudis sont une invitation au voyage et font honneur à une destination. ☎ 01-42-86-16-00.

– Un restaurant des cuisines du monde. ☎ 01-42-86-17-17.

▲ **WEST FOREVER :** 11, rue du Cercle, 67960 Entzheim. ☎ 03-88-68-89-00. Fax : 03-88-68-68-55. ● www.chez.com/westforever ● westforever @aol.com ●

West Forever est le spécialiste français du voyage en Harley Davidson. Il propose des séjours et des circuits aux États-Unis (Floride, Grand Ouest, etc.), au Canada (Vancouver), au Mexique (Baja California), mais aussi en Australie et en France. Partenaire de la société Harley Davidson en France, West Forever propose une large gamme de tarifs pour un savoir-faire dédié tout entier à la moto. Si vous désirez voyager par vous-même, West Forever pourra vous louer la Harley dont vous avez besoin. Fidèles à leur slogan « Ne laissez pas dormir vos vieux rêves », la lecture seule de leur catalogue vous donnera envie de vous évader en Harley Davidson. Vous pouvez l'obtenir gratuitement, sur simple demande.

EN BELGIQUE

▲ **BELGIUM INTERNATIONAL TRAVEL :** Lozenberg, 20, Saint-Stevens 1932. ☎ 02-716-1987. Fax : 02-716-19-89.

Avec une cinquantaine de points de vente, BIT est le plus important réseau d'agences de voyages en Belgique. Le Canada, et surtout le Québec, font l'objet d'un catalogue spécial avec notamment des auto-tours.

▲ **CANADA CONSULT TRAVEL**

– *Bruxelles* (administration) : rue Saint-Michel, 16, 1000. ☎ 02-219-95-26. Fax : 02-218-30-87.

– *Bruxelles* (agence Les Amis du Canada) : av. Charles-Quint, 81, 1083 ☎ 02-420-78-70. Fax : 02-420-33-48.

Agence créée par un amoureux du Canada et plus particulièrement du Québec, Canada Consult Travel propose un grand choix de prestations sur cette destination, y compris des programmes avec chasse et pêche.

▲ **CARIBOU CLUB-ALE TRAVEL :** rue du Framboisier, 35, Bruxelles 1180. ☎ 02-375-15-39. Fax : 02-375-90-18. ● info@cariboutravel.be ●

▲ **CONTINENTS INSOLITES**

– *Bruxelles* : rue de la Révolution, 1-B, 1000. ☎ 02-218-24-84. Fax : 02-218-24-88. M. : Madou. ● continents@arcadis.be ● www.voyages.insoli tes.be ●

– *En France :* ☎ 03-24-54-63-68 (renvoi automatique et gratuit sur le bureau de Bruxelles).

Association créée en 1978, dont l'objectif est de promouvoir un nouveau tourisme à visage humain, Continents Insolites regroupe plus de 20 000 sympathisants, dont le point commun est l'amour du voyage hors des sentiers battus.

Continents Insolites propose des circuits à dates fixes dans plus de 60 pays, et cela en petits groupes de 7 à 12 personnes, élément primordial pour une approche en profondeur des contrées à découvrir. Avant chaque départ, une réunion avec les participants au voyage est organisée pour permettre à ceux-ci de mieux connaître leur destination et leurs futurs compagnons de voyage. Voyages encadrés par des guides francophones, spécialistes des régions visitées.

Une gamme complète de formules de voyages (demander la brochure gratuite) :

– *Voyages lointains :* de la grande expédition au circuit accessible à tous.

– *Aventure Jeune 2000 :* des circuits pour jeunes de 18 à 31 ans.

– *Circuits taillés sur mesure :* organisation de voyages sur mesure (groupes, voyages de noces, etc.). Fabrication artisanale jour par jour en étroite collaboration entre le guide-spécialiste et le voyageur afin de répondre parfaitement aux désirs de ce dernier.

– *Voyages incentive :* voyages pour les entreprises sur les traces des grands voyageurs.

De plus, Continents Insolites propose un cycle de diaporamas-conférences à Bruxelles, et au Luxembourg. Les conférences de Bruxelles ont lieu le lundi à 20 h 15 à l'espace Senghor, place Jourdan, 1040 (demander les dates exactes).

▲ **EXPRESS TOURS :** De Keyserlei, 45, Anvers 2018. ☎ 03-232-18-90. Fax : 03-232-00-43.

Ce voyagiste, très connu des Anversois, présente le Canada et les États-Unis dans une brochure qui met particulièrement l'accent sur le Canada Ouest avec des circuits, des idées d'hébergement, la location de voitures et de camping-cars, etc.

▲ **GLOBE-TROTTERS :** rue Victor-Hugo, 179, Bruxelles 1030. ☎ 02-732-90-70. Fax : 02-736-44-34. ● globe@pophost.eunet.be ●

Un vaste choix de tarifs aériens pour toutes destinations, principalement au départ de Bruxelles. Spécialisé dans les voyages à la carte, Globe-Trotters propose ses services aux États-Unis, en Thaïlande, au Japon, au Portugal, au Canada et surtout en Australie. Représentent Kilroy Travels pour la Belgique et le Grand-Duché de Luxembourg.

▲ **JOKER**

– *Bruxelles :* bd Lemonnier, 37, 1000. ☎ 02-502-19-37. Fax : 02-502-29-23. ● brussel@joker.be ●

– *Bruxelles :* av. Verdi, 23, 1083. ☎ 02-426-00-03. Fax : 02-426-03-60. ● ganshoren@joker.be ●

Adresses également à *Anvers, Bruges, Courtrai, Grand, Hasselt, Louvain, Malines, Schoten et Wilrijk.*

Joker est « le » spécialiste des voyages d'aventure et des billets d'avion à des prix très concurrentiels. Vols allers-retours au départ de Bruxelles, Paris, Francfort et Amsterdam. Voyages en petits groupes avec accompagnateur compétent. Circuits souples à la recherche de contacts humains authentiques, utilisant l'infrastructure locale et explorant le vrai pays. Voyages organisés avec groupes internationaux (organismes américains, australiens et anglais). Joker établit également un circuit de Café's pour voyageurs dans le monde entier : ViaVia Joker, Naamsesteenweg, 227, à Louvain, Wolstraat, 86, à Anvers, ainsi qu'à Yogyakarta, Dakar, Barcelone, Copán (Honduras).

▲ **NOUVELLES FRONTIÈRES**

Numéro d'appel général pour la Belgique : ☎ 02-547-44-22. ● mailbe@ nouvellesfrontieres.be ● www.nouvellesfrontieres.com ●

– *Bruxelles* (siège) : bd Lemonnier, 2, 1000. ☎ 02-547-44-44. Fax : 02-547-44-99.

– *Bruxelles :* chaussée d'Ixelles, 147, 1050. ☎ 02-540-90-11.

– *Bruxelles* : chaussée de Waterloo, 746, 1180. ☎ 02-626-99-99.
– *Bruxelles* : rue des Tongres, 24, 1040. ☎ 02-738-99-99.
– *Charleroi* : bd Audent, 8, 6000. ☎ 071-30-76-46. Fax : 071-30-76-23.
– *Gand* : Nederkouter, 77, 9000. ☎ 09-269-95-59. Fax : 09-224-36-47.
– *Liège* : bd de la Sauvenière, 32, 4000. ☎ 04-221-56-99. Fax : 04-223-46-92.
– *Louvain* : Franz-Thielemanslaan, 6, 3000. ☎ 016-31-95-20. Fax : 016-23-94-90.
– *Mons* : rue d'Havré, 56, 7000. ☎ 065-84-24-10. Fax : 065-84-15-48.
– *Namur* : rue Émile-Cuvelier, 20, 5000. ☎ 081-25-19-99. Fax : 081-22-10-37.
– *Waterloo* : bd Rolin, 4, 1410. ☎ 02-351-27-35.
– *Wavre* : rue Charles-Sambon, 16, 1300. ☎ 010-24-49-40. Fax : 010-24-49-43.
Également à *Luxembourg* : rue des Bains, 16, L 1212. ☎ (352) 46-41-40.
30 ans d'existence, 250 destinations, une chaîne d'hôtels-clubs et de résidences *Paladien,* des filiales spécialisées pour les croisières en voilier, la plongée sous-marine, la location de voitures... Pas étonnant que Nouvelles Frontières soit devenu une référence incontournable, notamment en matière de prix. Le fait de réduire au maximum les intermédiaires permet d'offrir des prix « super serrés ».
Un choix illimité de formules vous est proposé.

▲ **ODYSSÉE SNOW AND SEA :** av. Brugmann, 250, Bruxelles 1180. ☎ 02-340-08-02. Fax : 02-343-70-24. ● odyssee@unicall.be ● www.odyssee-snowandsea.be ● Ouvert de 9 h à 18 h du lundi au vendredi.
Spécialiste des voyages jeunes, Odyssée vous propose des séjours aux sports d'hiver dans les plus belles stations, au cœur de domaines skiables les plus vastes, mais aussi des trekkings, des week-ends « Sport Aventure » ou des formules spéciales pour les fans de sports nautiques.
Des pistes enneigées des Alpes françaises aux forêts tropicales d'Amérique du Sud, l'équipe passionnée d'Odyssée saura vous séduire en vous proposant le voyage de vos rêves à un prix compétitif.

▲ **PAMPA EXPLOR :** av. Brugmann, 250, Bruxelles 1180. ☎ 02-340-09-09. Fax : 02-346-27-66. ● pampa@arcadis.be ● Ouvert de 9 h à 19 h en semaine et de 9 h à 17 h le samedi. Également sur rendez-vous, dans leurs locaux, ou à votre domicile.
Spécialiste des vrais voyages « à la carte », Pampa Explor propose plus de 70 % de la « planète bleue », selon les goûts, attentes, centres d'intérêt et budgets de chacun. Du Costa Rica à l'Indonésie, de l'Afrique australe à l'Afrique du Nord, de l'Amérique du Sud aux plus belles croisières, Pampa Explor tourne le dos au tourisme de masse pour privilégier des découvertes authentiques et originales, pleines d'air pur et de chaleur humaine. Pour ceux qui apprécient la jungle et les Pataugas, ou pour ceux qui préfèrent les cocktails en bord de piscine et les fastes des voyages de luxe. En individuel ou en petits groupes, mais toujours « sur mesure ».
Possibilité de paiement par carte de crédit. Sur demande, envoi gratuit de documents de voyages.

▲ **USIT CONNECTIONS**
Telesales : ☎ 02-550-01-00. Fax : 02-514-15-15. ● www.connections.be ●
– *Anvers* : Melkmarkt, 23, 2000. ☎ 03-225-31-61. Fax : 03-226-24-66.
– *Bruxelles* : rue du Midi, 19-21, 1000. ☎ 02-550-01-00. Fax : 02-512-94-47.
– *Bruxelles* : av. A.-Buyl, 78, 1050. ☎ 02-647-06-05. Fax : 02-647-05-64.
– *Gand* : Nederkouter, 120, 9000. ☎ 09-223-90-20. Fax : 09-233-29-13.
– *Liège* : rue Sœurs-de-Hasque, 7, 4000. ☎ 04-223-03-75. Fax : 04-223-08-82.
– *Louvain* : Tiensestraat, 89, 3000. ☎ 016-29-01-50. Fax : 016-29-06-50.

– *Louvain-la-Neuve* : rue des Wallons, 11, 1348. ☎ 010-45-15-57. Fax : 010-45-14-53.
Spécialiste du voyage pour les étudiants, les jeunes et les *independent travellers*, Usit Connections est membre du groupe Usit, groupe international formant le réseau des Usit Connections Centres. Le voyageur peut ainsi trouver informations et conseils, aide et assistance (revalidation, routing...) dans plus de 80 centres en Europe et auprès de plus de 500 correspondants dans 65 pays.
Usit Connections propose une gamme complète de produits : des tarifs aériens spécialement négociés pour sa clientèle (licence IATA) et, en exclusivité pour le marché belge, les très avantageux et flexibles billets SATA réservés aux jeunes et étudiants ; les *party flights* ; le bus avec plus de 300 destinations en Europe (un tarif exclusif pour les étudiants) : toutes les possibilités d'arrangements terrestres (hébergement, location de voitures, *self-drive tours*, circuits accompagnés, vacances sportives, expéditions) principalement en Europe et en Amérique du Nord ; de nombreux services aux voyageurs comme l'assurance voyage « Protections » ou les cartes internationales de réduction (la carte internationale d'étudiant ISIC et la carte jeune Euro-26).

EN SUISSE

C'est toujours assez cher de voyager au départ de la Suisse, mais ça s'améliore. Les charters au départ de Genève, Bâle ou Zurich sont de plus en plus fréquents ! Pour obtenir les meilleurs prix, il vous faudra être persévérant et vous munir d'un téléphone. Les billets au départ de Paris ou Lyon ont toujours la cote au hit-parade des meilleurs prix. Les annonces dans les journaux peuvent vous réserver d'agréables surprises, spécialement dans le *24 Heures* et dans *Voyages Magazine*.
Tous les tour-opérateurs sont représentés dans les bonnes agences : Hotelplan, Jumbo, le TCS et les autres peuvent parfois proposer le meilleur prix, ne pas les oublier !

▲ **ATALANTE :** 15, bd d'Yvoy, 1205 Genève. ☎ (022) 320-17-25. Fax : (022) 320-24-76. Accès par le 38, bd Carl-Vogt.

▲ **NOUVELLES FRONTIÈRES**
– *Genève :* 10, rue Chantepoulet, 1201. ☎ (022) 906-80-80. Fax : (022) 906-80-90.
– *Lausanne :* 19, bd de Grancy, 1006. ☎ (021) 616-88-91.
(Voir texte « en France ».)

▲ **SSR VOYAGES**
– *Bienne :* 23, quai du Bas, 2502. ☎ (032) 328-11-11. Fax : (032) 328-11-10.
– *Fribourg :* 35, rue de Lausanne, 1700. ☎ (026) 322-61-62. Fax : (026) 322-64-68.
– *Genève :* 3, rue Vignier, 1205. ☎ (022) 329-97-34. Fax : (022) 329-50-62.
– *Lausanne :* 20, bd de Grancy, 1006. ☎ (021) 617-56-27. Fax : (021) 616-50-77.
– *Lausanne :* à l'université, bâtiment BF-SH2, 1015. ☎ (021) 691-60-53. Fax : (021) 691-60-59.
– *Montreux :* 25, av. des Alpes, 1820. ☎ (021) 961-23-00. Fax : (021) 961-23-06.
– *Nyon :* 17, rue de la Gare, 1260. ☎ (022) 361-88-22. Fax : (022) 361-68-27.
SSR Voyages appartient au groupe STA Travel, regroupant 10 agences de voyages pour jeunes étudiants et réparties dans le monde entier. Gros avan-

tage si vous deviez rencontrer un problème : 150 bureaux STA et plus de 700 agents du même groupe un peu partout dans le monde entier sont là pour vous donner un coup de main *(Travel Help)*.

SSR Voyages propose des voyages très avantageux : vols secs *(Skybreaker)*, billets Euro Train, hôtels 1 à 3 étoiles, écoles de langues, voitures de location, etc. Délivre les cartes internationales d'étudiants et les cartes Jeunes Go 25.

SSR Voyages est membre du fonds de garantie de la branche suisse du voyage ; les montants versés par les clients pour les voyages forfaitaires sont assurés.

AU QUÉBEC

Revendus dans toutes les agences de voyages, les voyagistes québécois proposent une large gamme de vacances. Depuis le vol sec jusqu'au circuit guidé en autocar, en passant par la réservation d'une ou plusieurs nuits d'hôtel, ou la location de voiture. Sans oublier, bien sûr, l'économique formule « achat-rachat », qui permet de faire l'acquisition temporaire d'une auto neuve (Renault et Peugeot en Europe), en ne payant que pour la durée d'utilisation (en général, minimum 17 jours, maximum 6 mois). Ces grossistes revendent également pour la plupart des cartes de train très avantageuses : Eurailpass (acceptée dans 17 pays), Europass (5 pays maximum), Visit Pass Europe Centrale (5 pays), mais aussi Visit Pass France, ou encore Italie, Espagne, Autriche, Suisse, Pays-Bas... À signaler : les réductions accordées pour les réservations effectuées longtemps à l'avance et les promotions nuits gratuites pour les 3e, 4e ou 5e nuits consécutives.

▲ AMERICANADA
Ce voyagiste publie différents catalogues : États-Unis-Canada, Floride, croisières et circuits. Pour les voyageurs individuels, il offre un véritable service sur mesure, avec tous les indispensables : vols secs, sélection d'hôtels et voitures de location.

▲ KILOMÈTRE VOYAGES
Filiale de DMC Transat, le tour-opérateur « réceptif » du groupe Transat, Kilomètre Voyages offre essentiellement le Canada (Ouest, Ontario, Québec, Provinces maritimes) et les États-Unis (côte Est et côte Ouest). Sa brochure principale « Printemps-Été-Automne » présente des circuits accompagnés, de courts forfaits individuels (pour la plupart au Québec), des auto-tours avec hôtels réservés, des hôtels à la carte, des voitures de location et des vols secs nolisés (Toronto, Vancouver et Calgary, avec Air Transat bien sûr). L'hiver, le choix se limite aux forfaits de 3 jours-2 nuits dans les régions touristiques du Québec.

▲ TOUR MONT ROYAL-NOUVELLES FRONTIÈRES
Les deux voyagistes font brochures communes et proposent une offre des plus complètes sur les destinations et les styles de voyages suivants : Europe, destinations « Soleil d'hiver » et « Soleil d'été », Polynésie française, croisières ou circuits accompagnés. Au programme aussi, tout ce qu'il faut pour les voyageurs indépendants : location de voitures, *pass* de train, bonne sélection d'hôtels et de résidences, excursions à la carte...

▲ TOURS CHANTECLERC
Tours Chanteclerc publie différents catalogues de voyages : Europe, Amérique, Floride, Asie + Pacifique Sud, « Soleil d'hiver » (Côte d'Azur, Costa del Sol, Tunisie, Portugal) et golf prestige. Il se présente comme l'une des « références sur l'Europe » avec deux brochures : groupes (circuits guidés en français) et individuels. « Mosaïques Europe » s'adresse aux voyageurs

indépendants (vacanciers ou clientèle d'affaires), qui réservent un billet d'avion, un hébergement (dans toute l'Europe), des excursions, une voiture de location, un itinéraire personnalisé ou une croisière fluviale en « péni-chette » en France. Spécialiste de Paris, le grossiste offre une vaste sélec-tion d'hôtels et d'appartements dans la Ville Lumière, que l'on peut aisément choisir sur vidéo (à demander à votre agent de voyages).

▲ VACANCES AIR PAX

Filiale québécoise du transporteur Canada 3000, ce grossiste propose toute l'année des vols secs nolisés sur l'Europe (Paris, Bruxelles, Londres), le Canada (Toronto, Vancouver, Calgary, Winnipeg, Edmonton, Halifax), la Floride (Fort Lauderdale, Orlando et Saint-Pétersbourg) et la Californie (Los Angeles). Il offre aussi la formule « achat-rachat » (France, Belgique et Angleterre) et la location de voiture simple (France, Canada, États-Unis). Également : forfaits hivernaux tout compris aux Caraïbes et au Mexique ; *condos* en Floride ; studios et appartements à Paris ; circuits individuels ou accompagnés au départ de Paris.

▲ VACANCES AIR TRANSAT

Vacances Air Transat est revendu dans toutes les agences de la province, et notamment dans les réseaux affiliés : Club Voyages, Voyages en Liberté et Vacances Tourbec.

Filiale du plus grand groupe de tourisme au Canada, qui détient la compa-gnie aérienne du même nom, Vacances Air Transat s'affirme comme le pre-mier voyagiste québécois. Ses destinations : États-Unis, Mexique, Caraïbes, Amérique centrale et du Sud, Europe. Vers le vieux continent, le grossiste offre des vols secs avec Air Transat bien sûr (Paris, province française, grandes villes européennes), une bonne sélection d'hôtels à la carte, des bons d'hôtels en liberté ou réservés à l'avance, des appartements. Égale-ment : des cartes de train, la location de voitures (simple ou en « achat-rachat ») et de camping-cars. Original : les vacances vélo + bateau aux Pays-Bas, et les *B & B* en Grande-Bretagne, Irlande du Sud et du Nord, et en France.

▲ VACANCES TOURBEC

Pour connaître l'adresse de l'agence Tourbec la plus proche (il y en a à 26 au Québec), téléphoner au : ☎ 1-800-363-3786.

Vacances Tourbec offre des vols vers l'Europe, l'Asie, l'Afrique ou l'Amé-rique. Sa spécialité : la formule avion + auto. Vacances Tourbec offre égale-ment des forfaits à la carte et des circuits en autocar pour découvrir le Qué-bec.

GÉNÉRALITÉS

Pour la carte générale du Canada, voir le cahier central en couleur

La mythologie du Grand Nord a encore de beaux jours devant elle. Forêts, chiens de traîneaux, lacs, igloos, saumons, baleines et ours. Érables, queues de castors, bûcherons et hydravions... Cette imagerie fantasmagorique (mais vraie), aussi étroite que la terre canadienne est immense, n'a jamais été autant ancrée qu'aujourd'hui dans les esprits européens...

Les routards accourent au Canada depuis quelques années. Viennent-ils y chercher ce qui manque de plus en plus chez nous – la nature ? Ici, l'homme s'incline devant elle. Même s'il a eu à en combattre l'ardeur, il l'a toujours aimée, indien comme blanc. Parce que l'immensité force au respect. C'est ce respect – perdu chez nous – qui nous en impose, aussitôt débarqué au Canada.

Au point qu'on l'aime en toute saison. En hiver (destination de plus en plus courue), quand la nature revêt tout le pays de blanc ; en automne, quand les érables trouent les collines de leur palette incandescente ; au printemps, quand la douceur du ciel anime les chants et danses des festivals de rues ; ou en été, quand les plages se découvrent et que de féeriques baleines montrent le bout de leur queue...

Bien sûr, il n'y a pas que faune et paysages au Canada : il y a les hommes qui y vivent et en prennent beaucoup de soin, construisent des maisons aux couleurs si gaies, des villes où la culture domine... Des habitants chaleureux et nature, qu'ils parlent le français ou l'anglais !

Carte d'identité

- **Superficie :** 9 970 160 km^2 (soit près de 20 fois la France).
- **Population :** 29,6 millions d'habitants.
- **Capitale :** Ottawa (Ontario).
- **Langues officielles :** l'anglais et le français.
- **Monnaie :** le dollar canadien (1 dollar canadien = 5 F).
- **Régime politique :** démocratie parlementaire.
- **Chef du gouvernement :** Jean Chrétien (Premier ministre).

Avant le départ

ADRESSES UTILES

En France

◙ **Commission canadienne du tourisme :** 35, av. Montaigne, 75008 Paris. ☎ 01-44-43-29-00 (de 14 h à 17 h uniquement). Répondeur 24 h/24 : ☎ 01-44-43-25-07. Fax : 01-44-43-25-13. ● www.voyagecanada.ca ● Minitel : 36-15, code CANADA. M. : Franklin-Roosevelt. Ouvert de 10 h à

17 h du lundi au vendredi. Très efficace et bien documenté. Une foule d'adresses utiles.

■ *Ambassade du Canada :* 35, av. Montaigne, 75008 Paris. ☎ 01-44-43-29-00. M. : Franklin-Roosevelt. Ouvert de 9 h à 17 h du lundi au vendredi. ● www.amb-canada.fr ●

■ *Centre culturel canadien :* 5, rue de Constantine, 75007 Paris. ☎ 01-44-43-21-90. M. : Invalides. Ouvert du lundi au vendredi de 10 h à 18 h. Galerie d'art.

■ *Fédération unie des auberges de jeunesse (FUAJ) :* 27, rue Pajol, 75018 Paris. ☎ 01-44-89-87-27.

Fax : 01-44-89-87-10. M. : La Chapelle. Ouvert de 9 h 30 à 18 h sans interruption du lundi au vendredi ; le samedi, de 10 h à 17 h.

■ *France Canada* (association) *:* 5, rue de Constantine, 75007 Paris. M. : Invalides.

■ *France Ontario* (association) *:* allée de Clotomont, 77183 Croissy-Beaubourg. ☎ 01-60-06-44-50. Fax : 01-60-05-03-45. ● france.ontario@ wanadoo.fr ● Cette association organise elle-même ses voyages et séjours à thème. (Voir le chapitre « Comment aller au Canada ? ».)

En Belgique

■ *Ambassade du Canada :* av. de Tervueren, 2, Bruxelles 1040. ☎ 02-741-06-11. Fax : 02-741-06-91. L'attaché de douane canadien pour le Marché commun se trouve au siège de l'ambassade.

■ *Centrale wallonne des auberges de jeunesse :* rue Van-Oost, 52, Bruxelles 1030. ☎ (02) 215-31-00.

Possibilité de s'y procurer une carte de membre de la Fédération... ce qui permet d'avoir accès à toutes les auberges de jeunesse à l'étranger (et donc au Canada) pour un prix modique. L'achat de la carte de membre permet de passer gratuitement une nuit dans l'une des auberges de jeunesse de la région wallonne.

En Suisse

■ *Ambassade du Canada :* 88, Kirchenfelstrasse, 3005 Berne. ☎ (31)

352-73-15. Fax : (31) 357-32-10. Adresse postale : 3000 Berne 6.

FORMALITÉS

Passeport valide. Pas de visa nécessaire pour les personnes de l'UE ou de l'Europe de l'Ouest. Autres nationalités, se renseigner. Pas de vaccination obligatoire. Pour se rendre ensuite aux États-Unis du Canada, pas besoin d'un visa si le séjour est inférieur à 3 mois. Demander tout de même à l'ambassade américaine si c'est toujours vrai avant de partir... Quand on passe la frontière en voiture, en général, aucun problème.

CARTE INTERNATIONALE D'ÉTUDIANT

Elle permet de bénéficier des avantages qu'offre le statut étudiant dans le pays où l'on se trouve. Cette carte ISIC donne droit à des réductions (transports, musées, logements...).

Pour l'obtenir en France

– Se présenter dans l'une des agences des organismes mentionnés ci-dessous.

– Fournir un certificat prouvant l'inscription régulière dans un centre d'études donnant droit au statut d'étudiant ou d'élève, ou votre carte du CROUS.

– Prévoir 60 F (9,2 €) et une photo.
On peut aussi l'obtenir par correspondance (sauf au CTS). Dans ce cas, il faut envoyer une photo, une photocopie de votre justificatif étudiant, une enveloppe timbrée et un chèque de 60 F (9,2 €).

■ *OTU* (central de réservation) *:* 119, rue Saint-Martin, 75004 Paris. ☎ 01-40-29-12-12.
■ *USIT :* 6, rue de Vaugirard, 75006 Paris. ☎ 01-42-34-56-90. RER : Luxembourg. Ouvert de 10 h à 19 h.

■ *CTS :* 20, rue des Carmes, 75005 Paris. ☎ 01-43-25-00-76. M. : Maubert-Mutualité. Ouvert de 10 h à 18 h 45 du lundi au vendredi et de 10 h à 13 h 45 le samedi.

En Belgique

La carte coûte environ 350 Fb (8,7 €) et s'obtient sur présentation de la carte d'identité, de la carte d'étudiant et d'une photo auprès de :

■ *CJB L'Autre Voyage :* chaussée d'Ixelles, 216, Bruxelles 1050. ☎ 02-640-97-85.
■ *Connections :* renseignements, ☎ 02-550-01-00.

■ *Université libre de Bruxelles* (service « Voyages ») *:* av. Paul-Héger, 22, CP 166, Bruxelles 1000. ☎ 02-650-37-72.

En Suisse

La carte internationale s'obtient dans toutes les agences SSR, sur présentation de la carte d'étudiant, d'une photo et de 15 Fs (9,3 €).

■ *SSR :* 3, rue Vignier, 1205 Genève. ☎ (22) 329-97-35.

■ *SSR :* 20, bd de Grancy, 1006 Lausanne. ☎ (21) 617-56-27.

Pour en savoir plus

Les sites Internet vous fourniront un complément d'informations sur les avantages de la carte ISIC. ● www.isic.tm.fr (site français) ● et ● www.istc.org (site international) ●

CARTE FUAJ INTERNATIONALE DES AUBERGES DE JEUNESSE

Cette carte, valable dans 62 pays, permet de bénéficier des 6 000 auberges de jeunesse du réseau Hostelling International réparties dans le monde entier. Les périodes d'ouverture varient selon les pays et les AJ. À noter, la carte AJ est surtout intéressante en Europe, aux États-Unis, Canada, Moyen-Orient et en Extrême-Orient (Japon...).
On conseille de l'acheter en France car elle est moins chère qu'à l'étranger. Voir aussi rubrique « Hébergement ».

Pour l'obtenir en France

– *Sur place :* présenter une pièce d'identité et 70 F (10,7 €) pour la carte moins de 26 ans et 100 F (15,2 €) pour les plus de 26 ans.
– *Par correspondance :* envoyer une photocopie recto-verso d'une pièce d'identité et un chèque correspondant au montant de l'adhésion (ajouter 5 F, ou 0,8 €, de plus pour les frais de transport de la FUAJ).

■ *Fédération unie des auberges de jeunesse (FUAJ) :* 27, rue Pajol, 75018 Paris. ☎ 01-44-89-87-27. Fax : 01-44-89-87-10/49. ● www.fuaj. org ● M. : La Chapelle, Marx-Dor-moy ; ou M. et RER : Gare-du-Nord. Et dans toutes les auberges de jeunesse, points d'information et de réservation FUAJ en France.

La FUAJ propose aussi une carte d'adhésion « Famille », valable pour les familles de deux adultes ayant un ou plusieurs enfants âgés de moins de 14 ans. Coût : 150 F (22,9 €). Fournir une fiche familiale d'état civil ou une copie du livret de famille.

En Belgique

Le prix de la carte varie selon l'âge : entre 3 et 15 ans, 100 Fb (2,5 €) ; entre 16 et 25 ans, 350 Fb (8,7 €) ; après 25 ans, 475 Fb (11,8 €).

Renseignements et inscriptions :

■ *LAJ :* rue de la Sablonnière, 28, Bruxelles 1000. ☎ 02-219-56-76. Fax : 02-219-14-51. ● www.pla net.be/asbl/aubjeun ●

■ *Vlaamse Jeugdherbergcentrale (VJH) :* Van Stralenstraat, 40, Antwerpen 2060. ☎ 03-232-72-18. Fax : 03-231-81-26.

En Suisse

Renseignements et inscriptions :

■ *Schweiser Jugendherbergen (SH) :* service des membres des auberges de jeunesse suisses, 14, Schasfhauserstr., Postfach 161, 8042 Zurich. ☎ (1) 360-14-14. Fax : (1) 360-14-60.

Au Canada

■ *Canadian Hostelling Association :* 205, Catherine Street, Bureau 400, Ottawa, Ontario, Canada K2P-1C3. ☎ (613) 237-78-84.

Argent, banques, change

Les routards français ne seront pas trop dépaysés au Canada : avec le taux de change relativement favorable, les prix sont en général abordables. Prévoyez toutefois un budget plus élevé que pour un voyage dans les provinces de l'Est : les prix des restos et, surtout, des hôtels, sont généralement plus élevés qu'au Québec. Pour une nuit en *B & B* en chambre double, compter entre 40 et 60 $Ca en basse saison et entre 60 et 90 $Ca en haute saison. En septembre 2000, 1 $Ca = 5 F. Le dollar canadien est divisé en *cents.*
– *Horaires des banques :* elles sont toutes ouvertes du lundi au vendredi de 10 h à 17 h, et parfois le samedi. Vous trouverez des distributeurs automatiques de billets partout.
– *Le dollar canadien* est différent du dollar américain. Si vous envisagez d'acheter des chèques de voyage, il est préférable de les prendre en dollars canadiens (acceptés par la majorité des commerçants).
– Les prix affichés ne correspondent pas aux prix réels. Cela varie selon les provinces, mais une taxe de 10 à 15 % majore le prix à acquitter, ainsi que le service qui n'est pas inclus dans les restos. Voir, plus loin, le chapitre « Taxes et *tips* ». Si vous faites un voyage dans les provinces de l'Ouest, réservez vos achats en Alberta, l'une des seules provinces du Canada à ne pas appliquer de taxe provinciale.
– La plupart du temps, pour changer des chèques de voyage, une commission est perçue (2,50 $Ca de frais en général).

Cartes de crédit

– La carte **Eurocard MasterCard** permet à son détenteur et à sa famille (si elle l'accompagne) de bénéficier de l'assistance médicale rapatriement. En cas de problème, contacter immédiatement : ☎ (00-33) 1-45-16-65-65. En cas de perte ou de vol (24 h/24) : ☎ (00-33) 1-45-67-84-84 en France (PCV accepté) pour faire opposition. ● www.mastercardfrance.com ● Sur Minitel : 36-15 ou 36-16, code EM (1,29 F/mn) pour obtenir toutes les adresses de distributeurs par pays et villes dans le monde entier.
– Pour la carte **Visa**, en cas de vol, si vous habitez Paris ou la Région parisienne : ☎ 08-36-69-08-80 (2,23 F/mn) ou le numéro communiqué par votre banque.
– Pour la carte **American Express**, en cas de pépin : ☎ 01-47-77-72-00.

Dépannage d'urgence

– **Western Union Money Transfer :** en cas de besoin urgent d'argent liquide (perte ou vol de billets, chèques de voyage, cartes de crédit), vous pouvez être dépanné en quelques minutes grâce au système *Western Union Money Transfer*. En cas de nécessité, appelez soit : ☎ 0-800-235-00-00, soit en France : ☎ 01-43-54-46-12 (à Paris).

GÉNÉRALITÉS

Achats, souvenirs

– La fameuse couverture 100 % laine de la Compagnie de la Baie d'Hudson, en vente dans les magasins de la chaîne *La Baie* (héritiers de la grande société coloniale). Le motif à bandes vertes, rouges, jaunes et noires, sur fond blanc, n'a jamais changé ; on le retrouve aussi sur de bien chaudes « canadiennes » (nous parlons ici des manteaux).
– Autre chaîne de magasins typiquement canadienne : *Roots*, que l'on retrouve à travers le pays. Articles un peu chers mais d'une solidité à toute épreuve : sacs en cuir, chaussures de randonnée, jeans, chemises à carreaux...
– Pour les amateurs, le fameux whisky *Crown Royal*, spécialité canadienne.
– Pensez aussi au matériel de sport : du casque de vélo jusqu'à l'équipement de golf, les prix sont nettement inférieurs à ceux pratiqués en France.
– *L'artisanat indien :* il est assez cher quand il est beau. On déniche aussi des fanfreluches bon marché. C'est dans l'Ouest que se trouvent les artistes amérindiens les plus réputés, tel *Bill Reid*, dont on peut admirer les impressionnantes sculptures au musée d'Anthropologie de Vancouver. La boutique du musée vend de fort belles reproductions. D'autres artistes moins connus réalisent aussi de beaux objets, cadeaux toujours appréciés : calumets finement sculptés, bijoux en argent originaux, statuettes en bois...
– *L'art inuit :* de nombreuses boutiques et galeries réservent une place importante aux sculptures inuit, réalisées en *soapstone* (stéatite). Pour authentifier le travail de l'artiste, le gouvernement canadien appose une étiquette montrant un igloo.
– D'Alberta, vous rapporterez des bottes et chapeaux de cow-boy, mais aussi des ceintures de cuir « western » et la fameuse « cravate » de l'Ouest. Pour compléter la panoplie, offrez-vous un bon disque « country » ; ici, le choix est immense.
– *Bonnes affaires :* les disques sont moins chers, de même que les vêtements (notamment les jeans) ou l'électronique (fax, ordinateurs, téléphones portatifs, appareils photo...). Pensez tout de même à vous faire rembourser la taxe (voir plus loin). Surveillez les soldes et promotions (largement annoncées dans les journaux), fréquentes dans de très nombreux magasins et souvent hyper intéressantes.

Boissons

– Les vins étrangers sont chers (surtout les français). Alors, pourquoi ne pas essayer un cru local ? L'Ontario et la Colombie britannique produisent désormais des vins de qualité, en vente dans tous les bons supermarchés. Malheureusement, ils ne sont pas toujours inscrits à la carte des restaurants locaux (faute de production suffisante). Si vous avez l'occasion d'en goûter, faites comme les Canadiens : préférez le vin blanc au rouge.
– La bière est beaucoup plus abordable que le vin et les Canadiens en font une consommation gourmande, été comme hiver. C'est sans conteste la boisson nationale. Même si dans l'Ouest, et surtout à Vancouver, se développe la mode des bars « sans alcool » (et sans tabac), on apprécie toujours une bonne *Molson, Labatt* ou *Canadian,* les célèbres marques locales, servies à la bouteille ou à la pression. Très demandées en ce moment : la version *dry*, c'est-à-dire très douce, sans arrière-goût, ou la version *ice,* filtrée à froid.
Les micro-brasseries artisanales, qui produisent des bières localement, connaissent aussi un vif succès à travers le pays. À Vancouver, par exemple, essayez la *Grandville Pale Ale.*
– Dans le moindre resto, on vous sert d'emblée un grand verre d'eau rempli de glaçons, hiver comme été. Autre attention sympa : le petit panier de pains (souvent tout chauds), toujours accompagnés de mini-doses de beurre.
– Quant au café, la plupart des bons restaurants et cafés se sont dotés de machines à *espresso* et *cappuccino.* En Colombie britannique, une chaîne venue de Seattle (État de Washington) est même apparue : *Starbucks,* qui sert d'excellents petits noirs ou crème. Ces mini-boutiques, style fast-food amélioré, sont très fréquentées par les étudiants comme par les employés de bureau. Vous les repérerez facilement dans les rues commerçantes comme dans les grands *malls* couverts (centres commerciaux). Ailleurs, et même dans certains grands hôtels, on continue à servir un café filtre pas toujours génial ! En prime, il est toujours servi à volonté !

Budget

Pour vous aider à préparer votre budget et mieux cerner notre échelle de prix concernant le Canada, voici une grille indicative classée, comme dans le guide, par tranches de prix. Ce ne sont que des estimations moyennes. Comme toutes estimations, elles ne prétendent nullement refléter précisément la réalité. Inutile de nous écrire une flopée d'injures si un restaurant vend des plats 3 F de plus que la fourchette que nous indiquons ! En revanche, si un établissement classé par exemple dans la rubrique « Bon marché » a doublé ses prix (ou l'inverse) et n'est incontestablement plus à classer dans la tranche donnée, nous remercions par avance ceux qui auront la gentillesse de nous le faire savoir...

Hébergement

À noter : les fourchettes de prix des établissements cités sont calculées sur une moyenne annuelle. Il se peut, mais c'est assez rare, que certains d'entre eux (hôtels, motels et *B & B*) échappent, en pleine saison touristique (vacances d'été et de Noël surtout), aux tranches de prix que nous leur avons octroyées, les tarifs ayant été revus à la hausse pendant cette période.
– ***Pas cher :*** moins de 20 $Ca, soit 100 F (15,2 €) la nuit par personne ou par tente pour les campings.

– **Bon marché** (voire « Assez bon marché » quand le plancher est plus élevé) : de 20 $Ca, soit 100 F (15,2 €) par personne (par exemple, dans certaines AJ) à 50 $Ca, soit 250 F (38,1 €) la nuit pour 2 (par exemple, dans certaines *Guesthouses* moins chères que la moyenne).
– **Prix moyens** : de 50 à 85 $Ca, soit de 250 à 425 F (38,1 à 64,8 €)la nuit pour 2 (c'est le cas dans la plupart des *B & B* et des motels).
– **Plus chic** : de 85 à 120 $Ca, soit de 425 à 600 F (64,8 à 91,5 €) la nuit pour 2.
– **Très chic** : plus de 120 $Ca, soit 600 F (91,5 €) la nuit pour 2.

Repas

Attention, ces estimations de prix s'entendent hors taxes (ajouter environ 15 %) et sans le service (de 10 à 15 %). Sachez que dans l'Ouest (contrairement au Québec), on propose rarement de menu tout compris, mais plutôt un choix d'entrées, de plats et de desserts. Ce que nous appelons plat va du simple snack à l'assiette chaude garnie, généralement accompagnée d'une salade. Vous pouvez donc vous retrouver avec une note beaucoup plus élevée si vous prenez un apéritif, du vin ou un digestif...
– **Bon marché** : moins de 10 $Ca, soit 50 F (7,6 €) le plat.
– **Prix moyens** : de 10 à 20 $Ca, soit de 50 à 100 F (7,6 à 15,2 €) le plat.
– **Plus chic** : de 15 à 25 $Ca, soit de 75 à 125 F (11,4 à 19,1 €) le plat.
– **Très chic** : plus de 25 $Ca, soit 125 F (19,1 €) le plat.

Climat

– Évidemment, vu l'étendue du territoire, il est difficile de généraliser. L'office du tourisme fournit des brochures d'informations avec des moyennes de températures par ville et les vêtements à emporter en fonction des saisons.
– En gros, plus on va vers le sud, et donc plus on se rapproche de la frontière avec les États-Unis, plus il fait chaud. Pas fous, la plupart des Canadiens vivent d'ailleurs dans cette zone. Voici quelques indications valables pour la partie sud de tout le pays : en mai et septembre, jours chauds mais nuits fraîches. En juin, chaud. En juillet et en août : très chaud et plutôt sec. En octobre, de frais à très frais. En novembre, assez froid et début de gel. En décembre, janvier et février, très très froid avec de superbes journées ensoleillées. En mars et avril, timide redoux.
– Au sud de l'Ontario, dans la région des chutes du Niagara, le temps est clément pour les vignobles. L'hiver, on en profite pour créer le fameux *ice wine,* un délice à base de suc extrait au compte-gouttes des raisins gelés. Autre monument à ne pas manquer si vous allez au Canada en hiver et jusqu'au début du printemps : le spectacle unique des chutes du Niagara en partie pétrifiées dans la glace.
– À l'ouest du pays, le climat change encore énormément. On y compte même trois zones climatiques différentes. La côte Pacifique jouit d'un microclimat, doux et humide. Il y pleut beaucoup en hiver, mais l'été est très agréable. Il y a rarement de grandes chaleurs à Vancouver. L'intérieur de la Colombie britannique (Kamloops, vallée de l'Okanagan) est, en revanche, quasiment désertique. On peut même y souffrir de la canicule, reste à se rafraîchir en se baignant dans les lacs. Dans la région des Rocheuses, enfin, le climat est alpin, et donc frais et sec. L'Alberta est l'une des provinces canadiennes les plus ensoleillées.
– Sachez enfin qu'en été la climatisation fonctionne à plein, partout. Mieux vaut donc prévoir un pull quand on va dans un centre commercial ou un restaurant ! L'hiver, c'est carrément l'excès inverse, les appartements comme tous les lieux publics sont souvent surchauffés.

GÉNÉRALITÉS

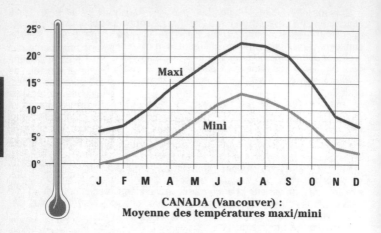

CANADA (Vancouver) :
Moyenne des températures maxi/mini

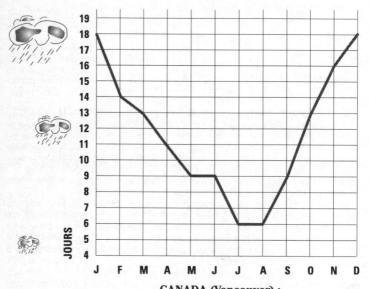

CANADA (Vancouver) :
Nombre de jours de pluie

GRAPHES CLIMATIQUES (VANCOUVER)

Cuisine

Avant tout, évitez de mettre toute l'Amérique du Nord dans une même casserole. D'accord, la partie anglophone est, à première vue, plus américanisée du point de vue culinaire que le Québec, francophone et amateur de bonne chère. Dans les petites villes et villages, comme au bord des routes, ne vous attendez donc pas à faire des agapes gastronomiques. Et régalez-vous plutôt sans remords d'épais club-sandwichs, d'énormes pizzas et autres tartes au chocolat glacé. C'est nourrissant et souvent goûteux, quoi qu'on en dise! Il n'empêche que les Canadiens aiment manger – et se nourrissent généralement mieux que les Américains (vous croiserez d'ailleurs assez peu d'obèses ici). Depuis quelques années, les efforts en matière culinaire sont visibles, et l'alimentation « santé » est plus que jamais d'actualité. De Toronto à Vancouver, et même (mais dans une moindre mesure) à Calgary et à Edmonton, il existe une foule de bons restaurants, où des chefs inventifs s'efforcent de tirer la cuisine vers le haut. Mais attention, c'est évidemment beaucoup plus cher!

– En Alberta, vous ne serez jamais déçu si vous commandez de la viande. Au pays des cow-boys, le bœuf est tendre, savoureux et... abordable. Mais si vous n'aimez pas trop le poivre, méfiez-vous des serveurs qui vont de table en table, armés de gigantesques poivriers.

– En Colombie britannique, le saumon (frais ou fumé) et les fruits de mer sont rois. Nature ou accommodés à toutes les sauces, ils sont toujours frais, et plutôt bon marché. Un régal!

– Dans les grandes villes comme Toronto et Vancouver, les restaurants exotiques se sont multipliés, apportant une note de fantaisie dans des villes auparavant bien « straight ». Toronto se présente aujourd'hui comme la ville la plus cosmopolite du globe, et son brassage culturel a engendré une profusion de restaurants, cafés et marchés chinois, italiens, grecs, juifs, portugais...

– Le décor des restaurants laisse souvent place à l'imagination et au délire. La vue et l'ouïe sont parfois plus sollicitées que le goût... Quel que soit le thème choisi – cow-boy, cirque ou hockey sur glace –, les Canadiens ne reculent devant rien pour transformer un resto en lieu de fête permanente. N'hésitez pas à pousser la porte, l'ambiance est toujours joyeuse et bon enfant.

Quelques infos en vrac

– Attention, les taxes et le service sont rarement inclus dans les prix affichés. Ajouter 15 % pour avoir une meilleure idée du coût réel, plus de 10 à 15 % du prix hors taxes pour le service! En tout, pour bien calculer le prix, ajouter un petit 30 %.

– Lorsqu'on est pressé, il n'est pas nécessaire de se charger de nourriture : il existe un peu partout en ville des boutiques d'alimentation ouvertes tard le soir et tôt le matin et même les dimanches et jours fériés. Parmi les plus connues dans l'Ouest : 7/11 (dites *Seven Eleven*). Ces magasins sont toutefois plus chers que les supermarchés. En bordure des agglomérations, de nombreuses grandes surfaces ont également des horaires d'ouverture très pratiques (8 h à 23 h) et offrent un choix immense (c'est presque trop!) de produits. Les cartes de crédit y sont acceptées.

– Un peu partout dans le pays, la mode est aux aliments « bio », c'est-à-dire aux fruits et légumes qui ont poussé sans engrais chimiques. Si vous êtes amateur, vous en trouverez facilement sur tous les marchés et même dans certains restaurants (plus chers).

Décalage horaire

Il y a 6 fuseaux horaires sur le territoire canadien. Quand il est 18 h en France, il est 12 h au Québec et en Ontario (donc – 6 h) ; 13 h au Nouveau-Brunswick et en Nouvelle-Écosse ; 11 h au Manitoba ; 10 h en Alberta, dans le Saskatchewan et dans les Territoires du Nord-Ouest ; 9 h au Yukon et en Colombie britannique. Petite subtilité : il est 13 h 30 au Labrador et à Terre-Neuve !

Droits de l'homme

Inuits, Cris, Micmacs : les « Premières Nations » du Canada passent de plus en plus d'accords avec le gouvernement fédéral et les provinces où elles sont implantées, afin de trouver des solutions à leurs revendications territoriales. En 1982, le « rapatriement » de la Constitution intègre désormais les « droits ancestraux » des Premières Nations, et reconnaît que les traités signés avec les Européens leur accordaient certains droits jusqu'à aujourd'hui ignorés. En vertu de ces textes, les Amérindiens multiplient les procédures de justice, surtout depuis la fin de la guerre froide. Dernier en date de ces règlements, le 25 juillet 2000, les Squamish se sont vu dédommagé à hauteur de 92,5 millions de dollars leur expropriation qui s'est pourtant déroulée au siècle dernier. Certains de ces accords vont cependant plus loin qu'un simple dédommagement financier. Le traité passé entre le gouvernement canadien, la Colombie Britannique et la tribu Nisga'a attribue ainsi un territoire à cette nation, géré de façon autonome.
Mais le plus spectaculaire de ces règlements restera certainement la création d'un nouveau territoire qui s'étend sur près de 2 millions de km^2(1/5 du Canada). Le Nunavut est en effet administré de façon autonome par le gouvernement Inuit depuis le 1er avril 1999.
Il ne faudrait cependant pas penser que tous ces règlements sont pacifiques. Dans un article paru dans *Le Devoir* (03-11-1999). Intitulé « Droits amérindiens : la hache de guerre juridique », Brian Myles rappelle qu'« à l'instar de la population, le pouvoir politique n'a pas suivi l'évolution du droit autochtone au Canada, ce qui explique quelques manifestations d'intolérance et d'ignorance crasse ». D'autres conflits portent encore aujourd'hui sur des projets d'hydroélectricité (peuple Innus), d'exploitation forestière (nation Cri), ou de pêche (Micmacs).
70 % des indiens sont allocataires (attention, les canadiens francophones utilisent le terme d'« assistés sociaux »), et Matthew Coon Come, élu le 12 juillet 2000 à la tête de l'Assemblée des Premières Nations, souhaite aujourd'hui sortir de cette logique. Cet ancien leader des Cris, connu notamment pour avoir fait reculer le projet de barrage hydroélectrique Grande Baleine au Québec, tient en effet un discours très critique sur la politique fédérale à l'égard des nations indiennes. « J'aimerais qu'on ne demande pas aux contribuables de payer pour nos programmes et nos services, mais qu'on puisse avoir nos propres revenus, générés par le partage de la richesse du territoire ».
La discrimination à l'égard des Amérindiens est par ailleurs encore visible au sein de la société canadienne. En 1997, les autochtones constituaient près de 3 % de la population du Canada, mais 12 % des détenus dans les prisons. En 1996, la Ligue des droits et libertés du Québec (LDL, affiliée à la FIDH) a rendu un imposant rapport sur toutes les formes de discriminations existantes en matière de droit des autochtones.
Très active sur le plan des droits économiques et sociaux, la LDL a également rendu un dossier à la commission de l'ONU traitant de ces problèmes, dans lequel elle dénonce notamment les coupures dans les programmes sociaux et la discrimination dans les domaines de l'emploi ou de l'éducation.

Illustration toute récente de ces atteintes aux droits économiques et sociaux, le projet du gouvernement Harris de la province Ontario. Lors de sa campagne électorale, ce dernier avait en effet fait la promesse de supprimer les allocations sociales à toute personne présentant un test « anti-dopage » positif. Autrement dit, à toute personne qui s'adonnerait à une drogue. Le Commissaire aux droits de l'Homme de l'Ontario a averti en juillet 2000 qu'une telle décision violerait la Charte des droits et libertés de la province. Keith Norton considère en effet, tout comme la justice ontarienne d'ailleurs, que toute personne droguée doit être considérée comme handicapée.

Le Canada souffre également de maux malheureusement communs à de nombreux pays démocratiques, notamment en ce qui concerne les conditions carcérales. Enfin, le Canada a encore en mémoire le comportement impardonnable de ses troupes lors de l'opération *Restore Hope* de 1992-1993 en Somalie. Un rapport d'une commission d'enquête intitulé « Un héritage déshonoré : les leçons de l'affaire somalienne » (publié en juillet 1997), accable partriculièrement l'État-Major canadien. Celui-ci est notamment fortement soupçonné d'avoir caché une partie de la réalité sur place.

N'oublions pas qu'en France aussi les organisations de défense des Droits de l'homme continuent de se battre contre les discriminations, le racisme et en faveur des plus démunis.

Pour en savoir plus, n'hésitez pas à contacter :

■ *Fédération internationale des Droits de l'homme :* 17, passage de la Main-d'Or, 75011 Paris. ☎ 01-43-55-25-18. Fax : 01-43-55-18-80. ● fidh@fidh.org ● www.fidh.org ● M. : Ledru-Rollin.

■ *Amnesty International* (section française) *:* 76, bd de la Villette, 75019 Paris. ☎ 01-53-38-65-65. Fax : 01-53-38-55-00. ● admin-fr@amnesty.asso.fr ● www.amnesty.asso.fr ● (site français) ● Minitel : 36-15, code AMNESTY. M. : Colonel-Fabien.

Électricité

La tension électrique étant de 110 volts alternatifs et les prises de type américain, munissez-vous d'un adaptateur-transformateur international si besoin est.

Fêtes et jours fériés

– Congé du Nouvel An (1er janvier).
– Vendredi saint.
– Lundi de Pâques.
– Fête de la Reine (le lundi précédant le 25 mai).
– Fête nationale du Québec (24 juin).
– Fête nationale de la Confédération (1er juillet).
– Fête civique en Ontario (1er lundi d'août).
– Fête du Travail (1er lundi de septembre) : date charnière puisque, au-delà de la fête, de nombreux musées et attractions du pays adoptent des horaires restreints ou sont carrément fermés. Si vous voyagez après cette date, il est bon de vérifier les horaires auprès des offices du tourisme.
– Thanksgiving (2e lundi d'octobre).
– Jour du Souvenir (11 novembre).
– Congés de Noël (25 et 26 décembre).

Handicapés

Pays très bien équipé en général. La France pourrait prendre exemple... Attention toutefois, certains *B & B*, dans les maisons anciennes notamment, ne sont pas vraiment adaptés, contrairement aux motels.

Hébergement

Ici, tout se négocie, surtout le prix des chambres. Il est très fréquent que les hôteliers accordent des réductions, en particulier si vous arrivez en fin de journée et si vous payez en liquide. La phrase à savoir : « Do you give a discount if I pay cash ? »

Réservez : c'est vrai, c'est pénible de devoir réserver son hôtel longtemps à l'avance. Mais c'est encore plus pénible d'arriver dans un parc et de devoir dormir à 100 km et plus. Si les Rocheuses et l'île de Vancouver sont encore peu connues des Français, cela fait belle lurette qu'Allemands, Américains et Japonais y viennent en masse. Or les hôtels sont peu nombreux. Soyez donc prudent si vous voulez séjourner à Banff et dans les Rocheuses en général, ainsi qu'au parc national Pacific Rim et même à Vancouver. Entre les amateurs de croisières et les congrès, tous les hôtels corrects de cette ville peuvent être complets. Même en septembre lorsque les vacances sont finies !

Auberges de jeunesse

Les AJ canadiennes sont dans l'ensemble formidables (chaleureuses, mixtes, sans corvées...). De plus, elles ne sont pas plus chères que les terrains de camping ! D'ailleurs, on peut souvent y camper. Malheureusement, des mesures d'austérité ont provoqué la fermeture d'un certain nombre d'entre elles... On ne sait jamais : vérifiez tout de même si celles que nous indiquons existent encore ! La carte de membre (genre FUAJ) est désormais obligatoire pour les Européens qui doivent se la procurer au coût de 25 $Ca + taxes, à moins qu'ils n'achètent un timbre pour chaque nuit au coût de 4 $Ca + taxes : après six nuits, on leur remettra alors une carte.

Possibilité de réserver dans les auberges de jeunesse affiliées au réseau « Hostelling International : en Ontario en appelant le : 1-800-461-8585 (du Canada) ou (514)252-3117 (de Montréal ou de l'extérieur du Canada). Le tout payable par carte de crédit et frais de 2 $Ca par personne quel que soit le nombre de nuitées.

Voir aussi la rubrique « Avant le départ ».

Il n'y a pas de limite d'âge pour séjourner en AJ au Canada. Il faut simplement être adhérent.

– La FUAJ (association à but non lucratif, eh oui ça existe encore) propose trois guides répertoriant les adresses des AJ : France, Europe et le reste du monde, payants pour les deux derniers.

– La FUAJ offre à ses adhérents la possibilité de réserver depuis la France, grâce à son système IBN (International Booking Network) 6 nuits maximum et jusqu'à 6 mois à l'avance, dans certaines auberges de jeunesse situées en France et à l'étranger (la FUAJ couvre près de 50 pays). Gros avantage, les AJ étant souvent complètes, votre lit (en dortoir, pas de réservation en chambre individuelle) est réservé à la date souhaitée. Vous réglez en France, plus des frais de réservation (environ 17 F, soit 2,6 €). L'intérêt, c'est que tout cela se passe avant le départ, en français, et en francs ou en euros ! Vous recevrez en échange un reçu de réservation que vous présenterez à l'AJ une fois sur place. Ce service permet aussi d'annuler et d'être remboursé. Le délai d'annulation varie d'une AJ à l'autre (compter 33 F, soit 5 €, pour les frais).

– *Paris :* FUAJ (centre national), 27, rue Pajol, 75018. ☎ 01-44-89-87-27. Fax : 01-44-89-87-49/10. ● www.fuaj .org ● M. : Marx-Dormoy, ou La Chapelle ; ou M. et RER : Gare-du-Nord.

– *Paris :* AJ D'Artagnan, 80, rue Vitruve, 75020. ☎ 01-40-32-34-56. Fax : 01-40-32-34-55. ● paris.le-dartagnan@fuaj.org ● M. : Porte-de-Bagnolet.

Hôtels et motels

Les *hôtels* ressemblent à ceux qu'on trouve aux États-Unis : confortables, fonctionnels mais ne dégageant aucune chaleur.

Dans les gares routières de toutes les grandes villes se trouvent des panneaux avec téléphone directement relié à des hôtels dont la présentation est faite sous forme d'affichettes. Certains gérants d'hôtels ou de motels offrent le prix de la course en taxi de la gare routière à l'hôtel.

Quant aux *motels,* ils sont parfois bien utiles. Pas dans les grandes villes, bien sûr, car ils se situent toujours en périphérie. Mais dans la cambrousse, chaque patelin a son motel. Si on le déconseille au routard solo, parce que c'est cher, il faut bien reconnaître qu'à partir de trois l'hébergement en motel est très intéressant (à quatre, cela revient parfois moins cher qu'en AJ). À noter aussi que les prix sont plus bas à partir de septembre.

Résidences étudiantes

Attention, l'hébergement dans les universités l'été n'est pas forcément une bonne solution. Les facs sont souvent éloignées du centre (nous l'indiquons quand c'est le cas) et les piaules ne sont pas vraiment bon marché. L'intérêt, c'est qu'elles possèdent souvent une cuisine collective et que l'on y trouve des chambres confortables, souvent avec salle de bains.

Gîtes, *B & B*, chambres d'hôte

Pour les plus fortunés (les routards de l'establishment) nous conseillons les *B & B* plutôt que l'hôtel. Dans tout le pays il existe une kyrielle d'associations sympas qui s'occupent de loger les voyageurs dans de chouettes familles où l'accueil et la convivialité le disputent à l'abondance du petit déjeuner (compris dans le prix). À prix égal par rapport à l'hôtel, n'hésitez pas. Cependant, vous comprendrez qu'il faut aussi respecter la vie de vos hôtes et que vous n'aurez pas les mêmes rapports avec eux qu'avec le personnel d'un hôtel. Ce sera d'ailleurs mille fois plus sympa. Pour réserver, passez vos coups de fil de l'office du tourisme. Deux bibles indispensables pour les inconditionnels des *B & B : British Columbia and Alberta Bed and Breakfast Guide* (édition Gordon Soules Book) et *The Canadian Bed and Breakfast Guide* (éditions Penguin Books).

Échange de maisons ou d'appartements

■ *Intervac :* 230, bd Voltaire, 75011 Paris. ☎ 01-43-70-21-22. Fax : 01-43-70-73-35. ● www.intervac.org ● M. : Boulets-Montreuil. Cet organisme international propose une formule originale de logement : l'échange de maisons ou d'appartements. Pour un prix raisonnable, il intégrera votre annonce avec une photo de votre maison dans trois ou quatre catalogues (au choix). Ensuite, à vous de choisir par l'intermédiaire de ces mêmes catalogues le logement de vos rêves. Une solution pratique, sympathique et généralement assez économique.

Campings

L'un des pays les mieux organisés pour le camping, même si l'on ne voit pas bien pour quelle raison un grand nombre d'entre eux sont fermés à partir de la fête du Travail (début septembre). Grands espaces préservés et isolés, tables en bois, propreté du site... la liste n'est pas complète. Assez souvent, chaque emplacement dispose d'un foyer pour faire des feux de bois, celui-ci étant vendu à l'accueil des campings. Les parcs nationaux possèdent plusieurs campings régis selon les mêmes règles. Les prix sont modestes et varient un peu selon l'emplacement, la présence de douches, de l'électricité... On paie par emplacement (entre 50 et 80 F, soit 7,6 et 12,2 €). Les places sont en nombre limité, ce qui évite la foule. Mais il est conseillé de réserver en été... Dans certains campings très retirés, on paie grâce à un système d'enveloppe à déposer dans une boîte. Un *ranger* vient plus tard faire les comptes. Très pratique. Attention, en mai-juin, il fait encore très froid pour camper. Pour ceux qui veulent être en pleine nature sans forcément dormir sous la tente, plusieurs campings louent des « mini-chalets », avec ou sans sanitaires, mais générale-ment équipés de vaisselle, plaques chauffantes et barbecue extérieur. Enfin, dernier détail : se munir de « Muskoil », le produit miracle pour lutter contre mouches et moustiques. La liste des campings, avec localisation sur des cartes, est disponible (par province) dans les offices du tourisme.

Ranchs

Hébergement typique de l'Ouest, les ranchs d'Alberta et de Colombie britan-nique accueillent de plus en plus souvent des visiteurs. On y partage la vie des cow-boys, comme dans un vrai western. Tous les ranchs sont installés sur d'immenses terres, soit dans la région aride du plateau intérieur de la Colombie britannique, soit dans les grandes plaines de l'Alberta, soit en bor-dure des régions montagneuses, notamment des Rocheuses. Les ranchs n'étant jamais très loin d'un lac ou d'une rivière, on y fait donc non seulement de l'équitation, de la randonnée et de l'escalade, mais aussi, suivant les endroits, du canoë, de la baignade, du rafting, de la pêche... Certains ranchs sont même ouverts en hiver.

Au choix, on peut dormir en dortoir, dans des chalets individuels en rondins, dans le bâtiment principal ou encore en camping (la formule la moins chère). Possibilité de *B & B* ou pension complète, et de forfaits spéciaux incluant les balades à cheval (plus les leçons si vous en avez besoin) et autres activités sportives. Les enfants ne sont pas toujours acceptés.

Il y a deux grandes catégories de ranchs :

– Les **working ranchs** sont toujours en activité. On y élève du bétail et des chevaux, et les cow-boys sont vraiment authentiques. Pour augmenter leurs sources de revenus, ces ranchs accueillent quelques visiteurs (8 à 30 per-sonnes au grand maximum), qui participent parfois aux menus travaux (ras-sembler les troupeaux avec les cow-boys, nourrir et soigner les bêtes...). Authentiques, les *working ranchs* ne sont pas forcément moins chers pour autant. Confort rustique très sympa.

– Les **guest ranchs** sont spécialisés dans l'accueil des visiteurs, même si certains pratiquent encore parfois un peu d'élevage. Les cow-boys sont sur-tout là pour vous emmener vous balader à cheval. Plus grands (jusqu'à 100 personnes) et plus confortables, les *guest ranchs* sont parfois hyper luxueux, avec piscine et courts de tennis – ils s'appellent alors des *ranch resorts*. Les repas sont copieux, souvent sous forme de barbecue en plein air. Il existe une douzaine de *guest ranchs* en Colombie britannique et une petite vingtaine en Alberta – inspectés chaque année par les offices du tourisme provinciaux. Attention : les familles canadiennes réservent souvent long-temps à l'avance pour y séjourner. La liste des ranchs dûment sélectionnés est publiée par les offices du tourisme d'Alberta et de Colombie britannique, les réservations peuvent se faire directement.

Pour obtenir des renseignements s'adresser à :

– *Paris* : **Division tourisme de l'ambassade du Canada.** ☎ 01-44-43-29-00 (de 14 h à 17 h). Ou in-directement auprès des offices du tourisme des provinces de l'Ouest.
– *Alberta* : **Alberta Hotel Associa-tion,** Suite 401, 5241, Calgary Trail South, Edmonton, AB T6H-5G8.

☎ (403) 436-6112. Numéro gratuit pour toute information touristique : ☎ 1-800-661-8888 (de l'Amérique du Nord seulement). Fax : (403) 436-5404. Publie un guide (gratuit), *Ac-commodation*, recensant tous les hé-bergements, y compris les ranchs.
– *Colombie britannique* : **British Co-**

lumbia Guest Ranch Association, PO Box 4501, Station B, Williams Lake, BC Canada V2G-4P2. *Discover British Columbia :* numéro gratuit pour toutes les réservations (appel de n'importe où en Amérique du Nord) : ☎ 1-800-663-6000.

Lodges, chalets et *resorts*

Cette autre formule d'hébergement « nature » se retrouve dans tout le Canada. Si certains sont réservés aux chasseurs et aux pêcheurs, les *lodges* sont surtout des havres de paix, souvent installés près des parcs nationaux ou provinciaux, au bord de rivières et de lacs cristallins. Les *lodges* sont composés de chalets ou *cabins* en rondins (parfois en très petit nombre) et toutes sortes d'activités sportives y sont proposées. Air pur et calme garantis. Le bonheur ! Pour dénicher leurs adresses, demandez les guides *Accommodation* (hébergement) et parfois plus précisément *Lodges*, fournis gratuitement par tous les offices du tourisme des provinces canadiennes (Alberta, Colombie britannique, Ontario, Manitoba...).
Renseignements auprès de la Division tourisme de l'ambassade du Canada, ou auprès des offices du tourisme provinciaux.

Institutions

Les citoyens canadiens élisent un parlement fédéral et, dans chaque province, un parlement provincial qui s'occupe de tout ce qui n'implique pas de grands choix nationaux. Jusqu'en 1993, aux élections fédérales, deux grands partis politiques dominaient : le parti libéral (modéré et réformiste) et le parti progressiste conservateur (vous noterez le paradoxe). Le scrutin fédéral de 1993 a bouleversé le jeu du bipartisme de façon spectaculaire : le parti conservateur a été laminé et l'on a assisté à l'émergence de deux partis « régionalistes » : le Reform Party (originaire de l'Ouest, populiste et ultraconservateur) et le Bloc Québécois (parti « souverainiste » qui prône l'indépendance du Québec). Les élections fédérales de 1997 ont confirmé ces résultats : le Premier ministre libéral Jean Chrétien a été réélu pour un second mandat et les deux partis « régionalistes » sont toujours présents en force. À cette différence près : c'est désormais le Reform Party qui est le parti d'opposition officielle à Ottawa, et non plus le Bloc Québécois.

Langue

L'anglais et le français sont les deux langues officielles du Canada. Sur le papier, tout au moins. Car le grand rêve de l'ex-Premier ministre Pierre Eliott Trudeau, farouche partisan du bilinguisme et soucieux de maintenir le Québec francophone dans la fédération, ne s'est réellement matérialisé que dans les administrations relevant du gouvernement fédéral. À savoir, pour ce qui vous concerne : les douanes, les aéroports, les parcs nationaux, les postes... Et encore, les traductions sont souvent farfelues. Petit florilège relevé à l'aéroport international de Toronto : « Surveillez vos appartenances » *(Watch your belongings)* ou « Transportations terrestres » *(Ground transportation)*. Pas évident ! Au quotidien, il ne faut donc pas vous attendre à pouvoir vous faire comprendre partout en français. Sauf peut-être à Ottawa (Ontario) : la capitale du pays a accompli des efforts exemplaires, et la majeure partie de ses habitants est bilingue. Il existe même une forte minorité francophone en Ontario évaluée à près d'un million de personnes. Par ailleurs, une communauté francophone – descendant des pionniers canadiens français du XIXᵉ siècle – a survécu au Manitoba, dans le quartier de

GÉNÉRALITÉS

Saint-Boniface, à Winnipeg (environ 12 000 personnes). Ailleurs, il vous faudra vous débrouiller en anglais, sans oublier que l'accent d'ici ressemble évidemment plus à celui des Américains voisins qu'à celui des Britanniques. Dans l'Ouest, vous rencontrerez cependant souvent des étudiants québécois. Ils profitent de leurs vacances estivales pour travailler dans les somptueux parcs nationaux, ainsi que dans l'hôtellerie et la restauration. Ils seront ravis de « placoter » en français avec vous.

Sachez enfin que la deuxième langue, dans l'Ouest, est parfois... le japonais. Les touristes nippons ont en effet investi les Rocheuses et surtout les illustres hôtels de la chaîne *Canadien Pacifique*. Au *Banff Springs Hotel* comme au *Château Lac Louise*, tout est traduit en idéogrammes et les boutiques de luxe sont généralement tenues par des Japonais, pas toujours très accueillants pour les autres visiteurs.

Livres de route

– **Voyages au Canada** (1565 et 1612), de Jacques Cartier ; récit de voyage (La Découverte Poche : La Découverte n° 35). Cartier s'est rendu plusieurs fois au Canada sur ordre du roi ; les voyages relatés ici furent effectués entre 1502 et 1543, et concernent essentiellement Terre-Neuve, l'embouchure du Saint-Laurent et l'actuel Québec. Cartier n'est pas un écrivain, c'est un aventurier ; son témoignage est brut, sans fioritures.

– **Les Derniers Rois de Thulé** (1955), de Jean Malaurie ; ethnographie (Plon Poche : Presses-Pocket n° 3001). A mi-chemin entre le récit de voyage et l'essai ethnographique, cet ouvrage témoigne des civilisations en mouvement. Au cours de plusieurs missions et hivernages, Jean Malaurie a partagé la vie des derniers Esquimaux, au moment crucial où leur société archaïque était soumise au choc de la modernité.

– **Aventures dans le commerce des peaux en Alaska** (1986), de John Hawkes ; roman (Le Seuil Poche : Points-Roman n° R308, traduit par M. Doury). Le roman de John Hawkes est une version satirique des grands récits historiques et initiatiques sur l'aventure du Grand Nord. La narratrice, une prostituée, raconte l'épopée de son père, Oncle Jack, émigré de souche française parti en quête d'un Alaska fantasmatique.

– **Red Fox** (1986), d'Antony Hyde ; polar (Le Seuil Poche : Points-Roman n° R277, traduit par F. et G. Casaril). C'est à Halifax, petite ville portuaire à l'est du Canada, qu'arrive Robert Thorne, un journaliste spécialiste de la Russie, à la recherche d'un riche importateur de fourrures qui a subitement disparu. Son enquête va l'entraîner bien plus loin qu'il ne le pensait, et l'amènera à remonter dans le passé, jusqu'aux débuts de la révolution russe.

– **L'Appel de la forêt** (1903), de Jack London ; roman (Presses de la Cité : 10/18 n° 827). C'est l'histoire d'un chien, dans l'Alaska de la fin du XIXe siècle, vendu à des chercheurs d'or du Klondike. Il éprouvera après la mort de ceux-ci l'appel de la forêt, et partira rejoindre les loups, ses frères sauvages dans les montagnes.

– La passionnante trilogie, de Peter C. Newman (éditions de l'Homme), raconte l'histoire de la Compagnie de la Baie d'Hudson, plus importante entreprise coloniale britannique du pays, avec, dans le dernier volume, plusieurs portraits des différents protagonistes et explorateurs. **La Baie d'Hudson, La Compagnie des Aventuriers** (1985) ; **Les Conquérants des grands espaces** (1988) ; **Les Princes marchands** (1992).

– **L'Indien généreux** (1992), de Louise Côté, Louis Tardivel et Denis Vaugeois (co-édition Boréal/Septentrion). Un beau livre illustré qui dévoile tout ce que la civilisation nord-américaine doit aux Amérindiens.

– **Les Explorateurs de l'Amérique du Nord** (1990), de Raymonde Litalien (Septentrion). Raconte les aventures des explorateurs français, anglais,

espagnols et même russes sur le continent, de 1492 à 1795. En vedette : George Vancouver, Robert Cavelier de La Salle, Pierre Le Moyne d'Iberville.
– *La Voie des masques,* de Claude Lévi-Strauss (éditions Ramdom House). Traite des Indiens de la côte Ouest du Canada.
– *Bonheur d'occasion* (1945), de Gabrielle Roy. Cet ouvrage, le plus connu de la célèbre romancière franco-manitobaine, se déroule dans un quartier ouvrier de Montréal. *La Petite Poule d'eau* (1950) raconte la vie modeste des pionniers dans l'Ouest canadien.
– *La Femme comestible,* de Margaret Atwood. Grand succès de cette romancière et poétesse canadienne-anglaise des plus fameuses. Ses thèmes sont très actuels : l'identité canadienne, le féminisme, l'écologie. Écriture acérée, style alerte. *La Femme comestible,* dont l'action se déroule à Toronto, raconte l'histoire d'une femme qui se fait dévorer (psychologiquement) par son entourage...
– *Les Trilogies de Deptford et de Cornish,* de Robertson Davies, le patriarche de la littérature canadienne-anglaise. Homme de théâtre, critique et journaliste, cet Ontarien, décédé fin 1995, a écrit deux grandes trilogies, best-sellers ésotériques où le surnaturel le dispute à l'astrologie.

Deux bonnes adresses à Paris

■ *Librairie canadienne :* Abbey Bookshop, 29, rue de la Parchemi-nerie, 75005. ☎ 01-46-33-16-24. Fax : 01-46-33-03-33. M. : Saint-Michel. Cartes routières, cartes de rando également disponibles.
■ *Librairie du Québec :* 30, rue Gay-Lussac, 75005. ☎ 01-43-54-49-02. RER : Luxembourg. Ouvert de 9 h 30 à 19 h et jusqu'à 21 h le jeudi. Fermé le dimanche. Plus de 10 000 ouvrages représentant l'édition québécoise, qui inclut des traductions d'ouvrages canadiens anglais ; toutes commandes possibles. Accueil très sympa.

Musique, danse

Les Canadiens anglais ont toujours été réputés pour être plus « straight » (stricts) que les Québécois. En général, dans la partie anglophone du pays, les bars comme les boîtes de nuit ne sont ouverts qu'aux plus de 19 ans. Et surtout, l'extinction des feux sonne beaucoup plus tôt : 1 h (au lieu de 3 h au Québec) pour les bars et 2 h pour les boîtes de nuit. Pas étonnant que les jeunes d'Ottawa, en Ontario, traversent chaque week-end la rivière Outaouais pour se rendre à Hull, au Québec.
Dans l'Ouest, pour siroter une bière dans une ambiance vraiment sympa, allez dans un *country bar*. Ils sont très nombreux en Alberta, situés en ville (Edmonton, Calgary) ou juste à la périphérie. N'oubliez pas votre stetson ni vos santiags, car tous les soirs on y danse au son de groupes *western* déchaînés. C'est l'occasion rêvée de vous mettre au *two step* (pas de deux) et au *line dancing* (les danseurs sont l'un à côté de l'autre, sur la même ligne et au même pas), qui revient vraiment à la mode avec la musique country. Yahoo! L'ambiance est à son comble durant le *Stampede*, le plus grand rodéo du monde, chaque été en juillet à Calgary.

Offices du tourisme

Pas difficiles à repérer dans le pays : ils sont signalés par un « ? ». Ils sont tout bonnement géniaux. L'accueil est la plupart du temps chaleureux. Le personnel est compétent, parle généralement le français ; ils fournissent cartes, plans des villes, infos générales, mini-guides régionaux (très utiles), adresses de gîtes et campings... tout cela gracieusement. Dans la grande majorité des offices du tourisme, vous trouverez une doc en français. Mais soyez indulgent : la traduction n'est pas toujours géniale.

Parcs nationaux et provinciaux

Actuellement, il y a plus de 30 parcs nationaux sur le territoire canadien ainsi que de nombreux parcs provinciaux dépendant des gouvernements locaux. Les parcs ont pour objectif d'assurer la protection des ressources naturelles (faune et flore), tout en permettant au visiteur de découvrir les richesses de la nature. Mission accomplie lorsque l'on voit la qualité des services mis en place dans chaque parc. Dans les centres d'accueil, des naturalistes vous fourniront toutes les indications nécessaires pour choisir vos promenades, en fonction de vos goûts et de votre temps. N'hésitez pas à discuter avec eux, ils sont passionnés par leur métier. Vous trouverez également dans les parcs de superbes installations de camping (douches, laveries...), des aires de pique-nique, etc. Ici, la protection de l'environnement n'est pas un vain mot...
Alors, faites comme les Canadiens, respectez la nature : dans les parcs, ne fumez pas, ne coupez rien (il est interdit de cueillir des fleurs) et ramassez vos détritus. Ne vous laissez pas non plus aller à nourrir les mignons oursons noirs ou les placides mouflons : les autorités des parcs l'interdisent, pour éviter que les animaux ne deviennent dépendants de l'homme.
– Sur les panneaux routiers, les parcs nationaux sont signalés par un castor. Ils sont ouverts toute l'année, mais les services sont réduits hors saison, surtout après la fête du Travail (1er lundi de septembre). Des droits d'entrée sont demandés. Des cartes et des dépliants sont offerts gratuitement, et même en français, si vous le souhaitez.

Poste

Attention, à la poste, il n'y a pas de téléphone. Les deux services sont séparés en Amérique du Nord.

Poste restante

Tout envoi fait à la poste restante doit être réclamé par le destinataire lui-même dans les 15 jours au plus tard, sinon il est retourné à l'expéditeur. Il est donc préférable de faire envoyer son courrier aux agences de l'*American Express*.

Santé

Au Canada, les frais de santé sont très élevés pour les étrangers. Le système de santé de chaque province canadienne ne profite pas aux Français, même au Québec, car il ne concerne que les salariés expatriés. Les hôpitaux et cliniques sont plus formalistes que ceux des États-Unis et exigent la présentation d'une carte personnelle d'assurance pour accepter une admission. Il est donc indispensable de prendre avant votre départ une ASSURANCE VOYAGE INTÉGRALE pour la durée de votre séjour au Canada ! L'assurance maladie et frais d'hôpital doit couvrir au moins 500 000 F SANS FRANCHISE.

■ *Air Monde Assistance :* 5, rue Bourdaloue, 75009 Paris. ☎ 01-42- 85-26-61. Fax : 01-48-74-85-18. M. : Notre-Dame-de-Lorette. L'assurance-

NOUVEAUTÉ

ARDÈCHE, DRÔME (mars 2001)

Pas étonnant que les premiers hommes de la création aient choisi l'Ardèche comme refuge. Ils avaient bon goût ! Une nature comme à l'aube des temps, intacte et grandiose. Des gorges évidemment, à découvrir à pied, à cheval ou mieux, en canoë-kayak.

Grottes à pénétrer, avens à découvrir, musées aux richesses méconnues, une architecture qui fait le grand écart entre les frimas du Massif central et les cigales de la Provence. Enfin, pour mettre tout le monde d'accord, une bonne et franche soupe aux châtaignes.

Entre Alpes et Provence, la Drôme a probablement du mal à choisir. La Drôme, c'est avant tout des paysages sans tapage, harmonieux, sereins, des montagnes à taille humaine... À la lumière souvent trop dure et trop crue de la Provence, elle oppose une belle lumière adoucie, des ciels d'un bleu plus tendre. Voici des monts voluptueux, piémonts aux accents italiens comme en Tricastin et en Drôme provençale. Tout ce qui au sud se révèle parfois trop léché, se découvre ici encore intact ! Quant aux villes, elles sont raisonnables, délicieusement accueillantes.

Pour finir, l'Histoire, ici, avec un grand « H » : refuge pour les opprimés de tous temps, des protestants pourchassés aux juifs persécutés.

assistance *monde entier* spéciale longue durée (de 17 jours à 2 ans) pour touristes, stagiaires et boursiers. Assistance et rapatriement, frais médicaux, pharmaceutiques, chirurgicaux, hospitalisation, etc., pris en charge par AXA Assistance.

■ *AVA Assurance-Voyages & Assistance :* 24, rue Pierre-Sémard, 75009 Paris. ☎ 01-53-20-44-20. Fax : 01-42-85-33-69. ● contact @ava.fr ● M. : Cadet ou Poissonnière. Ouvert de 8 h 30 à 19 h sans interruption. Cet assureur, spécia-

liste des voyages, propose des services adaptés aux exigences de l'Amérique du Nord, avec des contrats comme Carte santé ou AVAssist, un package assistance et assurance. L'admission, dans l'hôpital de votre choix, est immédiate et la prise en charge au premier franc est automatique sur présentation de votre carte. Souscription à effet immédiat, paiement par carte bancaire au : ☎ 01-48-78-11-88 et sur Internet : ● www.ava.fr ●

– *Routard assistance* propose des garanties complètes avec une assurance maladie et hôpital de 2 000 000 F sans franchise (un record). La carte personnelle d'assurance « ROUTARD ASSISTANCE », avec un texte en anglais, comprend une prise en charge des frais d'hôpital ; c'est la formule : « Hospitalisé ! Rien à payer ».
– Pour éviter les morsures et piqûres des mouches noires et autres moustiques, n'oubliez pas d'emporter une bonne lotion répulsive.

Vente par correspondance de produits sanitaires liés aux voyages :
– *Catalogue Santé-voyages :* 83-87, av. d'Italie, 75013 Paris. ☎ 01-45-86-41-91. Fax : 01-45-21-40-26. ● www.sante-voyages.com ● (infos santé voyages et commandes en ligne sécurisées). Envoi gratuit du catalogue sur simple demande.

« Spécial fumeurs »

Les accros doivent savoir que la majorité des *B & B* et des gîtes sont « non-fumeurs ». Ceux qui ne peuvent pas se retenir d'en griller une le soir ont donc intérêt à se renseigner avant de réserver une chambre d'hôte. L'interdiction est généralement stricte, pour une simple raison de sécurité : la plupart des maisons sont en bois !
De plus, la loi interdit de fumer dans tous les édifices publics et les établissements commerciaux ainsi que sur tous les vols des compagnies canadiennes, de même que dans les aéroports, les trains et les bus. Dans les restos, il existe une section « fumeurs » et une section « non-fumeurs ». Mais de plus en plus souvent, à Toronto et à Vancouver surtout, il est, la plupart du temps, tout simplement interdit de fumer.

Taxes et *tips*

Les prix affichés ne sont pas ceux que vous paierez réellement. En passant à la caisse (et quel que soit le produit ou le service), le client doit payer en plus deux taxes : une *taxe de vente provinciale*, pouvant aller de 7 à 8 % suivant les provinces (l'Alberta est l'une des rares provinces à ne pas l'appliquer, sauf sur les hôtels : 5 % non remboursables), plus la *TPS* (taxe sur les produits et services) qui s'élève à 7 %. En tout, compter 15 % de plus que les prix indiqués. Au resto, il faudra encore ajouter le service, environ 15 % du prix hors taxes. 15 + 15 = 30 %. Ami lecteur, quand vous entrez dans un resto, pensez-y ! Un menu à 100 F (15,2 €) coûte en fait 130 F (19,8 €).

Mais bon, le gouvernement a eu la bonne idée de ne pas tuer dans l'œuf (d'or) la poule que représente la manne touristique : on peut se faire rembourser la TPS (mais pas la taxe de vente provinciale) si l'on ne réside pas dans le pays, sous certaines conditions. C'est assez compliqué à vue de nez mais on finit par s'en sortir grâce à la petite brochure remise au bureau des douanes à l'aéroport, ou dans la plupart des offices du tourisme.

Sans entrer dans trop de détails, voici quelques indications : la TPS est remboursée sur les logements provisoires (hôtels, *B & B*, etc., à l'exception du camping et à condition de ne pas avoir payé depuis l'étranger, *via* une agence) et sur la plupart des produits de consommation courante que l'on rapporte chez soi. Ne sont donc pas pris en compte, entre autres : les repas, l'alcool, les tabacs, la location de voitures, l'essence, les produits alimentaires et les objets usagés de valeur. Sur 3 semaines de voyage, on peut tout de même récupérer, par exemple, environ 500 F (76,2 €)...

Pour se faire rembourser, ne jamais oublier de demander à chaque fois une facture aux commerçants et hôteliers (être spécialement vigilant dans les *B & B*), en leur faisant préciser le montant de la TPS et le nombre de nuits. Il faut que le montant de vos achats sur les biens, avant les taxes, atteigne 50 $Ca minimum pour chacun des reçus (on a donc intérêt à grouper ses achats dans un même magasin) et que le montant total de vos achats avant les taxes totalise au moins 200 $Ca. Il faut ensuite remplir le petit formulaire encarté dans la brochure TPS (remise à la douane ou dans les offices du tourisme) et l'expédier avec l'original des factures. Le chèque met ensuite plusieurs semaines à vous parvenir et il vous faudra payer des frais d'encaissement dans les banques : jusqu'ici entre 120 et 150 F (18,3 et 22,9 €) environ, ces frais sont baissés à 50 F (7,6 €) dans certaines banques. Renseignez-vous. À Paris, 4 bureaux de change *(Multi change)* ne prennent pas ces commissions : 7, rue de Castiglione, 75001 ; 161, rue de Rennes, 75014 ; 8, bd de la Madeleine, 75009 ; et 7, rue Marbeuf, 75008. Ils sont ouverts du lundi au samedi de 9 h 30 à 19 h.

Plus rapide : se faire directement rembourser dans les boutiques hors taxes du pays, notamment dans les aéroports internationaux, mais elles ne participent pas toutes à l'opération et ne remboursent qu'une somme inférieure à 500 $Ca.

Les *tips*

Ce sont les pourboires. Et c'est la suite logique de la taxe dans les restos, bars... Les serveurs ont un salaire fixe ridicule, et la majeure partie de leurs revenus provient de leurs pourboires. C'est une institution à laquelle vous ne devez pas déroger. Un oubli vous fera passer pour le plouc intégral. Les Français possèdent la réputation d'être particulièrement radins et de laisser plutôt moins de 10 % que les 15 % traditionnels (à leur décharge, en France, le service est compris, ce qui explique les réticences). Dans certains restos, le service *(gratuity)* est parfois ajouté d'office sur la note, après la taxe. C'est rare, mais dans ce cas évidemment, ne payez pas le *tip*. On peut marquer son désaccord si la prestation n'est pas à la hauteur, après tout la qualité du service reste à l'appréciation du client ! Si vous payez une note avec une carte de crédit, n'oubliez pas de remplir vous-même la case « Tip », car il arrive parfois que le serveur remplisse cette case lui-même. S'il est malhonnête, il peut y inscrire n'importe quelle somme. Et vous ne vous en apercevrez qu'à votre retour, en épluchant votre relevé de compte bancaire. En règle générale, le pourboire doit être au moins égal à une fois et demie le montant de la taxe. Idem pour les taxis : il est de coutume de laisser 10 à 15 % en plus de la somme au compteur. Là, gare aux insultes d'un chauffeur mécontent. Il ne se gênera pas pour vous faire remarquer ouvertement votre oubli.

Que donner comme pourboire ?

Somme	Pourboire (environ 15 %)	Somme	Pourboire (environ 15 %)
1.00 $ CA	0,15 $ CA	39.00 $ CA	5,85 $ CA
2.00 $ CA	0,30 $ CA	40.00 $ CA	6,00 $ CA
3.00 $ CA	0,45 $ CA	41.00 $ CA	6,15 $ CA
4.00 $ CA	0,60 $ CA	42.00 $ CA	6,30 $ CA
5.00 $ CA	0,75 $ CA	43.00 $ CA	6,45 $ CA
6.00 $ CA	0,90 $ CA	44.00 $ CA	6,60 $ CA
7.00 $ CA	1,05 $ CA	45.00 $ CA	6,70 $ CA
8.00 $ CA	1,20 $ CA	46.00 $ CA	6,90 $ CA
9.00 $ CA	1,35 $ CA	47.00 $ CA	7,05 $ CA
10.00 $ CA	1,50 $ CA	48.00 $ CA	7,20 $ CA
11.00 $ CA	1,65 $ CA	49,00 $ CA	7,35 $ CA
12,00 $ CA	1,80 $ CA	50.00 $ CA	7,50 $ CA
13.00 $ CA	1,95 $ CA	51.00 $ CA	7,65 $ CA
14.00 $ CA	2,10 $ CA	52.00 $ CA	7,80 $ CA
15.00 $ CA	2,25 $ CA	53.00 $ CA	7,95 $ CA
16.00 $ CA	2,40 $ CA	54.00 $ CA	8,10 $ CA
17.00 $ CA	2,55 $ CA	55.00 $ CA	8,25 $ CA
18.00 $ CA	2,70 $ CA	56.00 $ CA	8,40 $ CA
19.00 $ CA	2,85 $ CA	57.00 $ CA	8,55 $ CA
20.00 $ CA	3,00 $ CA	58.00 $ CA	8,70 $ CA
21.00 $ CA	3,15 $ CA	59.00 $ CA	8,85 $ CA
22.00 $ CA	3,30 $ CA	60.00 $ CA	9,00 $ CA
23.00 $ CA	3,45 $ CA	61.00 $ CA	9,15 $ CA
24.00 $ CA	3,60 $ CA	62.00 $ CA	9,30 $ CA
25.00 $ CA	3,75 $ CA	63.00 $ CA	9,45 $ CA
26.00 $ CA	3,90 $ CA	64.00 $ CA	9,60 $ CA
27.00 $ CA	4,05 $ CA	65.00 $ CA	9,75 $ CA
28.00 $ CA	4,20 $ CA	66.00 $ CA	9,90 $ CA
29.00 $ CA	4,35 $ CA	67.00 $ CA	10,05 $ CA
30.00 $ CA	4,50 $ CA	68.00 $ CA	10,20 $ CA
31.00 $ CA	4,65 $ CA	69.00 $ CA	10,35 $ CA
32.00 $ CA	4,80 $ CA	70.00 $ CA	10,50 $ CA
33.00 $ CA	4,95 $ CA	71.00 $ CA	10,65 $ CA
34.00 $ CA	5,10 $ CA	72.00 $ CA	10,80 $ CA
35.00 $ CA	5,25 $ CA	73.00 $ CA	10,95 $ CA
36.00 $ CA	5,40 $ CA	74.00 $ CA	11,10 $ CA
37.00 $ CA	5,55 $ CA	75.00 $ CA	11,25 $ CA
38.00 $ CA	5,70 $ CA		

Téléphone

Il y a à peine deux ans, il fallait encore se munir d'une tonne de pièces de 25 cents pour faire un appel interurbain ou international d'une cabine téléphonique canadienne. Le pays s'est enfin mis au goût du jour avec la télécarte prépayée « Allô » (*Hello Phone Pass*, en anglais), proposée par Bell, la compagnie de téléphone locale. Vendue 10, 20, 50 ou 100 $CA, en fonction du nombre d'unités désiré, cette carte est disponible dans de nombreux points de vente (stations de métro, offices du tourisme, AJ...) ou distributeurs automatiques (notamment dans les aéroports). Existant en 5 langues, notamment en français, elle permet d'appeler de n'importe quelle cabine en Amérique du Nord (sauf Mexique) vers l'intérieur du Canada et partout dans le monde. À chaque appel, vous composez un numéro gratuit (☎ 1-800), puis votre numéro de carte personnelle. L'ordinateur vous indique chaque fois le temps d'appel qu'il vous reste sur votre carte.

– Les numéros commençant par 1-800 et 1-888 sont gratuits.

– Du Canada, les tarifs sont dégressifs selon les heures d'appel.

– Dans certains appareils (notamment dans les aéroports), on peut utiliser également sa carte bancaire *(Visa)*. On les trouve surtout à Montréal (grands hôtels, gares, AJ).

– N'oubliez pas qu'au Canada il n'y a jamais de téléphone dans les postes.

– Pour les appels en PCV, composer le : ☎ 1-800-363-4033. Mais sachez que c'est beaucoup plus cher que de téléphoner avec une carte bancaire ou une télécarte.

– *Canada → France :* 011 + 33 + numéro du correspondant (sans le 0 par lequel débute la nouvelle numérotation).

– *France → Canada :* 00 (tonalité) + 1 + indicatif de la ville + numéro du correspondant.

Indicatifs des villes

Barrie (Ont.)	705	Niagara Falls	416	Sault Ste Marie	705
Calgary	403	Ottawa	613	Stratford	519
Chatham	519	Peterborough	705	Toronto	416
Edmonton	403	Québec	418	Vancouver	604
Halifax	902	Regina	306	Victoria	250
Montréal	514	Saskatoon	306	Winnipeg	204

Cartes téléphoniques

– Pour vous simplifier la vie dans tous vos déplacements, les ***Cartes France Télécom*** vous permettent de téléphoner en France et depuis plus de 90 pays étrangers à partir de n'importe quel téléphone (d'une cabine téléphonique, chez des amis, d'un restaurant, d'un hôtel...) sans souci de paiement immédiat. Les communications sont directement portées et détaillées sur votre facture personnelle. Pour appeler vous composez le numéro d'accès au service, le numéro de votre carte puis votre code confidentiel suivi du numéro de votre correspondant.

Les ***Cartes France Télécom*** s'obtiennent sans abonnement et sans limite de validité. Plusieurs formules sont proposées. Par exemple, pour les routards qui voyagent souvent à l'étranger, la ***Carte France Télécom Voyage*** vous fait bénéficier en plus, de 15 à 25 % d'économies pour vos appels internationaux (France métropolitaine/étranger, étranger/étranger, étranger/ France).

Pour tout renseignement, composez le n° Vert : 0800-202-202 ou consultez le site Internet ● www.cartefrancetelecom.com ● .

– ***Calling Card AT & T :*** pratique et proposée gratuitement à tous les détenteurs de comptes *American Express, MasterCard* et *Visa,* cette carte permet d'appeler plus de 200 pays à partir des États-Unis. Elle peut aussi être utilisée dans les 72 pays qui proposent le service *AT & T World Connect*. Le montant de la communication est débité directement sur le compte de l'utilisateur en France. Enfin, celui-ci a accès aux services internationaux *AT & T* : *Language Line* (interprète), *Message Service* (laisser un message), renseignements, numéros Verts, multitélécopie et téléconférence. Pour l'obtenir, numéro Vert : ☎ 0800-908-293 de 8 h à 19 h. Ou Minitel : 36-15, code USA + AT & T (3 semaines de délai).

Bon à savoir

Joindre la France ou même le Canada depuis une cabine au Canada relève en général du calvaire si l'on n'a pas de carte de téléphone. En effet, la plupart des compagnies n'acceptent pas les cartes de crédit, les cartes à puce ne sont pas encore installées au Canada et les hôtels pratiquent des tarifs assez impressionnants qui ne laissent que le choix du PCV (c'est papa qui va être content quand il va recevoir la note !).

Sachez que dans certains hôtels, on peut vous facturer une communication téléphonique même si l'appel n'a pas abouti ! Il suffit parfois de laisser sonner 7 ou 8 coups dans le vide pour que le compteur tourne.

Une compagnie de téléphone privée a mis au point un système qui permet d'avoir accès à des tarifs américains réduits sans rien de plus que votre doigt et votre carte de crédit.

Le principe est simple : cette compagnie achète de très grosses quantités de minutes téléphoniques aux 3 grands du marché américain ; elle bénéficie ainsi de tarifs ultra-réduits qu'elle peut ensuite revendre à très bas prix. Il suffit de composer le numéro gratuit : ☎ 1-800-836-9067 en arrivant au Canada, et le reste des informations vous est donné par un opérateur qui parle le français. Le paiement est prélevé sur votre carte de crédit. Deux montants possibles : 10 US$ donnant droit à 25 mn de communication avec la France ou 20 US$ pour 50 mn de communication.

Vous pouvez également prépayer votre carte en appelant directement depuis la France le : ☎ 00-1-416-643-70-78. On tombe sur le même service francophone. Vous pouvez alors prépayer votre carte ou celle de vos enfants s'ils partent sans vous ; ils pourront ainsi vous donner des nouvelles en appelant de n'importe quelle cabine ou d'un poste privé.

Transports intérieurs

Le train (Via Rail)

Les trains canadiens sont lents, très lents, mais plutôt confortables (repas et boissons offerts pendant le trajet). Les voitures *coaches* (places assises, 2e classe) sont les moins chères. Attention : au Canada, tous les trains sont non-fumeurs.

– Le **Can Rail Pass** est une carte permettant des trajets illimités pendant 12 jours, mais durant une période d'un mois maximum, sur tout le réseau Via Rail, à l'est comme à l'ouest du pays. Le *Can Rail Pass* est valable pour les places assises uniquement (supplément à payer pour les voitures-lit). On peut acheter un *Can Rail Pass* par courrier ou par fax, en contactant *Express Conseil* (5 *bis*, rue du Louvre, 75001 Paris. ☎ 01-44-77-87-94. Fax : 01-42-60-05-45), ou bien dans les agences *Jet Set, Vacances Air Canada, Tour Canada* et *Vacances Air Transat*. Réduction supplémentaire pour les jeunes de 24 ans et moins. Inutile si vous restez dans la partie est du pays. Horaires peu pratiques.

– Pour les routards fortunés : un voyage dans l'Ouest à bord du *Rocky Mountaineer*. Ce train roule de Vancouver à Kamloops (Colombie britannique), puis vers les parcs nationaux de Jasper ou Banff, avec continuation possible sur Calgary (Alberta). Il est également possible de faire le trajet en sens inverse. Le voyage dure 2 jours, car le train ne circule que pendant la journée (le forfait inclut une nuit d'hôtel à Kamloops). La vue est époustouflante : Rocheuses enneigées, canyons des rivières Fraser et Thomson, glaciers, grands parcs... Info pour les routards vraiment très riches : le *Rocky Mountaineer* vient d'ajouter une nouvelle voiture hyper luxe, le *Dome Coach* à 2 étages, vitré et panoramique. Il compte 74 places et une salle à manger de 36 couverts. Essayez d'y jeter un œil ! Le *Rocky Mountaineer* circule de mai à octobre.

En vente en France chez Vacances Air Transat.

GÉNÉRALITÉS

Distances entre les principales villes canadiennes

	CALGARY	CHICOUTIMI	EDMONTON	GASPÉ	HALIFAX	JASPER	MONCTON	MONTRÉAL	OTTAWA	QUÉBEC	REGINA	SAINT JOHN'S	TORONTO	VANCOUVER	VICTORIA	WHITEHORSE	WINNIPEG
WINNIPEG	1336	2884	1357	3359	3656	1725	3431	2408	2218	2678	571	5010	2099	2232	2337	3524	
WHITEHORSE	2385	6326	2086	6801	7099	2247	6874	5850	5660	6120	2871	8452	5528	2697	2802		3524
VICTORIA	1162	5382	1349	5856	6154	980	5929	4905	5126	5176	1926	7775	4596	105		2802	2337
VANCOUVER	1057	5277	1244	5752	6050	875	5824	4801	4611	5071	1822	7403	4492		105	2697	2232
TORONTO	3434	1015	3455	1490	1788	3824	1563	539	399	809	2670	3141		4492	4596	5528	2099
SAINT JOHN'S	6334	2338	6367	2248	1503	6735	1579	2602	2792	2363	5581		3141	7403	7775	8452	5010
REGINA	764	3455	785	3930	4228	1154	4002	2979	2789	3249		5581	2670	1822	1926	2871	571
QUÉBEC	4014	206	4035	703	982	4403	784	270	460		3249	2363	809	5071	5176	6210	2678
OTTAWA	3553	666	3547	1141	1439	3943	1213	190		460	2789	2792	399	4611	5126	5660	2218
MONTRÉAL	3743	476	3764	951	1249	4133	1024		190	270	2979	2602	539	4801	4905	5850	2408
MONCTON	4756	760	4788	669	275	5156		1024	1213	784	4002	1579	1563	5824	5929	6874	3431
JASPER	415	4609	369	5084	5382		5156	4133	3943	4403	1154	6735	3824	875	980	2247	1725
HALIFAX	4973	977	5013	945		5382	275	1249	1439	982	4228	1503	1788	6050	6154	7099	3656
GASPÉ	4694	679	4715		945	5084	669	951	1141	703	3930	2248	1490	5752	5856	6801	3359
EDMONTON	299	3294		4715	5013	369	4788	3764	3547	4035	785	6367	3455	1244	1349	2086	1357
CHICOUTIMI	4220		3294	679	977	4609	760	476	666	206	3455	2338	1015	5277	5382	6326	2884
CALGARY		4220	299	4694	4973	415	4756	3743	3553	4014	764	6334	3434	1057	1162	2385	1336

L'auto-stop

Sensiblement les mêmes conditions qu'aux États-Unis. Beaucoup de concurrence en été sur la transcanadienne. Compter une bonne semaine pour aller de Montréal à Vancouver (nombreuses auberges de jeunesse tout le long du chemin). Pour la sortie des villes, on conseille de prendre un bus urbain. Attention toutefois : le stop est toléré sur les autoroutes au Québec, mais interdit dans les provinces anglophones. Vous rencontrerez néanmoins souvent des auto-stoppeurs près des villages et des petites agglomérations. Les relais routiers *(truck stops)* sont de bons points de rencontre. Demander directement aux chauffeurs leur destination.

Le système *Allostop*, qui permet de mettre en contact les stoppeurs et les « transporteurs », fonctionne dans de nombreuses villes. Il suffit simplement de payer un droit d'inscription pour faire partie du réseau.

Location de motos

Nouveau Monde a une formule novatrice très attirante qui consiste non seulement à louer des motos mais aussi à organiser des « virées » entre motards expérimentés connaissant bien la région. Les itinéraires durent de quelques jours à un mois et couvrent beaucoup de régions du Canada, dans des styles toujours différents, de la balade nature au circuit pour motard chevronné. Renseignements :

■ *Nouveau Monde :* 8, rue Mabillon, 75006 Paris. ☎ 01-53-73-78-80. Fax : 01-53-73-78-81. M. : Mabillon.

Location de voitures

Contrairement à ce que l'on croit, les grosses agences de location de voitures *(Hertz, Avis)* ne sont pas les plus chères et garantissent un parc automobile en excellent état avec une flotte relativement neuve. Toujours téléphoner avant et demander si la compagnie propose un « spécial ». Donc, ne pas hésiter à demander à plusieurs agences pour connaître la moins chère. Si vous longez la frontière Canada-États-Unis, les locations aux États-Unis sont un peu moins chères.

Dans tous les cas de figure, pour louer une voiture au Canada, il faut avoir au moins 18 ans, le plus souvent 21 ans et parfois même 25 ans en fonction des exigences des compagnies qui réclament la plupart du temps une carte de crédit. Cependant, celle-ci n'est pas toujours obligatoire : *Avis* et *Hertz*, notamment, acceptent de l'argent ou des billets d'avion comme caution. Le permis de conduire français rose à 3 volets est valable au Canada.

Attention : vitesse limitée à 50 km/h en ville et 100 km/h sur autoroute.

À retenir : quand un bus scolaire s'arrête pour faire descendre ou monter des élèves, des clignotants s'allument et un petit panneau « STOP » s'affiche sur la portière du conducteur. Toutes les voitures doivent s'arrêter (celles qui suivent ou celles qui viennent d'en face), jusqu'à ce que les clignotants s'éteignent (même s'il n'y a pas d'enfants... *the law is the law !*), sinon, l'addition est particulièrement salée !

La plupart des parkings sont payants et assez chers, surtout dans les grandes villes. Prévoyez donc un budget en conséquence. Il faut obligatoirement (quand c'est indiqué) enlever sa voiture entre 7 h et 9 h et entre 16 h et 18 h, notamment dans les grandes villes. Les mises en fourrière sont hyper rapides. Bon à savoir : si vous achetez un « auto-tour » chez un voyagiste français pour un séjour dans les provinces de l'Ouest, vérifiez si des frais d'abandon sont imputés. Ils sont plus fréquents dans le sens Vancouver-Calgary que pour l'itinéraire inverse. Pour économiser des kilomètres, prévoyez une arrivée à Vancouver et un départ de Calgary (ou vice versa). Selon les provinces, le litre d'essence coûte entre 2,50 F et 3 F (0,3 et 0,4 €).

■ *Hertz :* meilleur tarif en réservant à partir de la France, ☎ 01-39-38-38-38, ou sur Minitel : 36-15, code HERTZ. Propose un grand choix de véhicules au départ de toutes les grandes villes et des principaux aéroports. Service assistance *Hertz* 24 h/24 et en français.

■ *Auto Escape :* numéro gratuit : ☎ 0800-920-940. • info@autoesca pe.com • www.autoescape.com • Introduit un nouveau concept dans le domaine de la location de voitures. Elle achète aux loueurs de gros volumes de location, obtenant en échange des remises importantes dont elle fait profiter ses clients. Ses services ne coûtent rien puisque l'agence est commissionnée par des loueurs. C'est un vrai central de réservation (et non un intermédiaire) qui propose un service très flexible : aucun frais de modification après réservation, remboursement intégral en cas d'annulation, même à la dernière minute. Kilométrage illimité sans supplément de prix dans presque tous les pays. Surveillance quotidienne du marché international permettant de garantir les meilleurs tarifs. ☎ 04-90-09-28-28. Fax : 04-90-09-51-87. Réduction supplémentaire de 5 % aux lecteurs du *GDR* sur présentation du guide. Il est préférable de réserver la voiture avant le départ, pour bénéficier d'un meilleur tarif et assurer la présence du véhicule souhaité dès l'arrivée.

Achat d'une voiture d'occasion

Il faut compter *grosso modo* entre 25 et 30 % de plus que l'achat simple pour avoir les plaques d'immatriculation, l'assurance, etc. Le processus le plus courant est de passer par les annonces de journaux. C'est tout simple : on voit le vendeur et la voiture, on décide de l'achat (un contrat écrit est établi), on paie une avance (en liquide), puis on va ensemble enregistrer le véhicule (chaque province a sa propre juridiction en la matière) pour obtenir le certificat d'immatriculation et les nouvelles plaques. Reste ensuite à payer le solde au vendeur.

Location de motor-homes

Bonne idée pour partir en famille ou à plusieurs. Le réseau est étendu, avec des départs de Québec, Montréal, Toronto, Calgary, Vancouver, Whitehorse, Edmonton, ainsi que des États-Unis. Nombreuses formules (aller simple ou circuit en boucle, kilométrage illimité ou pas). Idéal pour vivre au rythme de la nature canadienne. Attention, permis de conduire 3 volets et permis international exigés le plus souvent.

■ Location possible en saison chez *Vacances Air Transat* (renseignements sur Minitel : 36-15, code VATF) et dans toutes les agences de voyages. Réservez tôt !

L'autocar

Ce moyen de transport est souvent plus pratique – et en tout cas plus rapide – que le train. Sur la plupart des liaisons, les fréquences sont plus nombreuses. En autocar, on peut parcourir de longues distances au Canada et jusqu'aux États-Unis... à condition de supporter les conditions de confort, et surtout, de pouvoir dormir ! Il y a toujours des w.-c. à bord, et sur certains véhicules, des écrans vidéo.

– L'Est du pays est desservi par le réseau *Voyageur/Orléans* (Ontario et Québec), tandis que l'Ouest est desservi par *Greyhound* et ses affiliés.

▣ *Renseignements :* terminus d'autocars *(coach terminal)* de Toronto, ☎ (416) 393-7911, celui d'Ottawa, ☎ (613) 238-5900, et celui de Vancouver, ☎ (604) 661-0325.

– Pour les autocars comme pour le train, n'oubliez pas les tarifs « excursion » (30 à 40 % de réduction).

– *Tour Pass* : le *Tour Pass* des bus *Voyageur/Orléans*, valable au Québec et en Ontario, est un carnet composé de coupons utilisables entre 20 et 30 jours au maximum sur tout le réseau. On peut se le procurer *à Paris* chez *Nouveau Monde* ou *Nouvelles Frontières* (voir adresses dans « Les organismes de voyages » au début du guide) ; *à Toronto* : renseignements, ☎ (416) 393-7911 ; *à Ottawa* : ☎ (613) 238-5900.

Attention : certains de nos lecteurs se sont plaints du système *Tour Pass*, trop limité dans le temps pour être intéressant. Il faut dire qu'auparavant le *Tour Pass* se limitait à une utilisation entre 14 et 20 jours. À vous de juger en fonction de votre planning.

– *Greyhound* propose également des forfaits de 7 à 60 jours qui incluent New York et, avec un petit supplément, Québec et les Provinces maritimes. Il existe également un forfait bus plus auberges de jeunesse pour 15 ou 30 jours. Renseignements dans toutes les agences de voyages et chez *Council Travel*.

L'avion

Air Canada ne possède guère de tarifs intéressants sur ses lignes intérieures. Mais pour un billet aller-retour acheté en Europe, toutes les compagnies proposent des *pass* intérieurs avec 30 % de réduction. *Canadian Airlines* possède un bon réseau de lignes, via Toronto.

Transport de véhicules (camping-cars, motos, autos et bagages lourds)

■ *Allship :* 93, rue Lolive, 93100 Montreuil. ☎ et fax : 01-48-70-04-45. Demander Charlie. Si vous y restez moins de deux mois, mieux vaut louer sur place, mais pour un plus long séjour, le transport de véhicule se révèle avantageux. Pour l'Ouest du Canada, Allship débarque votre véhicule dans le port le plus proche de Vancouver, c'est-à-dire Seattle-Tacoma. Retour par la côte est. Les véhicules seront transportés en rouliers réguliers (pas de passagers !) vers la côte est du Canada. Aucune taxe douanière à l'arrivée. Les motos sont prises telles quelles, sans emballage coûteux, sur toutes les destinations Allship. Dans tous les cas, indiquer à Charlie les dimensions du véhicule ! Les voitures achetées là-bas peuvent revenir sur l'Europe du Nord dans les mêmes conditions, depuis l'Est du Canada, même si les droits et taxes et les Mines alourdissent l'ardoise, ça reste très supportable. Transporter votre équipement ? Allship dessert tous les ports ou aéroports du Canada. Consultez-les si vous avez plus que les 2 valises acceptées gratuitement par les compagnies aériennes non charters.

Travail au Canada

Organismes susceptibles de procurer un stage ou un job

– *Stages agricoles (Ontario, Manitoba et Québec) :*

■ *Sésame :* 9, square Gabriel-Fauré, 75017 Paris. ☎ 01-40-54-07-08. Fax : 01-40-54-06-39. ● sesa@club-internet.fr ● M. : Villiers. Pour les jeunes agriculteurs entre 18 et 30 ans. Stages de 3 mois à 1 an. Formation agricole et expériences (stages ou emplois) requises.

– *Récolte des fruits :* dans la vallée de l'Okanagan, à 300 bornes à l'est de Vancouver (Colombie britannique). Travail dans un cadre magnifique. Y aller fin juin (pêches et cerises) ; pas plus tard, car c'est la cohue. Mais ce n'est pas bien payé. Voir la Commission canadienne du tourisme qui édite une brochure entièrement consacrée à ce secteur (☎ 01-44-43-29-00).– *Stages et jobs :* Council propose différentes formules de stages et de jobs *(Council Exchanges)*. La première, anglais intensif et stage en entreprise à Vancouver, existe tout au long de l'année, dure de 2 à 6 mois et comprend 20 à 25 h d'anglais intensif par semaine. À la suite des cours, les participants sont placés dans une entreprise de la région pour effectuer un stage non rémunéré dans un secteur d'activité correspondant à leurs études et objectifs professionnels.

Avec son programme *Internship*, Council propose un encadrement, une assistance sur place ainsi que l'obtention des documents nécessaires aux étudiants et jeunes diplômés qui ont déjà trouvé leur stage en entreprise.

Pour les aventureux qui ont envie de découvrir Vancouver, Montréal, Toronto ou encore les Rocheuses canadiennes tout en travaillant dans des secteurs comme l'hôtellerie, la restauration, les parcs nationaux... Les collaborateurs de Council peuvent les conseiller, les orienter, les assurer, les accueillir et les héberger à l'arrivée pendant deux nuits. Mais surtout, c'est grâce à l'*Open employment authorization* sollicitée pour eux qu'ils peuvent partir travailler temporairement au Canada (durée maximale de 4 mois).

■ *Council :* 1, place de l'Odéon, 75006 Paris. ☎ 01-44-41-74-99. Minitel : 36-15, code COUNCIL. M. : Odéon. Réunions d'informations très régulièrement (en province également). Brochures sur demande.

Formalités pour ceux qui ont un job temporaire

– Vous aurez normalement besoin d'un permis de travail, délivré par le service d'immigration de l'ambassade du Canada, une fois votre offre d'emploi approuvée par un centre d'emploi du Canada. Délai minimum : 3 semaines. Bon à savoir : si une visite médicale est obligatoire, le délai minimum passe à 6 semaines. Il faut obtenir ce permis avant d'arriver au Canada. Renseignements auprès de l'ambassade du Canada : 35, av. Montaigne, 75008 Paris. ☎ 01-44-43-29-00.

– Attention : le traitement de la demande de permis de travail coûte 125 $Ca... et vous ne serez pas remboursé si le permis vous est refusé. Le permis de travail précise que vous pouvez occuper un poste donné, pendant une période bien déterminée. À votre arrivée au Canada, vous devez présenter ce permis de travail, de même que votre passeport et vos billets d'avion.

– À l'arrivée au Canada, vous présentez votre confirmation d'offre d'emploi, votre permis de travail et les autres documents à un agent de l'immigration. Celui-ci vous remet des formulaires à remplir pour obtenir un numéro d'assurance sociale. Il faut ensuite présenter ces formulaires à un centre d'emploi du Canada.

– Sachez enfin qu'il est de plus en plus difficile d'obtenir un job au Canada si vous n'êtes pas spécialiste dans un domaine particulier.

Séjours au pair (1 an maximum)

Plusieurs organismes proposent des places d'aide familiale (jeune fille ou jeune homme au pair). En voici quelques-uns :

■ *Association France Canada :* 5, rue de Constantine, 75007 Paris. ☎ 01-45-55-83-65. M. : Invalides.
■ *Inter Séjours :* 179, rue de Courcelles, 75017 Paris. ☎ 01-47-63-06-81. M. : Péreire.
■ *Option Vacances :* 13, rue Sainte-Cécile, 75009 Paris. ☎ 0135-

GÉNÉRALITÉS

24-90-90. Fax : 01-53-24-90-91. Minitel : 36-15, code OVJ. M. : Grands-Boulevards. Entre autres, séjours en *summer camps*. Ce sont des camps internationaux, où les jeunes, logés dans des cabanes en bois rustiques, peuvent pratiquer de nombreuses activités sportives.

Séjours linguistiques

L'ambassade du Canada diffuse une liste des organismes organisant des séjours linguistiques.

■ *ASL :* 15, rue Guénard, 33200 Bordeaux. ☎ 05-56-08-33-23. Fax : 05-56-08-32-74. Séjours linguistiques à Toronto (Ontario).

■ *France Ontario* (association) *:* allée de Clotomont, 77183 Croissy-Beaubourg. ☎ 01-60-06-44-50. Séjours toute l'année à Toronto (Ontario), mais aussi à Vancouver (Colombie britannique). Pour les 17 ans et plus.

■ *Nacel :* 92, rue de la Tombe-Issoire, 75014 Paris. ☎ 01-43-20-45-45. M. : Alésia. Séjours linguistiques partout au Canada. Dès le lycée.

Travail bénévole

■ *Concordia :* 1, rue de Metz, 75010 Paris. ☎ 01-45-23-00-23. M. : Strasbourg-Saint-Denis. Travail bénévole, aucun argent de poche. Frais d'inscription : 1 000 F (152 €) environ. Logés, nourris. La brochure paraît chaque année début avril. Le nombre de places est limité, donc inscrivez-vous tôt. Chantiers très variés : valorisation de l'environnement, reforestation, restauration de patrimoine, travail d'animation auprès des enfants... Durée du travail de 3 semaines aux alentours. Attention : le billet d'avion est à votre charge. Pour les chantiers au Canada : avoir au minimum 18 ans.

Pour les Français, le Canada c'est d'abord le Québec, francophonie oblige. Le reste de ce vaste pays est encore bien flou dans nos esprits, alors qu'il compte neuf autres provinces, de l'Atlantique au Pacifique, plus deux immenses territoires, traversés par le cercle polaire. Le Far West américain, passé à la moulinette hollywoodienne, évoque immédiatement un décor de canyons et de prairies, peuplé de cow-boys et d'Indiens. L'Ouest canadien, lui, se contente de quelques vagues clichés, qui doivent beaucoup à Jack London.

Mais les choses changent. À force d'arpenter le Québec, les Français sont de plus en plus nombreux à s'aventurer vers l'Ouest sur les traces des anciens coureurs des bois, bien au-delà de Montréal et des chutes du Niagara. Cet « autre Canada » est un pays différent, bien plus jeune que le Québec. Les provinces de l'Alberta et de la Colombie britannique ont été foulées par les premiers Européens voici à peine deux siècles ! Né officiellement en 1867, le Canada s'est forgé au rythme des vagues d'immigrations successives. Les explorateurs ont d'abord fait reculer ses frontières pour le compte des grandes compagnies de fourrures. Les pionniers ont suivi, enthousiastes à l'idée de s'installer dans un pays neuf et plein de promesses, loin de la Vieille Europe où plus rien ne les retenait.

Jouant sur le multiculturalisme plutôt que de tenter une intégration à l'américaine, le Canada s'enorgueillit de sa réussite. Toronto, par exemple, se vante d'être la ville la plus cosmopolite du globe, en harmonie et sans ghettos. Le Canada a pourtant bien du mal à se bâtir une identité. Aujourd'hui plus que jamais. Le référendum sur l'indépendance du Québec, fin octobre 1995, l'avait montré. Si le « non » l'avait emporté de justesse, les fédéralistes canadiens n'avaient jamais eu aussi peur de leur vie. Que deviendrait en effet un Canada coupé en deux, avec, au beau milieu, un Québec souverain ? Lors des dernières élections provinciales au Québec, en novembre 1998, le parti québécois de Lucien Bouchard a été de nouveau porté au pouvoir, mais de justesse. Parti libéral et parti québécois se trouvent donc désormais au coude à coude. Comme Lucien Bouchard affirme ne pas vouloir de référendum perdant, il a pour l'instant mis ce projet en veilleuse. Un référendum comparable à celui de 1995 aurait-il quelque chance d'aboutir aujourd'hui ? La question obsède les Québécois comme les Canadiens anglais, et pas un jour ne se passe sans que les médias ne s'emparent une énième fois du sujet. Résultat : la population commence à se lasser sérieusement et tous les sondages indiquent que les Québécois ne veulent tout simplement plus de référendum...

La nuit des temps

L'état actuel des connaissances laisse supposer que les Indiens d'Amérique, les Amérindiens, sont d'origine asiatique et auraient pris pied sur le continent au départ de l'Asie du Nord *via* l'Alaska. La première vague remonterait à environ 40 000 ans. C'est en suivant les troupeaux de cervidés en migration que se serait tout naturellement effectuée la traversée du détroit de Béring asséché par ces chasseurs-cueilleurs nomades sans cesse à la recherche de gibier. L'essaimage sur l'ensemble du territoire des Amériques s'est ensuite effectué graduellement et a donné lieu à de nombreuses civilisations autochtones originales et, parfois, remarquablement brillantes. Sur le territoire canadien, le nomadisme a perduré dans de nombreux cas et même bien après l'arrivée des colons européens. Dans d'autres cas, la sédentarisation et l'agriculture ont dominé. Avant l'arrivée de l'Européen, toutes ces civilisations avaient en commun d'être dotées de religions animistes, de perpétuer la culture ancestrale au moyen d'une tradition essentiellement orale, et de croire à l'importance du respect d'un équilibre constant entre l'homme et la nature qui l'entoure et le nourrit. Elles ne croyaient pas à l'appropriation de la terre et ne reconnaissaient que le droit d'usage d'un territoire.

Les premiers occupants

Vers la fin du IXe siècle, des Irlandais chassés d'Islande s'implantent sur la rive nord du golfe de Saint-Laurent. Deux siècles plus tard, c'est au tour d'Islandais, venus cette fois-ci du Groenland, de s'installer sur le littoral de Terre-Neuve et du Labrador. Certains ethnologues pensent que les Vikings ont occupé la côte est des États-Unis jusqu'en Virginie.
Ces premières migrations ont vraisemblablement donné naissance à un certain métissage, mais leur importance fut trop réduite pour ne pas être assimilée par le peuple indien.

La redécouverte

Découvert « officiellement » par *Jean Cabot* en 1497, le Canada va connaître par la suite un tas de découvreurs : *Verrazano* qui ne fit qu'une courte visite en 1524 mais réussit à magouiller pour donner son nom à un pont de New York. *Jacques Cartier,* le Malouin, y vint trois fois. C'est lui qui prendra possession du Canada au nom du roi de France, François Ier, en 1534. Quand il pénètre dans l'estuaire du Saint-Laurent, il croit qu'enfin la Chine est à portée de voile !
D'autres rêveurs français, anglais, espagnols vont, à leur suite, connaître les mêmes espoirs déçus... Mais où est donc cette hypothétique « mer de l'Ouest », naïvement tracée sur les premières cartes du continent ? Le navigateur anglais *Henry Hudson* est lui aussi persuadé d'avoir découvert le fameux « passage » vers l'Orient. En extase devant une baie immense, il s'arrête, regarde à droite, puis à gauche, constate qu'il est seul et lui donne son nom. C'est une manie, quoi ! Mais la vie d'aventurier se paie parfois très cher. L'année 1611 lui est fatale : son équipage se révolte et, sans grande cérémonie, le largue dans un canoë au milieu des glaces du Grand Nord ! Hudson laissa ainsi sa vie (et son nom) dans cette baie, qui deviendra bientôt l'un des hauts lieux de l'histoire du Canada.

L'appât du gain

À défaut de trouver la Chine et ses fabuleux trésors, les Européens décident quand même de rester au Canada. La petite colonie baptisée Nouvelle-France s'acharne courageusement sur ses « quelques arpents de neige » (plus tard dédaignés par Voltaire). Tandis que les missionnaires jésuites et récollets débarquent bible et chapelet en main, et s'efforcent d'évangéliser les Indiens. L'ambiance est plutôt tendue. Les Français ne sont pas les seuls à s'intéresser au Nouveau Monde : l'ennemi héréditaire est sur les rangs. Quant aux Amérindiens, ils n'ont pas l'intention de se laisser déposséder comme ça de leurs territoires. Des alliances se tissent : les Anglais copinent avec les Iroquois, les Français avec les Hurons. Résultat : les conflits sont fréquents et sanglants. Tout ça n'altère pas l'esprit de conquête des uns et

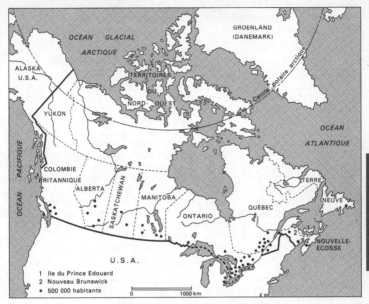

PROVINCES ET POPULATIONS

des autres. Bien au contraire. Faute d'or et de diamants, le commerce des fourrures s'impose vite comme une source de revenus exceptionnelle. L'appât du gain est un stimulant extraordinaire, qui va pousser les aventuriers à pénétrer plus avant vers l'ouest. Un mouvement qui durera plus de deux siècles!

Tout ça pour un chapeau de feutre!

Ce que ces hommes vont chercher, c'est le castor. La peau de cette charmante bestiole sert à fabriquer le feutre dont on fait les chapeaux. Civils ou militaires, tricornes ou hauts-de-forme, ces couvre-chefs sont très à la mode en Angleterre comme en France, et cela durera jusqu'à leur remplacement par le chapeau de soie... au XIXᵉ siècle. Seulement voilà, à force de le chasser, le castor commence à se faire rare sur le Vieux Continent. Et cela, dès le milieu du XVIᵉ siècle. Qu'à cela ne tienne! Des petits malins se sont vite aperçus que le rongeur à la peau d'or pullule en Amérique du Nord, où l'on peut se le procurer à bas prix. S'ensuit une lutte acharnée entre les marchands européens pour monopoliser ce commerce juteux. Entre les Amérindiens aussi : ceux de l'intérieur du pays trappent, chassent et fournissent les peaux, d'autres jouent les intermédiaires, et revendent la marchandise aux postes de traite. Chacun souhaite s'enrichir au maximum. Mais cela ne suffit pas encore. Épris de liberté et d'aventure, de nombreux jeunes Français ont envie d'aller traiter directement avec les Indiens, jusque dans leurs lointains campements. Ils deviennent coureurs des bois, au grand désespoir des autorités qui veulent garder tout leur petit monde dans la colonie, y développer l'agriculture et, si possible, la natalité (mais les femmes sont encore trop peu nombreuses), tout en conservant le centre des affaires à Montréal. Hors-la-loi, les coureurs des bois sont mis à l'amende lorsqu'ils se font pincer avec leur marchandise de contrebande. Les administrateurs de la colonie comme les curés ne peuvent souffrir ces hommes trop libres, qui délaissent leurs terres pour la couche des belles Indiennes... donnant naissance à d'innombrables métis.

Étienne Brûlé, un coureur qui n'était pas que de bois

Il n'empêche que certains coureurs des bois rendront de sacrés services à la colonie. *Étienne Brûlé,* par exemple. Débarqué de France à 17 ans, dans la ville de Québec à peine fondée par Samuel de Champlain (1608), il est échangé contre un jeune Indien que Champlain emmènera en France. Étienne vit avec les Hurons, et apprend leur langue, tout en acquérant de précieux renseignements sur la géographie et les peuples de l'intérieur. Tout cela sera drôlement utile à Champlain qui l'embauchera plus tard comme interprète. Explorateur dans l'âme, Brûlé sera même l'un des « découvreurs » de l'Ontario : il fut le premier Européen sur la baie Géorgienne, puis sur les rives des Grands Lacs. Il planta même son campement sur le site de l'actuelle Toronto, au bord du lac Ontario. On ne sait pas très bien pourquoi Étienne fut tué et dévoré à 41 ans par ses amis Hurons. Les mauvaises langues disent que ce grand coureur s'intéressa de trop près à une fille à laquelle il n'aurait pas dû toucher. D'autres estiment plus sérieusement qu'il agit en traître en voulant se passer des intermédiaires hurons pour créer une nouvelle entente commerciale entre les Français et certaines autres tribus.

Des Groseilliers et Radisson : fondateurs de la Compagnie anglaise de la baie d'Hudson

Deux autres coureurs des bois français ont joué un rôle primordial dans l'histoire du Canada... même si ce fut pour le compte des Anglais. En 1659, *Médard Chouart, sieur des Groseilliers,* et *Pierre-Esprit Radisson,* son jeune beau-frère, entreprennent un long voyage de traite qui les conduit jusqu'aux Grands Lacs puis vers la baie d'Hudson. Là, merveille : les castors abondent et la qualité de leur peau est extraordinaire. Les deux hommes achètent quantité de fourrures aux Indiens cris, qu'ils rapportent en déjouant les attaques iroquoises. Leur courage n'est guère récompensé : leur entreprise est illégale et la plupart des peaux sont confisquées par le gouverneur de la Nouvelle-France. Pour ne rien arranger, leur ambitieux projet d'ouvrir une base commerciale dans la région de la baie d'Hudson est boudé par les Français. Colbert en tête, ils refusent l'expansion vers l'ouest et veulent d'abord et avant tout fixer les colons sur leurs terres. Pas découragés pour autant, Radisson et des Groseilliers se tournent vers l'Angleterre, qui, une fois n'est pas coutume, n'est pas en guerre avec la France à ce moment-là. Le roi Charles II est enthousiaste et signe, en 1670, la charte qui accorde à la « Compagnie des Marchands aventuriers de la baie d'Hudson » et au gouverneur le monopole du commerce et le droit de coloniser la « Terre de Rupert » (baptisée ainsi en l'honneur du prince, cousin du roi), l'une des plus riches réserves de peaux du monde. Sans se soucier le moins du monde des peuples autochtones qui y sont installés depuis longtemps ! C'est ainsi que la France se fait souffler par les Anglais l'initiative de l'une des plus fructueuses entreprises coloniales du Canada : la Compagnie anglaise de la baie d'Hudson. Par deux coureurs des bois français, qui plus est ! En ne faisant pas confiance à Radisson et à des Groseilliers, la France a perdu tous droits sur ce domaine immense (cinq fois plus grand que la France !), qui s'étire de l'actuel Nord du Québec jusqu'aux Territoires du Nord-Ouest, en passant par le Nord de l'Ontario, tout le Manitoba, le Saskatchewan et le Sud de l'Alberta. Et qui dessine déjà, bien avant la Confédération de 1867, une bonne partie du futur Canada.

La rivalité des « voyageurs »

Ce camouflet préfigure une autre défaite, plus grave. En 1759, l'armée française est battue à Québec. Au traité de Paris, en 1763, la France perd toutes ses possessions, mais garde Saint-Pierre-et-Miquelon comme lot de consolation. Après 150 ans d'occupation d'un territoire inhospitalier, la Nouvelle-France est abandonnée. Militaires, notables et commerçants rentrent en France, ne laissant derrière eux que les plus démunis. Après la conquête anglaise, les Français vont pourtant continuer à jouer un rôle essentiel dans l'exploration du territoire. Succédant à leurs ancêtres coureurs des bois, plusieurs d'entre eux deviennent des « voyageurs » pour le compte des grandes compagnies de fourrures. Les temps ont changé : à la différence des coureurs des bois, les voyageurs exercent une activité tout à fait légale et reconnue. La Compagnie de la baie d'Hudson n'est plus la seule sur le marché. En 1787, des marchands indépendants de Montréal se regroupent pour créer la puissante Compagnie du Nord-Ouest. La rivalité entre les deux compagnies est féroce. Les postes de traite se multiplient. C'est à qui contrôlera en premier les territoires de chasse, obtenus par traité avec les Indiens.
D'où une formidable course d'exploration à travers le pays qui n'en est pas encore un, repoussant chaque fois un peu plus loin les frontières vers l'ouest. La Compagnie du Nord-Ouest est forte d'une bonne trentaine de guides-interprètes amérindiens et de 1 200 « voyageurs », dont pas mal de Canadiens français. Courageux aventuriers, ces hommes sillonnent le pays en canot en écorce de bouleau, transportent des tonnes de marchandises (fourrures et biens d'échange), sont forcés de faire du portage, durant de longues et périlleuses expéditions. Se déplaçant en brigades (plusieurs canots d'une dizaine d'hommes chacun), les hommes pagaient sans relâche. Pour survivre, ils mangent du *pemmican*, un mets indien très calorique, fait de viande de bison ou d'orignal séchée. L'« unité castor » sert de base pour l'échange de marchandises avec les Indiens. Un castor vaut ainsi, au choix : 6 grands couteaux, 1 livre de grains de collier ou 4 livres de plomb à tirer. Pour se procurer un habit galonné, les marchands indiens devaient cependant débourser 6 castors et, pour un fusil, 4 de plus.

Employés des compagnies de fourrures et grands explorateurs

Pour étendre leur territoire, et découvrir enfin une voie navigable jusqu'au Pacifique, les grandes compagnies de fourrures recrutent des jeunes gens ambitieux et hardis, qui n'ont pas peur de l'inconnu. Si la plupart sont restés anonymes, d'autres sont immortalisés par de grands fleuves auxquels ils ont donné leur nom.
Parmi ceux-là : *Alexander Mackenzie*, l'un des initiateurs de la Compagnie du Nord-Ouest. Parti du lac Athabasca (aujourd'hui en Alberta), il voyage à pied et en canot, traverse les Rocheuses et débouche enfin sur la côte ouest (1793). Il est le premier Visage Pâle à se rendre en Colombie britannique. Un peu plus tard, *Simon Fraser*, employé de la même compagnie, cherche lui aussi une voie navigable pour l'océan Pacifique. Il descend le fleuve Fraser et franchit le vertigineux « Hell's Gate Canyon », canyon de la Porte de l'Enfer, surplombant de dangereux torrents. *David Thomson*, lui, est cartographe avant tout. D'abord au service de la Compagnie de la baie d'Hudson, il travaille pour la Compagnie du Nord-Ouest en espérant que ses talents seront mieux utilisés. En 1807, il s'embarque avec sa vigoureuse épouse métis et ses enfants (il en a 13 !) pour un grand voyage. Quatre ans plus tard, il découvre enfin le fleuve Columbia qu'il suit jusqu'à l'océan. Infatigable, il voyagera pendant 28 ans, et dressera la première carte de l'Ouest canadien qu'il sillonna sur des milliers de kilomètres.

La naissance du Canada

Après des années de concurrence acharnée, les deux grandes compagnies finissent par fusionner en 1821, en conservant le nom de la Compagnie de la baie d'Hudson. Il lui reste encore quelques belles années jusqu'à la signature de l'acte de l'Amérique du Nord britannique (1867). Le Canada devient alors un « dominion britannique » (confédération de provinces) regroupant le Québec, l'Ontario, la Nouvelle-Écosse et le Nouveau-Brunswick. Afin d'asseoir sa puissance et de s'affirmer vis-à-vis des États-Unis, le jeune Canada veut acquérir la Terre de Rupert, toujours propriété de la Compagnie de la baie d'Hudson. De longues négociations vont aboutir à la plus grosse transaction immobilière de l'histoire du Canada : pour 1,5 million de livres sterling le Canada rachète la Terre de Rupert en 1869. Aujourd'hui, *The Bay* (*La Baie*, au Québec) est devenue une importante chaîne de magasins à travers le Canada.

Écologie oblige, The Bay ne vend cependant plus de fourrures depuis 1991... En revanche, on y trouve toujours la célèbre couverture blanche à rayures vertes, rouges, jaunes et noires, autrefois très appréciée des Amérindiens, en échange de fourrures.

La révolte des métis

Aveuglé par sa bonne affaire, le gouvernement canadien a pris à la légère un problème qui va devenir crucial : celui des métis de Rivière Rouge, un ancien comptoir de la Compagnie de la baie d'Hudson, le Manitoba aujourd'hui. Fils des aventuriers français et des Indiennes, les métis sont les premiers défricheurs de la région, aux côtés des colons canadiens français. Lors du rachat de la Terre de Rupert, ils sont plusieurs milliers à partager leur existence entre les champs de blé et la chasse aux bisons. Sans leur demander leur avis, le gouvernement canadien envoie des arpenteurs qui repartagent sans vergogne les terres des métis, au profit des futurs colons anglophones de l'Ontario. En 1869, la résistance s'organise derrière *Louis Riel*, un bouillant métis de 25 ans. Grâce à lui, le Manitoba deviendra une province du Canada, avec des droits particuliers pour les métis et les colons francophones. Accusé du meurtre d'un Ontarien opposé à la révolution, Riel s'exile aux États-Unis. En 1884, il reviendra cependant au Canada pour soutenir de nouveau les siens. En Saskatchewan cette fois, où plusieurs métis se sont réfugiés lors de la dernière révolte. Las ! Les métis seront finalement matés et, à la suite d'un procès historique, Riel sera pendu en 1885, suscitant un vif émoi au Québec. Très récemment encore, Louis Riel était considéré comme un traître par les anglophones, qui l'ont enfin réhabilité sur le tard. Il a cependant toujours été un héros aux yeux des Canadiens français.

Le chemin de fer ou le Canada « d'un océan à l'autre »

Ces soubresauts tragiques seront cependant vite oubliés. Le Canada se prépare à devenir un grand pays. Tant pis pour les métis et pour les Indiens. Une fois la frontière avec les États-Unis bien établie par le 49e parallèle, *John MacDonald*, le tout premier Premier ministre du Canada, fait le pari fou de tracer une ligne de chemin de fer dans ce pays immense et quasiment vide, peuplé d'à peine 3 millions d'habitants. Son ambition : bâtir le Canada « d'un océan à l'autre », devise qui est restée celle du pays. C'est d'ailleurs sur la promesse d'une ligne de chemin de fer que la lointaine Colombie britannique acceptera d'entrer dans la Confédération canadienne, en 1871.

Après avoir franchi les Rocheuses, la double voie d'acier rejoindra finalement la côte pacifique en 1885 : au total, 4 600 km ! Pour accomplir cette tâche titanesque, la compagnie privée Canadien Pacifique obtient d'importantes subventions, et bien sûr des terres, autrefois propriétés de la Compagnie de la baie d'Hudson (toujours elle !). En échange de quoi, elle doit se charger du peuplement et inciter les colons à venir s'installer le long de son itinéraire.

On fait venir des milliers de Chinois de San Francisco pour travailler sur les voies ferrées. Ces ouvriers sous-payés ne sont pas très bien traités, en dépit de leurs bons services : on leur interdit en effet de se marier au Canada, et on les prie fermement de repartir une fois leur pénible labeur accompli ! (Les temps ont bien changé puisque depuis quelques années, le Canada accueille plus d'Asiatiques que d'Européens.) D'autres colons sont en revanche bienvenus : les Américains, du moins ceux qui savent cultiver des terres arides. Et bien sûr les Britanniques. Les autres Européens sont également accueillis à bras ouverts, à condition qu'ils soient agriculteurs. Parmi ceux-ci, de nombreux Allemands, Tchèques, Hongrois, Ukrainiens... dont les descendants sont aujourd'hui bien implantés dans les grandes cités de l'Ouest. Au bout de dix ans, le gouvernement canadien leur offre leurs terres, s'ils ont réussi à les faire fructifier. Entre la fin du XIXe siècle et la Première Guerre mondiale, plus de 2 millions de pionniers débarqueront ainsi au Canada. Le chemin de fer Canadien Pacifique *(Canadian Pacific Railway)* aura été le facteur déterminant de la colonisation de la région des Prairies. « Le cheval de feu », comme le surnommaient les Indiens, aura aussi fait surgir de nombreuses villes dans son sillage.

Les ruées vers l'or

Alors que l'intérêt pour les fourrures commence à se dissiper, un autre aimant va attirer les aventuriers vers l'ouest du Canada : l'or ! Car en Colombie britannique, il n'y a pas un mais deux filons : dans le fleuve Fraser (1858), puis plus au nord, dans les monts Cariboo (1862). Venus de Californie (où il n'y a plus la moindre pépite), les chercheurs affluent par milliers. Les gisements aurifères s'épuisent vite. Mais on va bientôt entendre parler d'un autre eldorado : le Klondike, une rivière qui coule au Yukon, région encore inexploitée du Canada, à la limite de l'Alaska (que les États-Unis viennent d'acheter aux Russes). Ce sera la plus grande ruée vers l'or de l'histoire. Là encore, les Américains reprennent en masse la route du Nord pour profiter du filon. Décidément, il devient urgent de faire comprendre à ces messieurs qu'ils ne peuvent pas débarquer ici en pays conquis. La police montée (ces fiers *Mounties* en tunique rouge) va donc mettre de l'ordre là-dedans et surveiller l'entrée du Yukon. Ils laisseront tout de même passer le romancier Jack London, qui en a rapporté de bien jolies pages. La ruée et l'intense activité qu'elle déclenche, notamment à Dawson City, la capitale (remplacée depuis par Whitehorse), retomberont comme un soufflé au début du XXe siècle.

La conquête par la mer

Pendant que les explorateurs écumaient le pays pour le compte des compagnies de fourrures, les navigateurs n'ont pas perdu de temps. Durant la seconde moitié du XVIIIe siècle, les vaisseaux espagnols venant du Mexique remontent vers les côtes de la Colombie britannique. Les commerçants russes, eux, multiplient les expéditions le long de la côte ouest, en quête de peaux d'otarie qu'ils revendent en Chine.

Après avoir participé à la prise de Québec (1759) comme engagé de la Marine royale britannique, le cher capitaine *James Cook* revient au Canada, mais dans sa partie ouest, en 1778. Il en profite pour traiter avec les Indiens nootkas, en leur achetant quelques belles peaux de loutre. Cook les revendra ensuite aux Chinois, peu regardants sur les prix. Vient ensuite *George Vancouver* (1792), qui donne son nom à la grande ville de Colombie britannique. Après avoir suivi son ami Cook dans les eaux bleues du Pacifique, Vancouver longe la côte nord-ouest de l'Amérique du Nord, où il fait nettement plus frais. Mais il n'est pas là pour se faire bronzer. Il peut même se vanter d'avoir été le premier à dresser une carte précise du littoral.

Le Canada et le XXᵉ siècle

Le Canada est aujourd'hui une monarchie constitutionnelle au sein du Commonwealth britannique. La reine est représentée par un gouverneur général, mais à titre purement honorifique. Chaque province jouit d'une grande autonomie en matière d'éducation, de logement et de ressources. La souplesse qui caractérise une confédération ouvre aussi la porte aux contestations... légales. Par exemple, il y a actuellement un parti politique anglophone qui, lassé des turbulences « francophonesques », préconise l'expulsion pure et simple du Québec de la confédération ! L'arroseur arrosé en quelque sorte... La première guerre à laquelle les Canadiens participèrent en dehors de leur territoire fut la guerre des Boers, en Afrique du Sud, contre les Afrikaaners. Elle fut suivie par la Première Guerre mondiale. À cette occasion, Henri Bourassa, un chef politique québécois, déclara que « les vrais ennemis des Canadiens français ne sont pas les Allemands, mais les Canadiens anglais angliciseurs, les Ontariens intrigants et les prêtres irlandais » (les Irlandais étant certes catholiques, mais anglophones...). Et il est vrai que, par la suite, beaucoup de Québécois sont allés à la guerre à reculons. Pendant la Seconde Guerre mondiale, la menace nazie paraissait bien trop loin pour le Nouveau Monde, et les attaches européennes, tant françaises que britanniques, étaient devenues douteuses. Mais, malgré ses réticences, le Canada paya le prix fort durant les deux guerres mondiales : 60 000 morts pour la première et 43 000 pour la seconde.

L'influence des États-Unis

Le « grand voisin d'à côté », après avoir longtemps lorgné sur le jeune Canada dans l'espoir de l'absorber, ne serait-ce qu'en partie, reste omniprésent dans l'histoire économique du pays. Le Canada subira la Grande Dépression ainsi que tous les flux, reflux et autres avatars financiers des États-Unis. Si chaque communauté a gardé une identité spécifique, l'influence américaine est néanmoins considérable. Les fast-foods, le Coca-Cola et les aspirations de l'*American way of life* sont partout, à chaque coin de rue. Dans la communauté francophone, l'impact de l'*American dream* était tel que déjà, dans les années 1920, on avait interdit le cinéma aux adolescents !

Les nouveaux enjeux

Les querelles constitutionnelles portant toutes sur « la » question du Québec ont largement influencé le résultat des élections fédérales d'octobre 1993. Certes, le libéral Jean Chrétien, Premier ministre du Canada (et québécois de surcroît), dispose d'une forte majorité à la Chambre des communes d'Ottawa; mais il doit compter avec deux nouvelles forces « régionalistes ». À l'ouest du pays, le *Reform Party,* parti populiste et ultra-conservateur, considéré comme francophobe et qui milite notamment pour la suppression du bilinguisme des institutions fédérales (imposé par Pierre-Eliott Trudeau), jugé comme un facteur de gaspillage. Dans la Belle Province, le *Bloc Québécois,* parti d'opposition officielle, qui défend la cause de la souveraineté du Québec.

Si Jean Chrétien a l'intention de démontrer que le Canada « est toujours la meilleure solution pour les Québécois », les « bloquistes » sont fermement convaincus qu'« il y a deux pays dans ce pays ». Le dernier référendum sur l'indépendance du Québec (octobre 1995) a donné une faible avance aux partisans du fédéralisme (50,6 %). Mais alors que Lucien Bouchard, le chef du parti québécois, est devenu Premier ministre de la Belle Province en remplacement du démissionnaire Jacques Parizeau, de nombreux Canadiens s'interrogent : et si le prochain référendum, promis par Bouchard, était le bon?

Les peuples autochtones dans l'histoire canadienne

Sauvages, Indiens ou autochtones?

Après des siècles de cohabitation, les rapports entre les Canadiens et les autochtones demeurent chargés d'incompréhension, d'ignorance (souvent assortie de préjugés) et de ressentiment mutuels... Symbolique, même l'utilisation des termes pour définir les uns et les autres est problématique! Durant les premières décennies du XXe siècle, on employait (notamment dans les manuels d'histoire) le mot « Sauvages » pour parler des « Peaux-Rouges » ou des « Indiens » (ainsi baptisés par les premiers navigateurs qui croyaient avoir trouvé la route des Indes). Puis on les a nommés « Amérindiens », pour faire plus local. Aujourd'hui, on dit « autochtones », ou Premières Nations *(First Nations),* terme qui présente l'avantage d'englober les Inuit (car ceux-ci ne sont pas des Amérindiens).

Une classification difficile

Sur le territoire du Canada moderne, on dénombre une dizaine de familles linguistiques autochtones subdivisées en une multitude de sous-familles (représentant souvent chacune un groupe ethnique distinct). En dresser le portrait complet serait long et téméraire. Un exemple de la complexité? La famille wakaskenne, sur la côte pacifique, regroupe les langues haisla, heiltsuk, kwakiutl, nuuchalnulth, nootka et nitinat! Encore? La famille athapaskane, autour des montagnes Rocheuses, groupe les langues castor, porteur, chilcotin, tcippewayan, flan-de-chien, han, lièvre, kaska, kutchin, sarsi, sakani, esclave, tagish, tahitan et tutchoni. Il y a vraiment de quoi y perdre son nassgitksan...

L'arrivée des colons... et des problèmes

L'arrivée des colons français puis anglais en ce qui allait devenir la Nouvelle-France puis le dominion du Canada, a irrémédiablement bouleversé le régime de vie indigène. L'importance de cette prise de possession, cependant, doit être mise en de justes proportions. Le Canada a toujours été et demeure très peu densément peuplé. Aujourd'hui, 29 millions d'individus se partagent l'équivalent territorial de 20 fois la France. Dans la mesure où les conflits entre populations autochtones et colonisateurs furent largement déterminés par le désir des seconds d'accéder à la terre et aux ressources naturelles et d'implanter des colons, c'est un fait historique que les populations autochtones du Canada subirent diverses formes de sévices. Plus personne ne conteste cette réalité. Déportations, relocalisation, dépossession et persécutions diverses firent partie du lot, à mesure que s'amplifiait l'appétit de possession du Blanc et la mise en exploitation de la nature.

Les maladies nouvelles venues d'Europe ont lourdement sévi. En Amérique, dans l'ensemble, on va jusqu'à estimer qu'entre 1520 et 1700 la décimation indigène liée à la maladie a atteint un taux frisant les 90 %.

Les affrontements directs entre coloniaux et peuples indigènes au Canada eurent surtout lieu dans les grands bassins fertiles où le contrôle de la terre devenait un enjeu, comme la plaine du Saint-Laurent ou la périphérie des Grands Lacs. À l'écart du littoral, les contacts furent plus rares, se confinant souvent à l'échange marchand sans autre désir d'occupation.

Prise de conscience et mea-culpa

Les Canadiens savent qu'ils ont eu des torts et ne peuvent se défendre d'un certain sentiment de culpabilité « historique ». Tout en estimant souvent que les autochtones bénéficient d'énormes privilèges (fiscaux notamment). Les autochtones, eux, cherchent à sauvegarder leur différence, leur culture (malmenée, on le sait, par la modernité), se sentent exploités et réclament des territoires auxquels ils estiment toujours avoir droit. Tout en faisant valoir que leurs revendications sont aussi légitimes que celles des Québécois vis-à-vis du pouvoir fédéral canadien. On le voit, le problème est loin d'être simple !

Les dernières décennies ont provoqué des changements sociaux particulièrement rapides et profonds. Par exemple, il y a 50 ans à peine, les Inuit et une grande partie des Amérindiens menaient une vie nomade.

Les autochtones ont en effet durement ressenti le choc de la modernité, perdant leurs repères, leur identité vis-à-vis des Canadiens. Un écart important demeure encore entre leurs conditions de vie et celles de la population du Canada en général.

Combien sont-ils ?

Les « Indiens inscrits » sont aujourd'hui (chiffre de 1993) 533 000 répartis à travers le Canada, soit environ 1,9 % de la population totale. La majorité (60 %) vit dans les provinces de l'Ouest (Manitoba, Saskatchewan, Alberta, Colombie britannique) et le quart, en Ontario. Rappelons qu'au moment de l'arrivée du Blanc il y avait environ un demi-million d'autochtones, soit une croissance démographique nulle sur 4 siècles. Aujourd'hui, plus de la moitié d'entre eux ont moins de 25 ans. On estime pour 2001, le nombre d'Indiens inscrits à 623 000 personnes, représentant 2,1 % de la population canadienne.

Ce taux de croissance démographique élevé s'explique notamment par la modification de 1985 de la loi sur les Indiens, qui a permis la réintégration, ou l'inscription pour la première fois, de 85 000 d'entre eux.

Qu'est-ce que la loi sur les Indiens ?

Au terme de la Constitution canadienne, le gouvernement fédéral est habilité à légiférer en ce qui concerne les « Indiens et les terres réservées pour les Indiens ». La première « loi sur les Indiens » a été adoptée en 1876. Celle-ci a été modifiée de nombreuses fois.

Ainsi, avant 1960, les « Indiens inscrits » (c'est-à-dire enregistrés comme tels en vertu de la loi) et vivant dans les réserves n'avaient pas le droit de vote aux élections fédérales. Par ailleurs, ce n'est qu'en 1969 que les Amérindiens ont obtenu le droit de vote aux élections provinciales.

Ce n'est qu'en 1985 que cette loi est (enfin) devenue conforme aux dispositions contenues dans la charte canadienne des Droits et Libertés ! Auparavant, les « Indiens » (puisque c'est encore le terme qu'utilise la loi) pouvaient perdre leur statut d'« Indiens inscrits ». Cela s'appelait l'« émancipation ». Elle leur enlevait leurs droits en tant qu'Indiens mais leur accordait tous les droits des Canadiens. Vous avez compris ? Non ? Alors reprenez lentement en mâchant bien tous les mots.

... et les négociations continuent

Malgré tous ces pas en avant, le gouvernement fédéral reconnaît explicitement qu'aujourd'hui encore la loi sur les Indiens « continue d'entraver le développement social, économique et politique » et « qu'elle ne peut satisfaire les aspirations contemporaines des Indiens ». Voilà pourquoi les dirigeants autochtones et le ministère de la Justice et celui des Affaires indiennes et du Nord canadien sont actuellement en train de modifier profondément la loi afin de trouver des solutions, notamment sur les questions de la gestion des terres, de l'imposition et des pouvoirs administratifs.

La question autochtone aujourd'hui

La question autochtone au Canada d'aujourd'hui est complexe et commande une réflexion plus appuyée qu'une indignation bruyante.

La reconnaissance des autochtones comme étant des citoyens à part entière s'est faite tardivement : on les a d'abord gardés à distance en traitant avec eux de façon impérialiste, en les considérant cependant comme des sujets de « Sa Majesté ». Quand le besoin en territoire se fait sentir, on convoque les chefs, auxquels on reconnaît une existence politique, et on « propose » de céder des droits par traité. Le système des réserves encadre les populations elles-mêmes et les sédentarise, et restreint les droits d'usage de territoires de chasse ancestraux (dans certains cas, grands comme la France).

Aujourd'hui, on fait tout pour réhabiliter l'image des « Premières Nations », d'un bout à l'autre du pays. Depuis des expositions thématiques jusqu'aux livres d'histoire, les autochtones sont enfin respectés. Leurs revendications, très médiatisées, ne sont certes pas toujours bien comprises par la population, mais un pas essentiel a été franchi : celui de la reconnaissance.

Droits constitutionnels et avantages

Les autochtones bénéficient de tous les droits et avantages des autres Canadiens. Voici en quelques lignes les avantages auxquels donne droit le fait d'être un « Indien inscrit » : en tant qu'« inscrit », on a le droit de vivre dans une réserve. On compte 2 300 réserves à travers le Canada, où vivent environ 60 % des « Indiens inscrits ». Le fait de vivre en réserve permet de bénéficier de l'exemption fiscale sur les revenus gagnés dans les réserves, l'exemption de certaines taxes provinciales, la gratuité des soins médicaux, des subventions au logement dans les réserves, des subventions aux études post-secondaires ainsi que d'autres allocations.

Les Inuit (les « Hommes », pluriel d'*Innu* en langue inuktitut)

Des autochtones différents

Autrefois connus sous le nom d'Eskimos, les Inuit sont les autochtones du Nord du Canada. Ils vivent au-delà du 60ᵉ parallèle, ainsi que dans le Nord du Québec et du Labrador. Les Inuit ne sont pas visés par la loi sur les Indiens. Le ministère des Affaires indiennes et du Nord du Canada ne dresse pas de registre de la population inuit ; ils seraient environ 40 000. Soit le quart des Inuit du monde.

S'ils méritent à eux seuls une division particulière, c'est en raison de leur distinction culturelle. En effet, les Inuit ne sont apparus dans le Nord-Est du Canada qu'il y a 4 500 ans, ce qui est relativement récent, comparé aux quelques dizaines de milliers d'années des Amérindiens. Jusqu'à la seconde moitié du XXe siècle, les Inuit du Nord québécois n'ont connu du Blanc que les apparitions occasionnelles de pêcheurs basques et des baleiniers anglais et américains. En plus de l'armée canadienne qui y effectua des séjours de repérages, des ethnologues et un bon nombre d'explorateurs y passèrent, quelques missionnaires chrétiens s'y incrustèrent. Le véritable choc des cultures ne s'effectua qu'avec l'implantation permanente de bases militaires et de services gouvernementaux comme l'éducation et la santé, vers les années 1950.

Aujourd'hui, la plupart des Inuit sont encore nomades. Ils vivent de la chasse et de la pêche, leur lieu de résidence varie selon les saisons, leur maison est de neige l'hiver et de peaux l'été. Toutes les nécessités de la subsistance sont patiemment trouvées dans un environnement avare et un climat extrême, interdisant l'agriculture. Les plus forts seulement survivent, les famines sont fréquentes, la mortalité élevée. Ce qui n'empêche pas l'Innu d'être foncièrement joyeux et d'une générosité peu commune.

Des effets indésirables de la modernité

En même temps que la vie matérielle s'est considérablement adoucie, les effets désastreux de la sédentarisation rapide sont massifs. L'Innu est doté d'un patrimoine génétique qui l'a pourvu d'un métabolisme extrêmement efficace, il lui faut peu pour survivre. Dans les maisons que lui a données l'État et qui favorisent sa sédentarisation, il a trop chaud, il mange trop, il ne bouge pas assez. Résultat de l'inactivité et de la soudaine abondance, l'espérance de vie s'est accrue dans un sens, mais la santé de l'Innu s'est aussi considérablement détériorée. Sa culture, fondée sur la migration et le rapport intime à la nature, s'est effritée sous la poussée conjuguée de l'évangélisation et du modernisme promu, entre autres, par le système éducatif des premières années et la télévision.

Prise en main et renouveau culturel

C'est avec les acquis de la convention de la Baie James et du Nord québécois, signée en 1975, que l'Innu a amorcé la reprise en main de sa destinée. Les apports financiers de l'entente lui permirent un développement autogéré ciblé sur ses besoins, dont l'achat de bateaux de pêche modernes, la mise en marche d'une station radio et d'un périodique, la mise sur pied d'une compagnie aérienne régionale, *Air Inuit*, et même l'achat, en 1990, d'une autre compagnie régionale, celle-là desservant les Territoires du Nord-Ouest. Dans ces régions qu'aucune route ne relie au reste du monde, c'est un fait d'arme majeur. Travaillant de façon autonome ou en collaboration avec divers ministères du gouvernement québécois, des institutions totalement inuit veillent à l'administration et au développement de la région dans tous les secteurs d'activité. Les acquis administratifs et politiques lui permettent maintenant de prendre en charge l'éducation en langue inuktitut ainsi que le contrôle du développement et de la mise en valeur de tout le territoire québécois au nord du 55e parallèle – le tiers du Québec.

La culture inuit regagne une partie du terrain perdu. Les anciens sont sollicités par les plus jeunes pour enseigner le savoir ancestral. On écrit soi-même ses livres d'histoire et ses dictionnaires, on rapatrie les objets traditionnels qui avaient été emportés vers le sud, on revalorise l'art traditionnel de la sculpture sur os, sur ivoire, sur andouillers de caribou et sur stéatite, et on prend en main sa commercialisation. Dans certaines régions comme Cape Dorset, cette activité peut représenter une part non négligeable de l'économie locale. Pour s'en rendre compte, il suffit d'observer les prix de certaines œuvres dans les galeries spécialisées de Montréal ou de New York. Mais la fierté et le dynamisme sont les premiers moteurs du renouveau au pays du morse, du narval et de l'ours blanc.

Nunavut (« Notre Terre », en langue inuktitut)

Le 1er avril 1999, le Nunavut est officiellement devenu un territoire inuit. Le Nunavut est en fait une scission des actuels Territoires du Nord-Ouest, couvrant au total 350 000 km^2, et réclamée par les Inuit depuis... 1976. Ce nouveau territoire possède désormais son propre gouvernement, dans la nouvelle capitale Iqaluit, en lien avec le gouvernement fédéral. Son premier objectif : la mise en place d'institutions à 100 % inuit, pour veiller à l'administration et au développement de la région, dans tous les secteurs d'activité. Tout ne sera pas facile pour autant, en raison du taux de chômage, du manque de scolarisation et de la faiblesse du revenu moyen des Inuit. Mais le gouvernement canadien, qui lui apporte son soutien, estime que la création du nouveau gouvernement « stimulera l'économie de la région ». Une autre revendication territoriale est, elle, toujours en attente : celle des Inuit du Labrador.

L'Ontario, c'est tout le Canada en résumé : cités modernes et villages préservés, bars de jazz à la chaleureuse atmosphère, grands espaces qui s'étirent à l'infini, gentillesse et sourire des habitants, omniprésents.

Vaste territoire bordé au sud par les Grands Lacs et au nord par la baie d'Hudson. C'est la province la plus active du pays, tant sur le plan industriel qu'agricole. Son climat est très agréable grâce à l'effet modérateur des Grands Lacs. On y fait même pousser de la vigne dans la région sud.

La population se regroupe principalement dans les villes du Sud, comme Toronto et Ottawa, où le climat est plus favorable. Quand on dit Ontario, on pense bien sûr aux chutes du Niagara, mais la province est avant tout composée de milliers de lacs, reliés par de nombreuses rivières ou cours d'eau qu'il est facile d'explorer en canoë. En Ontario, il n'est jamais besoin d'aller bien loin pour trouver une nature sauvage et exubérante, peu touchée par le passage de l'homme. Les villes aussi ont quelque chose à dire : la passive Toronto des années 1960 est devenue un centre économique dynamique, et les points d'intérêt y sont nombreux. De même, toutes les bourgades de la baie Géorgienne, où s'est forgée, bien souvent dans le sang, une partie de l'histoire du pays, sont dignes de susciter la curiosité. Pour bien réussir son voyage dans la province, on conseille de combiner la visite des villes à des explorations plus audacieuses, par le biais de randonnées ou de circuits de canotage, notamment dans le parc Algonquin. C'est le meilleur moyen pour comprendre l'immensité du pays et saisir les difficultés qu'ont pu rencontrer les pionniers, alors que tout était à faire !

À noter que l'Ontario se révélera un calvaire pour les fumeurs. Les habitants sont vraiment draconiens sur le sujet. Et les rares « espaces fumeurs » des restos de Toronto, sortes de fumoirs sinistres, sont plus efficaces qu'un patch !

TORONTO   IND. TÉL. : 416

Pour les plans de Toronto voir le cahier central en couleur.

La petite cité industrielle des années 1960 a bien changé. Toronto s'est développée et a pris très rapidement des allures de grande métropole avec ses défauts et ses qualités, damant le pion à sa copine Montréal sur le plan économique. La ville n'en finit pas de s'étendre vers d'infinies banlieues industrielles, entaillées par de longues artères. Le centre, où il vous faudra séjourner, comporte de nombreux quartiers ethniques très marqués qui ont redonné à la ville le souffle culturel dont elle avait grand besoin. Toronto se veut, dit-on ici, la ville la plus cosmopolite du globe. Ce qui étonne d'abord, c'est la propreté des rues et l'absence de stress. Même aux heures de sortie des bureaux, on n'a jamais l'impression d'une ville bondée. Bien sûr les grands buildings du Downtown ont peut-être fleuri un peu vite, écrasant ainsi les quartiers aux riches maisons victoriennes, mais, heureusement, la présence de nombreuses communautés d'origine étrangère, fortement implantées depuis quelques décennies, a véritablement redonné un coup de fouet à la culture, à la cuisine et au rythme de la ville : *Chinatown,* toujours animé ; quartier de *Queen Street,* branché comme il faut ; *Cabbagetown,* rénové et réoccupé par les yuppies ; *Kensington Market,* où se retrouvent les « alternatifs » de tout poil ; quartiers italien de *Saint-Clair,* grec de *Danforth*...

Bref, derrière une ville un peu froide au premier abord, et cachés derrière les *shopping centers,* on découvre des rues fleuries, des petits parcs, des quartiers accueillants et chaleureux, riches en couleurs de peau, des petits restos... et surtout, en juin pendant le Festival de Jazz ou en septembre pendant le Festival international du Film, un tas de bars très chouettes, pas chers, où la musique est bonne comme la bière. Mais pour découvrir le Toronto de derrière les fagots, il faut savoir prendre son temps.

Arrivée à l'aéroport

✈ **L'*aéroport*** se trouve à 32 km au nord-ouest du centre-ville.
– **Renseignements :** ☎ 247-7678. De 8 h à 22 h. Appels possibles dans toutes les langues.
– **De l'aéroport au Downtown en voiture :** prendre la route 427 vers le sud, puis la QEW vers l'est. Compter 25 mn.
Petit conseil (pour vous éviter un accident dès votre arrivée) : si c'est votre « première fois » au Canada, faites attention aux feux tricolores ! Quand on arrive à un carrefour, le feu est situé DE L'AUTRE CÔTÉ de l'intersection.
– **Bus « Airport Express » pour le centre-ville :** départ toutes les 20 mn de 6 h 25 à 0 h 45. Le bus s'arrête devant une dizaine de grands hôtels, le dernier arrêt étant le terminal des bus. Durée du trajet : 40 mn. Réduction de 10 % pour les étudiants.
– **Taxis avec Aéroport Services :** ☎ (416) 255-2211.

Orientation

Toronto est très étendue et les centres d'intérêt assez éloignés les uns des autres. Le centre-ville peut cependant être délimité au sud par *Front Street,* au nord par *Bloor Street,* à l'est par *Jarvis Street* et à l'ouest par *Bathurst Street*. En plein centre, se déroulant dans l'axe nord-sud, *Yonge Street* constitue un bon point de repère. C'est à partir de cette rue que les perpendiculaires se divisent en « East » et « West ». Yonge Street est, dit-on, la rue la plus longue du monde.

Transports

Même si les distances sont importantes, une voiture est bien souvent un handicap à Toronto. On est souvent obligé de se garer dans les parkings privés payants. C'est commode, mais ça revient cher. La marche nécessite de solides mollets. Reste le métro *(subway)* qui exploite 4 lignes dont 2 principales, l'une se dirigeant de l'est vers l'ouest et l'autre décrivant une boucle dans l'axe nord-sud. Propre et rapide, d'utilisation facile, il fonctionne de 6 h à minuit et demi. Les bus (mêmes horaires que le métro) et les tramways (24 h/24) couvrent tout le centre-ville. Les chauffeurs se feront toujours un plaisir de vous aider à trouver votre chemin.
On peut acheter des jetons aux stations de métro : communs à tous les transports. Il existe également un *day-pass*, assez vite amorti.

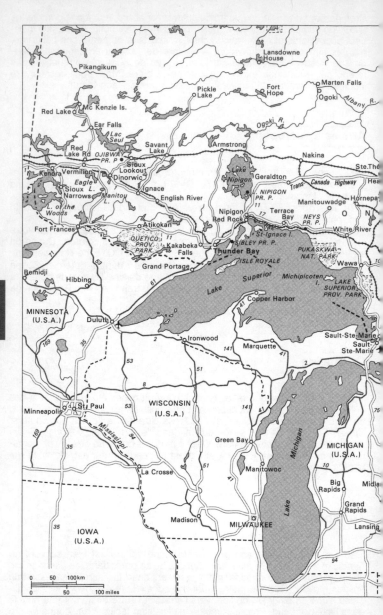

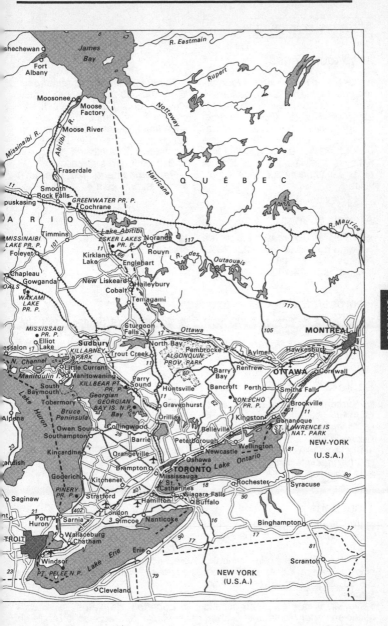

L'ONTARIO

Adresses et infos utiles

Infos touristiques

🛈 *Centre d'information touristique de l'Ontario* (plan couleur II, C2, **1**) : centre Eaton, niveau 1, 220 Yonge Street. Ouvert du lundi au vendredi de 10 h à 21 h, le samedi de 9 h 30 à 19 h et le dimanche de 12 h à 17 h. Des conseillers touristiques sont là pour vous aider à organiser votre séjour dans la province.

– *Renseignements par téléphone :* ☎ 1-800-668-2746. Appel gratuit, tous les jours. Ce numéro peut être composé de n'importe où au Canada (sauf Toronto). Conseillers touristiques au bout du fil. Renseignements sur Toronto en français : ☎ 314-0956. Très efficace.
– *Renseignements par Internet :* ● www.toronto.com ●

Argent, change

■ *American Express :* en cas de perte ou de vol, ☎ 1-800-221-7282. Agence : 101 McNabb Street, Markham. ☎ 905-4746-8000.

■ *Visa :* ☎ 1-800-732-1322 (appel gratuit).

Représentations diplomatiques

■ *Consulat de France :* 130 Bloor Street W. ☎ 925-8041.
■ *Consulat de Belgique :* 2 Bloor Street W. ☎ 944-1422.

■ *Consulat de Suisse :* 154 University Avenue. ☎ 593-5371.
■ *Consulat des États-Unis :* 360 University Street. ☎ 595-0228.

Santé

■ *Numéro d'appel d'urgence :* ☎ 911.
■ *Toronto General Hospital :* 200 Elizabeth Street. Urgences : ☎ 340-4800. M. : Queen's Park.
■ *Pharmacie – drugstore ouvert 24/24* (plan couleur II, C2, **8**) : Shop-pers' Drug Mart, 700 Bay Street, à l'angle de Gerrard Street. ☎ 979-2424. Pour connaître la pharmacie ouverte la plus proche : *Shoppers' Drug Mart,* ☎ 1-800-363-1020 (appel gratuit).

Transports

■ *Air France :* 151 Bloor Street West. Bureau 810. ☎ 1-800-667-2747.
🚆 *Union Station* (gare centrale ; plan couleur II, C3-4) : 65 Front Street, entre Bay Street et York Street. *Via Rail :* ☎ 366-8411. ● www.viarail.ca ● Nombreux départs quotidiens pour Montréal et Ottawa.
🚌 *Greyhound* (plan II, C2) : à l'angle de Bay Street et Dundas Street. Informations et réservations : ☎ 1-800-661-8747 (appel gratuit). Bus en direction de plusieurs grandes villes et circuits. Tous les départs s'effectuent à cette adresse.
■ *Location de voitures :* de nombreuses petites agences. Parmi les grandes : *National Car Rental Canada,* ☎ 922-2000. *Hertz,* ☎ 620-9620.
■ *Location de vélos* (plan couleur II, C4, **3**) : McBride, à l'angle de York et de Queens Quay West. ☎ 763-5651. Ouvert de mai à octobre. Le magasin principal se trouve au 2799 Dundas Street West, très éloigné du centre-ville.

Ouvert la nuit

■ *Le Dominion :* en face du 360 Bloor Street West. Supermarché ouvert tous les jours et 24 h/24.

■ *Shoppers' Drug Mart :* 700 Bay Street. Ouvert tous les jours et 24 h/24.

Loisirs

– Les magazines *Now* et *Eye*, distribués partout gratuitement, donnent la liste de tous les spectacles culturels de la ville.

■ *TO TIX :* achats de billets de théâtre et de concerts à moitié prix pour la soirée. Kiosque à l'Eaton Center, level 2, Dundas Mall Corridor. Ouvert du mardi au vendredi de 12 h à 21 h, le samedi de 12 h à 19 h et le dimanche de 12 h à 18 h.
■ *Station de radio en français :* Radio Canada, AM 860.
■ *Maison de la Presse internatio-* *nale (plan II, B1, 5) :* 124 Yorkville Avenue. M. : Bay. On y trouve bien entendu des journaux français.
@ *Cyber Space (plan couleur II, A1, 7)*, 561 Bloor Street West. *Cyberland Café (plan couleur II, C2, 9)*, 257 Yonge Street. *Hostelling International Toronto*, 76 Church Street. *Global Village Backpackers*, 460 King Street West.

– Toutes les *piscines publiques* sont gratuites. Demandez la liste à l'office du tourisme ou appelez au : ☎ 392-7838 *(Pool hot line)*.

Où dormir ?

L'hébergement à Toronto est difficile et cher. Les campings sont éloignés du centre, les universités proposent des chambres, mais ce n'est pas bon marché. Reste l'auberge de jeunesse (centrale). Pour ceux qui sont plus en fonds, préférez les *B & B* aux hôtels. À prix égal, vous serez plus près du centre, le petit déjeuner est compris et vous rencontrerez des gens sympas. Pour tous les hébergements, il faut RÉSERVER.

Camping

⌂ *Indian Line Tourist Campground :* 7625 Finch Ave., Brampton. ☎ 678-1233 ou 1-800-304-9728. Fax : 678-1305. • www.iline @trca.on.ac • Un grand camping aux portes de la ville. Emplacements ombragés. Les sanitaires ne sont pas très propres, mais on est bien content de trouver un camping près de Toronto.

Bon marché (autour de 20 $Ca)

⌂ *Hostelling International Toronto (plan couleur II, C3, 20) :* 76 Church Street. ☎ 971-4440 et numéro gratuit (hors Toronto) : ☎ 1-800-668-4487. Fax : 971-4088. Ouvert 24 h/24. Au total, 180 lits. Rajouter quelques dollars pour les non-membres des AJ. Il vaut mieux réserver. La salle d'accueil est organisée en petits salons, avec des guides et des livres en libre-service. À disposition également : une vaste cuisine, une laverie, une salle TV et un cyber café (1 $Ca les 10 mn). Ambiance jeune et conviviale. L'AJ organise aussi des petites excursions (prix et destinations variés).
⌂ *The Rosa Tourist House (plan couleur I, A4, 21) :* 1584 King Street West, Sunnyside. ☎ 536-8225.

réductions pour un séjour d'une semaine. Loin du centre, mais la station de tramway (prendre le n° 501) est à 100 m de l'auberge. Parking. Prendre le tramway 504 et descendre à la Coach Station. À 20 mn du centre-ville. Déco hétéroclite, clientèle européenne.

≜ **Leslieville Home Hostel** *(plan couleur I, D3, 22)* **:** 185 Leslie Street. ☎ 461-7258. Fax : 469-9938. Sur Queen Street, prendre le tramway Est jusqu'à Leslie. Excentré. À 10 mn du centre en voiture. Dortoirs, chambres simples ou doubles. Si vous souhaitez plus d'indépendance, la patronne loue des chambres doubles et un appartement dans une autre maison, un peu plus loin et plus au calme !

≜ **Global Village Backpackers** *(plan couleur II, B3, 23)* **:** 460 King Street West. ☎ 703-8540. Numéro Vert : ☎ 1-888-844-7875. Fax : 703-3887. • www.globalbackpackers.com • Une maison tout en hauteur, située dans le cœur de Toronto à 5 mn à pied du Skydome et de la CN Tower. On a un peu l'impression d'entrer dans une boîte de nuit, comptoir peinturluré et musique rock, ambiance *cool and relax*. À disposition : une cuisine, une salle TV, un cyber café, un piano, un billard, et même un pub ! Une adresse à conseiller chaudement aux amateurs du genre.

≜ **The Planet Traveler's Hostel :** 175, Augusta Ave., derrière le Kensington Market. ☎ 599-6789. • www.theplanettraveler.com • Prendre la ligne de bus de Dundas Street, descendre un arrêt après Spadina Ave. 20 $Ca par personne en spacieux dortoirs de 6 lits. Une toute nouvelle AJ, située dans une maison victorienne rénovée, très propre, avec cuisine, salle TV. Accueil chaleureux d'Anthony, toujours prêt à rendre service. Breakfast compris et copieux : muffins, fruits, boissons à volonté... L'adresse commence à se faire connaître chez les routards, pensez à réserver.

Les universités (environ 25 $Ca par personne)

Possibilité de location de chambres à la nuit, à la semaine ou au mois.

≜ **University of Toronto** *(plan couleur II, B1, 26)* **:** Summer Residence Accommodation, Sir Daniel Wilson Residence, 85 Saint George Street. ☎ 978-2532. Fax : 946-5386. • www.utoronto.ca/ucres • De mai à fin août uniquement. Séjour d'une semaine minimum. Chambre simple à 100 $Ca la semaine. Plus de 200 chambres simples ou doubles, celles-ci plus rarement disponibles. Certaines ont vue sur le parc. Très style « Cercle des poètes disparus » : chambres spartiates, meubles en bois ciré, poignées de portes en laiton. Les sanitaires et les baignoires sont impeccables, mais la cuisine est réduite au minimum (1 frigo, 1 micro-ondes). Salle TV. Ce campus reste très animé pendant tout l'été. Couvre-feu à 23 h. Vraiment pittoresque !

≜ **Neill Wycik College Hotel** *(plan couleur II, C2, 24)* **:** 96 Gerrard Street East, entre Jarvis et Church Streets. ☎ 977-2320 ou 1-800-268-4358. Fax : 977-2809. • wycik@info ramp.net • M. : College. Pas mal situé. Réductions pour étudiants, seniors et membres des AJ. Grande résidence étudiante ouverte aux routards uniquement de mi-mai à fin août. 185 chambres fonctionnelles, sans style et défraîchies. Draps, serviettes et savon fournis. Douches collectives. Machine à laver. Une cuisine pour 10 chambres et une cafétéria pour le petit déjeuner. Sauna et terrasse sur le toit avec barbecue ! Pas de couvre-feu. Sachez qu'un lit pliant supplémentaire dans une chambre coûte très peu cher et que 2 enfants de moins de 17 ans peuvent loger gratuitement avec leurs parents.

≜ **Tartu College** *(plan couleur II, B1, 25)* **:** 310 Bloor Street West. ☎ 925-9405. Fax : 925-2295. • trtucolg@idirect.com • M. : Spadina. Demi-tarif à partir de la deuxième nuit. Ouvert aux touristes du 1er mai à la fin août. Bureau ouvert de 9 h à 16 h. Résidence d'étudiants un peu tristounette mais fonctionnelle. Sanitaires communs avec baignoires. Assez centrale. Pas de couvre-feu. Une cuisine pour 6 chambres.

☎ **YWCA** (plan couleur I, C2, 27) :

80 Woodlawn Avenue East. ☎ 923-8454. Fax : 923-1950. M. : Yonge Street Line; arrêt à Summerhill Station. Ouvert toute l'année 24 h/24. Dortoirs et chambres individuelles. N'accepte que les filles. Petit déjeuner inclus.

Les associations de B & B

Il y en a cinq. Elles pratiquent toutes plus ou moins les mêmes prix, ceux-ci variant en fonction de la classe de la maison et de sa proximité du centre.

■ **Metropolitan Bed & Breakfast Registry of Toronto :** ☎ 964-2566. Fax : 960-9526.
■ **Toronto Bed & Breakfast :** ☎ 588-8800. Fax : 927-9526. Soir et week-end.
■ **Downtown Toronto Association of Bed & Breakfast Guesthouses :** PO Box 190. Station B.

☎ 368-1420. Fax : 368-1653. Maisons chères mais très centrales.
■ **Bed & Breakfast Homes of Toronto :** ☎ 363-6362.
■ **Abodes of Choice Bed & Breakfast Association of Toronto :** Box 46093, College Park Post Office, Toronto M5B-248. ☎ 694-6491. Fax : 537-7629.

Quelques adresses de bon rapport qualité-prix (entre 60 et 80 $Ca)

☎ **Les Amis** (plan couleur II, C2, 36) : 31 Granby Street. ☎ 591-0635. Fax : 591-8546. ● les-amis@bbtoronto.com ● Chambre double de 75 à 90 $Ca, sanitaires communs. Les Amis portent bien leur nom, puisqu'on y est accueilli comme tel. Ambiance chaleureuse et feutrée. Les propriétaires, végétariens, servent des petits déjeuners excellents.
☎ **Havinn** (plan couleur I, B2-3, 38) : 118 Spadina Road. ☎ 922-5220.
● havinn@echo-on.net ● Proche de Casa Loma. Chambre double à 60 $Ca par jour, et à 350 $Ca la semaine. Quatre chambres modestes avec TV, sanitaires communs. Possibilité de cuisiner.
☎ **Grayona Tourist Home** (plan couleur I, A4, 28) : 1546 King Street West. ☎ 535-5443. Prendre le tramway n° 504 et descendre à la « Coach Station ». Arrêt de tramway en face de la porte. À environ 20 mn du centre-ville. Maison simple, propre et agréable, tenue par une Australienne très gentille et très bavarde, qui adore rencontrer des gens du monde entier. Six chambres,

petit studio avec kitchenette et salle de bains privée. Préférer les chambres sur l'arrière, qui sont moins bruyantes. Certaines ont vue sur le lac. Sanitaires impeccables. Prix raisonnables, mais pas de petit déjeuner. Fumeurs s'abstenir.
☎ **Global Guest House** (plan couleur II, A-B1, 29) : 9 Spadina Road. ☎ 923-4004. Fax : 923-1208. Proche de Bloor Street et de la station de métro Spadina. TV et parking. Fresques et tableaux peints sur les murs du couloir et des chambres; la maîtresse de maison est une artiste... Dix chambres au décor ringard. Noter la baignoire rouge ! Demander une chambre avec AC. Pas de petit déjeuner, mais cuisine à disposition des locataires.
☎ **Vanderkooy** (plan couleur I, C2, 32) : 53 Walker Avenue. ☎ 925-8765. M. : Summerhill. Dans une rue calme et verdoyante, donnant sur Yonge Street, au nord de Bloor Street, une belle maison avec terrasse et jardin. Les chambres sont très confortables. Impeccable. AC. Bon accueil.

Plus chic (entre 80 et 120 $Ca)

♣ Beverly Place *(plan couleur II, B2, 30)* : 235 Beverly Street. ☎ 977-0077. À la hauteur de College Street. Maison particulière classique, mal indiquée dans une rue résidentielle. Cinq belles chambres d'une propreté irréprochable. Décoration élégante : tableaux, meubles anciens, moquette épaisse ou parquet qui craque. Très classe. Cinq autres chambres du même style, plus spacieuses, dans une maison de l'autre côté de la rue. Petit déjeuner inclus que l'on prend dans le jardin. On peut fumer dans la cuisine ou dehors, mais pas dans les chambres. Un chouette endroit, c'est sûr.

♣ La Terrasse *(plan couleur I, B2, 31)* : 52 Austin Terrace. ☎ 535-1493. Fax : 535-9616. ● terracehouse bandb@sympatico.ca ● M. : St Clair West. Austin Terrace est une jolie petite rue donnant sur Bathurst Street, juste au nord de Davenport Road. Tout proche de la Casa Loma. La maison, baignée de verdure, date du début du XXe siècle. Suzanne Charbonneau et son mari sont des Canadiens francophones d'origine québécoise. Chambres impeccables. L'une d'entre elles possède un petit salon privé avec vue sur les ratons-laveurs du jardin. AC. Petit déjeuner copieux et de qualité. Non-fumeurs uniquement. Une très bonne adresse.

♣ Annex House *(plan couleur I, B2-3, 33)* : 147 Madison Avenue. ☎ et fax : 920-3922. M. : Dupont. Bien située, dans une jolie rue, calme et verdoyante, cette maison cossue du début du XXe siècle compte 4 chambres doubles, vastes, bien tenues et très confortables. Parking privé gratuit. C'est un peu plus cher que nos autres adresses de *B & B,* mais ça reste raisonnable et, à prix égal, aucun hôtel ne vous offrira le même confort et le même charme. Une bonne adresse, idéale pour ceux qui recherchent un certain confort et peuvent se l'offrir.

♣ Executive Motor Hotel *(plan couleur II, A3-4, 39)* : 621 King Street West. ☎ 504-7441. Fax : 504-4722. Bien situé, proche du Skydome, de l'Ontario Place, et de Harbourfront. Meilleur rapport qualité-prix du centre-ville. Motel américain classique et fonctionnel.

Très chic (plus de 150 $Ca)

♣ Royal York *(plan couleur II, C3, 34)* : 100 Front Street. ☎ 368-2511. Fax : 368-2884. Face à Union Station. Moquette épaisse, cuivres rutilants, lustres en cristal imposants, atmosphère feutrée et personnel dévoué, c'est le grand hôtel dans tous les sens du terme. Pour les routards fortunés ou pour y passer une nuit si vous n'avez pas dépensé tout votre budget vacances. Un bus pour l'aéroport passe devant l'hôtel toutes les 30 mn, de 5 h 30 à 23 h.

♣ The Strathcona Hotel *(plan couleur II, C3, 35)* : 60 York Street. ☎ 363-3321. Fax : 363-4679. Grand hôtel classique avec un côté démodé et vieillot qui plaira aux vieux jeunes mariés.

Où manger ?

Comme toutes les villes jeunes et ouvertes, Toronto a su acquérir toutes les diversités de cuisine de la planète. Les nombreux immigrants ont pu ainsi faire revivre un peu de leur pays au travers de leurs spécialités culinaires.

DANS CHINATOWN

Bon marché (moins de 10 $Ca)

Toute la rue Dundas est pleine de gargotes qui ont retenu notre attention.

|●| *Saigon Lai Restaurant* (plan couleur II, B2, *41*) : 434 Dundas Street West. ☎ 592-9155. Ouvert de 10 h à 22 h, jusqu'à 23 h le samedi. Les menus comprennent le thé et la salade de soja. En plein Chinatown. Une salle doucement climatisée où se retrouvent les familles chinoises autour de tables rondes. Cuisine de Saigon. Les fauchés se contenteront d'une soupe, très copieuse.

|●| *Tung Hing Bakery* (plan couleur II, B2, *40*) : 428 Dundas Street West. Excellentes pâtisseries chinoises et autres, à emporter.

|●| *Saigon Palace Restaurant* (plan couleur II, B2, *42*) : 454 Spadina Avenue. ☎ 968-1623. Une enseigne de supermarché jaune, à côté de l'*El Mocambo* (angle de College Street). Ouvert de 9 h à 22 h, le samedi jusqu'à 23 h. Ambiance cantine, fréquenté par les Chinois du quartier. Grande variété de jus de fruits exotiques et de légumes à découvrir.

DANS LE QUARTIER DE KENSINGTON MARKET

Prix moyens (entre 10 et 20 $Ca)

La rue Baldwin regorge de petits restos tous différents et plus sympas les uns que les autres.

|●| *Dessert Sensation Café* (plan couleur II, B2, *43*) : 26 Baldwin Street. ☎ 348-0731. Ouvert tous les jours de 11 h 30 à minuit. Bon choix de gâteaux vraiment costauds. Terrasse très sympa et ambiance tranquille.

|●| *John's Italian Café* (plan couleur II, B2, *44*) : 27 Baldwin Street. Ouvert de 12 h à 23 h. Café italien classique et décontracté, avec une terrasse au soleil l'après-midi. Petite carte de pizzas, soupes et pâtes. Après s'être baladé dans Kensington Market (au bout de Baldwin Street), l'endroit idéal pour écrire ses cartes postales.

|●| *Margarita's* (plan couleur II, B2, *45*) : 14 Baldwin Street. ☎ 977-5525. Plats à prix corrects, mais les boissons sont chères. Petit resto mexicain « rigolo », avec ponchos et sombreros en guise de déco. Terrasse sympa à l'étage. Nourriture relevée à souhait ! Attention, appeler avant de se déplacer car les horaires d'ouverture du resto sont plutôt fantaisistes.

SUR QUEEN STREET WEST

Prix moyens (autour de 15 $Ca)

|●| *Tortilla Flats* (plan couleur II, B3, *46*) : 429 Queen Street West ; à l'est de Spadina Avenue. ☎ 593-9870. Ouvert de 11 h à 2 h, sauf le dimanche, de 11 h à minuit. Resto et bar tex-mex avec un agréable patio. On a adoré les *fajitas*. Un must le mardi soir où elles sont à moitié prix. Goûtez aussi leurs desserts « décadents », à des prix décents. Une bonne adresse.

|●| *Le Rivoli* (plan couleur II, B3, *54*) : 332 Queen Street West. ☎ 596-1908. Ouvert de 11 h 30 à 2 h. Resto-bar design. Propose des plats originaux, inspirés de la cuisine asiatique et italienne, quelques hamburgers bien d'ici... et un grand choix de vins. Clientèle branchée. Beaucoup de jeunes. Tous les mois, expos originales d'artistes locaux. Y aller plutôt le soir. On peut d'ailleurs se contenter de boire un verre en terrasse.

PRÈS DE FRONT STREET

Prix moyens (autour de 15 $Ca)

l●l **Restaurant Marché Mövenpick** *(plan couleur II, C3, 57)* : 42 Yonge Street. Sur la BCE Place. ☎ 366-8986. Ouvert tous les jours de 7 h 30 à 2 h. Variété d'assiettes, sucrées ou salées, de 4 à 12 $Ca. C'est le fleuron de la chaîne des restaurants *Mövenpick*. Un resto assez étonnant : immense (500 couverts) et pourtant agréable, grâce à un aménagement intérieur très attractif. Bon, si on passait à table ? Comme son nom l'indique, ce restaurant est un marché qui ressemble de près à ceux de nos villages français : étalages colorés et parfumés de plats très divers, tous aussi appétissants les uns que les autres. Du pizzaiolo au pâtissier, en passant par le comptoir des vins, vous pourrez butiner, muni de votre plateau, devant les nombreux stands. Vous l'avez compris, ce n'est pas un restaurant comme les autres. Faites-y un tour, en gardant un œil sur l'addition. Pensez à réserver.

l●l **Café Bar Masquerade** *(plan couleur II, C3, 58)* : 42 Yonge Street, en face du *Mövenpick*. ☎ 363-8971. Ouvert de 7 h 30 à 22 h, fermé le dimanche. Resto-bar très moderne. Mobilier aux couleurs vives. Ambiance carnaval à l'italienne. *Antipasti, pasta* et pizza au menu. Très agréable pour y prendre seulement un café (un *espresso* s'il vous plaît).

l●l **Le Papillon** *(plan couleur II, C3, 56)* : 16 Church Street, près de Scott Street. ☎ 363-3773. Ouvert du lundi au samedi de 11 h 30 à 22 h. Spécialités québécoises. Décor et accueil raffinés, avec en plus la spontanéité et le naturel des Québécois. La cuisine est bonne, mais contrairement aux autres établissements, on ne peut pas se contenter d'une entrée. Une bonne adresse lorsqu'on est un peu saturé de la cuisine habituelle des Ontariens.

l●l **Shopsy** *(plan couleur II, C3, 55)* : 33 Yonge Street, à l'angle de Front Street. Ouverture à 6 h 30, fermeture à 21 h, selon les jours. Restaurant – ou plutôt, *deli* comme on dit ici – fondé en 1922, ce qui en fait l'un des plus vieux de la ville. Très grand : plus de 250 couverts. Décor style ancienne brasserie de gare, banquettes en bois et photos de stars au mur. Ce n'est pas une adresse gastronomique (hamburgers, steak-frites, charcuterie, salades...), mais on y mange correctement et c'est copieux.

l●l **The Old Spaghetti Factory** *(plan couleur II, C3, 48)* : 54 Esplanade, près de Scott Street. Ouvert du lundi au jeudi de 13 h 30 à 22 h, le vendredi et le samedi de 11 h 30 à minuit. Menu enfants. Tables de machines à coudre, chevaux de bois, chaises western, grands vitraux multicolores et wagons de tramways symbolisent le baroque ancien de ce resto italien. Sauces américaines. Cuisine sans prétention mais service rapide.

SUR BLOOR STREET WEST

Bon marché (autour de 10 $Ca)

l●l **Country Style** *(plan couleur II, A1, 49)* : 450 Bloor Street. ☎ 537-1745. Ouvert tous les jours de 11 h à 22 h. Prépare aussi des plats à emporter. Excellent resto hongrois. Salle étroite et banale dans laquelle on déguste les meilleures spécialités hongroises. On vient ici pour la qualité de la cuisine, pas pour la frime. D'ailleurs, ce n'est pas un hasard si le resto est l'un des lieux de rendez-vous des Hongrois de Toronto. Excellent goulasch. Goûtez aussi le *beef with paprikash onions* ! Hmm...

TORONTO

I●I *Madison Avenue Pub* (plan couleur II, A-B1, **59**) : 14 Madison Avenue. ☎ 927-1722. Ouvert de 11 h à 2 h. *Happy hours* pour certains plats entre 15 h et 18 h. D'un extérieur classique, deux maisons accolées, ce pub anglais est composé de nombreuses pièces et terrasses constituant un véritable labyrinthe sur plusieurs niveaux (le bar peut accueillir jusqu'à 500 personnes). On vient y boire sa pinte à la sortie du bureau, serré autour des grandes tables en bois, même en hiver, car les terrasses sont chauffées par d'énormes radiateurs à gaz placés en hauteur. Parties de billard et de fléchettes acharnées. Si vous n'êtes plus en état de rentrer, le *Madison* loue quelques chambres, à partir de 90 $Ca.

I●I *Swiss Chalet* (plan couleur II, B1, **53**) : 234 Bloor Street. ☎ 972-6831. Ouverture à 11 h, fermeture entre 22 h et 23 h selon les jours. *Swiss Chalet* est une chaîne de restaurants dont la spécialité est le poulet, préparé à toutes les sauces. Les salles sont aérées et quelques boiseries décorées rappellent les alpages. Bon rapport qualité-prix dans ce quartier d'affaires.

À YORKVILLE, DANS LE QUARTIER CHIC

Plus chic (autour de 20 $Ca)

I●I *Pilot Tavern* (plan couleur II, C1, **47**) : 22 Cumberland Street. Ouvert jusqu'à 1 h. En 1987, un club de fanatiques d'aviation a repris ce bar légendaire, dont le nom rend hommage aux célèbres pilotes de guerre. La grande salle sombre en bas relate quelques exploits. Le *Fly deck* (en fait la terrasse sur le toit) n'a d'intéressant que le nom. Au menu, salades, hamburgers et club-sandwichs. Pas de desserts, mais de très bons gâteaux chez *Dinah's Cupboard*, au n° 50, sur le même trottoir.

I●I *Hemingway's* (plan couleur II, B1, **50**) : 142 Cumberland Street. Ouvert jusqu'à 2 h. Nourriture correcte. Très symbolique du quartier chic de Yorkville. Canapés confortables où les businessmen viennent prendre des *drinks on the rocks*. Nous, on a préféré la terrasse sur le toit. Là, l'ambiance fait plus « vacances ». Sympa.

VERS YONGE STREET

Prix moyens (autour de 10 $Ca)

I●I *Spiral* (plan couleur II, C1, **61**) : 582 Church Street. Ouvert à partir de 11 h 30. Situé dans le quartier gay. Murs bleu pastel et vert anis, la décoration est épurée ; les cheminées, hautes chaises cannelées, parquets et boiseries faisant le charme de la salle un tantinet chic. Une adresse à la mode pour les yuppies du quartier. Une terrasse pour les beaux jours. Nouvelle cuisine goûteuse, comme les *springrolls* de poulet accompagnés de salade de mangue.

I●I *Coach House* (plan couleur II, C1, **62**) : 574 Yonge Street. Ouvert tous les jours. Un grand bar à l'américaine tout en longueur avec les immanquables tabourets tournants et le frigo métallique des années 1970 sur lequel trône la cafetière. Le service est un peu long mais on patiente en sirotant une bière et en regardant la TV, comme le font les habitués du lieu. Puis le plat arrive, et l'on se sent comme dans un de ces bons vieux films américains.

PRÈS DU SKYDOME

Prix moyens (environ 15 $Ca)

|●| *ACME Grill (plan couleur II, B3, 63) :* 86 John Street. ☎ 340-9700. Un grand bâtiment en brique sur un parking. On entre dans une longue salle divisée en deux, murs en brique et chaises western. La première partie fait bar, la deuxième restaurant. Plats typiques, et aussi hamburgers et club-sandwichs. Musique country en fond et des téléviseurs qui diffusent les matchs de base-ball qui se déroulent à quelques minutes à pied, au Skydome.

|●| *The Second City (plan couleur II, B3, 51) :* 56 Blue Jays Way. ☎ 863-1111. Ce théâtre-restaurant est l'une des meilleures adresses de Toronto pour apprécier la comédie canadienne. On mange au *Leoni's* (même entrée), dans une immense salle. Spécialités italiennes. Copieux

|●| *Ed's Restaurant (plan couleur II, B-C3, 52) :* 270 King Street West. Plusieurs gigantesques restos qui s'étalent sur deux blocs de rue. Ils ferment à 22 h (21 h le dimanche). Super déco, rococo à souhait, faite de vieilleries en tout genre. On y trouve tout : cuisines italienne, chinoise, fruits de mer... Bonne viande. Avec ses restos, le proprio a fait fortune. D'ailleurs, il a placardé les récits de sa gloire sur la façade et écrit un bouquin intitulé « Comment réussir en 121 leçons ». Vous avez dit mégalo ?

|●| *Le Saint Tropez (plan couleur II, B3, 60) :* 315 King Street West. Ouvert de 11 h 30 à 23 h. Spécialités de 10 à 14 $Ca. Une cuisine française délicieusement revue et corrigée, une jolie salle de dimension humaine, une terrasse l'été et quelques touches *Frenchy* : la 2 CV en tableau, le *soufflenheim,* la bouteille de Cointreau... et au mur, la grande ardoise avec la suggestion du chef. On y parle le français et on y sert un vrai café bien de chez nous.

Où boire un verre ?

DANS LE QUARTIER DE KENSINGTON

🍸 *Amadeus Bar (plan couleur II, A-B2, 70) :* à l'angle de Augusta Street et de Denison Square. Ouvert de 10 h à 2 h. Terrasse où l'on se retrouve entre copains. Endroit ringard mais néanmoins sympa. Spécialités portugaises et fruits de mer.

À YORKVILLE

🍸 *Lettieri (plan couleur II, B1, 71) :* 96 Cumberland Street, à l'angle de Bellair Street. Café avec une terrasse où se rencontrent les yuppies et la jeunesse dorée de la ville le soir.

SUR QUEEN STREET WEST ET KING STREET WEST

🍸 *Bovine Sex Club (plan couleur II, A3, 72) :* 542 Queen Street West, à l'est de Bathurst Street. Ouvert de 22 h à 3 h. Non, ce n'est pas un club louche, mais un bar sympa à l'ambiance punk rock. Reconnaissable de loin à sa façade où sont suspendus vélos, landaus et ustensiles de cuisine. Quant à l'intérieur, c'est indescriptible... Non vaccinés contre le tétanos, s'abstenir ! Concerts de temps à autre.

♈ **Amsterdam Brewing Company** *(plan couleur II, B3, 80)* : 600 King Street West. Ouvert tous les jours de 11 h 30 à 2 h. Grand bar où l'on brasse de la bière. Le « zinc » (en bois) fait au moins 20 m de long. On boit en bas, sous les cuves cuivrées sagement alignées. Bières maison et nombreuses autres marques, à la pression ou en bouteille. On peut aussi y manger un snack. Pas très bon marché.

ET ENCORE D'AUTRES BARS SYMPAS

♈ **Chick'n'Deli** *(plan couleur I, C1, 81)* : 744 Mount Plaisant. Bar classique, typique des feuilletons américains. Bouteilles de bière sur le comptoir, lumières tamisées. Souvent bondé. Groupes de rock tous les soirs. Endroit sympa pour guincher. Ambiance très décontractée. Déconseillé aux frimeurs...
♈ **Future Bakery Café** *(plan couleur II, A1, 83)* : 483 Bloor Street. Ouvert tous les jours de 7 h à 1 h. Un vieux bistrot, genre cafétéria d'université, bondé d'intellos, d'artistes et d'étudiants. Tous viennent ici prendre un verre, réviser des exams ou bouquiner la presse tranquillement. On peut aussi y manger vite fait et pour pas cher. Colonne d'annonces diverses, infos concerts et sorties culturelles.

Où boire un verre en écoutant de la musique *live* ?

La musique à Toronto bat son plein lors du festival de Jazz, fin juin. Les boîtes accueillent alors d'excellents groupes venant de tous les horizons. Le niveau est bon et les prix d'entrée très raisonnables. Dans le quartier de Queen Street West, on ne pourra donc que vous conseiller de les écumer un par un en vous en mettant plein les oreilles. Un bon moyen de faire toutes sortes de chouettes rencontres.

♈ **The Bamboo** *(plan couleur II, B3, 73)* : 312 Queen Street West. ☎ 593-5771. Ouvert tous les jours, sauf le dimanche, de 11 h 30 à 3 h. Droit d'entrée. Chaussures de sport interdites le soir. Parfois les concerts débordent sur le trottoir. Patio agréable. Au bout de la salle tout en longueur, une petite scène accueille des groupes de musique progressive ou de reggae. Déco composée d'éléments modernes et de bambous, ambiance des îles. Fait également resto. Plats malais, thaïs et *tropical vegetarian*.
♈ **Horse Shoe Tavern** *(plan couleur II, B3, 74)* : 370 Queen Street West. ☎ 598-4753. On entre d'abord dans un bar (entrée gratuite). Les fauchés resteront à boire un coup tout en écoutant de la musique jouée dans la salle du fond. Si le groupe n'est pas à votre convenance, restez au bar et jouez au billard. Vous pouvez accéder à la pièce du fond pour une somme modique. Groupes assez western.

♈ **Le Bohemian Café** *(plan couleur I, B2, 75)* : 128 Pears Street ; près d'Avenue Road et Davenport Road. ☎ 944-3550. Bar ouvert de 16 h à 1 h en semaine. On y vient surtout le jeudi soir pour écouter, confortablement installé dans les canapés usés, un bon groupe de jazz.
♈ **Lee's Palace** *(plan couleur II, A1, 76)* : 529 Bloor Street. Ouvert de 12 h à 1 h. Chouette bar sur deux niveaux, reconnaissable à sa façade aux couleurs délirantes. Concerts tous les soirs au rez-de-chaussée. Du rock, du pur et dur. Discothèque à l'étage, souvent bondée. Droit d'entrée modeste exigé le week-end.
♈ **The Olde Brunswick House** *(plan couleur II, A1, 77)* : 481 Bloor Street. Ouvert de 12 h à 1 h, fermé le dimanche. Groupes quasiment tous les soirs, dans l'ensemble assez bons. L'endroit est réputé pour faire la fête. On y vient généralement à pied car bien souvent on n'en ressort pas très net. Noter d'ailleurs

que les tables et les banquettes sont en matériau solide. Ici, tout peut arriver, il n'y a rien à casser. Prix d'entrée variable en fonction du groupe.

Où danser ?

– **The Government** (plan couleur II, C4, **78**) : 132 Queen's Quay East. Fermé le mardi et le mercredi. Un des plus grands clubs de Toronto. Piste de danse géante. Une jeune fille peu vêtue se balance au-dessus de vos têtes. Des gogos danseuses, parfois enfermées dans des cages, se relaient toute la soirée dans des costumes délirants. Nombreuses tables de billard. Boissons bon marché. Clientèle assez jeune.

– **Big Bop** (plan couleur II, A3, **79**) : 651 Queen Street, à l'angle de Bathurst Street. Ouvert les mercredi, vendredi et samedi uniquement. Boîte à taille humaine sur 2 étages. Pas très originale si ce n'est que la musique y est bonne. Mercredi, soirée spéciale hard rock. Attention le quartier n'est pas très sûr.

À voir

LES MUSÉES

★ **Royal Ontario Museum** (plan couleur II, B1, **100**) : 100 Queen's Park. ☎ 586-8000. M. : Museum. Ouvert tous les jours de 10 h à 18 h (à partir de 11 h le dimanche et jusqu'à 20 h le mardi). Entrée : 15 \$Ca en semaine, 20 \$Ca le week-end ; réduction étudiants. Gratuit le vendredi de 16 h 30 à 21 h 30.
Ce musée est l'un des plus prestigieux du Canada et d'Amérique du Nord, par la qualité de ses collections mais surtout par son caractère multidisciplinaire. Parmi la trentaine de sections, vous êtes certain de trouver un domaine qui suscitera votre intérêt.
– La *collection chinoise* est l'une des plus importantes au monde. En quelques heures, on parcourt plusieurs millénaires d'art chinois, des vestiges archéologiques aux récents témoignages de la dynastie mandchoue. À noter, la galerie du tombeau des Ming qui comporte un imposant ensemble mortuaire avec de nombreuses portes, des silhouettes protectrices et de grands chameaux de pierre disposés tout au long de l'allée. À ne pas manquer non plus, les trois peintures murales dans la galerie *Bishop White*. Elles représentent des divinités bouddhiques et taoïstes et datent du XIIIᵉ siècle. D'autres superbes sculptures bouddhiques en bois du XIIᵉ au XVIᵉ siècle sont exposées. Toujours dans la collection chinoise, la galerie consacrée au *mobilier funéraire* offre également un aperçu saisissant de l'importance accordée aux défunts. Noter le réalisme des figurines accompagnant le mort.
– Les galeries réservées aux *sciences de la vie* présentent notamment 13 squelettes authentiques de dinosaures dans une reproduction de leur habitat naturel. Étonnant.
– La *galerie des Découvertes* permet aux visiteurs, par petits groupes, de toucher et d'observer au microscope toutes sortes d'objets.
– D'autres galeries consacrées aux *vestiges archéologiques* des premières civilisations du Bassin méditerranéen (Égyptiens, Grecs, Étrusques, Romains) méritent un détour. À noter aussi la partie concernant l'*art islamique*.
– Enfin, les *galeries du Patrimoine canadien* vous feront découvrir l'histoire, la culture et les réalisations des divers peuples du Canada.

★ *Art Gallery of Ontario (plan couleur II, B2-3, 101)* : 317 Dundas Street West. ☎ 979-6648. M. : St Patrick. Ouvert l'été de 12 h à 21 h du mardi au vendredi, et de 10 h à 17 h 30 le week-end. Fermé le lundi. Le prix de l'entrée varie selon les expositions.

Ces dernières années, ce musée a doublé sa surface d'exposition et a intégré *The Grange*, la plus ancienne maison de brique de Toronto. On peut y voir une collection exceptionnelle de plâtres originaux réalisés par le sculpteur contemporain anglais Henry Moore. Belle réussite de mise en valeur des œuvres par la lumière zénithale. La *Canadian Collection* présente les peintures du célèbre groupe des 7 qui jeta les bases, dans les années 1920, de la peinture canadienne, reprenant différents éléments des impressionnistes européens. L'*Art Gallery of Ontario* présente aussi une superbe collection de *peinture européenne* : maîtres flamands (Rembrandt, Van Dyck, Frans Hals), peintres des écoles française (Poussin, Boucher), italienne (Canaletto, Bordone) et anglaise (Hogarth, Raeburn, Reynolds), ainsi que des peintres de la fin du XIXe siècle et du début du XXe (Derain, Delaunay, Picasso, Chagall, Dufy, Van Gogh, Renoir, Monet, Pissarro, Cézanne, etc.). Un département présente une surprenante collection d'*art plastique* avec des œuvres de Rodin, Degas, et une *Tête* de Picasso.

★ *Ontario Science Center (plan couleur I, D1, 102)* : 770 Don Mills Road, à l'angle d'Eglinton Avenue East. ☎ 696-3127. Informations en français : ☎ 696-3147. Ouvert tous les jours de 10 h à 18 h. Entrée : 8 $Ca. Assez éloigné du centre. Prendre le métro direction Yonge Street North jusqu'à Eglinton, puis le bus Eglinton East. Descendre à Don Mills Road. En voiture, prendre la Don Valley Parkway (qu'on peut attraper sur Front Street, près du lac) et suivre les indications pour Don Mills Road North (compter entre 20 et 30 mn).

Imaginez un super palais de la Découverte où l'on vous invite à participer à plein d'expériences marrantes et très instructives. La présentation hyper pédagogique de chaque atelier nous fait presque croire que l'on vient de percer les derniers secrets de la planète. Vraiment chouette. Évitez le week-end.

★ *Bata Shoe Museum (plan couleur II, B1, 103)* : 327 Bloor Street West. ☎ 979-7799. M. : Saint George. Ouvert de 10 h à 17 h (de 12 h à 17 h le dimanche et de 10 h à 20 h le jeudi). Fermé le lundi. Entrée : 6 $Ca. Petit musée interactif, distrayant et instructif. On y découvre des chaussures inédites telles que les *platform boots* d'Elton John.

DIVERTISSEMENTS SPORTIFS

– *Matchs de base-ball au Skydome (plan couleur II, B4, 113)* : c'est le grand divertissement familial au Canada. Places à partir de 7 $Ca. Les joueurs de l'équipe locale de base-ball, les *Blue Jays,* sont vénérés comme des héros. Un écran géant retransmet le match et des tonnes de statistiques en direct pendant le jeu. *Pom-pom girls,* mascottes et tirages au sort font monter l'ambiance.

★ *Skydome Tour Experience (plan couleur II, B4, 113)* : 1 Blue Jay Way, au pied de la CN Tower. ☎ 341-2770. C'est la grosse boule blanche célèbre pour son toit rétractable en 4 parties. Visite d'environ 1 h 30 tous les jours, toutes les heures jusqu'à 17 h sauf les jours de match. Entrée : 10,5 $Ca. Remarquez dans le vestiaire des basketteurs la hauteur des portes et des sèche-cheveux. C'est une véritable ville : on y trouve des restaurants, des bars, un *Hard Rock Café,* et même un hôtel, avec chambres donnant sur le terrain. À ce sujet, on raconte que lors d'un match, un couple logé dans l'une de ces chambres se livra, à la vue de tous, à des activités que le pape réprouve en dehors des liens du mariage, provoquant un gigantesque éclat de rire dans le stade !

– *Matchs de hockey et de basket-ball au Air Canada Center* *(plan couleur II, C4, 112)* : ☎ 214-2255. Prix selon les matchs. Les autres héros de Toronto sont les joueurs de hockey de l'équipe Maple Leaf. L'ambiance est électrique dans ce stade à dimension humaine où les cris des spectateurs résonnent bruyamment pendant la saison d'hiver. En été, l'équipe de basket, les Raptors, prend le relais.

– *Air Canada Center* *(plan couleur II, C4, 112)* : 20 Bay Street. ☎ 214-2255. Proche de la CN Tower, à quelques minutes à pied. Ouvert tous les jours de 10 h à 15 h. C'est là que se déroulent les matchs de hockey et de basket-ball. Le centre doit son nom à la compagnie aérienne qui le sponsorise. La visite du stade, des coulisses et d'un petit musée dure 1 h et coûte 9 $Ca.

– *Hockey Hall of Fame* *(plan couleur II, C3, 114)* : immeuble de la BCE, à l'angle de Yonge Street et de Front Street. ☎ 360-7735. Ouvert tous les jours en été de 9 h 30 à 18 h (de 10 h à 18 h le dimanche), de 10 h à 17 h hors saison. Entrée : 12 $Ca. C'est un lieu regroupant musée, jeux et magasins, consacré au sport national du Canada : vous saurez tout, tout, tout sur le hockey, ses héros, son histoire. Débauche de coupes, crosses, présentations vidéo, etc. Très prisé des Canadiens, en particulier des enfants qui, crosse à la main, tentent d'imiter leurs héros.

AUTRES SITES

★ *Casa Loma* *(plan couleur I, B2, 111)* : 1 Austin Terrace. ☎ 923-1171. M. : Dupont. C'est à 5 mn à pied vers le nord. Ouvert tous les jours de 9 h 30 à 16 h. Entrée : 9 $Ca + parking. Château construit de 1911 à 1914 par un homme d'affaires richissime et excentrique industriel, Sir Henri Pellat. Les 98 pièces de l'édifice sont décorées avec raffinement, malheureusement les meubles exposés ne sont pas les originaux, lesquels furent vendus aux enchères à peine 10 % de leur valeur lors de la faillite du propriétaire. Durée moyenne de la visite : 1 h 30 à 2 h.

★ *Spadina House* *(plan couleur I, B2, 115)* : 285 Spadina Road. ☎ 392-6910. M. : Dupont. Ouvert tous les jours entre avril et septembre de 12 h à 17 h. Entrée : 5 $Ca. Réservation obligatoire pour les visites en français. À côté de la Casa Loma. Maison typique de la haute bourgeoisie du début du XXᵉ siècle. Tout a été soigneusement conservé en état de fonctionnement. Quatre générations de la famille Austin y ont vécu jusqu'à récemment. Même la visite guidée, très *British*, reste dans le ton de la maison.

★ *Toronto City Hall* *(plan couleur II, C3, 105)* : situé au Nathan Philipps Square. M. : Dundas ou Queen. En vous baladant dans le quartier, vous ne pourrez pas échapper à cet édifice aux lignes ultra-modernes, composé de deux tours en quart de cercle et d'une troisième ressemblant à une soucoupe volante géante posée en leur milieu. On dirait du pur Oscar Niemeyer.

★ *Old City Hall* *(plan couleur II, C3, 104)* : ancienne bâtisse imposante, dont l'architecture totalement décalée dénote dans ce quartier neuf. Ça vaut le coup d'œil, tout comme le grand magasin *The Bay*, le plus grand et le plus vieux de cette chaîne au Canada.

★ *CN Tower* *(Canadian National Tower ; plan couleur II, B4, 106)* : sur Front Street. Pour les miro, c'est la tour en béton en forme de fusée à qui on aurait fait une grosse tête. Ouvert de 9 h à 22 h, les vendredi et samedi de 8 h à 23 h. Entrée : 22 $Ca ; réductions pour les enfants et les seniors. L'immeuble à structures autoportantes le plus élevé du monde (ah !...). L'ascenseur vous monte à 447 m à toute vitesse. L'antenne atteint 533 m. Avant de payer votre entrée, vérifiez si la visibilité est bonne. De là-haut, vue géniale sur la ville, le lac et même sur les États-Unis, de l'autre côté du lac (par temps clair). Restaurant et boîte de nuit tournant à 350 m au-dessus du sol. Un plancher en verre a été installé il y a quelque temps et de nombreux visiteurs n'osent pas s'aventurer sur cette surface. On les comprend car c'est franchement impressionnant. Beaucoup de monde (queues interminables) le week-end. Essayez d'y aller le matin en semaine.

★ *Black Creek Pionner's Village :* 1000 Murray Ross. Près du campus de l'université York. ☎ 736-1733. Prendre le métro vers le nord jusqu'à Downsview, puis le bus n° 106 et descendre à l'ouest du campus. Entrée : 8 $Ca ; réductions. Reconstitution d'un village de pionniers de plus de 40 maisons du milieu du XIXᵉ siècle, avec sa ferme, son moulin, sa forge, etc. Le tout animé par des figurants en costumes d'époque.

ATTRACTIONS

★ *Ontario Place* (plan couleur I, B4, 107) : 955 Lake Shore Boulevard. Ouvert de mi-mai à mi-septembre, de 10 h 30 à minuit. Grand parc d'attractions bien aménagé, où les enfants sont rois. Grands espaces verts dotés de nombreuses activités. Pour les plus grands, des restos et surtout des concerts en plein air, tous les soirs, pour le prix normal d'une entrée au parc. Certains artistes internationaux s'y produisent et les prix ne grimpent pas. Pour les concerts, arrivez assez tôt et apportez votre pique-nique. Les artistes jouent sur une scène circulaire et tournante. On est toujours bien placé.

★ *Toronto Islands :* prendre le ferry à l'embarcadère situé au commencement de Bay Street *(plan couleur II, C4, 108)*, derrière le *Westin Harbour Castle Hotel*. Départs très fréquents, jusqu'à 23 h 30. Prix de la traversée : 5 $Ca. Renseignements sur les horaires : ☎ 392-8194. Un beau parc pour se la couler douce sur l'herbe en regardant les nombreuses parties de base-ball. Dommage que l'eau du lac Ontario soit si polluée ! Location de vélos. C'est là que les habitants passent une partie de leur week-end quand il fait chaud. Il faut aimer la foule. Du ferry, chouette vue sur Downtown. Ne pas confondre avec *Toronto Tours*, qui propose des croisières autour des îles pour 20 $Ca.

★ *High Park* (plan couleur I, A3, 109) : le plus grand parc aménagé de la ville. L'été, pendant 15 jours (renseignez-vous à l'office du tourisme), on y présente gratuitement des pièces de théâtre en plein air. Shakespeare à l'œil ! Petit zoo à l'intérieur. Agréable but de promenade.

★ *Métro Toronto Zoo :* 361A Old Finch Ave. Très loin du centre (40 km), sur la Highway 401, à Scarborough. ☎ 392-5900. Entrée : 12 $Ca ; réductions. Ouvert en été de 9 h à 19 h 30 (18 h 30 le week-end). Un des plus grands parcs zoologiques du monde, bien conçu (pour les visiteurs comme pour leurs locataires forcés, ce qui est rare).

★ *Fort York* (plan couleur II, A4, 110) : ouvert en haute saison de 10 h à 17 h, et de 10 h à 16 h en basse saison. Entrée : 5 $Ca. C'est le berceau de Toronto et le théâtre des affrontements entre Anglais et Américains. Ces derniers détruisirent le fort en 1813. En représailles, les Anglais, en marche vers Washington, incendièrent le bureau politique américain, qui fut recouvert de peinture blanche afin de masquer les traces du feu, devenant ainsi... la Maison-Blanche. Fort York fut reconstruit et échappa *in extremis* aux promoteurs immobiliers en 1934. C'est un charmant site si on oublie l'autoroute, la ligne de chemin de fer et la ville nouvelle qui l'entoure. La porte franchie, on bascule dans le XIXᵉ siècle et on imagine la vie qu'animait le fort : officier au mess, cantinière à l'ouvrage...

BALADES DANS LES PETITS QUARTIERS SYMPAS...

Voilà un petit circuit pour les amoureux des villes et de poésie urbaine.

★ **Kensington Market :** un petit marché contenu dans le quadrilatère formé par Augusta et Spadina Avenues, par Nassau et College Streets. Le marché est ouvert tous les jours, sauf le dimanche, de 8 h à 19 h. Le quartier est vraiment agréable. Étals colorés de légumes, poissonneries aux façades naïves, friperies, petits cafés charmants, perrons sur lesquels les jeunes de toutes les couleurs discutent le coup. Kensington est l'un des coins les plus chaleureux de Toronto.

Les premiers résidents furent des immigrants anglais, au début du XXe siècle, qui laissèrent la place aux colonies juives d'Europe centrale. Ce sont eux qui donnèrent au quartier sa véritable identité populaire. Les petits boutiquiers fleurirent et le marché d'aujourd'hui possède les couleurs de celui d'antan. Les années 1950 virent arriver de nouvelles minorités, comme les Hongrois et les Italiens, qui retrouvaient un peu du pays dans cette manière de vivre en prise avec la rue.

C'est à cette époque que quelques personnalités immobilières bien pensantes cherchèrent un tas de bonnes raisons pour détruire le quartier et faire du neuf. En 1982, une campagne s'éleva contre la présence de poulets et de canards vivants sur le marché ! Puis les Portugais débarquèrent et internationalisèrent encore un peu plus le coin. Aujourd'hui, le paysage de Kensington est avant tout multicolore, accueillant même quelques punks déchus que le béton a laissés sur le carreau.

★ **Chinatown :** est situé sur *Dundas Street*, à l'ouest de University Avenue, et se poursuit au-delà de Spadina Avenue. La naissance du quartier date en fait de 1878, quand Sam Ching ouvrit une « laverie » sur Adelaide Street West. Lentement mais sûrement, le quartier se développa jusqu'au tournant des années 1960 où des flots de Chinois de Hong Kong vinrent grossir la communauté.

Le seul quartier de la ville véritablement animé le dimanche, non par les touristes mais par les « autochtones ». C'est ici que les familles chinoises se retrouvent pour faire leurs courses, partager un repas, revoir les amis qui habitent en banlieue, histoire de garder le contact. Sur Dundas Street, on peut voir encore quelques bâtisses du XIXe siècle sur lesquelles sont venues se greffer des enseignes lumineuses jaunes et rouges en caractères chinois. Plus loin, les centres commerciaux, climatisés, prennent le relais de la rue lors des hivers rigoureux. Dans l'architecture moderne ou ancienne, la communauté chinoise est parvenue à se développer, forte de ses 200 000 âmes. Troisième Chinatown après celui de San Francisco et de Vancouver, ce quartier est devenu un point de rencontre très apprécié des Canadiens de Toronto eux-mêmes. Belle preuve d'intégration sociale. Cinq journaux en chinois y sont imprimés quotidiennement.

★ **Queen Street West :** c'est le quartier où se mêlent les jeunes de Toronto. C'est un peu le SoHo de la ville. De grands entrepôts ont été récupérés par des artistes dans les années 1970 pour en faire des ateliers. Depuis, des boutiques de fripes, de gadgets, des restos très branchés sont venus s'accrocher au nouveau souffle que connaît le quartier, contribuant ainsi à grossir la population composée originairement d'Ukrainiens, de Polonais et de juifs de tous pays. Depuis quelques années, le quartier est devenu le point de rendez-vous des jeunes *new-wave* à tendance punkisante. On y trouve donc un brassage intéressant des 20-30 ans de Toronto. Un quartier à découvrir plutôt le samedi après-midi et puis bien sûr le soir, puisque plein de bars très chouettes s'y trouvent (voir « Où boire un verre ? », « Où boire un verre en écoutant de la musique live ? », « Où danser ? »).

★ **Cabbage Town :** ce quartier résidentiel ne possède rien de véritablement vivant. Il reflète tout simplement ce que pouvait être un quartier d'habitations

populaires à la fin du XIXe siècle. Destiné maintes fois à être détruit dans les années 1960 pour laisser place à d'austères buildings, ce coin de verdure rappelle étrangement certains quartiers de San Francisco : petits *cottages* fleuris et colorés, maisons étroites et hautes, constructions victoriennes de charme, etc. Les promoteurs ont finalement décidé de réhabiliter Cabbage Town. Il est maintenant très chic d'y avoir sa maison. Professions libérales et industriels ont donc envahi les rues comprises entre Jarvis et Parliament Streets, d'une part, et Gerrard Street East et King Street East d'autre part. Cabbage Town se situe plus au nord et plus à l'est de ces rues.
Baladez-vous dans *Wellesley Street East, Sackville Street*, bordées de jardinets et de buissons touffus, poursuivez vers *Amelia Street* et *Metcalfe Street*. Les amoureux de vieilles maisons y retrouveront l'odeur du début du XXe siècle.

★ *Yorkville :* petit district dont les anciennes maisons ont été rénovées et transformées en galeries d'art, boutiques chic, restaurants de luxe. Un des endroits où sont concentrés le plus de cafés avec terrasse. Très fréquentés par les yuppies et les gens chic. Quelques bars très chouettes cependant.

★ *Saint Lawrence Market :* 103 Front Street. À l'angle de Jarvis Street. Grand marché couvert situé dans un vieil édifice en brique. Ouvert du mardi au samedi de 8 h à 18 h (17 h le samedi).

ET S'IL VOUS RESTE DU TEMPS...

★ *Greektown :* si vous êtes motorisé, vous pouvez également faire un tour sur Danforth Avenue, entre Broadview Street et Pape Street. C'est là que réside la colonie grecque de Toronto. La largeur des rues empêche de faire renaître véritablement une atmosphère de quartier, et les plaques de rues, traduites en grec, n'y suffisent pas. On y trouve de superbes étals de primeurs hyper fraîches : le *Sunland Fruit Market* est le plus réputé. Nous, on n'a pas vu de différence avec les autres.

★ *Corso Italia :* petit quartier italien situé autour de Saint Clair West, entre Lansdowne Avenue et Dufferin Street. Sur cette petite section se retrouve, le samedi, tout ce que la ville compte d'Italiens. Les restos prennent des accents lombards, les cafés sortent leurs terrasses et les machos échancrent leurs chemises blanches.

– *Naviguer sur le lac Ontario :* ça vaut le coup, pour voir Toronto sous un angle insolite. Très agréable en été. D'ailleurs, les Canadiens naviguent beaucoup et vous verrez de nombreuses marinas le long du lac. Pas de danger particulier pour qui a déjà navigué, mais restez prudent : il y a du trafic dans le port. *Sailing School Club :* 275, Queens Quay West. ☎ 203-3000. Fax : 203-8000. Club de voile situé sur le port, juste dans l'axe de la CN Tower et du Skydome, tout près de l'hôtel *Plazza Radisson*. À Union Station, prendre le tramway LRT Harbour Front et descendre à Rees Street. Tarifs dégressifs : à partir 50 \$Ca de l'heure, 3 h minimum. Les amateurs de voile pourront y louer un dériveur ou un quillard pour la journée ou la demi-journée. Leçons de voile l'été pour adultes et enfants. Caution en liquide ou carte de crédit. Accueil sympa des jeunes du centre. On vous fournit une carte du port. Matériel en bon état. On peut aussi louer des bateaux à moteur.

Vie culturelle

– Les bons en anglais iront au *Royal Alexandra Theater (plan couleur II, C3, 6)*, 260 King Street West (☎ 872-1212), au *Roy Thompson Hall,* 60 Simcoe Street (☎ 593-4828) ou assisteront aux

représentations du **Toronto Free Theater,** d'autant plus sympas qu'elles sont en plein air et gratuites : 2 semaines chaque été, dans High Park (sur Bloor Street, à l'angle de Parkside Drive). M. : High Park. Renseignements sur les dates et pièces jouées : ☎ 368-3110.
– Les autres se rendront au **Théâtre Français de Toronto,** 219 Dufferin Street, Suite 303. Il change de salle en fonction des représentations. Guichet : ☎ 534-6604.
– Les mélomanes pourront aller écouter l'**Orchestre symphonique de Toronto** au Roy Thompson Hall. ☎ 593-4828.

Fêtes et manifestations

– **Du Maurier Downtown Jazz Festival :** la dernière semaine de juin. Infos : ☎ 363-8717. D'innombrables groupes de qualité se donnent rendez-vous dans tous les bars de Queen Street West. Super ambiance et l'entrée n'est pas chère.
– **Le carnaval de Caribana :** entre mi-juillet et début août. C'est le carnaval des Noirs ; ils viennent de toutes les villes environnantes pour fêter ça. Festival de costumes, de couleurs, et bien sûr de danse et de musique. Plein les oreilles pour pas un rond. Le point culminant du carnaval est la parade qui se déroule le dernier jour des festivités. Renseignez-vous sur son parcours à l'office du tourisme. Elle dure tout l'après-midi ! Tout le monde va ensuite pique-niquer pendant deux jours sur les Toronto Islands !
– **Festival international du Film :** la deuxième semaine de septembre, à un ou deux jours près. Plus de 250 films du monde entier y sont présentés. Renseignements à l'office du tourisme.
– Pour les nombreuses autres manifestations, lire les magazines gratuits, *Now* et *Eye* que l'on trouve un peu partout dans la ville.

Achats

⌂ **Honest Eds** (plan couleur II, A11, **90) :** 581 Bloor Street West, à l'angle de Barthurst Street. C'est bien simple, il s'agit de la boutique la moins chère de Toronto. Une sorte de Tati qui vendrait des fringues mais aussi un tas d'objets utiles et surtout inutiles. La façade n'a rien à envier aux casinos de Las Vegas, rapport aux néons criards. Une phrase sur la façade : *Don't just stand here, buy something* (« Ne restez pas là, achetez quelque chose »). Le genre de magasin duquel on sort en ayant dépensé tout l'argent qu'on pensait économiser en y entrant.
⌂ **The World's Biggest Bookstore** *(plan couleur II, C2, 91) :* 20 Edward Street. Non loin de Dundas Street. La plus grande librairie du monde. Nombreux magazines français.
⌂ **Eaton Center** (plan couleur II, C2, 93) : sur Yonge Street, entre Queen et Dundas Streets. Un centre commercial géant. Ouvert tous les jours de 10 h à 21 h, le samedi de 9 h 30 à 18 h et le dimanche de 12 h à 17 h. Un des plus grands du monde. On y trouve... tout !
⌂ **The Bay** (plan couleur II, C3, 92) : à l'angle de Queen West et de Yonge Street. Un centre commercial géant. Ouvert tous les jours de 10 h à 21 h, le samedi de 8 h à 18 h et le dimanche de 12 h à 18 h. Aussi bien conçu et achalandé que notre Samaritaine.

Quitter Toronto

En avion

Deux possibilités pour se rendre à l'aéroport.
– Prendre la navette express toutes les 30 mn à partir des plus grands hôtels de la ville. 40 mn de trajet.
– Plan routard plus économique : prendre le métro jusqu'à Lawrence West, puis le bus n° 58 jusqu'à l'aéroport (coût : 3 tickets !).

En voiture

– **Vers Hamilton et Niagara Falls :** prendre la Highway 2 ou la Gardiner Expressway puis la Queen Elizabeth Way (QEW). Poursuivre jusqu'à Niagara Falls ou prendre la 55 en direction de Niagara-on-the-Lake. De là, prendre la Niagara Parkway qui vous mènera à Niagara Falls, bien plus sympathique que la Highway.
– **Vers Montréal :** remonter Yonge Street pendant plusieurs kilomètres jusqu'à la 401, que vous prendrez vers l'est.

En bus

🚌 **Greyhound** *(plan II, C2) :* ☎ 393-7911. Départs très fréquents toute la journée vers Ottawa, Montréal et Niagara Falls.

En stop

– **Vers Montréal :** le mieux est de prendre le métro jusqu'au terminus nord, puis de sourire...
– **Vers les chutes du Niagara :** métro jusqu'à Kipling (West) ; puis prendre le bus n° 44 jusqu'à Queen Elizabeth. L'autoroute est juste à côté. Direction *Hamilton Niagara* (stop facile). À l'arrivée, il y a 11 km entre la Highway et les chutes, mais beaucoup de voitures, donc pas de problème. Le retour sera néanmoins plus difficile.
– **Vers l'Algonquin Park :** prendre le métro North jusqu'à Finch, puis le bus n° 60 jusqu'à l'autoroute. Attention, il existe plusieurs bus n° 60 (60 A, 60 B, etc.). Leurs destinations sont différentes et celui qui passe à proximité de l'autoroute ne circule pas le week-end. Demandez au chauffeur de vous arrêter. Il n'y a pas d'entrée sur l'autoroute, mais une sortie. Prendre donc à pied la sortie (à contresens) pour atteindre l'autoroute et faire du stop. C'est très facile.
Solution de secours : il y a un bus qui part de la gare centrale et qui va jusque North-Bay (ville au nord de Toronto) avec la compagnie Greyhound. Départs réguliers. Pour ceux qui sont en rade à Toronto, la nuit, sachez qu'il y a des cafétérias, à proximité de la gare centrale, ouvertes 24 h/24.

DE TORONTO À NIAGARA FALLS

Cette bande de terre qui sépare le lac Ontario du lac Érié est essentiellement composée de vergers et de vignobles (faites-y une halte, les dégustations sont quotidiennes et les vins ontariens sont bien meilleurs qu'il y a quelques années). Après Toronto et ses banlieues industrielles, il fait bon y venir prendre un bol d'air. La région est souvent appelée le *fruit belt* de l'Ontario. Elle bénéficie d'un microclimat dû à la présence des deux lacs.

Il nous semble plus intéressant de faire un tour à Niagara-on-the-Lake avant d'aller à Niagara Falls. C'est de là qu'on emprunte la superbe *Niagara Parkway* qui longe la Niagara River. Sur la droite de la route, tout l'été, de nombreuses fermes vendent les cerises et les fraises de leur production. Généralement excellentes et vraiment pas chères. N'hésitez pas à vous arrêter.

HAMILTON

Entre Toronto et Niagara. À 50 km de Toronto par la route 2 Ouest et à 60 km de Niagara par la route 8 Nord. Ville industrielle.

★ Si vous devez vous arrêter, allez au moins voir le *château de Dundurn* (sur le boulevard York à Hamilton). Ouvert de 10 h à 16 h tous les jours du 15 juin au 1er septembre et de 12 h à 16 h tous les jours du 2 septembre au 14 juin. Le château de Dundurn est la première villa « à la toscane » en Amérique du Nord et le cœur de la classe dirigeante de l'Est canadien au milieu du XIXe siècle. En effet, il fut construit en 1835 par Sir Allan Napier MacNab, Premier ministre de la province unie du Canada (Ontario, plus le Québec actuel). Les 35 pièces admirablement meublées présentent la vie d'un riche gentilhomme victorien au Canada. Du parc splendide s'ouvre une belle vue sur le lac Ontario.

NIAGARA-ON-THE-LAKE   IND. TÉL. : 905

Une petite halte suffira pour découvrir ce village aux charmantes demeures du XIXe siècle joliment restaurées... et quasiment toutes « bed-and-breakfastées ». Tout y est très mignon... et cher. Ambiance très anglaise, un rien surfaite. Les grands parcs qui étalent leur verdure et la beauté du site en font un endroit agréable et serein, surtout avant d'attaquer les chutes du Niagara et leur frénésie touristique.

Adresse utile

◼ *Chamber of Commerce-Tourist Information (plan A-B1) :* à l'angle de King Street et Prideaux Street, dans la rue principale. ☎ 468-4263.

Ouvert de 9 h à 17 h tous les jours d'été ; les samedi et dimanche, de 10 h à 17 h. Ils se chargent de vos réservations d'hôtel ou de *B & B*.

Où dormir ?

Se loger dans le village revient cher et on n'a pas vraiment besoin d'y séjourner. Si vous êtes en lune de miel, voici ce que nous avons trouvé (la région étant très touristique, il est conseillé de réserver à l'avance).

Prix moyens (de 55 à 85 $Ca)

▲ *Mrs Dietlinde Witt (plan A1, 3) :* 341 Dorchester Street. ☎ 468-3989. Trois chambres avec un grand lit. Un *B & B* sans charme particulier, mais l'adorable couple âgé réserve un accueil très chaleureux. On a l'impres-

sion d'arriver chez Papy. Cherchez dans le jardin le *B & B* réservé aux oiseaux.
▲ *Jerri's Bunny Hutch (plan A1, 6) :* 305 Center Street. ☎ 468-3377. La maison est décorée d'innombrables

NIAGARA

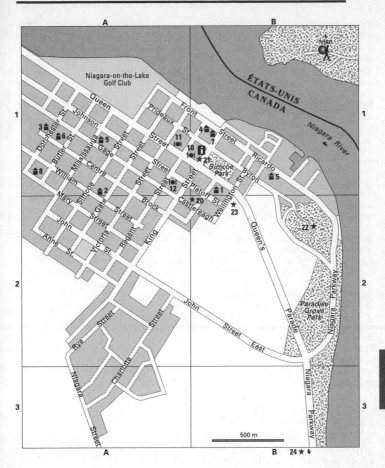

NIAGARA-ON-THE-LAKE

NIAGARA

■ **Adresse utile**

 i Chamber of Commerce-Tourist Information

🏠 **Où dormir ?**

 1 Moffat Inn
 2 Avalon B & B
 3 Mrs Dietlinde Witt
 4 The Leighton House
 5 The Anchorage Motel
 6 Jerri's Bunny Hutch
 7 The Old Bank House
 8 Almar House
 9 Hickoryvale

|●| **Où manger ?**

 10 Stagecoach Family Restaurant and Ice Cream Parlour
 11 Old Town Ice Cream Shoppe and Restaurant
 12 Angel Inn

★ **À voir**

 20 Niagara Historical Museum
 21 Niagara Apothecary
 22 Fort George
 23 Shaw Festival Theater
 24 Inniskillin Wines

lapins en tissu confectionnés par la propriétaire. Accueil sympathique et courtois. Une bonne adresse.

▲ **Almar House** *(plan A1, 8)* : 339 Mary Street. ☎ 468-2409. Marie-Jane, la propriétaire, parle le français. Un joli salon de lecture et dans les chambres, les mêmes petits lapins en tissu que chez *Jerri's Bunny Hutch*. Ambiance reposante.

▲ **Avalon B & B** *(plan A1, 2)* : 189 William Street. ☎ 468-2091. Maison confortable. Trois chambres sans charme.

▲ **The Leighton House** *(plan B1,*

4) : 16 Front Street. ☎ 468-3789. Charmante maison de 1820, près du lac. Beaucoup de meubles anciens, de moquettes et de tapisseries à fleurs, de tableaux et de bibelots. Très victorien. Proprios charmants et petit déjeuner compris.

▲ **The Anchorage Motel** *(plan B1, 5)* : 186 Ricardo Street. ☎ 468-2141. Un peu plus cher que les *B & B* en été. Donne sur la marina. Légèrement excentré, récemment rénové, une vingtaine de chambres avec bains et une grande salle de resto avec terrasse. Sympathique l'été.

Très chic (entre 90 et 150 $Ca)

▲ **Hickoryvale** *(plan A1, 9)* : 276 Mississauga Street. ☎ 468-3015. Quelques jolies chambres confortablement aménagées. Demander celles qui donnent sur le parc. Cuisine, salon et piscine à disposition.

▲ **The Old Bank House** *(plan B1, 7)* : 10 Front Street. ☎ 468-7136. Huit très belles chambres dans une

ancienne banque. Demander celles avec vue sur le lac Ontario. Petit déjeuner inclus très copieux. Bien sûr, c'est très cher, mais quel luxe !

▲ **Moffat In** *(plan B1, 1)* : 60 Picton Street. ☎ 468-4116. Central. Un hôtel charmant, face au parc. Idéal pour les balades en amoureux.

NIAGARA

Où manger ?

Prix moyens (autour de 10 $Ca)

|●| **Angel Inn** *(plan A1, 12)* : 224 Regent Street. Ouvert tous les jours de 11 h 30 à 1 h 30. Dans l'esprit d'un pub irlandais, ce resto sombre et bas de plafond nous convie près de sa cheminée ou de ses petites fenêtres aux volets intérieurs pour une cuisine plutôt européenne et des cakes « catholiques ».

|●| **Stagecoach Family Restaurant**

and Ice Cream Parlour *(plan A-B1, 10)* : 45 Queen Street. Ouvert tous les jours de 7 h à 19 h. Resto américain bon marché.

|●| **Old Town Ice Cream Shoppe and Restaurant** *(plan A1, 11)* : 61-63 Queen Street. Ouvert de 7 h 30 à 21 h en été, 19 h en hiver. Petit déjeuner correct. Typiquement américain. Grand choix de glaces.

À voir

★ **Niagara Historical Museum** *(plan A-B2, 20)* : à l'angle de Castlereagh et Davy Streets. Ouvert de mai à octobre de 10 h à 17 h et de novembre à avril de 13 h à 17 h. Entrée : 3 $Ca ; réductions. Premier musée de la ville à avoir été construit, en 1907. On y voit des collections diverses du début du XXe siècle : costumes militaires, vaisselle, mobilier, ustensiles de la vie courante. Une petite balade nostalgique dans les vieilles malles des grand-mères.

★ **Niagara Apothecary** (plan B1, 21) : 5 Queen Street, à l'angle de King Street. Ouvert de mi-mai à septembre de 12 h à 18 h. Gratuit, existe grâce aux dons. Pharmacie restaurée datant de 1866 et en activité jusqu'en 1964. Les pots en céramique, casiers en bois et flacons colorés nous accueillent dans un parfum de camphre et de bois ciré. À remarquer au plafond, les magnifiques rosaces en bois sculpté.

★ **Fort George** (plan B2, 22) : achevé en 1802, ce fort fut construit pour remplacer le fort Niagara passé aux mains des Américains, qui le détruisirent en 1813. Ouvert de 10 h à 17 h d'avril à fin octobre. Entrée : 6 $Ca ; réductions. Visites guidées et manœuvres militaires réalisées par des étudiants en costume. Une manière sympathique de faire revivre le XIXe siècle.

★ **Shaw Festival Theater** (plan B2, 23) : festival de théâtre présentant chaque année de mars à novembre des œuvres de George Bernard Shaw et de plusieurs de ses contemporains. Pour les bons en anglais uniquement. Informations et tickets au coin de Wellington et Picton Streets. ☎ 468-2172.

À voir dans les environs

★ **Les wineries** : plusieurs *wineries* organisent des visites guidées. Voici les plus intéressantes, celles avec dégustation. Elles ferment à 17 h.
– *Inniskillin Wines* (hors plan par B3, 24) : traverser Niagara-on-the-Lake et poursuivre par la Niagara Parkway sur quelques kilomètres. Panneau indicatif. ☎ 468-2187. Visite guidée à 14 h 30 l'été.
– *Hillebrand Winery* : sur la Highway 55, non loin de Niagara-on-the-Lake, sortie 38 A. ☎ 468-7123. Plusieurs visites : 11 h, 13 h, 15 h et 17 h.

★ Nombreux **marchés aux fruits** (hors plan par B3) tout le long de Niagara Parkway en se dirigeant vers Niagara Falls.

NIAGARA

LES CHUTES DU NIAGARA (NIAGARA FALLS)   IND. TÉL. : 905

On n'arrive pas, comme on pourrait le croire, sur un site sauvage et préservé. Les chutes sont au centre de la ville, elle-même transformée en véritable fête foraine : énormes enseignes lumineuses, attractions diverses et variées, Niagara Falls est un petit Las Vegas. Une fois la surprise passée, et en faisant abstraction des lumières et de l'activité grouillante, on est subjugué par les chutes, gigantesques, merveilleuses. On vient pour elles, et on n'est pas déçu. Alors, pour en profiter pleinement, préférez les visites tôt le matin. Loin des ruées de touristes, vous apprécierez toute la majesté du lieu. Il y a bien longtemps, les chutes se nourrissaient uniquement de quelques vierges indiennes que les Iroquois sacrifiaient à Niagara, « le Grand Tonnerre des eaux ». Elles coulaient alors des jours heureux.

Mais pourquoi les chutes ont-elles tant de succès ?

C'est en fait Joseph Bonaparte, le frère de l'autre, qui est, en partie, responsable de la mode de « la lune de miel » aux chutes. Intrigué par le récit que Chateaubriand en fit, il décida, accompagné de sa jeune épouse, d'effectuer le voyage en diligence depuis la Louisiane. C'était en 1803. Une fois rentré, il en fit une telle description aux notables et personnalités du coin que ceux-ci se mirent en tête de l'imiter. La mode était lancée. Pendant l'entre-deux-guerres, le développement des automobiles accéléra l'engouement des jeunes mariés. Enfin, Marilyn Monroe vint y tourner *Niagara*, de Henry Hathaway (on vous le conseille), ce qui permit à la Fox de dire « *Niagara*, le film où deux Merveilles du monde se partagent la vedette ». Aujourd'hui, des dizaines d'attractions toutes aussi décadentes les unes que les autres viennent prouver au visiteur qu'il « s'amuse » follement (il y a même un *musée Elvis Presley* ! Pauvre Elvis...). Le soir, on illumine les chutes qui passent par toutes les couleurs de l'arc-en-ciel. Complètement psyché.

Des chiffres

L'été, les chutes déversent plus de 6 810 000 litres d'eau par seconde. L'érosion de la couche calcaire atteignait 1 m par an dans les années 1950. L'alimentation des centrales hydroélectriques a freiné la vitesse d'érosion à 30 cm. Le fer à cheval mesure 675 m de long et les chutes tombent de 54 m de haut. Leur caractère spectaculaire provient de leur puissance et du bouillonnement surréaliste que les chutes produisent. Le potentiel de la rivière atteint 5 millions de chevaux-vapeur... Allez huuuuue !

Narguer les chutes...

En 1859, le Français Jean-François Gravelet, dit Blondin, fut le premier casse-cou à défier les chutes. Il les traversa sur un filin tendu entre les rives américaine et canadienne avec son imprésario perché sur ses épaules. En 1901, ce fut Annie Taylor, une institutrice du Michigan, qui réalisa la première descente des chutes... dans un tonneau. Elle ne savait pas nager. Depuis 1950, ces prouesses sont déclarées illégales.

Adresses utiles

🆗 *Tourist Information* (plan A4) : à Table Rock House, devant les chutes canadiennes. ☎ 1-800-56-FALLS (appel gratuit). ● www.niagarafallstourism.com ●

■ *Niagara General Hospital* (plan A3, 1) : ☎ 358-0171. Urgences : 5400 Main Street.

Où dormir ?

En fait, inutile d'y passer la nuit : en 3 h, rédaction des cartes postales comprise, vous aurez fait le tour de la question. Et puis les motels doublent leurs prix en période d'affluence. La ville évoluant très rapidement, les établissements ferment les uns après les autres et sont remplacés. Même le musée des chutes a été transformé en hôtel-restaurant !

■ **Adresses utiles**

  🆗 Tourist Information
  1 Greater Niagara General Hospital

🛏 **Où dormir ?**

  10 Niagara Youth Hostel
  11 Niagara Glen View
  12 Happyness Inn
  13 Empire Motel
  14 Chesnut Inn
  15 Glenn Mhor Guesthouse
  16 Butterfly Manor
  17 Fairway Motel

|●| **Où manger ?**

  31 La Fiesta

★ **À voir. À faire**

  40 Table Rock House et Journey behind the Falls
  41 Great Gorge Adventure
  42 Maid of the Mist
  43 Skylon Tower
  44 Tour en hélico
  45 Spanish Aero Car
  46 Butterfly Conservatory

NIAGARA

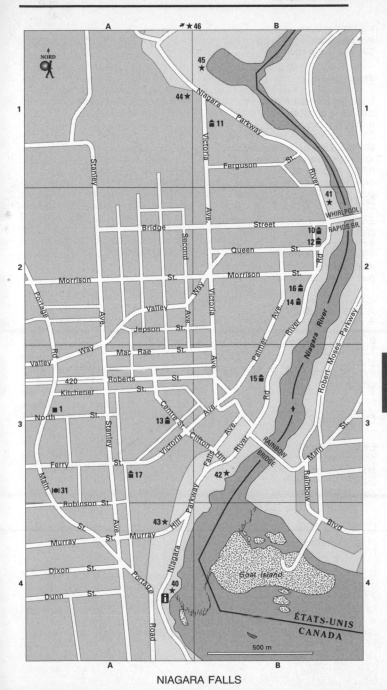

NIAGARA FALLS

Camping

📍 *Niagara Glen View* (plan B1, 11) : 3950 Victoria Avenue, près de River Road. ☎ 358-8689. Compter environ 40 $Ca pour une tente en été. Pas très loin des chutes (3 km). Navettes toutes les 20 mn de 10 h à 22 h. Épi-cerie et petite piscine. Bruyant à cause de la piste des hélicos à proximité. C'est un camping à la dimension du pays, c'est-à-dire immense, avec des emplacements spacieux et ombragés et une ambiance familiale.

Auberge de jeunesse

📍 *Niagara Youth Hostel* (plan B2, 10) : 4549 Cataract Avenue. ☎ 357-0770. Près de la rivière Niagara, à environ 3 km des chutes, très proche de la gare ferroviaire. Descendre vers la rivière Niagara par l'avenue sur laquelle donne la gare ferroviaire et celle des bus *greyhound* ; c'est à 100 m sur la droite, un peu en retrait des autres bâtiments. 70 lits dans une agréable maison. Nuitée en dortoir à 18 $Ca. Chambre double à 20 $Ca + 5 $Ca pour les non-membres des AJ, *breakfast* à 3,50 $Ca, et accès à Internet (1 $Ca les 10 mn). Cuisine équipée. Possibilité de louer des vélos (demander à l'accueil). En été, il est préférable de réserver par téléphone, mais il faut arriver avant 18 h. Parking gratuit.

Motels (de 60 à 90 $Ca, selon les saisons et les établissements)

📍 *Fairway Motel* (plan A3, 17) : 5958 Buchanan Ave. ☎ 357-3005. Fax : 357-3659. Piscine. Le meilleur rapport qualité-prix compte tenu de son emplacement et de la fluctuation des prix dans la ville.

📍 *Empire Motel* (plan A3, 13) : 5046 Center Street. ☎ 357-2550. Près du centre, avec ses avantages (restos, boutiques, attractions) et ses inconvénients (bruit, passage).

📍 *Happyness Inn* (plan B2, 12) : 4181 Queen Street. ☎ 354-1688. Fax : 354-0041. Frigo, micro-ondes et TV dans les chambres. Petit déj' offert à partir de 2 nuits sur place. Le motel, récemment rénové, à moins de 2 km des chutes, au bord de la Niagara River est situé dans un coin tranquille et l'accueil est cordial.

– Nombreux autres motels sur Lundy's Lane, accessibles par le *Shuttle Fall Bus* qui fonctionne de 8 h à 23 h, ou le bus n° 3 l'été. Plus on s'éloigne des chutes, moins c'est cher.

B & B (plus de 90 $Ca)

En arrivant par la Niagara Parkway, avant les chutes, sur River Road, nombreuses adresses indiquées « Tourist Home » par les pancartes. Voici quelques adresses (il est préférable de réserver).

📍 *Chesnut Inn* (plan B2, 14) : 4983 River Road. ☎ 374-7623. Maison récente aux allures victoriennes. Chambres très bien tenues. Deux d'entre elles ont un accès direct à la terrasse sur le toit. Possibilité de coucher un enfant dans certaines.

📍 *Glen Mhor Guesthouse* (plan B3, 15) : 5381 River Road. ☎ 354-2600. Cinq chambres décorées avec goût, au même prix que chez *Chesnut*. Superbe patio où vous pouvez prendre un petit déjeuner complet avec du pain qui vient de sortir des fourneaux. Parking privé.

📍 *Butterfly Manor* (plan B2, 16) : 4917 River Road. ☎ et fax : 358-8988. Belles chambres avec salle de bains superbe. Le grand luxe, avec des prix correspondants.

Où manger ?

C'est une bonne question à laquelle il est difficile de répondre. Si vous n'avez jamais goûté aux excellents hamburgers de *Burger King,* aux merveilleuses pizzas de *Pizza Hut,* aux grandioses *BBQ ribs* de *Planet Hollywood,* c'est le moment où jamais. Pour la localisation de ces établissements, suivez les flèches lumineuses. De toute façon, il n'y a rien d'autre... enfin si : *Wendy, Swiss Chalet, Red Loabster...* du même acabit que les premiers mais encore inconnus en France.
Il reste malgré tout une petite cantine :

I●I *La Fiesta* (plan A3, *31*) : 6072 Main Street, au nord de Robinson Street. Ouvert de 11 h à 20 h, jusqu'à 21 h le week-end. Parking privé. *Fish and chips* de 5 à 14 $Ca. Plats à emporter. Filets de pêche, étoiles de mer et poissons secs accrochés au mur annoncent la couleur. Simple et bon. Thérèse, la proprio, fait des gâteaux savoureux.

À voir. À faire

Les chutes sont bien plus belles du côté canadien. Les Américains ne récoltent qu'un « pipi de chat » comparé à l'impressionnant fer à cheval *(horseshoe)* visible du côté canadien. Si vous venez par le bus de Buffalo (États-Unis), n'oubliez pas votre passeport. Il y a une belle balade à faire dans le parc des chutes, côté États-Unis.

★ *Table Rock House* (plan A4, *40*) : au centre du balcon dominant les chutes. On peut y changer de l'argent. Mis à part la vue sur les chutes (superbe), remarquez l'échantillon de population venu de toute la planète pour voir le spectacle.

★ *Journey behind the Falls* (plan A4, *40*) : guichet dans la Table Rock House, ouvert de 9 h à 22 h. Pour 6,50 $Ca, on vous file un ciré jaune canari avant de vous faire prendre un ascenseur qui vous mènera à l'entrée de tunnels souterrains et humides. On a trois vues étroites sur les chutes : deux complètement dessous et une autre plus éloignée. Seul le fait de réaliser qu'on est derrière les chutes est sensationnel. Sinon, on ne voit qu'un rideau d'eau.

★ *Skylon Tower* (plan A4, *43*) : du haut, superbe vue sur les chutes. 8,50 $Ca.

– *Maid of the Mist* (plan B3, *42*) : le bateau fonctionne de 9 h à 20 h. Coût : 10,65 $Ca. Pas de sortie en hiver. La meilleure place, puisque le bateau emmène les passagers presque dans les chutes. Facile à repérer, cherchez sur la plate-forme au bord de l'eau les petits schtroumpfs qui attendent de prendre leur douche. Là, on vous file un ciré bleu, et c'est parti pour une séance de brumisateur. Rapport qualité-prix, c'est la meilleure attraction.

– *Great Gorge Adventure* (plan B2, *41*) : une balade pour 5,25 $Ca le long de la rivière Niagara. À faire s'il reste du temps et de l'argent.

– *Tour en hélico* (plan A1, *44*) : au-dessus des chutes. 85 $Ca.

– *Spanish Aero Car* (plan B1, *45*) : ouvert de 9 h à 18 h, quand les conditions météo le permettent. 5,50 $Ca, et demi-tarif pour les enfants. On se retrouve dans une nacelle métallique au-dessus de la piscine naturelle, en aval des chutes.

– Pour les amateurs de musique pop, on signale que le grand pont qui traverse la rivière, le *Rainbow Bridge* (plan B3), a été chanté par Jimi Hendrix. Il est à péage pour aller au Canada, même pour les piétons.

– *Butterfly Conservatory* (hors plan par A1, *46*) : 2665 Niagara Parkway, dans le Niagara Park's Botanical Garden. Ouvert de 9 h à 20 h, jusqu'à 21 h

NIAGARA

en haute saison. Entrée : 8 $Ca ; réductions. Immense serre où l'on a recréé une atmosphère exotique. Un panneau à l'accueil présente les habitants. Une fois dans la bulle, les papillons virevoltent, évoluent et butinent autour des promeneurs. On peut assister en direct à la naissance des papillons dans la *nursery*.

À voir dans les environs

★ *Fort Érié :* ouvert de 10 h à 18 h de mi-mai à octobre. Le fort est situé dans un superbe parc près de l'embouchure de la Niagara River dans le lac Érié. En face, belle vue sur la ville de Buffalo (États-Unis). Détruit par les Américains en 1814, ce vieux fort présente une architecture imposante, à l'aspect d'une forteresse. Musée abritant des costumes militaires anglais et américains. Visites guidées, animations et exercices de tir par des étudiants, toute la journée. Un saut dans l'histoire bien agréable.

★ *Canal Welland :* situé à une quinzaine de kilomètres de Niagara Falls, ce canal possède une série d'écluses d'une grandeur impressionnante. D'énormes tankers empruntent cet étroit chenal pour passer du lac Ontario au lac Érié. C'est en haut de l'*observation deck* de l'écluse n° 3 que l'on a la meilleure vue. Si vous n'êtes pas vraiment branché écluses, évitez le détour.

★ *Crystal Beach :* en poursuivant au-delà du fort Érié, on parvient dans ce lieu de villégiature populaire. Grande plage propre, agréable et payante. Au bord du lac, charmants petits *cottages,* résidences estivales d'Américains et d'habitants de Toronto. Pas grand-chose à voir, mais si vous devez y passer la nuit, il y a un motel dans les environs.

▲ *Crystal Beach Motel :* 122 Ridgeway Road. ☎ 894-1750. Fax : 894-3691. Chambres à partir de 67 $Ca. AC, TV, micro-ondes et frigo dans toutes les chambres. Piscine.

LA RÉGION DE KITCHENER ET DE WATERLOO

On arrive là dans la vraie campagne faite de vergers où se nichent d'élégants petits bourgs victoriens.

Curiosité de la région : certains descendants des premiers immigrants allemands ont formé des communautés de *mennonites,* membres d'une secte protestante qui vivent encore comme au début du XIXᵉ siècle : sans électricité, sans voiture, ils portent toujours le large chapeau noir et, pour les femmes, le bonnet serré autour des cheveux, et ne se déplacent qu'en carriole à chevaux. Ces « paysans » austères et frugaux sont pourtant souvent de très riches propriétaires terriens et les seuls à faire la charcuterie en Ontario.

Vous pourrez les rencontrer dans leurs villages de Saint Jacobs ou Elmira : prendre la 86 Nord au départ de Waterloo (10 km) où se tient au mois d'avril le festival du Sirop d'érable.

★ *SAINT JACOBS (IND. TÉL. : 519)*

Adresse utile

🛈 *Tourist Information :* 33 King Street. Ouvert du lundi au samedi de 11 h à 17 h et le dimanche de 13 h 30 à 17 h.

À voir

★ *Musée* : 33 King Street, même adresse que le Tourist Information. Présentation des mennonites, de leur histoire et de leur mode de vie.

★ *Les boutiques d'artisanat :* au centre-ville de Saint Jacobs.

Festival

– *The Quilt Festival :* tous les ans, pendant la 2e quinzaine de mai. Magnifiques expositions de patchworks.

Dans les environs

★ *Farmers Market :* les mennonites viennent ici vendre leurs produits. Situé entre Waterloo et Saint Jacobs, ce marché est ouvert toute l'année, les jeudi et samedi de 7 h à 15 h 30 (et le mardi, en été, de 8 h à 15 h). Ce sont près de 350 vendeurs (mennonites et autres) qui exposent sous d'immenses hangars en bois des produits de la ferme et d'artisanat local. Festival de couleurs, d'odeurs d'épices et d'érable, ce marché est l'un des plus extraordinaires de l'Est canadien.

★ ELORA (IND. TÉL. : 519)

Situé à une vingtaine de kilomètres au nord de Waterloo, Elora est un petit bourg qui a conservé tout le charme de ses vieilles pierres. On y fait un petit tour avant de pique-niquer au Grand River Park, où la rivière coule au fond d'un canyon.

Adresse utile

❚ *Tourist Information :* 128 Geddes Street ☎ 846-9841. En contrebas de la bibliothèque municipale *(public library)*. Ouvert tous les jours, en été de 10 h à 18 h, et en hiver de 8 h 30 à 16 h 30.

À voir

★ *Le cœur de la ville :* le moulin, transformé en auberge, les ruelles et les maisons du XIXe siècle.

★ *Grand River Park :* 400 Clyde Road. ☎ 621-2761. Fax : 621-4844. ● www.grandriver.on.ca ● Ouvert d'avril à octobre. Entrée : 3,50 $Ca par personne. Comme tous les parcs canadiens, celui-ci est très bien aménagé pour le camping. On plante sa tente à partir de 10 $Ca. Nombreuses activités nautiques dans les gorges autour des chutes. Ambiance pique-nique familial le week-end, et réunions de clubs.

Festival

– *Elora Festival :* de la mi-juillet à la mi-août. Jazz, classique et chorégraphies, pour tous les goûts et toutes les bourses (de 10 à 40 $Ca). Renseignements à l'*Elora Festival Office,* 33 Henderson Street. ☎ 846-0331. Fax : 846-5947. ● www.elora.org ●

Dans les environs

★ **West Montrose :** au sud d'Elora. Le dernier pont couvert de ce genre dans l'Ontario enjambe la Grand River. Il fut construit en 1880, mesure 60 m de long et est encore en service.

STRATFORD
IND. TÉL. : 519

Gros bourg plein de charme et vivant au rythme de son festival de théâtre qui attire chaque année de plus en plus de monde. Beaucoup d'habitants de Toronto y viennent le week-end pour assister à une ou deux représentations théâtrales et se promener dans les nombreux parcs bordant la rivière. Le *Stratford Shakespeare Festival* présente en moyenne 13 pièces en 6 mois. Au programme, pièces modernes et classiques, tout en anglais. Le lundi soir, jour de relâche, concert de musique classique et jazz.

Adresses utiles

🛈 **Visitor's Information :** 30 York Street. ☎ 273-3352 ou 1-800-561-SWAN (appel gratuit). Près de la rivière. Ouvert en été de 9 h à 20 h (17 h les dimanche et lundi). Sur un panneau, on peut voir les photos des maisons d'accueil touristique de la ville et les prix. Il suffit de faire son choix. De même, on peut consulter tous les menus des restos de la ville. Une chouette idée pour éviter les surprises. Un centre d'information comme on aimerait en voir partout.

🚌 **Bus Terminal :** à la gare ferroviaire, 101 Shakespeare Street. ☎ 1-800-265-6037 (gratuit) ou 271-7870.

■ **Police :** ☎ 271-4141.

■ **Hôpital :** ☎ 272-8210.

■ **Location de vélos :** au *Store Maiden Inn,* 123 Church Street. ☎ 271-7129. Réserver de préférence.

Où dormir ?

Camping

🛏 **Stratford Trailer Park :** 20 Glastonbury Drive. ☎ 271-5832. Plus de 200 places. Compter de 12 à 16 $Ca la nuitée. Très propre et proche du centre.

Chez l'habitant (de 60 à 80 $Ca)

🛏 **Brunswick House :** 109 Brunswick Street. ☎ 271-4546. Autour de 60 $Ca. Près de l'Avon Theater (tout le monde connaît). Belle maison datant de 1857, très joliment décorée et tenue par des gens charmants.

Grande chambre pour 4. Petit déjeuner.

▲ *Burnside Guest-Home :* 139 William Street. ☎ 271-7076. Petite maison agréable. Le proprio possède 4 chambres confortables et propres. Réductions pour les étudiants ! (25 $Ca). Agréable jardinet, au bord de la rivière. Bon petit déjeuner avec *muffins* et confitures maison. N'accepte que les non-fumeurs.

Motel

▲ *Rosecourt Motel :* 599 Érié Street (en face de Jarvis St.). ☎ 271-6005. Excentré. Fermé de novembre à avril. Patron sympa d'origine hawaïenne. Petit déjeuner.

Où manger ?

Bon marché (moins de 10 $Ca)

|●| *York Street Kitchen :* 41 York Street, en face de l'office du tourisme. Ouvert de 8 h à 20 h. Sandwichs, salades. Pour les pressés, copieux sandwichs à composer soi-même. Les autres apprécieront une bonne salade servie dans la petite salle aux tons multicolores.

|●| *Ellam's :* 115 Ontario Street. Ouvert de 7 h à 23 h. Petit déjeuner copieux. Alignement de banquettes jaunâtres, éclairage blafard. Ringard à souhait mais sympa quand même.

|●| *Elizabethan Restaurant :* 95 Ontario Street. Fermé le dimanche. Ouvert de 9 h à 19 h. Accueil sympa. Quatre salles en enfilade, un peu tristounettes. Petites tables avec nappes à carreaux rouge et blanc. Déco très dépouillée. Repas copieux et bon marché.

– D'autres restos et bars sympas sur Ontario Street.
– La petite place du centre-ville regroupe de nombreux restos, chic et assez chers.

Où boire un verre ?

♟ *Down The Street :* 30 Ontario Street. ☎ 273-5886. Ouvert de 11 h à minuit. Fermé le dimanche. Café branché, assez chic. Il vaut mieux réserver pour dîner. Agréable vue sur la rivière (si, si, derrière le parking) pour les chanceux de la table du fond.

À voir

★ *The Gallery Stratford :* 54 Romeo Street. Ouvert en juillet et août de 9 h à 18 h (12 h à 17 h le lundi) ; en hiver, de 10 h à 17 h. Entrée : 8 $Ca. Un peu à l'extérieur du centre. Petite galerie présentant d'intéressantes collections tournantes : sculptures, céramiques, graphismes...

Festivals

– *Stratford Shakespeare Festival :* après des débuts difficiles en 1953, le festival a réussi à s'imposer auprès de célèbres troupes et a su trouver un véritable public. On y joue des pièces du grand William bien sûr, mais aussi de Molière (eh oui !), Wilde, Tchekhov, etc. Il est désormais très chic de mon-

L'ONTARIO

ter de Toronto pour passer une soirée à Stratford. Bien sûr, si vous faisiez des boulettes de papier mâché au fond de la classe pendant vos cours d'anglais, renoncez à prendre un billet. Pour les autres, renseignements : de Toronto, numéro gratuit, ☎ (416) 363-4471. À Stratford, ☎ 1-800-567-1600, directement au *Festival Theater* ou ligne directe au Visitor's Information. Pour réserver par écrit : Stratford Festival Box Office, PO Box 520, Stratford, Ontario, Canada N5A-6V2 ● www.stratford-festival.on.ca ● De Toronto, possibilité d'acheter ses billets au Roy Thomson Hall, 60, Simcoe Street. Presque chaque jour de mai à novembre (excepté le lundi). Pièces à 14 h et 20 h dans l'un des trois théâtres : *Festival, Avon* et *Tom Patterson Theaters*. Places de 20 à 75 $Ca. Différentes catégories de places. La dernière, les *rush seats,* n'est mise en vente que le jour de la représentation, à partir de 9 h, au guichet du Festival Theater. Pas de *rush seats* pour Theater Tom Patterson. Attention, certaines de ces places n'offrent qu'une vue partielle sur la scène à l'Avon Theater. Se renseigner pour les représentations spéciales étudiants.

Le Festival Theater se trouve près de la rivière et de Queen's Park, l'Avon Theater sur George Street, non loin du City Hall, et le Tom Patterson Theater près de la rivière, entre Waterloo et Nile Streets.

– **Festival City Days :** demandez la liste des festivités au Visitor's Information. Il existe une foule d'événements à partir de mai.

GRAND BEND   IND. TÉL. : 519

Petite station balnéaire située au bord du lac Huron. De nombreux Canadiens y passent leurs vacances. Belles plages où l'eau n'est pas trop polluée. Le coucher de soleil sur le lac donne à l'eau de superbes couleurs. Ceux qui aiment les activités nocturnes et branchées resteront dans le village où l'ambiance est agréable.

Adresses utiles

🔳 **Tourist information :** à l'angle d'Highway Street et de Main Street. ☎ 238-2001. Sur la gauche un peu en retrait de la route. Ouvert de 10 h à 19 h l'été ; fermé en hiver.
■ **Police :** ☎ 238-2345.
■ **Centre médical :** ☎ 238-2362.

Où dormir ?

Camping

Voir plus loin « Pinery Provincial Park ».

Prix moyens

🛏 **Fountainblue Motel :** 30 Highway 21N, entre Oak Street et Main Street. ☎ 238-2339. Chambre à 80 $Ca. Déco ringarde, moquette mauve râpée dans les chambres... Piscine. Très vieillissant.

Très chic

– Dans Grand Bend, face à la plage, nombreux hôtels chicos (prendre la rue principale, en arrivant, sur la droite). Si vous venez en milieu de semaine, n'hésitez pas à marchander sec.

Où manger ?

Tous les restos sont chers et pas géniaux. Faites vos courses dans les épiceries et allez plutôt déguster vos sandwichs sur la plage.

Dans les environs

– *Marché aux puces de Pinary (Pinary Antique Flea Market) :* tous les dimanches d'avril à octobre, de 8 h 30 à 17 h, sur le bord de la Highway 21 entre Grand Bend et le parc, sur la gauche.

★ *PINARY PROVINCIAL PARK*

Ceux qui recherchent le calme iront à quelques kilomètres de Grand Bend camper dans le *Pinery Provincial Park*. ☎ 243-2220. Ouvert de 8 h à 22 h. Entrée : 8 $Ca par voiture. Superbe pinède plantée sur de hautes dunes sablonneuses. Nombreuses possibilités de balades à pied. Un chouette coin pour se reposer.

Où dormir ?

Camping

▲ *Pinery Provincial Park :* entrée sur la Highway 21, à quelques kilomètres de Grand Bend. ☎ 243-2220. Réservations : ☎ 243-3099. Ouvert de 8 h à 22 h. Emplacement à environ 30 $Ca. Trois parties du parc sont aménagées en camping. Le plus populaire, *Dune Campground,* est aussi le plus fréquenté. Nous, on préfère *Burley Campground,* un peu plus loin et beaucoup plus calme. Les deux sont proches de la plage.

À faire

– *Baignades :* le parc compte près de 10 km de plage. Comme les gens vont tous aux mêmes endroits, ça vous laisse de la place pour bronzer tranquille.
– *Location de canoës :* au centre du parc. 10 $Ca l'heure. Balade agréable sur la rivière. Très fréquenté le week-end.
– *Location de vélos :* 6 $Ca l'heure.
– *Balades dans le parc :* à l'entrée, des *rangers* distribuent des itinéraires de 10 balades plus ou moins longues. Nous, on a bien aimé le *Wilderness Trail* (3 km). Promenade dans les dunes et belle vue sur le lac. On aboutit sur une très belle plage de sable fin.
Attention : *Poison Ivy !* Bien sûr, c'est une chanson des Stones ! Mais c'est également une plante essentielle à l'écosystème qui pousse un peu partout dans les parcs. Les animaux et les oiseaux en raffolent, mais les humains la détestent. Tout contact physique avec cette plante entraîne de sérieuses irritations. Et on peut vous le dire : ça démange ! Un peu comme les orties, mais pire. Si ça vous arrive, lavez-vous avec de l'eau et du savon et ne grattez pas. Les *rangers* vous aideront à la reconnaître.

L'ONTARIO

DE GRAND BEND À OWEN SOUND

L'agréable Highway 21 qui mène de Grand Bend à Owen Sound est une succession de petits parcs provinciaux, golfs, campings, petits aérodromes et bourgades agricoles tranquilles. C'est sur cette côte assez isolée que les habitants de Toronto viennent passer leur week-end. Pas vraiment d'animation dans les villages que vous rencontrerez, juste le paisible sentiment d'être en vacances.

★ GODERICH

L'exemple type de la petite ville conservatrice. Rues tracées au cordeau, bordées de sages pelouses fleuries derrière lesquelles de belles demeures dressent le drapeau national. Un côté très propre sur soi. Les principales artères de la ville partent en étoile à partir du palais de justice. C'est dire l'omniprésence de la notion d'ordre social. Sur la route bordant le lac Huron, si la nuit tombe, vous pourrez vous arrêter. Le coucher de soleil sur le lac est vraiment superbe.

Où dormir?

🛏 **The Bluffs Motel :** à 5 km avant Goderich, sur la Highway 21. ☎ 524-7396. Réservations : ☎ 524-9199. Chambres à partir de 50 $Ca. Sans prétention mais accueil sympa. Bill et Dorothy apprécient beaucoup les francophones.

★ POINT FARMS PROVINCIAL PARK

Un peu au nord de Goderich. Parc moins beau que Pinery Park, mais avec deux campings au bord de l'eau plus agréables.

Où dormir?

🛏 **Campings Colborne et Huron :** infos et réservations, ☎ 524-7124.

OWEN SOUND   IND. TÉL. : 519

Petite ville sur la route de la péninsule Bruce.

Adresses utiles

🛈 **Visitor's Information Center :** 1155 1st Avenue West. ☎ 371-9833. Fax : 371-8628. Dans l'ancienne gare au bord de la Syblenham River. Ouvert de mai à septembre de 8 h 30 à 17 h, les samedi et dimanche de 12 h à 16 h.

🚌 **Transit Terminal :** à l'angle de la 3e rue et de la 10e rue. ☎ 376-5375. Pour Toronto, 3 départs par jour du lundi au samedi, et 2 départs le dimanche. Durée : 3 h 30.

Où dormir ?

â *Diamond Motor Inn :* 713 9th Avenue East, sur les Highways 6 et 10. ☎ 371-2011. Fax : 371-9460. Propose 22 chambres très bien tenues, avec kitchenette, à partir de 89 $Ca. La propriétaire du motel vous indiquera, avec enthousiasme, les endroits à voir dans le coin.

Où manger ?

|●| *Channing Restaurant :* 1002 2nd Avenue. ☎ 376-0718. Ouverture entre 11 h et 12 h, fermeture entre 21 h et 23 h 30, selon les jours. Spécialités canadiennes et chinoises. Assiettes complètes à 6 $Ca. Des plats copieux et savoureux, pour tous les goûts.

À voir

★ *Ingils Falls :* Scenic Route, sur la 2nd Avenue East. Bien sûr, rien de comparable avec les chutes du Niagara, mais c'est un joli coin de nature encore préservé, et ça permet d'oublier la ville toute proche. Belle vue sur la forêt et sur l'Harrison Park.

LA PÉNINSULE BRUCE ET TOBERMORY   IND. TÉL. : 519

La péninsule Bruce, longue de 80 km, constitue l'escarpement du Niagara, et sépare la baie Géorgienne du bassin principal du lac Huron.

Comment y aller ?

– D'Owen Sound, prendre la Highway 70 puis la Highway 6 Nord, vers Tobermory.
– Si vous souhaitez vous balader, vous pouvez longer la côte d'Owen Sound à Tobermory. Très belle vue sur la baie Géorgienne. L'eau est bleue et transparente... mais très froide ! Petits chemins de campagne, bordés de champs, de pins et de fermes.

Où manger en chemin ?

|●| *Lion's Head Restaurant :* 8 Helen Street, Lion's Head. Ouvert tous les jours de 11 h 30 à 23 h, le dimanche de 12 h à 20 h. Plats de 7 à 14 $Ca. Pub anglais avec terrasse couverte. Plats traditionnels américains.

Adresses utiles

◻ *Visitor's Center :* The Tobermory Chamber of Commerce. Sur la Highway 6 en arrivant à Tobermory. ☎ 596-2452. Ouvert de 9 h à 21 h l'été.
◻ *National Park Visitor's Center :*

L'ONTARIO

sur le port. Informations sur les deux parcs nationaux de la péninsule (parc de la Bruce Peninsula et parc national marin) : ☎ 596-2233. Ouvert de 9 h à 21 h en été. Fermé en hiver.

■ *Clinique :* ☎ 596-2305.

■ *Police :* ☎ 1-800-310-1122 ou 596-2426.

■ *Location de canoës :* aux *Cedar Grove Cottages,* près du Cameron Lake. ☎ 596-2267. Ou *Tobermory*

Adventure : 112 Bay South. ☎ 596-2289.

■ *Location de vélos :* à *Lands End Park Campground.* ☎ 596-2523. S'adresser aussi à *Tobermory Adventure,* 112 Bay South. ☎ 596-2289.

■ *Banque :* *Royal Bank*, 7371 Highway 6, sur la gauche, un peu avant la ville, presque en face la station Esso.

Où dormir ?

Campings (18 $Ca la nuit par tente)

â *Tobermory Village Campground :* à 3 km au sud de Tobermory, sur la Highway 6. ☎ 596-2689. Camping avec piscine, très bien organisé.

â *Cyprus Lake Campground :* dans le parc de la Bruce Peninsula, à 10 km au sud de Tobermory.

☎ 596-2263. Fax : 596-2433. Réservations du lundi au vendredi, de 8 h 30 à 16 h 30. Ouvert de mai à septembre. Camping en pleine nature, au bord de l'eau. De belles balades à faire à pied, en canoë ou à vélo. Attention aux moustiques !

Prix moyens

â *Peacock Villa Motel :* sur la Highway 6, prendre le petit chemin sur la gauche au niveau du port (c'est indiqué). ☎ 596-2242. Bien situé. Chambre double à 63 $Ca, et chalet à partir de 73 $Ca. Vous aurez le choix entre une chambre classique, type motel, et un pittoresque petit chalet en bois à l'ombre des arbres. Barbecue à disposition. Pour nous, y'a pas photo !

Où manger ?

l●l *Shipwreck Lee's :* en descendant vers le port, sur votre droite. ☎ 596-2177. Ouvert de mai à septembre. Plats de 6 à 17 $Ca. Un décor de masques venus des 4 coins du monde et menu présenté sous forme de journal : des infos, des jeux, des nœuds... Les serveurs vous aspergent gratuitement de spray anti-moustiques pendant le repas ! Quelle délicatesse !

l●l *Crowsnest :* en face du *Shipwreck Lee's*. Nombreuses formules de petit déjeuner pas trop chères.

À voir. À faire

★ *Singing Sands (plage des Sables chantants) :* sur la Dorcas Bay Road, à 5 km au sud de Tobermory, sur les bords du lac Huron. Plage bordée de sapins où l'on peut se baigner dans 1 m d'eau (chaude) pendant plus de 2 km ! Les Canadiens viennent pique-niquer ici en famille le soir en été.

★ **Bruce Peninsula Park :** à 10 km au sud de Tobermory, sur la Highway 6. Informations : ☎ 596-2233. Entrée : 6 $Ca par voiture. De nombreux chemins de randonnée balisés sillonnent ce parc. Réellement impressionnants, les paysages se découvrent à pied, au fur et à mesure de la progression le long du Bruce Trail.
– Le *Bruce Trail* est un chemin de randonnée d'environ 800 km, qui longe l'escarpement du Niagara, entre Queenston et Tobermory. Pour plus d'informations, vous pouvez contacter : *The Bruce Trail Association,* à Hamilton. ☎ 1-800-665-4453 ou (905) 529-6821.
– Plusieurs balades d'environ 1 h vous sont proposées à partir du lac Cyprus. Nous vous conseillons de prendre le sentier *Georgian Bay* qui mène au bord de l'escarpement. Très beaux points de vue : grottes, plages de galets blancs, eaux cristallines... À la pointe Halfway Rock, on aperçoit au loin les îles Flowerpot et Bears Rump ; on passe ensuite devant une arche naturelle et la grotte, toutes deux creusées par les vagues dans la dolomite, une roche poreuse. On revient par le sentier du lac Marr en empruntant un petit bout du Bruce Trail (suivre les marques blanches sur le sol).

★ **Fathom Five National Marine Park** (parc national marin) : regroupe 5 îles dont la fameuse île « Pot de Fleur » *(Flowerpot)*. Ses eaux limpides, ses épaves, ses fonds rocheux en font l'un des hauts lieux de la plongée en eau douce au Canada. Confirmés et débutants s'y donnent rendez-vous. Informations au centre d'inscription des plongeurs sur le port. ☎ 596-2503. Les épaves sont également visibles des bateaux qui mènent à Flowerpot.
– **Balade dans les îles :** à partir de 10 $Ca par personne. Plusieurs compagnies de promenades en bateau, toutes situées sur le port, proposent des circuits. Les paysages, les rochers et les phares sont d'une rare beauté. Départs fréquents à partir de 9 h, tous les jours en été. Si vous disposez d'une journée, vous pouvez vous faire déposer sur une île le matin et en profitez pour pique-niquer (attention, pas de point de vente d'eau et de nourriture sur les îles).

L'ÎLE MANITOULIN   IND TÉL. : 705

La plus grande île en eau douce du monde! Cette bande de terre baignée par les eaux du lac Huron et de la baie Géorgienne mesure plus de 100 km de long pour 40 km de large. Un tiers de ses habitants est d'origine indienne. C'est un endroit paisible et très peu touristique. Il est d'ailleurs fort conseillé de débarquer avec sa voiture ou son vélo car aucun transport public n'est prévu sur l'île. Une chose est sûre : on vient ici pour se reposer et profiter de la nature, pas pour faire la fête! L'île s'anime pourtant le premier week-end du mois d'août lors des annuelles *Pow-Wow,* fêtes indiennes traditionnelles.

Comment y aller ?

⌐ **Chi-Cheemaun Schedule :** ferry entre le port de Tobermory et South Baymouth sur l'île Manitoulin. Possibilité d'embarquer les véhicules. Renseignements au terminus de Tobermory (☎ 596-2510) ou au terminus de South Baymouth (☎ 705-859-3161). Départs de Tobermory en été à 7 h, 11 h 20, 15 h 40 et 20 h. Il est possible de ne passer qu'une journée sur l'île Manitoulin (le dernier ferry part de South Baymouth à 22 h).

L'ONTARIO

Adresses utiles

🔳 *Centres d'informations :* deux possibilités.
– Si vous arrivez par la route : *Manitoulin Information Center.* Situé à Little Current (à droite après le pont). Ouvert de fin avril à fin octobre. ☎ 368-3021. Fax : 368-3802. Le centre se charge des réservations de ferry.

– Si vous arrivez par le ferry : *Information Center* au terminal du ferry à South Baymouth. Ouvert de 8 h à 20 h.
■ *Sue's Taxi :* ☎ 368-3293. Peut vous conduire de Little Current au terminal du ferry.

Où dormir ?

Bon marché (moins de 50 $Ca)

🛏 *Camping Providence Bay Park :* à Providence Bay. ☎ 377-4650. Ouvert toute la semaine de 9 h à 21 h. Assez central. Clientèle familiale et internationale. En face de la plage.

🛏 *Bridgeway Motel :* sur la Highway 6 Nord, à Little Current. Sur la route d'Espanola. ☎ 368-2242. Chambres simples et pratiques.

À voir

★ Plage de sable fin à *Providence Bay*.

★ Point de vue superbe à *Cup & Saucer*, sur la 540 entre West Bay et Little Current. Chemin de randonnée d'environ 1 h. Panorama sur la forêt et les lacs. Vraiment magnifique.

★ *Réserves d'Indiens :* à *West Bay* et *Wikwemikong*. Rien de spécial à voir quand il n'y a pas de fêtes indiennes *(Pow-Wow)*. Quelques jolis magasins d'artisanat cependant.

LA RÉGION DES BLUE MOUNTAINS   IND. TÉL. : 705

DE THORNBURY À COLLINGWOOD

★ THORNBURY

Petit village connu essentiellement pour ses possibilités de ski en hiver. Si, si, avec un peu d'élan, vous finissez dans le lac !

★ CRAIGLEIGHT

Une petite ville paisible en passe de devenir LA station de ski alpin, située au pied des Blue Mountains, prolongement de l'escarpement et point culminant du massif du Niagara.

Adresse utile

■ *Location de matériel de ski et de vélos :* on trouve plusieurs boutiques de location au pied de l'auberge *Blue Mountain* et des remontées mécaniques.

Où dormir?

â *Blue Mountain Auberge :* adorable auberge située non loin des remontées mécaniques de Craigleith. Prendre le chemin qui monte avant le complexe du *Blue Mountain Inn* (à ne pas confondre!). ☎ 445-1497. Nuitée à partir de 70 $Ca. Téléphonez pour connaître les disponibilités. 83 places au total. Demi-tarif pour les possesseurs de la carte des AJ. Cuisine, sauna, grande salle avec cheminée, point de départ d'une balade à proximité. Tout le charme d'un chalet de montagne.

À voir

★ *Scenic Caves :* Scenic Caves Road, avant Collingwood. ☎ 446-0256. Ouvert de mi-mai à mi-octobre, en fonction de la météo. Entrée : 8 $Ca ; réductions. Grottes où l'on peut admirer des fossiles. Beaux points de vue panoramiques sur le circuit. Départ d'une randonnée pour accéder au sommet de la montagne. Comptez environ 1 h 30. Superbe panorama sur la Nottawasaga Bay.

À faire

– *Ski en hiver :* de mi-décembre à mi-mars.
– *Randonnée, mountain bike en été.*

★ *COLLINGWOOD (IND. TÉL. : 705)*

Adresse utile

▣ *Tourist Information Center :* 601 1st Street, au croisement de la Highway 26. ☎ 445-7722 ou 0748. Se charge des réservations des hôtels dans la région.

WASAGA BEACH   IND. TÉL. : 705

Les longues plages de la Nottawasaga Bay attirent de plus en plus de monde, et l'exploitation touristique s'accélère d'année en année. Plus du tout le Canada sauvage! La plage de Wasaga fait 14 km de long et se targue d'être la plus grande plage d'eau douce du monde.

Adresse utile

🛈 *Visitor's Information* : Plage Area 1 et 2. ☎ 429-1120. À côté du parc d'attractions. Ouvert de 10 h à 17 h, uniquement l'été.

Où dormir?

La ville regorge de motels, locations, chambres à louer au jour, à la semaine, au mois, sur le « front de mer » et sur la Highway 92... assez chers et de qualité diverse.
– Pas de *Provincial Park Campground*. Les campings, à partir de 30 $Ca la nuit, sont privés, donc on vous entasse et on vous presse comme des citrons.

🛏 *Jell-E-Bean Park Camping Ground :* n° 121 sur la Highway 26, un peu avant l'intersection avec la Highway 92. ☎ 429-5418. Petite piscine. À 2 mn de la plage. Camping familial.

🛏 *Cedar Grove Park :* en face et au même prix que le précédent, un peu plus calme cependant. ☎ 429-2134. Location de bouées, vélos et canoës. Bien équipé.

À voir. À faire

– *Water World :* sur la plage 1. Toboggan géant et piscines en tout genre.

★ *Nancy Island Historic Site :* sur Mosley Street. ☎ 429-2728. En plein centre, face au Visitor's Information. Musée gratuit ; le parking est payant. Nancy Island est une île composée d'alluvions qui sont venues s'accoler à l'épave d'un bateau britannique, le *Nancy*, coulé sur la rivière Nottawasaga alors qu'il cherchait un abri contre les attaques américaines.

PENETANGHUISHENE

« L'Endroit du Sable blanc roulant », en indien, est un petit port bien protégé, situé au cœur de la Huronie, région autrefois peuplée par les Hurons, tribu indienne semi-sédentaire, et les Iroquois, ennemis jurés des premiers. Au départ du petit port, superbe balade à travers les « 30 000 Îles ». N'oubliez pas la visite des établissements navals et militaires, très intéressante. La ville est surnommée « Penetang », c'est plus court.

Adresses et renseignements utiles

🛈 *Tourist information :* sur le port. ☎ 549-2232. Ouvert de 9 h à 17 h, tous les jours en été.
■ *Centre d'activités françaises* (administré par la *Clé d'la Baie en Huronie*) : 63 Main Street. ☎ 549-3116. Dans la rue principale. Centre culturel et social. N'hésitez pas à vous y rendre, l'accueil est chaleureux et on y fera tout pour vous aider, dans la mesure du possible. Le centre donne des informations sur les chambres disponibles dans la région.
■ *CFRH :* radio locale en français. 88.1 FM.

🚌 *Bus Terminal :* *PMCL*, Roberts Street (angle Main Street). ☎ 549-3388. ● www.midlandtours.com ● Pour Toronto, 3 départs par jour. Le bus pour Toronto s'arrête au 10 Robert Street, devant l'église. Se renseigner pour les tarifs et les horaires.

Où dormir ?

Se loger revient moins cher à Penetang qu'à Midland.

Camping

🛏 *Awenda Provincial Park Campground :* à la pointe de la presqu'île, à quelques kilomètres de la ville. ☎ 549-2231. Ouvert de 8 h 30 à 22 h. Nuitée à partir de 20 $Ca. Camping simple, en accord total avec la nature, comme dans tous les parcs provinciaux. L'endroit est vraiment chouette, non loin du lac. Nombreux chemins de randonnée. Nécessité d'être motorisé, car loin de la plage.

B & B (de 50 à 80 $Ca)

🛏 *Chesham Grove Bed & Breakfast :* 72 Church Street. ☎ 549-3740. Proche du centre. Chambres propres et calmes. Excellent petit déjeuner. Le *B & B* le moins cher de Penetang.

🛏 *Chez Vous Chez Nous Couette et Café :* 160 Lafontaine Road West, à Lafontaine, à 3 km de Penetanghuishene. ☎ 533-2237. Grande maison blanche au milieu des champs. Dans ce village, 60 % des habitants parlent le français. Georgette vous enchantera par son hospitalité et sa cuisine. Ses chambres colorées sont arrangées avec soin. Idéal pour les familles nombreuses. Demandez à son mari de vous raconter l'histoire du « Loup de Lafontaine »...

🛏 *N° 1 Jury Drive Bed & Breakfast :* 1 Jury Drive. ☎ 549-6851. ● www.jurydrbb.huronia.com ● Proche du théâtre et de Harbour Discovery. Le n° 1 de la rue, et également le n° 1 des *B & B* de la région. Tout y est parfait, rien à rajouter... Ah si ! les propriétaires ont des vélos à disposition.

Où manger ?

Prix moyens (autour de 10 $Ca)

🍴 *The Chez France, Naturellement :* 63 Main Street. Pizzas et salades de 4 à 8 $Ca. C'est la cantine du centre d'activités françaises. On y mange en regardant l'animation du studio de radio puisque le café est installé dans les locaux de CFRH. Un petit bastion francophone bien agréable.

🍴 *Memories Road House :* 32 Main Street. Ouvert tous les jours jusqu'à 21 h 30. Plats corrects. *Memories* doit son nom aux quelques vieilleries et antiquités qui trônent dans la salle.

🍴 *The Dock Lunch :* snack américain, sur le port. Ouvert de 8 h à 21 h. Ferme plus tard les vendredi et samedi. On y mange les pieds dans l'eau. Parfait pour les gros creux après la croisière des 30 000 Îles. On commande un hamburger et on rajoute tous les condiments possibles et imaginables : oignons, olives, maïs, ketchup, sauces de toutes les couleurs et de toutes les saveurs...

À voir. À faire

– *Balades en bateau :* chouette promenade à travers les 30 000 Îles sur le *Georgian Queen*, un steamer tout en métal. ☎ 549-7795. Départ à 14 h, à gauche de l'office du tourisme, de juin à septembre. Commentaire en français sur demande. Durée : 3 h environ. Le circuit coûte 15 $Ca. Possibilité de déjeuner à bord. Les paysages sauvages et déchiquetés, embrasés par la lumière, prennent des allures extraordinaires.
Adventure Sailing Plus : pour les amoureux de la voile, différentes formules de navigation à partir de 39 $Ca. ☎ 549-1032.

★ *Discovery Harbour :* tout au bout de Jury Drive, à 3 km du centre-ville. Dans la ville, suivre le panneau « King's Warf Theather ». Ouvert de 10 h à 17 h (dernière visite à 16 h 15). Entrée payante ; réduction étudiants. Arsenal datant du début du XIXe siècle, transformé en musée animé par des étudiants en costume.
Cet ancien arsenal, composé de 15 bâtiments, faisait partie du fort et servit de quartier général aux Anglais pendant la guerre de 1812 contre les Américains. Chaque bâtiment présente un aspect différent de la vie de l'arsenal, entrepôts, quartiers d'habitations, chantiers de construction, et même un théâtre. Les enfants peuvent participer activement en apprenant à faire des nœuds ou en donnant un coup de main à la réparation d'un bateau. Belle vue sur les environs.

– *De Penetang, vers de superbes plages :* en vous promenant sur la côte sud-ouest de la presqu'île, vous découvrirez une multitude de grandes plages sablonneuses ou de petites criques rocailleuses. On a aimé : *Balm Beach, Rowntree Beach, Tiny Beach* et *Lafontaine Beach.* Les routes qui y mènent traversent une campagne fraîche et boisée, bordée de *cottage*s et de villages minuscules comme **Lafontaine** et sa charmante église au long toit rouge effilé.

★ *Cedar Point et Christian Island :* à l'extrémité ouest de la presqu'île, on débouche sur un port minuscule. Un traversier vous conduit sur Christian Island (plusieurs départs par jour de 7 h 30 à 17 h 30, et jusqu'à 19 h 30 le week-end), réserve des Indiens ojibwés. Tarif : 40 $Ca aller-retour par voiture, ou 8 $Ca aller-retour par personne si vous n'êtes pas motorisé. Sur cette île très pauvre s'étaient réfugiés les Hurons ainsi que les missionnaires jésuites après le massacre du fort Sainte-Marie en 1649. Quand ils voulurent partir en traversant le lac gelé, la glace se rompit... sonnant ainsi le glas de la nation huronne. La réserve n'a rien de particulièrement attrayant, mais pour qui souhaite entr'apercevoir la situation des Indiens au Canada, la visite est instructive. Évitez les appareils photo. Possibilité de camper.

MIDLAND

Station balnéaire très prisée (l'animation nocturne est tout de même loin d'y être tropézienne) et haut lieu historique de l'Huronie. C'est ici que les jésuites français se sont distingués par leur obstination à convertir les Indiens hurons. On y rencontre encore beaucoup de francophones et quelques Indiens. Un endroit à multiples facettes, même si la ville, malgré ses jolies maisons, ne présente qu'un intérêt limité.

Un peu d'histoire

D'abord, il faut savoir que le nom de « Huron » provient du mot français « hure ». Les marins français s'écriaient : « Quelles hures ! » en voyant passer des Indiens hurons dont la coupe de cheveux en crête hérissée faisait penser au poil de sanglier ou de cochon. Leur véritable nom était *Ouendats*. 30 000 d'entre eux y vivaient à l'époque où Jean de Brébeuf, jésuite français, en donna la première description. Agriculteurs, donc sédentaires, les Indiens se tournèrent rapidement vers l'exploitation des fourrures avec les Français qui leur apportaient en échange farine, tabac, maïs et autres denrées, ainsi que des objets divers. Les Iroquois, ennemis des Hurons et donc des Français, lancèrent de nombreuses attaques décimant peu à peu la tribu faiblement armée. C'est cette situation qu'eurent à connaître les premiers récollets (religieux franciscains réformés), puis les jésuites, de 1615 à 1650. Apportant la bonne parole avec eux, ils ont, en fait, contribué à l'anéantissement moral et physique des Hurons, semant la discorde entre les membres d'une même famille, exacerbant la haine des Iroquois.

Adresses utiles

🛈 *Tourist Information :* Midland Chamber of Commerce, 208 King Street. ☎ 526-7884. Fax : 526-1744. Ouvert de 8 h 30 (10 h le week-end) à 18 h, tous les jours en été. Fermé le week-end en hiver.

✉ *Post Office :* 525 Dominian Avenue.

■ *Police :* 250 Second Street ☎ 526-2201.

🚌 *Bus terminal :* PMCL, 475 Bay Street. ☎ 526-0161. Pour Toronto, 3 départs par jour (7 h 10, 11 h 45 et 17 h).

■ *Location de voitures :* Budget Rent-a-Car, 725 Vindin Street. ☎ 526-4300.

■ *Hôpital :* 1112 St Andrews Drive. ☎ 526-3751.

Où dormir ?

Campings (à partir de 15 $Ca)

Très grands campings. Possibilité de louer des *cottages* à la semaine et à la saison.

🛏 *Bayfort Camp :* au bout d'Ogden's Beach Road, derrière le sanctuaire des martyrs canadiens. ☎ 526-8704. Nuitée à 18 $Ca. Au bord du lac Huron. Camping bien équipé. Sanitaires un peu vieillots. Petite plage.

🛏 *Smith's Trailer Park & Camp :* sur King Street, près de Little Lake. ☎ 526-4339. Ouvert toute l'année. À partir de 17 $Ca. Central, supérette. Sanitaires vétustes. Baignade agréable dans le lac. Un camping avec ses propres routes pour y vivre à l'année. On peut planter sa tente parmi les mobilhomes.

Bon marché (autour de 50 $Ca)

🛏 *Shamrock Motel :* 955 Yonge Street (à l'ouest de Midland). ☎ 526-7851. Chambre double à 60 $Ca. TV, frigo, micro-ondes et AC. Éloigné du centre. Modeste. Vue sur Little Lake Park.

B & B (entre 85 et 100 $Ca)

La liste complète peut être obtenue auprès de l'office du tourisme.

🛏 *Little Lake :* 669 Yonge Street. ☎ 526-2750. Fax : 526-9005. Certaines chambres avec salle de bains privée. Chambres à 70 $Ca, avec

L'ONTARIO

sanitaires communs. Bien situé près du lac. On peut aller au musée à pied. La chambre jaune, la plus chère, a une vue magnifique sur le parc, une entrée indépendante, deux petits salons privés (un à l'intérieur, l'autre sur la terrasse) et un dressing. Les propriétaires sont accueillants et la maison est décorée avec goût.

🛏 ***Mark & Margie's B & B :*** 670 Hugel Ave. ☎ 526-4441. Un peu moins cher que le précédent mais plus classique. On y est très bien accueilli tout de même et on passe un bon moment dans cet endroit romantique à souhait.

Où manger ?

Prix moyens (autour de 15 $Ca)

I●I ***Scully's :*** grand bar et resto devant le port. Ouvert tous les jours de 11 h à 23 h. ☎ 526-2125. Plats de 7 à 17 $Ca. Déco originale tout en bois. Remarquez les abat-jour dans le quartier français. Billard, base-ball en vidéo et bière dans les gosiers... Quelques plats marins classiques. Terrasse sympa avec vue sur la marina.

I●I ***Whalen's Wharf :*** 238 Midland Ave., à l'angle de Midland Ave. et de Dominion Ave. ☎ 527-5427. Plats de 5 à 20$ Ca. Tons pastel et objets marins naïfs : animaux et encadrements en coquillages, miniatures embouteillées, faux poissons, mais tout s'intègre très bien dans le décor. Cuisine classique le midi, plus élaborée et plus chère le soir.

I●I ***Freda's Restaurant :*** 342 King Street. ☎ 526-4851. Ouvert de 11 h 30 à 14 h sauf le week-end et à partir de 17 h 30 tous les jours. Dé-

jeuner de 7 à 12 $Ca. Une maison de poupée transformée en resto *British* très « cup of tea », les nappes blanches brodées et les assiettes fleuries raviront les amoureux qui auront l'impression de débarquer chez une tantine normande, le sourire en moins. Excellente adresse mais une tendance cuisine nouvelle et... anglaise. Le soir, le choix des plats double, le prix aussi.

I●I ***Sha-na-na's :*** 519 Hugel Ave. ☎ 526-2266. Plats de 6 à 12 $Ca. « L'endroit où les adultes refusent de grandir. » Nostalgiques des *Sixties*, ce resto est pour vous : comptoir-piano, vieilles pompes à essence, banquette en moleskine bicolore, mini-juke-box, et photos de stars aux murs. Cuisine et musique américaine, *of course*. « Booms » certains soirs. Bar après fermeture de la cuisine à 22 h.

À voir. À faire

★ ***Huronia Museum :*** sur King Street, à Little Lake Park. Ouvert de 9 h à 17 h, jusqu'à 18 h en juillet et août. Entrée : 6 $Ca ; réductions (valable pour le musée et le village en face).
Deux grandes salles. Dans la première, un fouillis d'objets poussiéreux entassés donnant l'impression d'être dans une brocante. Ustensiles apportés par les pionniers : vêtements, jouets, meubles, outils, bijoux, objets de la vie quotidienne, tout cela classé plus ou moins par thème. La deuxième pièce expose de façon très classique des accessoires indiens de la vie courante. On a un peu regretté l'endroit trop étriqué, et le manque d'exploitation de ce musée pourtant très riche en potentiel.

★ **Huron Indian Village :** à côté de l'Huronia Museum. ☎ 526-2844. Demandez la feuille de route en français à l'entrée. Une haute palissade de bois entoure le village huron reconstitué. On y voit les « longues maisons » recouvertes d'écorces qu'habitaient plusieurs familles indiennes. Un circuit à travers le village permet de comprendre leur mode de vie avant que les Blancs n'y mettent fin. Des pictogrammes devant chaque abri renvoient à la feuille de route. Lieu de fabrication de poteries, salle du « médecin », garde-manger, sauna (malheureusement, il n'est plus en état de fonctionnement). Dans un tipi, des peaux finissent de sécher. Bonne reconstitution.

★ **Saint Mary au pays des Hurons :** ☎ 526-7838. À 5 km à l'est de Midland, à droite de la Highway 12. Ouvert de fin mai à octobre de 10 h à 17 h, tous les jours en été (dernière visite à 16 h 15). Entrée : 10 $Ca.
Ce village est la reconstitution exacte, au même emplacement, de la première mission jésuite en Ontario, construite en 1639 et qui a brûlé 10 ans plus tard. Pour commencer, on vous présente un diaporama d'une vingtaine de minutes (demandez la version française), très bien fait, qui vous plonge droit dans le XVIIe siècle. Il explique la fin de la tribu des Hurons, décimés par les maladies importées, et l'échec des jésuites, affaiblis par la famine et les attaques des Iroquois, ainsi que leur fuite, d'abord sur l'île Christian, à la mission Saint Mary II, puis, après l'hiver et la famine, vers l'île d'Orléans, près de Québec. Cette mission, à son apogée, comptait de nombreux laïcs et artisans venus la transformer en un véritable village dans lequel étaient accueillis les Hurons christianisés. Pour eux, c'était un exemple de la culture française du XVIIe siècle, et pour les missionnaires un lieu de recueillement. La visite est animée par des étudiants embauchés pour l'été pour jouer le rôle de missionnaires, forgerons, Indiens hurons, cultivateurs, etc. Les visiteurs n'auront pas besoin de beaucoup d'imagination pour saisir le choc culturel que devaient subir les Indiens à l'arrivée des Blancs. Dans l'église, on voit les tombes de Jean de Brébeuf et de Gabriel Lalemant, atrocement martyrisés par les Iroquois. N'hésitez pas à poser plein de questions aux interprètes en costume d'époque, ils sont incollables et parlent le français. La reconstitution vivante est si bien faite qu'on regrette de ne pas être costumé pour vivre pleinement la visite !

★ **Sanctuaire des martyrs canadiens :** situé dans un vaste parc à gauche de la Highway 12, en face de la mission Sainte-Marie, à l'est de Midland. Ouvert de mai à septembre, tous les jours de 7 h 30 à 21 h. On y trouve une église construite en 1926, en l'honneur des martyrs. Architecture extérieure peu intéressante. En fait, pas grand-chose à voir dans cet endroit si vous n'êtes pas un fan du pape. Jean-Paul II vint y faire son catéchisme en septembre 84. On peut également y parcourir un chemin de croix.

– **Wye Marsh Wildlife Center :** à côté de la mission Sainte-Marie. ☎ 526-7809. Ouvert tous les jours de 10 h à 18 h l'été. Entrée : 5 $Ca. Circuits de promenades dans la nature. On y rencontre le « trilium », petite fleur blanche à trois pétales (rare), emblème de la province de l'Ontario. Pour les balades accompagnées en canoë l'été ou les promenades en raquettes l'hiver, il faut réserver à l'avance.

– **Balade en bateau dans les 30 000 Îles :** départs sur le port tous les jours en été à 10 h 45 et 13 h 45. D'autres balades en fin d'après-midi à certaines périodes. Durée : 2 h 30. ☎ 549-3388. Ticket à 15 $Ca ; réductions. Pour les routards moins pressés, préférez un départ de Parry Island, à l'ouest d'Huntsville. L'idée qu'on se fait du Canada : maisons en bois colorées sur des îlots boisés et proprets, avec le hangar à bateaux couvert au bout de l'île et parfois l'hydravion, pour les propriétaires plus argentés. Une belle promenade, où l'on aspire à une vie paisible et proche de la nature : un p'tit bout de terre, une p'tite bicoque, une bonne bière et une canne à pêche ; c'est pas beau ça !

LA RÉGION DES LACS MUSKOKA

Passage obligé de la baie Nottawasaga au parc Algonquin, cette superbe région considérée par beaucoup d'Ontariens comme « un vrai petit paradis », regroupe les lacs Muskoka, Rosseau et Joseph. Le tour du lac Muskoka peut s'effectuer en 3 h au départ de Gravenhurst ou de Bracebridge. Ses nombreux points de vue font de l'endroit un petit condensé typique de l'Ontario.

★ *ORILLIA*

Petite ville tranquille au nord du lac Simcoe tendant à s'émanciper rapidement. Beaucoup d'hôtels en construction depuis l'ouverture du grand casino du Canada, le *Casino Rama*. Tenu par des Indiens de la région, les Ogibwés, les plus grandes stars internationales viennent s'y produire. D'autres stars, bien plus modestes et bien moins connues, en costume national écossais, animent l'*Orilla Scottish Festival*, tous les ans au mois de juillet.

★ *GRAVENHURST*

Porte d'entrée de la région de Muskoka, Gravenhurst partage son activité entre le lac Muskoka, avec une croisière historique sur le plus vieux steamer encore en service en Ontario, et le lac Gull où des concerts sur des barges flottantes sont organisés en été. La ville évolue doucement en conservant le calme et la sérénité de ses belles demeures victoriennes du XIXe siècle.

★ *BRACEBRIDGE*

Connu pour sa cascade au cœur de la ville.
🛈 *Tourism Information :* à l'angle d'Ecclestone Drive et d'Ontario Street, au-dessus des chutes. ☎ 645-5231.

★ *PORT CARLING*

Adresse utile

🛈 *Port Carling Information :* à Port Carling après le pont, dans la rue principale à droite. ☎ 765-5336. Bureau du tourisme ouvert de 10 h à 16 h en été seulement. Quelques infos plus locales.

Location de bateaux

On vous conseille de découvrir le lac et la beauté de ses paysages aux commandes d'un bateau à moteur. Ce n'est pas si cher et ça vaut vraiment le coup. À part le permis voiture, aucun autre permis n'est demandé. Attention, en plus des taxes (15 % à rajouter), il faut prévoir le prix de l'essence, ainsi que le montant de la caution.

■ *Beaumaris Marina :* sur la Highway 118 West. Sortir à Beaumaris Road (à mi-chemin entre Bracebridge et Port Carling). ☎ 764-11-71. Location pour 4 h minimum de bateaux à moteur et de canoës.
■ *Ryans' Sea-Doo Rentals :* ☎ 1-888-766-86-90. Location de bateaux et de jet-skis pour la journée.

Où boire un verre avec vue sur le lac ?

❢ *Au Boat House* (dans le *Carling Cove Inn*), sur Port Carling, à côté du pont et de la station-service. Très beau panorama sur le lac Rosseau.

★ *HUNTSVILLE*

On ne fait qu'y passer, trop pressé de découvrir la beauté de l'Algonquin Park. La ville a d'ailleurs axé son tourisme sur celui-ci.

L'ALGONQUIN PARK   IND. TÉL. : 705 (à l'ouest) ou 613 (à l'extrémité est)

À quelques heures de Toronto, on trouve un parc national immense, 7 700 km^2 (presque aussi grand que le pays de Galles) de nature sauvage et exubérante, percée de milliers de lacs. Ici, la voiture est bannie. La Highway 60, qui traverse la partie sud du parc, n'est là que pour faciliter l'accès des amoureux de la nature venus emprunter les sentiers de promenade ou les 1 600 km de voies navigables en canoë. C'est ici que commence le Canada, celui des grands arbres, des lacs d'eau claire et potable, des soirées au coin du feu à essayer de décrypter les murmures et les cris de la nuit, des réveils au pied d'un lac embrumé. Cette rencontre avec le Canada sauvage, ce sentiment d'être loin de tout (on y est vraiment) sera l'un des moments forts de votre séjour. Un ami canadien a coutume de dire : « Quiconque prétend connaître le Canada sans être allé quelques jours à la découverte des lacs en canoë ne dit pas la vérité. » Vous nous avez compris, il serait dommage de manquer cette occasion.
Le parc possède 29 points d'accès, mais l'entrée la plus fréquentée reste la Highway 60. Vous devrez vous munir d'un permis pour accéder aux activités du parc (canoë, camping...). Tarifs : 10 $Ca par voiture pour une journée et 40 $Ca par voiture pour des séjours de plus de 4 jours.
Vous avez le droit cependant de traverser le parc gratuitement, si vous ne vous arrêtez pas en chemin, sur la Highway 60.

Adresses et informations utiles

Les routards en voiture sont avantagés : le bus ne s'arrête qu'à Huntsville, c'est-à-dire assez loin de l'entrée du parc. À titre indicatif, il faut compter 1 h pour traverser le parc en voiture.

▣ *Park Information Center :* un centre d'information aux entrées est et ouest du parc, sur la Highway 60. Renseignements : ☎ 633-5572. Ouvert de 8 h à 21 h tous les jours en été (jusqu'à 22 h le vendredi). Ouvert de 9 h à 16 h en hiver. Procurez-vous toute la doc concernant le parc. Super bien faite et disponible en français.
■ *Urgences Park :* ☎ 633-5583.
■ *Police :* ☎ 1-888-310-1122.
■ *Hôpital :* Huntsville, ☎ (705) 789-2311 ; Barry's Bay, ☎ (613) 756-3044.

L'ONTARIO

■ *Centre antipoison :* ☎ 1-800-267-1373.
■ *Météo :* au centre info. Prévisions de 3 à 5 jours.

■ *Radio d'information sur le parc :* 102.7 FM.

Où dormir ?

Il y a plusieurs hôtels dans le parc, mais ils sont tous extrêmement chers. Il est préférable d'aller se loger dans les petites villes aux entrées du parc : Dwight ou Huntsville, à l'entrée ouest, et Whitney à l'entrée est. Nous vous conseillons :

⬢ *The Curv Inn :* à 5 km de l'entrée ouest. ☎ 635-1892. De 30 à 50 $Ca l'hébergement. On peut y planter sa tente pour 10 $Ca. Le dernier motel avant le parc et curieusement le moins cher. Cinq chambres rustiques (la propreté laisse parfois à désirer), mais assez grandes. Au-dessus du magasin de souvenirs-restaurant-réception de l'hôtel et station-service, le proprio possède 5 chambres supplémentaires avec salle de bains commune. Un peu bruyant mais correct. On peut y louer des canoës.

Camper dans le parc

⬢ Il y a *8 campings* sur le parcours de la Highway 60, tous au bord du lac. Réservation pour tous les campings. ☎ 1-888-668-7275. Emplacement à partir de 20 $Ca la nuit. Les emplacements sont très propres et le respect de la nature est un concept acquis depuis longtemps par les Canadiens (dire qu'en France on en est juste à la prise de conscience...).
Procurez-vous le fascicule gratuit *Algonquin Provincial Park* qui décrit précisément les installations et indique les sentiers de randonnée. Si vous n'êtes pas marcheur et que vous désirez camper, arrangez-vous pour choisir un camping où les bateaux à moteur ne sont pas autorisés, voire où il n'y a pas de douches. C'est le seul moyen d'éviter la foule des fins de semaine.
On vous conseille le camping de *Canisbay* (au km 25 de l'entrée ouest) ou celui de *Pog Lake* (environ au km 37 de l'entrée ouest). Les emplacements sont assez bien isolés et ils sont moins fréquentés que les autres.
On ne peut séjourner que 23 jours consécutifs sur un même site.

Où manger ?

Il est préférable d'acheter ses aliments avant d'entrer dans le parc, où les quelques magasins sont légèrement plus chers.

Les ours

Même si leur pelage est doux, les ours ne sont pas « gentils ». Rassurez-vous, vous avez peu de chance d'en rencontrer. En fait, pour que la cohabitation fonctionne bien, il suffit de ne pas laisser de nourriture ni de déchets derrière vous, d'entreposer les vivres dans le coffre de votre voiture, et enfin de ne jamais approcher les ours si vous en voyez, et surtout de ne jamais les nourrir.

Sentiers de balades et de randonnées

Les balades de santé

Au total, 16 sentiers de 8 à 11 km sont proposés à partir de la Highway 60. Ils sont bien tracés et des panneaux indicateurs bleus, jaunes et marron vous montrent la route. Chaque parcours possède un thème particulier que développe un petit fascicule disponible au départ de la marche (vie sauvage, écologie du parc), en anglais ou en français. On peut soit les utiliser le temps de la balade et les rendre à la fin, soit les acheter à un prix très modique. On vous conseille :
– *Lookout* (1,9 km) : pour les pressés ou les flemmards. Superbe vue sur le parc au milieu du parcours.
– *Booth's Rock* (5,1 km) : permet de découvrir des paysages variés.
– *Mizzy Lake* (11 km) : il mène à une série d'étangs et petits lacs, bon spot pour l'observation des animaux.
– *Whiskey Rapids Trail* (2,1 km) : le long de la rivière et des rapides.

Les sentiers de longue randonnée (plusieurs jours)

Allez au centre d'information pour vous procurer une carte topographique, et indiquez aux guides votre itinéraire et vos campements. Trois parcours possibles. Chacun de ces sentiers est équipé d'emplacements pour camper, désignés par un petit triangle rouge sur la carte. Il s'agit d'un simple endroit dégagé où un emplacement est prévu pour faire du feu. Respectez-le. Pour les toilettes, creusez un trou puis rebouchez. Deux parcours partent de la Highway 60. Nombre de campeurs limité.
– *Western Uplands :* composé de 3 boucles ; 32, 55 et 88 km. Prévoir entre 3 et 7 jours. Le plus varié. Emplacement prévu pour faire du feu. Achat du permis à la porte ouest du parc *(West Gate)*.
– *Highland Back Packing Trail :* 2 boucles de 19 et 35 km. Compter 2 à 3 jours. Achat du permis au *Cache Lake Information Center*, sur la Highway 60. Moins fatigant que le premier.
– *Eastern Pines :* 2 boucles de 5,5 et 15,5 km. À l'est du parc.

À ne pas oublier...

– Une tente légère, un bon sac de couchage ;
– de bonnes chaussures de marche fermées qui couvrent les chevilles ;
– 2 paires de chaussettes, une fine, une plus épaisse ;
– un maillot de bain ;
– un coupe-vent imperméable ou un « poncho » qui vous servira de bâche en cas de pluie pour recouvrir votre sac, sur votre dos ou dans le canoë ;
– un pantalon léger et une chemise à manches longues légère également (ça évite les coups de soleil) ;
– un petit kit *first aid* ;
– une lampe électrique, de la ficelle, un couteau, des allumettes, un ouvre-boîtes, une boussole, une montre... étanche, du papier journal pour allumer le feu (le bois n'est pas toujours sec !) ;
– de la nourriture : fruits secs, soupes déshydratées, barres chocolatées genre « snack »... ;
– une gamelle pour deux avec couverts ;
– des cachets purificateurs d'eau ;
– une carte ;
– UNE POMMADE ANTI-MOUSTIQUES (si vous ne voulez pas être totalement défiguré).
L'eau des lacs est potable. Les *rangers* ne le disent pas trop, il suffirait d'une colique pour qu'on les traîne en justice.

L'ONTARIO

Les routes de canotage

Le meilleur moyen de vivre la véritable aventure, de se sentir l'âme d'un pionnier, de suivre la trace des Indiens, de s'enfoncer dans les forêts reculées, de pêcher et de griller du poisson au feu de bois, bref de prendre son pied sans trop user ses chaussures, c'est... le canoë.

Le parc Algonquin est un peu comme une nuit étoilée dont chaque étoile serait un lac. Entre chaque lac, des sentiers ont été tracés. Les itinéraires de canotage sont constitués par l'ensemble des voies navigables et par ce que l'on appelle le « portage », qui est le fait de porter son canoë sur le dos pour rejoindre la prochaine voie navigable. Même les non-initiés peuvent entreprendre une petite expédition de quelques jours. N'oubliez pas que le canoë n'a rien à voir avec le kayak qui demande de véritables compétences techniques et un long entraînement. De plus, s'il pleut (et ça arrive!), le canoë posé à l'envers sur deux pierres fera un excellent parapluie. C'est arrivé à des lecteurs. Le canotage du parc Algonquin est sans danger car sans rapides. On navigue sur des lacs calmes et des cours d'eau paisibles. Voyageant en pleine nature sauvage, le seul danger vient en fait de vous, si vous avez mal préparé votre parcours. Pour cela, il est donc nécessaire d'aller au centre d'information du parc et de discuter des différents trajets possibles et praticables, sur lesquels les distances de portage sont relativement courtes, histoire de ne pas vous dégoûter. Tous les jours en juillet et en août, les *rangers* vous proposent un programme de connaissance de la nature qui inclut une initiation au canoë et des conseils très utiles pour la préparation de votre voyage. Renseignez-vous par téléphone. La location n'est pas si chère, surtout pour une semaine.

Comment réaliser pratiquement votre voyage ?

De trois choses l'une :

– Vous avez un ami canadien qui possède un canoë et qui connaît la région. Il vous reste à pagayer et à vous en mettre plein les mirettes.

– Vous n'avez pas d'équipement : vous louez votre canoë sur place (c'est plus cher, adresses plus loin) ou dans une grande ville (Toronto, Ottawa...). Vous préparez votre itinéraire avec l'aide d'un *ranger* en vous procurant la carte *Algonquin Provincial Park Canoe Routes*, très bien faite. Tous les lieux de camping y sont inscrits, toutes les routes possibles ainsi que les distances de portage du canoë d'un point à un autre. Indispensable. N'hésitez pas à poser plein de questions aux *rangers*. Si vous ne parlez pas l'anglais, il y en a sûrement un qui s'exprime en français. Si vous maîtrisez la langue de William, lisez attentivement les explications et les conseils figurant au dos de la carte et participez aux *slide talks* (soirées diapos) organisées régulièrement au *Log Lake Outdoor Theater* (en juillet et août). Un voyage mal organisé peut se transformer en cauchemar. En revanche, un peu de préparation vous facilitera énormément la tâche, car n'oubliez pas que là-bas le téléphone n'existe pas et qu'un petit pépin devient vite une grosse galère. Ensuite, vous camperez 1 ou 2 jours au bord de la Highway 60 pour préparer votre départ (nourriture, parcours, timing, etc.) et vous entraîner.

– Vous êtes tout nouveau dans le domaine du canoë mais vous venez de toucher la tranche de Noël du Loto : vous allez dans l'une des deux boutiques de location et d'organisation d'itinéraires. Ils vous préparent un *package* fort bien fait, en fonction du temps que vous souhaitez rester : itinéraire, canoë, sac de couchage, nourriture sous plastique étanche... Ils ont même des guides. Mais ça, vous n'en aurez pas vraiment besoin.

Les boutiques spécialisées

Les prix et la qualité du service sont semblables pour ces 3 magasins :

■ *Algonquin Outfitters :* Highway 60. À environ 8 km avant l'entrée ouest du parc, sur la gauche. Panneaux indicateurs. ☎ 635-2243. Ouvert toute l'année. Locations en tout genre. Ils vous conseilleront efficacement. Exemple de prix, tout compris pour 3 jours, deux personnes : de 100 à 120 $Ca par personne (moitié moins cher si vous apportez votre équipement de camping et votre nourriture). Il est possible de rapporter le canoë, à la fin de votre périple, dans l'un de leurs deux magasins situés dans le parc : *Brent Store*, sur le lac Cedar (au nord du parc) ou *Opeongo Store*.

■ *Portage Store :* au km 14, sur la gauche de la Highway 60 à partir de l'entrée ouest du parc. ☎ 633-5622.

■ *Opeongo Store :* à l'est du parc, près du lac du même nom. ☎ (613) 637-2075. Ouvert de 8 h à 20 h en juillet et août.

Quelques derniers conseils

– Les week-ends d'été, les lacs les plus accessibles sont très prisés. Si vous voulez la paix, évitez *Canoe Lake*. En semaine, ça va encore. En règle générale, les lacs dont l'accès demande un portage dès le début sont moins fréquentés. Plus on se dirige vers le nord, plus on est seul. De même pour tous les lacs n'ayant aucun point de départ sur la Highway 60. Les accès au parc sont signalés par des losanges rouges sur la carte. À l'ouest, accès 3 à *Magnetawan Lake* ou, tout au nord, *Cedar Lake*. Excellent itinéraire. Isolement assuré.

– À partir de la Highway 60, en semaine, emprunter *Smoke Lake* et descendre jusqu'à *Ragged Lake*. Peu de portage et pas trop de monde.

À voir en traversant le parc par la route

★ *The Algonquin Visitor's Center :* sur la Highway 60, 43 km à partir de l'entrée ouest. Ouvert de 9 h à 21 h en été. Regroupe une cafétéria, une librairie et un petit musée gratuit, *The Algonquin Park Museum*, qui décrit la faune du parc, élans, biches, etc. Paradoxalement, c'est sur la Highway que l'on a le plus de chance de voir des élans. En mai et juin, ils apprécient l'eau encore salée qui stagne sur la chaussée, provenant du déneigement des routes. Évitez de rouler la nuit dans les parcs. Il paraît que les élans, lorsqu'ils sont en mal de femelle, sont passablement nerveux. La vue de la lumière les attire et ils foncent droit dessus. Comme ils oublient toujours d'allumer leurs codes, vous les voyez au dernier moment et boum !

★ *Le musée du Bûcheron :* à l'entrée est du parc. Ouvert de 10 h à 18 h. Présentation grandeur nature, sur un parcours de 1,3 km, de différents matériels utilisés au XIXe siècle par les bûcherons : bateau à aubes, charrette, loco. Diaporama pas mal fait. En 1861, 112 compagnies exploitaient le parc Algonquin. La demande était si forte que l'anarchie la plus complète régnait sur le site, défigurant inéluctablement le visage de la forêt. On n'hésitait pas à sacrifier les plus jeunes arbres sur l'autel de la demande économique. Les experts prévoyaient l'exploitation du domaine pendant 700 ans ! 70 années plus tard, on se demandait où était passée la forêt. En 1893, on décida la création du parc, afin de maîtriser l'exploitation forestière et d'éviter un nouveau massacre. Si le « musée » est fermé, il suffit de prendre un petit guide au distributeur, au début du chemin, et de faire le parcours seul.

★ *Algonquin Gallery :* au km 20 sur la Highway 60. Ouvert de juin à octobre de 10 h à 18 h. Entrée payante ; réduction étudiants. Expositions temporaires, chaque été.

Les pluies acides

Les oxydes de soufre et les oxydes d'azote : voilà les principaux ennemis des lacs canadiens. Rejetées dans l'atmosphère par les usines des zones industrielles notamment, ces émissions se transforment en particules de sulfate ou de nitrate puis, en se combinant avec l'eau, en acides sulfuriques ou nitriques faibles. Les vents dominants leur font parcourir des centaines de kilomètres avant de les laisser retomber, mine de rien, sur les sols et les lacs innocents. Le pH des lacs (voir cours de chimie de 1re) descend ainsi audessous de 4,6 ; alors que les poissons, grenouilles et autres créatures ont besoin d'un pH supérieur à 5 pour survivre et féconder. En Ontario, une étude réalisée en 1984 sur plus de 4 000 lacs montrait que 4 % d'entre eux avaient une acidité ne permettant plus d'héberger une vie aquatique. On sait comment limiter ces émanations et dépôts acides qui entraînent une dégradation inéluctable du milieu... Ce n'est plus qu'une affaire de gros sous.

Entre Algonquin et Ottawa

Sur la route entre Algonquin et Ottawa, un seul conseil : suivez la rivière des Outaouais (en sortant du parc, prendre la route 60 Est, puis la route 62 Est jusqu'à Pembroke et ensuite les bords de la rivière jusqu'à Ottawa).

★ *BARRY'S BAY*

Où dormir ? Où manger ?

Une petite halte à Barry's Bay, sur la route du retour, histoire de ne pas réintégrer la civilisation trop brutalement.

▲ I●I *The Ash Grove Inn :* Highway 62 Sud. Face au lac Kamaniskeg. ☎ 1-888-756-7672. Chambre à 50 $Ca et repas de 7 à 14$ Ca. On mange un hamburger sur la terrasse en se rappelant les aventures et les émotions de l'Algonquin.

Où faire du rafting dans le coin ?

À Foresters Falls, au croisement de la Highway 21 et de la 48, les amateurs de rafting seront au paradis : descentes de spectaculaires rapides sur les rivières des Outaouais et Madawaska.
Le prix le plus cher par personne, pour une journée de raft, repas inclus, le samedi en été et commun aux trois organismes est autour de 100 $Ca. Les tarifs varient selon la saison, le jour et le nombre de personnes. Des forfaits de deux jours avec gîte et couvert sont également proposés. Attention, ce sont des grosses structures : le week-end, c'est l'usine !
L'accès aux différents sites est très bien indiqué à partir de Forester's Falls (et même avant !).

■ *Wilderness Tours :* ☎ (613) 646-2291 ou 1-800-267-9166 (numéro gratuit). Notre préféré, parce qu'ils aiment ce qu'ils font !

■ *OWL Rafting Inc. :* ☎ (613) 646-2263 ou 1-800-461-RAFT (appel gratuit).

■ *RiverRun :* ☎ (613) 646-2501 ou 1-800-267-8504.

Où dormir ?

⌂ *Victoria House B & B :* dans la rue principale, lorsqu'on arrive par la Highway 21. ☎ (613) 646-7638. Compter pour la chambre double de 45 à 75 $Ca. Quelques chambres accueillantes et joliment décorées à l'ancienne. L'une d'elles propose un lit d'empereur chinois de 150 ans (le lit, pas l'empereur !).

| OTTAWA | IND. TÉL : 613 |

Pour le plan d'Ottawa, voir le cahier central en couleur.

La ville la plus bilingue du Canada anglophone. Les nuls en anglais se sentiront chez eux. Ottawa fut choisie comme capitale du Canada en 1857 par la reine Victoria, plus pour sa position stratégique entre les deux pays linguistiques que pour sa réelle importance politique. Elle s'appelait auparavant Bytown et fut renommée Ottawa, qui veut dire « Échange sur la rivière », en langage algonquin. On y trouve donc un décalage intéressant entre le sérieux des buildings et des édifices parlementaires et la décontraction très provinciale de ses larges avenues bordées de parcs. Le week-end, les bateaux se promènent sur la rivière des Outaouais et le canal Rideau qui traversent la ville. Le soir, les jeunes vont chercher l'animation dans le quartier de Byward Market. Ottawa la paisible offre également de superbes musées. Une raison supplémentaire d'y faire une halte.

Adresses utiles

Infos touristiques

🛈 *Infocentre (plan couleur B2) :* 90 Wellington Street, à l'angle de Metcalfe Street. En face des édifices parlementaires. Numéro d'appel gratuit de tout le Canada : ☎ 1-800-465-1867 ; sinon, ☎ 239-5000. Ouvert de 8 h 30 à 21 h tous les jours en été. On y parle le français.

Argent, change

■ *American Express Travel Service (plan couleur B2, 2) :* 220 Laurier Avenue. ☎ 563-0231. Numéro d'appel gratuit : ☎ 1-800-668-26-39. Ouvert de 8 h 30 à 17 h 30 sauf le dimanche.

Représentations diplomatiques

■ *Ambassade de France (plan couleur B1, 1) :* 42 Sussex Drive. ☎ 789-1795. Ouvert de 9 h 30 à 16 h.

■ *Ambassade de Belgique (plan couleur C2, 3) :* 80 Elgin Street ; 4ᵉ étage. ☎ 236-5730.
■ *Ambassade de Suisse (plan*

OTTAWA

couleur C2, 4) : 5 Marlborough Avenue. ☎ 235-1837.

■ *Ambassade des États-Unis*

(plan couleur B2, 5) : Sussex Drive, en face de Clarence Street. ☎ 238-5335.

Santé

■ *Numéro d'appel d'urgence :* ☎ 911.

■ *Hôpital général :* 501, Smyth Road. ☎ 737-7777.

■ *Police* (plan couleur C3, 6) : 474 Elgin Street. ☎ 236-1222.

Transports

🚃 *Gares ferroviaires* (hors plan par A2 et D2) : Tremblay Road. *Via Rail :* ☎ 244-8289. Pour Toronto (*via Kingston*), Montréal et Québec, plusieurs départs par jour.

🚌 *Terminus Voyageur* (plan couleur C3, 7) : 265 Catherine Street. ☎ 238-5900.

🚌 *Greyhound* (plan couleur C3, 7) : mêmes adresse et téléphone que ci-dessus. Nombreux départs pour les États-Unis. Départ pour Montréal toutes les heures sauf à 11 h et 13 h.

✈ *Aéroport* (hors plan par C3) : ☎ 998-3151.

■ *Air France* (plan couleur B2, 9) : 220 Laurier Avenue, Suite 320. Numéro d'appel gratuit : ☎ 1-800-667-2747.

■ *Air Canada* (plan couleur B2, 10) : 275 Slater Street. Renseignements en français : ☎ 247-5000. Appel gratuit : ☎ 1-800-268-7240.

■ *Rent-a-Bicycle :* 1 rue Rideau, derrière le château Laurier. ☎ 241-4140.

Loisirs

@*Internet :* cybercafé *Agora* (plan couleur C2, 11), 135 rue Besserer.

■ *Alliance française :* 352 MacLaren Street. ☎ 234-9470.

Où dormir ?

Pas cher (moins de 20 $Ca)

🛏 *Camping Le Breton* (plan couleur A3, 20) : dans le centre-ville, à l'angle de Booth Street et de Fleet Street, à 5 mn au sud-ouest du parlement. ☎ 236-1251. Ouvert de mi-juin à début septembre. Tentes exclusivement. Bien aménagé. Assez bon marché mais bruyant et les sanitaires ne sont pas toujours dans l'état où l'on voudrait les trouver en entrant. Les voitures restent à l'entrée.

🛏 *Auberge Internationale d'Ottawa* (plan couleur C2, 21) : 75 Nicholas Street, à l'angle de Daly Avenue. ☎ 235-2595. À partir de la gare, prendre le bus n° 95. Du terminal des bus, prendre le n° 4 Nord. Si-

tué dans l'ancienne prison de la ville. Surprenant de se retrouver en taule. Accueil très sympa des « matons ». Couvre-feu à 2 h en hiver. Colonne d'infos. On dort à 4, 6 ou 8 par cellule. Chambres sans fenêtre. On ne peut plus dormir dans la cellule des condamnés à mort : les « candidats » en sortaient anéantis ! Cuisine. Buanderie. Bar et billard. Trois chambres pour couples. Propreté approximative, mais il faut quand même y aller, juste pour voir.

🛏 *Ottawa Backpackers Inn* (plan couleur C1, 25) : 203 York Street. ☎ 241-3402. ● www.ottawahostel .com ● Une maison classique en brique rouge, mais qui contient quand

PLANS ET CARTES
EN COULEURS

LE CANADA

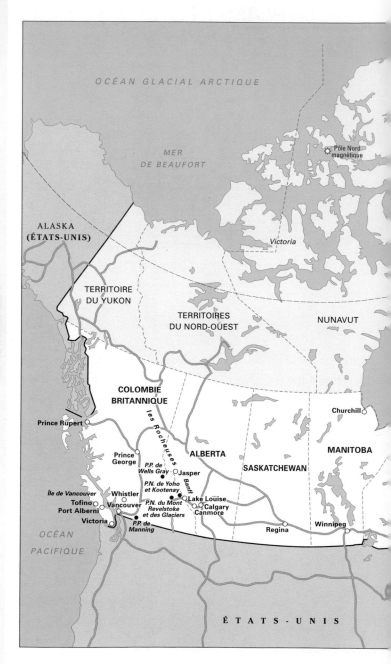

OCÉAN GLACIAL ARCTIQUE

MER
DE BEAUFORT

Pôle Nord
magnétique

ALASKA
(ÉTATS-UNIS)

TERRITOIRE
DU YUKON

Victoria

TERRITOIRES
DU NORD-OUEST

NUNAVUT

COLOMBIE
BRITANNIQUE

Churchill○

Prince Rupert○

les Rocheuses

Prince
George

*P.P. de
Wells Gray*

ALBERTA

MANITOBA

SASKATCHEWAN

Jasper

*P.N. de Yoho
et Kootenay*

Banff

Île de Vancouver

Whistler

*P.N. du Mont
Revelstoke
et des Glaciers*

Lake Louise

Tofino○
Port Alberni

Vancouver

Calgary
Canmore

Victoria

*P.P. de
Manning*

Regina

Winnipeg

OCÉAN

PACIFIQUE

É T A T S - U N I S

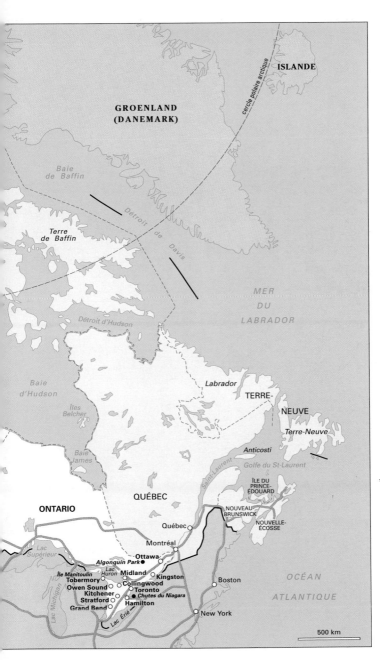

LE CANADA

LE CANADA

VANCOUVER – PLAN I

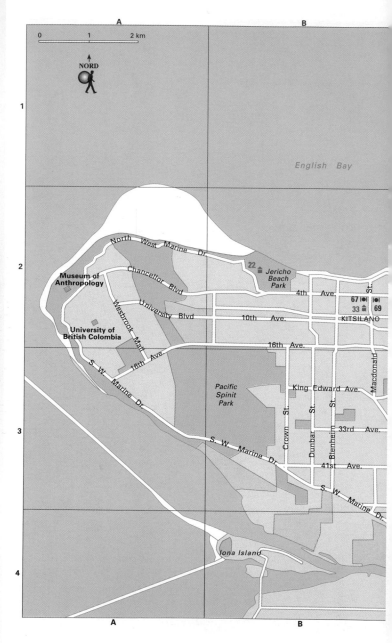

A   B

0   1   2 km

NORD

1

English Bay

North West Marine Dr

Chancellor Blvd

Museum of Anthropology

22   Jericho Beach Park

4th   Ave.

University Blvd

67   69

33

KITSILANO

10th   Ave.

Westbrook Mall

University of British Colombia

16th   Ave.

16th Ave.

Pacific Spinit Park

King Edward Ave.

S. W. Marine Dr.

33rd   Ave.

S. W. Marine Dr.

Crown St.

Dunbar St.

Blenheim St.

Macdonald

41st   Ave.

S. W. Marine Dr.

Iona Island

A   B

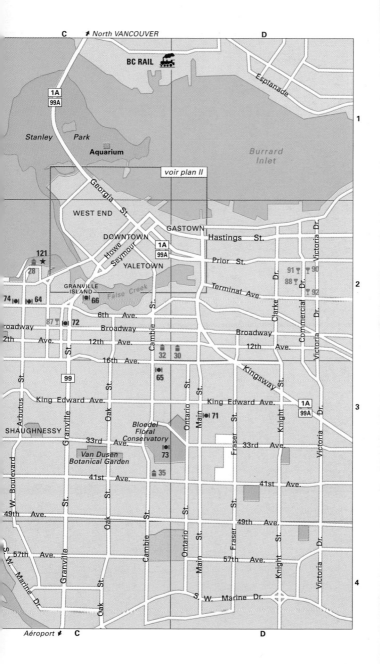

VANCOUVER – PLAN I

VANCOUVER – PLAN II

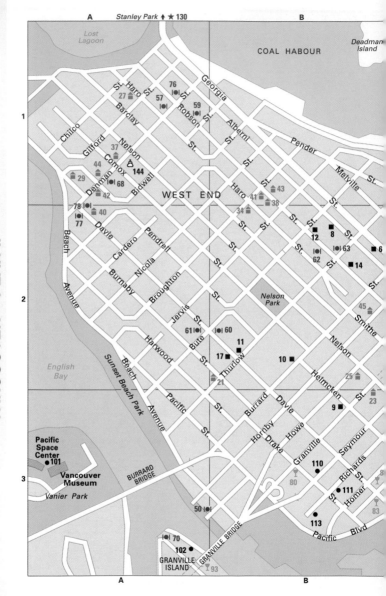

Lost Lagoon

COAL HABOUR

Deadman Island

Georgia

Chilco

St. Haro St.

27   76
57   St.
     59   Robson   St.
              Alberli
                   St.
Barclay

Pender

Melville   St.

Gilford   Nelson
37   Comox
44   Denman
29
42   68   Bidwell
     144

WEST END   Haro   43
                   41   38
                   34

78   40
77

Davie

Cardero

Pendrell

Burnaby

Nicola

Broughton

St.   St.   St.

12   8
     63   6
62   14
     St.

Nelson Park

45

Smithe

Jervis   St.
61   60
     11
17   10
Harwood
Bute   21   St.

Nelson

Helmcken

25
23

Thurlow

Burrard   Davie
9

Pacific

Hornby   Howe

Drake   Granville
                   110
                   80   Seymour

Richards

English Bay

Sunset Beach Park

Beach   Avenue

Pacific Space Center
101

Vancouver Museum

Vanier Park

BURRARD BRIDGE

Avenue

111
83

113

Homer

Pacific   Blvd

50

70
102
GRANVILLE ISLAND   93

GRANVILLE BRIDGE

A   B

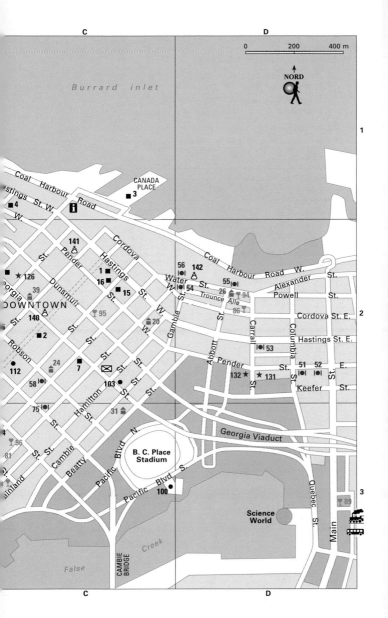

VANCOUVER – PLAN II

■ **Adresses utiles**

   🚃 Gare BC Rail

🛏 **Où dormir ?**

  22   Hostelling International Vancouver Jericho Beach
  28   Kitsilano Point B & B
  30   Douglas Guesthouse B & B
  32   The Manor
  33   The Penny Farthing Inn
  35   Beautiful B & B

|●| **Où manger ?**

  64   Sophie's
  65   Sala Thai
  66   Isadora's

  67   Nyala
  69   Naam
  71   Accord
  72   Tama Sushi
  73   Seasons in the Park
  74   Bishops

🍸 **Où boire un verre ? Où écouter de bons concerts ?**

  87   Carnegie's
  88   Bukowski's
  90   Joe's Café
  91   La Quena
  92   Waazubee Café

★ **À voir**

 121   Maritime Museum

VANCOUVER – REPORT DU PLAN II

■ **Adresses utiles**

  🛈   Tourism Vancouver Convention and Visitor's Bureau
  ✉   Post Office
  🚌   Greyhound Bus Terminal
  🚃   Gare Via Rail
   1   Consulat de Belgique
   2   Consulat de France
   3   Consulat de Suisse
   4   Consulat des États-Unis
   6   Canadian Airlines
   7   Budget
   8   Tilden
   9   Lo-Cost
  10   Saint Paul Hospital
  11   Shoppers Drug Mart
  12   London Drug
  13   American Express
  14   Manhattan Books
  15   International Travel Maps
  16   Lingo Cyberbistro
  17   Internet Coffee
  18   The Byte place

🛏 **Où dormir ?**

  20   Vincent's The New Backpackers Hostel
  21   Vancouver Hostel
  23   Global Village Backpackers
  24   The Kingston Hotel
  25   Royal Hotel
  26   The Dominion Hotel
  27   Buchan Hotel
  29   Sylvia Hotel
  31   YWCA Hotel-Residence
  34   The West End House
  37   Shato Inn
  38   Barclay
  39   Georgia
  40   Best Western Sands
  41   Robsonstrasse Hotel
  42   English Bay Apartment Hotel
  43   Tropicana Motor Inn
  44   Oceanside Apartment Hotel
  45   Wedgewood Hotel

|●| **Où manger ?**

  50   C Restaurant
  51   Kam Gok Yuen
  52   New Capital Smorgasboard
  53   The Only Fish and Oyster Café
  54   Water Street Café
  55   The Old Spaghetti Factory
  56   Umberto Al Porto
  57   Poncho's Mexican Restaurant

  58   Café S'il Vous Plaît
  59   Capers
  60   Doll and Penny's
  61   Hamburger Mary's
  62   Cactus Club Café
  63   Joe Fortes
  68   Bread Garden
  70   Bridges Bistro
  75   Subeez
  76   Great Wall Mongolian BBQ et Café de Paris
  77   Liliget Feast House
  78   Benny's Bagels

🍸 **Où boire un verre ? Où écouter de bons concerts ?**

  80   Le Yale
  81   Automotive Billiards Club
  82   Soho Café et Billiards
  83   Bar None
  84   Yale Town Brewing Company
  86   Hungry Eye
  89   The Ivanhoe Pub
  93   Arts Club Lounge
  94   The Town Pump
  95   Railway Club
  96   Starfish Room

● **Où voir un comedy-show ou une pièce de théâtre ?**

 100   Yuk Yuk's
 101   Theater Sports
 102   Arts Club Theater
 103   Queen Elizabeth Theater

● **Où danser ?**

 110   Luv-a-fair
 111   The Grace Land
 112   The Commodore
 113   Mars Bar
 114   Richard's on Richards

★ **À voir**

 125   Art Gallery
 126   The Canadian Craft Museum
 131   Sun Yat Sen Park and Garden
 132   Building Sam Kee

👗 **Achats**

 140   Pacific Center
 141   Art et sculpture inuit
 142   Hill's Indian Crafts
 144   Lush

Où dormir ?

21 The Rosa Tourist House
22 Leslieville Home Hostel
27 YWCA
28 Grayona Tourist Home
31 La Terrasse
32 Vanderkooy
33 Amex House
38 Havinn

Où boire un verre ? Où sortir ?

75 Le Bohemian Café
81 Chick'n'Deli

★ À voir

102 Ontario Science Center
107 Ontario Place
109 High Park
111 Casa Loma
115 Spadina House

TORONTO – REPORTS DU PLAN II

■ Adresses utiles

1 Centre d'information touristique de l'Ontario
Union Station
Greyhound
3 Location de vélos
5 Maison de la Presse internationale
6 Royal Alexandra Theater
7 Cyber Space
8 Pharmacie-drugstore ouvert 24 h/24
9 Cyberland Café

Où dormir ?

20 Hostelling International Toronto
23 Global Village Backpackers
24 Neill Wycik College Hotel
25 Tartu College
26 University of Toronto
29 Global Guest House
30 Beverly Place
34 Royal York
35 The Strathcona Hotel
36 Les Amis
39 Executive Motor Hotel

|●| Où manger ?

40 Tung Hing Bakery
41 Saigon Lai Restaurant
42 Saigon Palace Restaurant
43 Dessert Sensation café
44 John's Italian Café
45 Margarita's
46 Tortilla Flats
47 Pilot Tavern
48 The Old Spaghetti Factory
49 Country Style
50 Hemingway's
51 The Second City
52 Ed's Restaurant
53 Swiss Chalet
54 Le Rivoli
55 Shopsy

56 Le Papillon
57 Restaurant Marché Mövenpick
58 Café Bar Masquerade
59 Madison Avenue Pub
60 Le Saint Tropez
61 Spiral
62 Coach House
63 ACME Grill

Où boire un verre ? Où danser ?

70 Amadeus Bar
71 Lettieri
72 Bovine Sex Club
73 The Bamboo
74 Horse Shoe Tavern
76 Lee's Palace
77 The Olde Brunswick House
78 The Government
79 Big Bop
80 Amsterdam Brewing Company
83 Future Bakery Café

★ À voir

100 Royal Ontario Museum
101 Art Gallery of Ontario
103 Bata Shoe Museum
104 Old City Hall
105 Toronto City Hall
106 CN Tower (Canadian National Tower)
108 Embarcadère pour les Toronto Islands
110 Fort York
112 Air Canada Center
113 Skydome et Skydrome Tour Experience
114 Hockey Hall of Fame

Achats

90 Honest Eds
91 The World's Biggest Bookstore
92 The Bay
93 Eaton Center

TORONTO – PLAN I

voir plan II

TORONTO – PLAN I

TORONTO – PLAN II

TORONTO – PLAN II

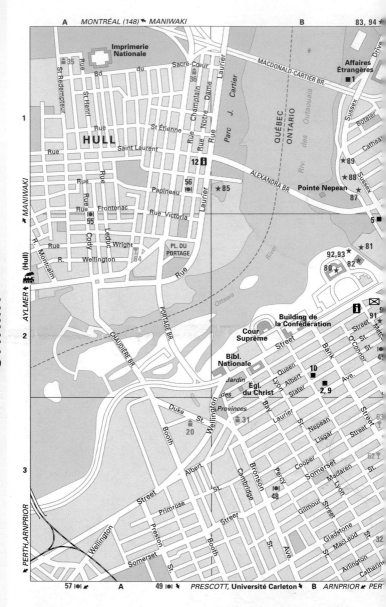

OTTAWA

MONTRÉAL (148) ↖ MANIWAKI

A   B   83, 94 ★

Imprimerie
Nationale

MACDONALD-CARTIER BR.

Affaires
Étrangères
■ 1

Sacré-Cœur

Bd   du   36

Rue

Rue St-Redempteur

Rue St-Henri

Champlain

Notre Dame

Laurier

Cartier

Sussex

Boteler

★ 35

Parc J.

QUÉBEC
ONTARIO

Catheal

Riv. des Outaouais

1

St Étienne

HULL

Saint Laurent

Rue

12 ℹ

★ 89
★ 88

Sussex

Papineau

56 ℹ●ℹ

★ 85

ALEXANDRA BR

Pointe Nepean

87

Rue Frontenac

Rue Victoria

55

Rue Ledue

Rue Cody

Wright

PL. DU
PORTAGE

Rue

5 ■

Wellington

64

★ 81

92,93 ★

★ 82

80 ★

River

PORTAGE BR.

Rue

Ottawa

Building de
la Confédération

ℹ
91
✉
9

CHAUDIÈRE BR.

Cour
Suprême

Street

Bank

O'Connor St.

Metc

4

Bibl.
Nationale

Jardin
des
Provinces

Égl.
du Christ

Queen

Lyon

Albert

10 ■

Bay

Laurier

2, 9 ■

St.

Nepean

Ave.

Street

63

2

Slater

Duke St.

Wellington

20

31

Lisgar

Street

62

Booth

Albert

Bronson

Cambridge

Cooper

Somerset

Maclaren

Lyon

St.

3

Street

Primrose

Street

Park

48

Gilmour

Street

Preston

Booth

Ave.

Gladstone

MacLeod

32

Somerset

St.

Arlington

Catharine

57 ℹ●ℹ ↙   A   49 ℹ●ℹ ↘   PRESCOTT, Université Carleton ↘   B   ARNPRIOR ↙ PER

OTTAWA

OTTAWA – REPORTS AU PLAN

même une trentaine de lits. Une bonne adresse pour les routards vraiment fauchés que la promiscuité et l'hygiène minimum ne rebutent pas. On est accueilli par un tas de chaussures à l'entrée, et un panneau indique dans toutes les langues qu'il faut enlever les siennes. Ambiance très sympa.

Pas vraiment plus chic, mais plus cher (moins de 65 $Ca)

▪ *Université d'Ottawa (plan couleur C2, 22) :* 100 University Street. La réception se trouve dans l'immeuble Stanton. ☎ 564-5400. Ouvert de mai à fin août pour les routards. 1 200 chambres très propres, style 1er de la classe. Prix raisonnables pour les étudiants. Pour les autres, c'est un peu l'arnaque.

▪ *YMCA* et *YWCA (plan couleur C3, 23) :* 180 Argyle Street, à l'angle d'O'Connor Street. ☎ 237-1320. Près du terminal de bus. Ouvert toute l'année. 75 lits pour les voyageurs dans une grande résidence d'étudiants, assez glauque.

Piscine et *health club* de bon standing gratuit. Si vous n'avez rien trouvé d'autre...

▪ *Lyon Guest House (plan couleur B3, 31) :* 479 Slater Street. ☎ 236-3904. Pas très loin du centre. Une petite maison individuelle sans grand charme. La propreté des chambres laisse à désirer.

▪ *A Voyageur's Guest House (plan couleur B3, 32) :* 95 Arlington Ave. ☎ 238-6445. Derrière le terminal de bus. Ouvert 24 h/24. En dépannage si vous arrivez de nuit. Sinon, évitez.

B & B (de 70 à 85 $Ca)

▪ *Le Gîte (plan couleur C3, 27) :* 54 Park Ave. ☎ 230-9131. Une belle maison rénovée, dans un quartier tranquille. On se sent bien au *Gîte*. Anne-Marie, charmante hôtesse, parfaitement bilingue, accueille les Français avec plaisir et parle volontiers de ses origines bretonnes.

▪ *Auberge du Marché (plan couleur C1, 28) :* 87 Guigues Avenue. ☎ 241-6610. Très près du centre. Jolie maison canadienne typique,

datant du début du XXe siècle. 3 chambres simples, de très bon goût. Endroit calme et reposant.

▪ *Australis (plan couleur D2, 24) :* 35 Marlborough Avenue. ☎ 235-8461. Une maison tenue par une sympathique Australienne, Carol Waters. Quatre grandes chambres, situées à 15 mn à pied du centre, dans le quartier très résidentiel des ambassades. Copieux petit déjeuner inclus. Parking gratuit.

Plus chic (de 85 à 100 $Ca)

▪ *Auberge The King Edward (plan couleur C2, 29) :* 525 King Edward Avenue. ☎ 565-6700. Dès que vous aurez franchi le seuil de cette demeure, vous serez enchanté par l'architecture du salon. La cuisine ne manque pas non plus de charme. Quelques chambres confortables et propres. Hôtes accueillants. Cadre très plaisant.

▪ *Ottawa House (plan couleur D1, 26) :* 264 Stewart Street. ☎ 789-4433. Fax : 789-6440. Connie McElman définit sa maison comme un

« bijou d'architecture victorienne ». Draps brodés, baignoire à l'ancienne, copieux et fameux petit déjeuner, elle met un point d'honneur à satisfaire ses hôtes. Demander la chambre avec balcon, donnant sur le jardin.

▪ *Haydon House (plan couleur C2, 30) :* 18 The Driveway, au coin de la promenade Queen Elizabeth et de la rue Sommerset. ☎ 230-2697. Imposante demeure, à la décoration intérieure recherchée et très chic. Trois grandes chambres.

OTTAWA

Où manger?

DANS LE QUARTIER ANIMÉ DE BYWARD MARKET

Le quartier le plus ancien de la ville regroupe plus de 250 restaurants, bars, snacks, cafés.

Bon marché (moins de 10 $Ca)

I●I *Zack's (plan couleur C2, 41)* : 16 Byward Market, non loin de Clarence Street. Genre *Happy Days*. Juke-box d'époque, banquettes confortables. Délicieux milk-shakes.

I●I *Bagel-Bagel (plan couleur C1, 40)* : 92 Clarence Street. Au cœur du quartier qui bouge le soir. Cadre banal. L'endroit, très apprécié des jeunes, ouvre très tard le week-end. *Bagels* sous toutes leurs formes. Goûtez celui à la viande fumée. Excellent. Un rendez-vous agréable.

I●I *Mamma Grazzis (plan couleur C2, 47)* : 25 George Street (dans Courtyard). ☎ 241-8656. Ouvert tous les jours de 11 h à 22 h. Restaurant italien sur 2 étages. Spécialités de pâtes et de pizzas. Laissez-vous tenter par les pâtes à la *Gambari*. Un régal! Grande terrasse au soleil. Cadre sympa.

I●I *Memories (plan couleur B1-2, 46)* : 7 Clarence Street. ☎ 241-1882. Ouvert tous les jours de 11 h à 23 h. Belle carte de gâteaux appétissants. Les plus gourmands pourront accompagner leur *apple-pie* tiède de glace à la vanille. Chocolats chauds crémeux à souhait.

Plus chic (entre 15 et 25 $Ca)

I●I *Mangia (plan couleur C1, 51)* : 121 Clarence Street. ☎ 562-4725. Ouvert tous les jours de 11 h 30 à 23 h. Un resto en angle au décor sobre agrémenté de grandes vraies fausses affiches françaises de spiritueux. Lumière tamisée et cuisine raffinée.

I●I *Nagina Indian Cuisine (plan couleur C2, 50)* : 217 Rideau Street. ☎ 562-0060. Ouvert tous les jours jusqu'à 22 h. Nom, décoration, cuisine, musique, personnel, tout est indien. Ambiance douce, cuisine parfumée et savoureuse.

I●I *The Fish Market (plan couleur C2, 42)* : 54 York Street. À côté de Byward Market et de William Street. ☎ 241-3474. Ouvert jusqu'à 22 h. Décor très chouette et ambiance un peu chicos. Cuisine cajun. Toutes sortes de poissons. Goûtez aux crevettes sautées à la sauce au curry.

I●I *The Creperie (plan couleur C2, 52)* : 47 York Street. ☎ 241-8805. Ouvert jusqu'à 23 h 30 tous les jours. On y mange?... des crêpes, sucrées ou salées. Dans une auberge bretonne?... Eh non! Dans un cadre élégant et une ambiance feutrée. Le cidre est arrangé façon américaine.

DANS SOMERSET VILLAGE

Prix moyens (entre 10 et 20 $Ca)

Le Somerset Village, sur Somerset Street, entre O'Connor et Bank Streets, est un quartier authentique où les maisons abritent de nombreux restos. Spécialités italiennes et plats américains... Atmosphère chaleureuse garantie. Prix abordables.

I●I *Full House (plan couleur C3, 44)* : 337 Somerset Street West. ☎ 238-6734. Ouvert tous les jours de 17 h à 23 h 30. Plats autour de

16 $Ca et un menu complet très convenable pour 21 $Ca. *Piano parlour* à l'étage. Cadre sélect et intime. À ne pas rater dans une ville où bien manger n'est pas évident.

|●| *Olé! Tapas* (plan couleur B3, 53) : 352 Somerset Street. Ouvert en semaine de 16 h à 23 h, les ven-dredi et samedi de 17 h à 2 h. Fermé le dimanche. *Happy hours* pour les *tapas* tous les jours entre 16 h et 18 h. *Live music* le jeudi et concerts de flamenco les vendredi soir et samedi soir. Le point de rencontre de la jeune communauté hispanique. Pas de bière espagnole, dommage !

UN PEU PLUS LOIN

Prix moyens (entre 10 et 20 $Ca)

– Vous découvrirez, tout au long de la rue Preston, de nombreux restaurants italiens. Normal, vous êtes à *Little Italy*.

|●| *The Mekong Restaurant* (plan couleur B3, 48) : 637 Somerset Street. En plein cœur du petit China-town d'Ottawa (situé sur Somerset Street, entre Bay Street et Preston Street). Ouvert tous les jours entre 11 h et minuit. Bonne cuisine viet-namienne. Décoration sans fiori-tures, personnel souriant et efficace, plats copieux et pas chers : voilà une adresse comme on les aime, et on n'est pas les seuls !

|●| *Il Piccolino* (hors plan couleur par A3, 49) : 449 Preston Street. Un peu excentré. ☎ 236-8158. Ouvert de 11 h 30 à 14 h 30 et de 17 h à 22 h. Fermé le samedi midi et le dimanche toute la journée. Les bilingues l'auront compris, *Il Picco-lino* est un petit restaurant intime. Ravissant patio, recouvert de vigne vierge. Accueil charmant. Pizzas excellentes.

|●| *Le Ritz* (plan couleur C3, 43) : 274 Elgin Street. ☎ 235-7027. Ouvert jusqu'à 22 h (23 h le week-end). Fermé les samedi et dimanche midi. Salle tout en longueur. Un endroit intime et sympa. Cuisine italienne raffinée.

|●| *Druxy's* (plan couleur B2, 45) : 100 Metcalfe Street, à l'angle de Slater Street. Également sur Laurier Street, à l'angle d'O'Connor Street. Ouverts du lundi au vendredi de 6 h à 18 h 30, le samedi de 7 h 30 à 15 h 30 et le dimanche de 9 h 30 à 15 h. Une chaîne spécialisée dans les salades et la viande fumée.

|●| *Newport Restaurant* (hors plan couleur par A3, 57) : 334 Richmond Road. ☎ 722-9070. Un petit resto comme une boutique, en angle. Cui-sine classique. Sa particularité : entièrement dédié à Elvis Presley. Avis aux amateurs.

Où boire un verre ?

DANS BYWARD MARKET

Quartier le plus animé le soir.

♟ *Rainbow Bistro* (plan couleur C1, 61) : sur Murray Street, à l'angle de Parent Avenue. Au 1er étage. Bons groupes de blues ou jazz tous les soirs, notamment le dimanche. En-trée payante.

♟ *The Collection et Mercury Loundge* (plan couleur C2, 67) : 56 Byward. Ouvert tous les jours à partir de 16 h. Deux cafés branchés l'un sur l'autre où la jeunesse dorée se retrouve pour siroter des cocktails colorés.

OTTAWA

VERS BANK STREET

♈ Royal Oak *(plan couleur B3, 62)* : 318 Bank Street. Ouvert tous les jours de 11 h à 1 h du matin. Pub sympa, fait aussi snack. Ambiance jeune, agréable. Bonne sélection de bières à la pression. Existe aussi au 161 Laurier Ave. East, à l'angle de King Edward. Une valeur sûre.

♈ The Celtic Cross Pub & Restaurant *(plan couleur B3, 63)* : 265 Bank Street. ☎ 237-9493. Ouvert de 11 h à 2 h. Bonne bière et concerts de musique celtique (les jeudi, vendredi, samedi). Ambiance irlandaise garantie.

Prendre un verre côté Québec, à Hull (voir plus loin), est aussi très agréable...

Les boîtes

Pour ceux qui font plus jeunes que leur âge, n'oubliez pas que la carte d'identité est demandée à l'entrée de chaque boîte. En effet, l'âge minimum requis pour sortir en boîte est de 19 ans en Ontario et de 18 ans au Québec.

♈ Atomic *(plan couleur C2, 66)* : 137 Bessesser Street. Ouvert du jeudi au dimanche à partir de 21 h. La seule boîte de la ville à fermer ses portes à 3 h du matin le vendredi et à 7 h le samedi ! Gratuit les jeudi et dimanche. Deux étages bien sombres branchés à fond *house music* et *underground*. Soirées spéciales animées par des *DJ's* internationaux.

♈ Reactors *(plan couleur C2, 68)* : 18 York Street. Ouvert du jeudi au samedi de 22 h jusqu'à 2 h. Clientèle jeune et décontractée. Plan drague, bières pas chères : ça chauffe comme dans un réacteur d'avion ! Billards et terrasse intérieure.

À faire à Ottawa

– Balade sur la rivière des Outaouais :
■ **Amphibus** *(plan couleur B2, 90)* : au croisement de Spark Street et Elgin Street. ☎ 852-1132 ou 524-2789. promenade tous les jours de 9 h à 17 h, et jusqu'à 21 h en juillet. Départ toutes les deux heures. Durée de la visite-traversée : 1 h 30. Concept génial et expérience unique. L'*Amphibus* est un bus-bateau rouge, piloté par un commandant de bord en uniforme. La première partie de la visite se déroule sur terre, l'*Amphibus* passant devant les principaux monuments d'Ottawa. Puis, sans bouger de son siège, on vogue doucement sur la rivière. Équipe accueillante et commentaires en français ludiques. À essayer.
■ **Paul's Boat Lines** *(plan couleur B2, 93)* : départ au bas des écluses. ☎ 235-8409. Tours à 11 h, 14 h, 16 h et 19 h 30. Durée : 1 h 30. Réduction étudiants. La balade de 19 h 30 permet d'admirer la colline du Parlement sous une belle lumière. Possibilité d'excursions sur le canal Rideau également. Départs fréquents du centre des conférences. Durée : 1 h 15.
■ **The Ottawa Riverboat Company** *(plan couleur B2, 92)* : départ au bas des écluses. ☎ 562-4888. Ouvert entre mai et mi-octobre. Tours à 10 h, 11 h 30, 13 h, 15 h, 17 h et 19 h.

– Tour de la ville en bus :
■ **Capital Double Decker & Trolley Tours** *(plan couleur B2, 91)* : à l'angle de la rue Sparks et de Metcalfe. ☎ 749-3666. Visite commentée bilingue, à

votre propre rythme, car le billet à la journée permet de monter et de descendre où et quand vous voulez. Navette gratuite depuis l'hôtel, couponsrabais pour les musées. La compagnie propose également une excursion en train à vapeur entre Hull et Wakefield, durée 5 h. Un seul départ par jour.

– **Son et lumière « À La Croisée des Vents » :** devant le parlement. Très bien fait. Les soirs d'été, en français et en anglais. Durée du spectacle : environ 30 mn. Renseignements à l'office du tourisme pour les horaires exacts. Bonne occasion de s'informer synthétiquement sur l'histoire du pays tout en étant allongé tranquillement sur la pelouse. Et c'est gratuit.

– **La relève de la garde :** pour les fans d'uniformes, entre 9 h 30 et 10 h, tous les matins en été, quand il fait beau. En fait, il s'agit plutôt d'un défilé, de la place Cartier jusqu'à la colline du Parlement *(plan B2, 80)*.

– **Promenade en voiture :** pour les amoureux des beaux quartiers. Passer devant le parlement et emprunter Sussex Drive ; on longe le nouveau musée des Beaux-Arts qui élève fièrement ses dômes de verre aux formes géométriques. En poursuivant, on passe devant le département des Affaires extérieures (bâtiment supposé rappeler la forme d'un sphinx) puis devant l'hôtel de ville, construit sur une île, et enfin devant les différentes ambassades. Ensuite, on entre dans le domaine résidentiel de Rockliffe, composé de collines verdoyantes et boisées où se nichent les larges demeures des hauts fonctionnaires dont celle du Premier ministre du Canada. On peut y voir tous les styles d'habitations : *cottage* anglais, maison californienne, petit château, grand palace... C'est le Beverly Hills d'Ottawa.

– **Promenades à vélo :** de nombreuses pistes cyclables dans la ville et les alentours d'Ottawa. Procurez-vous le *Guide cyclotouristique de l'Outaouais* à l'office du tourisme. Gratuit et très bien fait.
En outre, le dimanche matin en été, les promenades de la rivière des Outaouais, de Rockliffe, etc., sont fermées aux automobilistes. Tous à vos vélos et à vos roller-blades !

– **Les pousse-pousse :** pour les fainéants, une autre façon de découvrir la ville, moins fatigante que le vélo. Des étudiants musclés vous conduiront à travers Ottawa pour une trentaine de dollars la demi-heure. On peut les trouver un peu partout autour du marché, notamment à l'angle de George Street et de William Street.

À voir

★ **La colline du Parlement** *(plan couleur B2, 80)* : en été, ouvert de 9 h à 20 h et jusqu'à 17 h le week-end. Vaste édifice en U de style néo-gothique, entouré de larges pelouses, centre stratégique de la ville et lieu de rassemblement des fêtes du 1er juillet. Visite guidée (gratuite) de l'édifice du Centre et de l'édifice de l'Est. Départ des visites guidées toutes les 30 mn à partir de l'« info tente », située à droite du parlement. Visite instructive qui permet de mieux comprendre les rouages politiques et démocratiques canadiens (Chambre des communes, Sénat...), d'autant plus qu'il est possible d'assister aux débats pendant les sessions parlementaires.
– *Édifice du Centre :* l'incendie de 1916 avait tout détruit sauf la superbe bibliothèque qui fait penser à la nef d'une cathédrale gothique. Pour la petite histoire, toucher les portes d'entrée de la bibliothèque est considéré comme porte-bonheur. En effet, lors de l'incendie, une employée avait fermé ces portes mêmes, sauvant ainsi les ouvrages des flammes destructrices. Vraiment exceptionnel. Le reste a été rebâti dans un style néo-gothique, coiffé de toits de cuivre. Boiseries de pin blanc finement travaillées. Notez aussi

des centaines de rosettes ciselées. L'édifice est en calcaire fossilisé du Manitoba. Visite intéressante en français ou en anglais. Guides très compétents. À faire plutôt le soir. Il y a moins de monde et la vue sur la ville du haut de la tour est bien plus belle. Un conseil, allez retirer votre billet tôt le matin.

★ *Les écluses du canal Rideau* (plan couleur B2, 81) : dans la rue Wellington à côté de l'hôtel *Le Château Laurier*. Une série d'écluses relie le canal Rideau à la rivière des Outaouais. Elles sont encore manœuvrées à la main. Le canal avait été percé à des fins militaires mais ne servit jamais. Des expositions d'interprétations sont organisées à la belle saison, de 8 h 30 à 16 h 30. L'été, les bateaux de plaisance y naviguent. L'hiver, le canal est gelé, il est amusant de voir tous les hauts fonctionnaires aller au travail... en patins à glace. Le canal Rideau, ainsi que plusieurs autres sites (centre Rideau, rue Rideau, chutes Rideau, rivière Rideau...) doivent leur nom au fait que, lorsque Samuel Champlin découvrit les chutes d'Ottawa, il s'écria « On dirait un rideau »... tout simplement.

★ *Le musée Bytown* (plan couleur B2, 82) : sur la gauche des écluses. Ouvert de 10 h à 17 h (de 13 h à 17 h le dimanche). Ancien dépôt militaire britannique construit en 1827. Il abrite aujourd'hui une exposition relative à la construction du canal et présente le cadre de vie du colonel By, ingénieur du canal. Seulement si vous avez le temps.

★ *Le Château Laurier* (plan couleur C2, 84) : 1 rue Rideau, au-dessus des écluses. Vous ne pouvez pas manquer de noter l'architecture joliment médiévale de cet hôtel de luxe. Le seul édifice d'inspiration française à Ottawa.

★ *Byward Market* (plan couleur C2) : le quartier le plus animé de la ville le soir. Les restos et les cafés s'étalent autour des rues Byward, Clarence, Parent, York, George et William. Le coin a conservé ses vieilles bâtisses à taille humaine. Marché très sympa dans la journée. L'été, les fruits de saison sont à des prix imbattables. C'est aussi le rendez-vous du club des motards d'Ottawa, très fiers d'exposer aux passants leurs machines rutilantes (Harley, japonaises, etc.). Pour les amateurs de gros cubes !

LES MUSÉES

★ *Le Musée canadien des Civilisations* (plan couleur B1, 85) : 100 rue Laurier, à Hull, face à la colline du Parlement. ☎ (819) 776-7000. Ouvert tous les jours en été de 9 h à 18 h. Nocturne le jeudi jusqu'à 21 h. Gratuit le dimanche de 9 h à 12 h. Entrée : 8 $Ca ; réductions.
Le musée est récent et l'architecture de ce superbe bâtiment est une allégorie du paysage canadien, créé par l'érosion naturelle des glaciers, du vent et de l'eau. Une immense galerie en verre contient la reconstitution grandeur nature de différentes habitations amérindiennes avec de majestueux mâts totémiques et des pirogues. Le niveau supérieur retrace l'arrivée, l'établissement et la vie quotidienne des différents peuples venus au Canada. De nombreux dioramas très réalistes, sous une voûte de 17 m de haut, reconstituent l'arrivée des Vikings, la pêche à la baleine et une rue de la Nouvelle-France au XVIIIe siècle, un campement métis dans les prairies, une rue en Ontario, un chantier naval et une scierie du XIXe siècle... Nombreux exemplaires d'art populaire. Exceptionnel. À NE PAS RATER. Prévoir au moins 3 h si l'on veut tout voir.

★ *Le Musée canadien de la Nature* (plan couleur C3, 86) : 240 rue McLeod. ☎ 566-4700. Entrée : 5 $Ca ; réduction étudiants. Ouvert en été de 9 h 30 à 17 h toute la semaine. Nocturne le jeudi jusqu'à 20 h.
Le rez-de-chaussée comporte les sections « La Vie à travers les âges » et « La Terre ». Ces sujets, vastes et complexes, sont abordés avec des méthodes pédagogiques attrayantes, jamais barbantes. Très intéressant.

Les sections « Mammifères du Canada » et « Oiseaux au Canada » présentent des dioramas hyperréalistes où vous pourrez voir un troupeau de bisons traversant un paysage enneigé ou des colonies d'oiseaux de mer sur les falaises de la côte atlantique. À voir : la collection de squelettes de dinosaures, certains exemplaires sont uniques au monde. Ne pas manquer l'exposition (permanente) saisissante des « mal-aimés » : insectes et rongeurs vivants ! Un musée qu'on a beaucoup apprécié.

★ *Le musée des Beaux-Arts du Canada (National Gallery; plan couleur B1, 87) :* 380 Sussex Drive. ☎ 990-1985. Ouvert tous les jours en été de 10 h à 18 h (20 h le jeudi), en hiver de 10 h à 17 h. Entrée des expositions temporaires : 10 \$Ca. Gratuit pour la collection permanente.
Superbe musée. Enfin, on fait la part belle à l'espace et à la lumière ! Le dôme de verre aux formes géométriques montre l'audace et la modernité du concepteur, Mashe Safdi (mi-canadien, mi-israélien). À l'intérieur, on peut admirer l'oratoire de la chapelle Rideau (29,7 m de long et 7,6 de haut), voué à la destruction puis sauvé *in extremis*. Il fut démonté pièce par pièce, restauré puis assemblé de nouveau. Notez la rosace en bois sculpté. L'ensemble de ces sculptures anciennes et de leur « enveloppe » moderne s'harmonise étonnamment. À découvrir également la collection consacrée à l'art traditionnel canadien, dont le fameux Groupe des Sept, fondé en 1920 peu après la mort du leader de la nouvelle peinture canadienne, Tom Thomson, dont de nombreuses œuvres sont exposées. Au 2e étage, belle vue sur la colline du Parlement. Enfin, ne pas manquer l'exposition sur l'art inuit. Juste une remarque : il faut être vraiment costaud pour ouvrir les immenses portes.

★ *Le musée de la Guerre (plan couleur B1, 88) :* 330 Sussex Drive. ☎ 776-8600. Ouvert de 9 h 30 à 17 h, jusqu'à 20 h le jeudi. Gratuit le dimanche de 9 h 30 à 12 h. Entrée : 4 \$Ca.
Même si on n'est pas là pour faire l'apologie de la guerre, il faut bien avouer que ce petit musée est remarquablement bien fait. Sur trois niveaux, vous découvrirez chronologiquement les différentes implications de l'armée canadienne dans tous les conflits mondiaux depuis 200 ans. Pour finir, une galerie sur les Casques Bleus canadiens. Le visiteur se promène parmi des reconstitutions quasi vivantes, des peintures, photographies et maquettes en tout genre. Le musée déménagera en 2004 et s'installera à côté du *Musée national de l'Aviation,* à Rockliffe pour avoir plus d'espace.

★ *La Monnaie royale canadienne (plan couleur B1, 89) :* 320 Sussex Drive, à côté du musée de la Guerre. ☎ 993-8990. Ouvert toute la semaine de 9 h à 17 h. Visite guidée sur rendez-vous, téléphoner pour réserver. Visite toutes les 15 minutes à partir de 8 h 30. Durée : 45 mn. Entrée : 2 \$Ca, 1 \$Ca le week-end.
Il est préférable de faire la visite le matin, pour profiter de l'activité (les employés cessent le travail à 15 h). C'est ici que sont frappées les pièces de collection ainsi que les médailles, la monnaie courante étant frappée à Winnipeg. Explication intéressante, un peu technique parfois. Aucun échantillon n'est donné à l'issue de la visite...

★ *Le Musée national de l'Aviation (hors plan couleur par B1, 83) :* aéroport de Rockliffe, près de Saint Laurent Boulevard. ☎ 993-2010. Ouvert tous les jours de 9 h à 17 h. Nocturne le jeudi. Entrée : 6 \$Ca. Plus de cent avions retracent l'histoire de l'air canadien. De quoi faire frissonner les fans de biplans.

★ *Le Musée national des Sciences et de la Technologie (hors plan couleur par B1, 94) :* 1867 Saint Laurent Boulevard. ☎ 991-3044. Ouvert tous les jours. Poussez, tirez, tenez, pressez... Vous participerez activement à la découverte des lois physiques. Sorte de palais de la Découverte dépoussiéré. Expo de voitures anciennes.

Ottawa et les tulipes

Au printemps, Ottawa déploie ses superbes jardins, spectacle floral dont les vedettes sont incontestablement ces millions de tulipes, offertes au Canada tous les ans par le peuple néerlandais (notamment pour avoir permis à la reine d'accoucher dans une chambre déclarée territoire hollandais), la famille royale ayant trouvé refuge à Ottawa durant la Seconde Guerre mondiale. C'est le plus grand festival de tulipes au monde.

Fêtes et manifestations

– Fin juin, *Festival franco-ontarien*.
– Le *1er juillet* est l'occasion de multiples festivités en ville avec parade d'avions, groupes musicaux... et un formidable feu d'artifice le soir. Des milliers de familles se retrouvent sur la colline du Parlement. Ambiance sympathique et bon enfant. Des dizaines de bateaux égaient la rivière.
– Pour le *14 juillet*, les Français qui ont le mal du pays peuvent toujours, munis de leur carte d'identité, aller retirer une invitation quelques jours avant, à l'ambassade de France, pour un cocktail avec toast (frugal et pas vraiment exaltant). L'occasion pour les routards un peu mondains de rencontrer des Français émigrés.
– La 2e quinzaine de juillet : *festival de Jazz*. Moins important que celui de Montréal. De bons groupes, cependant, animent les rues d'Ottawa. Renseignements : ☎ 241-2633.
– Les 3 premiers week-ends de février se déroule le *bal des Neiges* : beaucoup d'activités, comme des courses en canoë ou des concours de sculptures sur glace.

Où faire des achats ?

⌂ *Rideau Center* (plan couleur C2) : le seul centre commercial d'Ottawa situé en centre-ville. Aller aussi à celui de Saint Laurent, le plus grand.

⌂ *Byward Market* (plan couleur C2) : superbes fruits et légumes. Pas cher et ambiance agréable.

À voir dans les environs

★ *Le parc de la Gatineau :* à 20 mn en voiture du centre d'Ottawa, on accède à un magnifique parc composé de forêts denses et de lacs sauvages. Assez incroyable quand on se sait si proche de la ville. Un endroit vraiment chouette pour faire un *break* au milieu du voyage. Éviter les fins de semaine. Pour tous renseignements sur le parc et les campings : ☎ (819) 827-2020. Fax : (819) 827-3337. Trois campings pas chers. Celui du *lac Philippe* est le plus grand et le plus bondé. Celui du *lac Taylor* est plus sauvage mais la baignade est interdite, et celui du *lac de la Pêche* n'est accessible qu'en canot (location sur place). Super coin, vraiment au calme. Plage surveillée.

– Plus de 125 km de sentiers pédestres, 90 km de pistes cyclables (VTT) et 200 km de sentiers de ski de fond l'hiver.
– Les trois plus grands lacs *(Meech, Philippe* et *de la Pêche)* possèdent des plages surveillées (environ 5 plages publiques dans le parc; frais d'entrée demandés). Location de vélos et de canoës au *lac Philippe*. Le *lac Pink* est bordé d'un sentier doté de nombreux panneaux expliquant l'originalité écologique du lac.
– Procurez-vous la carte du parc. Gratuite et bien faite.

★ *Le parc Oméga :* à peu près à mi-distance d'Ottawa (80 km) et de Montréal (110 km), sur la route 323 Nord, à Montebello. ☎ (819) 423-5487 ou 5023. Fax : (819) 423-5427. Ouvert toute l'année de 10 h à la tombée de la nuit. Un parc dirigé par des Alsaciens établis au Canada. 800 ha que parcourt un chemin de 10 km. Au programme : bisons, wapitis, cerfs élaphes, ours noirs, bouquetins, sangliers... dans de superbes paysages. Possibilité de circuler en voiture ou à pied. En été, spectacle d'oiseaux de proie inclus dans la visite.

★ *HULL*

N'hésitez pas à traverser la rivière pour poser un pied au Québec, à Hull. Rangez votre dictionnaire et commencez votre promenade dans le parc Gatineau (voir ci-dessus). Puis, pour vous détendre un peu, poussez jusqu'à l'adorable *place Aubry*. Les bars ont abandonné le style « boîte » pour le genre *lounge*, plus tendance.

Adresses utiles

🛈 *Tourist Information de Hull (plan couleur A1, 12) :* 103, rue Laurier, au pied de l'Alexandra Bridge. ☎ 237-9493 ou 1-800-265-7822 (numéro gratuit). Ouvert de 8 h 30 à 20 h en semaine, et de 9 h à 18 h le week-end. Des tas d'infos et un accueil digne des Québécois.

Où dormir ?

B & B (entre 50 et 60 $Ca)

🛏 *Au Gîte du Parc (plan couleur A1, 35) :* 258 rue Rédempteur. ☎ 819-777-7981. Fax : 819-771-1621. Un *B & B* sans prétention, mais l'accueil franc et chaleureux de Jacqueline et Marcel compense la décoration surannée.

🛏 *Couette et Croissant (plan couleur A1, 36) :* 330 rue Champlin. ☎ 819-771-2200. La propriétaire prépare toujours des *muffins* à l'avance, au cas où... Deux jolies chambres, un petit salon. Très mignon.

Où manger ?

🍴 *Restaurant Barbe (plan couleur A1-2, 55) :* 122 rue Eddy. Plats autour de 10 $Ca. À l'origine, c'était ici que les ouvriers venaient manger avant d'aller travailler, puis les usines ayant fermé, c'était devenu le bar où l'on finissait la nuit en sortant de boîte. Changement de décor, au-

jourd'hui, c'est un petit resto qui sert des spécialités canadiennes, notamment la fameuse tourte à la viande. Vous nous en direz des nouvelles...
I●I *Le Tartuffe (plan couleur A1, 56) :* 133 rue Notre-Dame, au croisement de la rue Papineau. Proche du Musée canadien des Civilisa-

tions. ☎ 819-776-6424. Fermé les dimanche et lundi. Plats autour de 12 $Ca le midi. Multipliez l'addition par deux le soir. Une maison tout en hauteur, une petite salle intime et raffinée et des menus qui fleurent bon la gastronomie française.

Où boire un verre ?

♈ La *place Aubry (plan couleur A2, 64)* se trouve le long de la promenade du Portage, à hauteur du n° 179. Rien à voir avec notre Martine nationale, elle doit son nom à un ancien maire de Hull. C'est une charmante place piétonne où la plupart des jeunes branchés se donnent rendez-vous. Le *Bop Bar* et

le *Bistrot* sont bondés le soir quand arrivent les beaux jours.
♈ *Aux 4 Jeudis :* 44, rue Laval, à côté de la place Aubry. Le port d'attache des étudiants de l'UQAH (Université du Québec à Hull), une valeur sûre très appréciée des francophones.

SUR LA RIVE DU SAINT-LAURENT

★ *LES PARCS DU SAINT-LAURENT*

De Cornwall à Gananoque, on traverse une région superbe, dotée de nombreux campings. *Commission des parcs du Saint-Laurent :* ☎ 543-3704. Retirez la brochure à l'office du tourisme de Kingston, ou sur le parking de l'Upper Canadian Village. L'administration du parc se trouve à quelques kilomètres à l'est de Gananoque, au bord de la Parkway des 1 000-Îles.

★ *MORRISBURG*

Le long du Saint-Laurent. Sur la route 401, entre Montréal et Kingston. À 139 km au nord de Kingston. Cette région fut l'une des premières colonisées du Canada. La construction de la voie maritime du Saint-Laurent fit monter le niveau de l'eau.

Où dormir ?

⌂ *Héron Bleu :* 11583 Lakeshore Drive. ☎ 652-2601. Fax : 652-1112. ● www.bbcanada.com/3175.htlm ● À 10 mn de l'Upper Canadian Village. Sur la Highway 2, prendre Lakeshore Drive. Chambres à 50 $Ca. Face au fleuve Saint-Laurent, une jolie maison qui met immédiatement

à l'aise. Paul et Pierrette, francophones, proposent 3 chambres simples mais impeccables. Non-fumeurs. Au sous-sol, un salon où l'on se sent comme chez soi. Pierrette connaît plein de recettes et prépare elle-même les *muffins* et les confitures du petit déjeuner.

À faire

★ *Upper Canada Village :* à 11 km à l'est de Morrisburg, sur la route 2. Ouvert tous les jours de mi-mai à mi-octobre, de 9 h 30 à 17 h. Entrée : 15 $Ca ; réduction étudiants. Tourist Information sur le parking.
Regroupe les bâtiments du XIXᵉ siècle qui furent sauvés des eaux, démontés et remontés sur la nouvelle rive du fleuve. À l'image de ces musées vivants si populaires en Amérique du Nord, un vrai village a été recréé avec son moulin, sa scierie, sa forge, son église, son école, etc., le tout animé par des villageois en costume d'époque. Touristique, mais quel travail de reconstitution ! À voir plutôt en semaine.

★ *PRESCOTT*

Une jolie petite bourgade provinciale, qui a gardé tout son charme.

À voir

★ *Fort Wellington :* à l'entrée de la ville. Ouvert en été de 10 h à 17 h, tous les jours. Le fort, très bien conservé, fut construit par les Anglais au XIXᵉ siècle pour défendre le Saint-Laurent contre les attaques américaines. Les guides sont en costume d'époque et les reconstitutions saisissantes.

★ *Le champ de bataille du Moulin-à-Vent :* un peu avant Fort Wellington, sur la Highway 2. Un joli petit site. Explications du déroulement de la bataille en français et en anglais.

GANANOQUE   IND. TÉL. : 613

L'entrée de cette longue ville n'est pas très accueillante, mais une fois passée l'avenue centrale sur laquelle se concentrent tous les motels, restos, grands magasins et concessionnaires de toutes marques, le cœur de Gananoque se dévoile. C'est surtout le meilleur point de départ pour les 1 000 Îles.

Adresse utile

🛈 *Tourist Information :* 2 King Street. Entre la mairie et le pont. ☎ 382-3250. Numéro gratuit : ☎ 1-888-855-4555. Ouvert en été de 8 h à 20 h tous les jours, et en hiver de 9 h à 17 h.

Où dormir ?

Campings

Plusieurs campings sur la 1 000 Island Parkway.

🛏 *The Landon Bay Centre :* 302 1 000 Islands Parkway. ☎ 382-2719. Ouvert de mi-mai à octobre. Emplacement pour une tente à partir de 16 $Ca. Un camping à dimension humaine, ombragé, avec une piscine.

L'ONTARIO

B & B

Les puristes argentés logeront plutôt sur les îles. Le propriétaire de l'*Amaryllis House-boat* vient vous chercher en bateau. ☎ 659-3513.

🛏 **Leanhaven Farms :** 3940 Highway 2, à 8 km de Gananoque. ☎ 382-2698. Chambre double à 60 \$Ca. Réductions pour un séjour de plusieurs nuits. Proprios anglophones. Quelques chambres accueillantes dans la ferme familiale, dont une pour famille nombreuse. Si vous ne souhaitez pas profiter du paysage, il y a une salle TV. Idéal pour aller prendre le bateau le matin à Gananoque pour les 1 000 Îles.

🛏 **Tea & Crumpets :** 260 King Street Est. ☎ 382-2683. Chambre double de 65 à 125 \$Ca. La *Butterfly Room* possède un jacuzzi privé. Le petit déjeuner est servi dans un service en porcelaine. C'est très douillet, très anglais, très coquet. Les fans de *B & B* adoreront.

Où manger ?

Prix moyens (autour de 10 \$Ca)

🍽 **Maple Leaf :** 65 King Street East. Ouvert tous les jours jusqu'à 22 h, plus tard en été. Un couple de Tchèques, établi depuis quelques années au Canada, sert de bons plats, des salades copieuses, des spécialités des pays de l'Est et d'excellents desserts (*Apfelstrudel...*).

🍽 **Titania :** 740 King Street West, à la sortie de la ville. Ouvert de 7 h à 21 h, sauf le dimanche, jusqu'à 20 h. Deux petites salles claires, où l'on mange rapidement pour pas trop cher.

À faire

– **Balade des 1 000 Îles :** pour faire une île, il faut en fait 1 arbre et 6 pieds carrés de terre. Il arrive que les maisons soient plus grandes que l'île elle-même. Nombre de ces îles ont été vendues par des tribus indiennes au gouvernement qui les a revendues, une à une, pour un ou deux dollars. Aujourd'hui, les riches sénateurs américains et les hauts fonctionnaires s'y sont fait construire des résidences secondaires.

■ **Gananoque Boat Line :** vente de billets sur le port. ☎ 382-2144. Départ toutes les heures. Durée de la croisière : 1 h ou 3 h. Le tour de 3 h fait une escale sur une île américaine, pour voir le *Boldt Castle*, une magnifique demeure inachevée que fit construire le riche propriétaire du *Waldorf Astoria* de New York. Attention, pour visiter cette île, il faut avoir son passeport.
– D'autres compagnies proposent également des tours, notamment à Rockport et à Ivy Lea.
■ **1 000 Island Air :** 101A South Street, sur le front de « mer ».

☎ 382-7111. Ouvert tous les jours de 9 h à 20 h. Pour un survol : minimum 2 personnes (vous pouvez y aller seul mais vous paierez pour deux). Plusieurs départs par jour. Absolument magnifique ! Ça vaut vraiment le coup de casser sa tirelire et de se payer un baptême de l'air en hydravion. Le paysage à 1 500 pieds de hauteur est splendide. On a une vue réelle sur les innombrables îles, émergeant des eaux pures du fleuve. C'est plus cher et plus bruyant que le bateau, mais quel bonheur et quel moment privilégié !

Paisible station balnéaire accueillant de nombreux plaisanciers, située à l'estuaire sud du canal Rideau et à l'entrée du Saint-Laurent. Entre 1841 et 1844, Kingston connut une grande expansion. La ville fut désignée comme capitale du Canada Uni avant que la reine Victoria ne choisisse Ottawa. Le City Hall, en face du port, avait été construit pour accueillir le parlement canadien. On trouve dans la ville de nombreuses et riches demeures du XIXe siècle qui lui donnent une dimension historique somme toute assez rare au Canada. On y sent l'influence des racines écossaises. Beaucoup de vacanciers chic et décontractés. Étape agréable sur la route entre Montréal et Toronto. Attention : il est assez difficile d'y loger en septembre.

Adresses utiles

◘ *Visitor's and Convention Bureau :* 209 Ontario Street. En face du City Hall, sur le port. ☎ 548-4415. Fax : 548-4549. Numéro gratuit : ☎ 1-888-855-4555. Ouvert en été de 9 h à 20 h tous les jours, en hiver de 9 h à 17 h.
✉ *Poste :* 120 Clarence Street. ☎ 545-8560.
■ *American Express :* Dailey Travel Agency, 842 Gardiner Road. ☎ 384-3933. Numéro gratuit : ☎ 1-800-881-3812. Ouvert de 9 h à 17 h 30 (16 h le samedi).
🚌 *Bus Station :* 175 Counter Street. ☎ 547-4916. Renseigne-

ments au Visitor's and Convention Bureau pour Toronto et Montréal, 7 départs par jour. Environ 2 h 30 chaque trajet. 4 départs quotidiens pour Ottawa. Durée : 2 h environ.
🚆 *Gare ferroviaire :* pour y aller, prendre le *Woodbine Park Bus* sur Brock Street, derrière le City Hall. *Via Rail :* ☎ 544-5600. Plusieurs départs par jour pour Toronto, Ottawa, Montréal.
■ *General Hospital :* 76 Stuart Street. ☎ 548-3232.
■ *Location de vélos :* Ahoy Rentals, 23 Ontario Street. ☎ 539-3202.

Où dormir?

Campings (moins de 20 $Ca)

⛺ *Lake Ontario Park :* à 4 km à l'ouest de la ville, vers l'hôpital psychiatrique. ☎ 542-6574. Fax : 542-5699. Ouvert de mai à septembre. Propre, bien équipé. Bus régulier (4 fois par jour) au départ du centre de Kingston.
⛺ *Hi-Lo Hichory Campground :*

sur Wolfe Island en face de Kingston. Prendre le ferry gratuit (on peut passer en voiture) au port. Durée du trajet : 20 mn. Une fois sur l'île, prendre la Highway 96 East pendant une bonne dizaine de kilomètres. Beau sites et plages naturelles. Très isolé.

Bon marché (de 20 à 30 $Ca)

⛺ *Queen's University :* Queen's Crescent Street, à l'angle d'Albert Street ☎ 545-2531. Ouvert uniquement du 1er mai jusqu'à fin août. Al-

lez au Victoria Hall. Chambres d'étudiants toutes simples, spacieuses et propres. Petit déjeuner-buffet inclus dans le prix.

Prix moyens (de 20 à 70 $Ca)

▲ *Alexander Henry :* 55 Ontario Street. ☎ 542-2261. Fax : 542-0043. Ouvert de mai à fin septembre. Près du Marine Museum. Une idée originale et attractive pour les routards curieux. On dort à bord d'un brise-glace désaffecté. Marrant de se retrouver dans la cabine d'un matelot ou dans celle, plus spacieuse, du capitaine. Petit déjeuner inclus.

▲ *Louise House :* 329 Johnson Street. ☎ 385-2033. Ouvert de mai à septembre. Central. Des grandes chambres fonctionnelles et confortablement aménagées, un accueil sympa, tout va bien. Les chambres sont occupées le reste de l'année par les étudiants de l'université.

▲ *Glen Lawrence B & B :* route 2 Est, PO Box 1325. À 6 km à l'est de Kingston. ☎ 548-4293. En face de la *Glen Lawrence Farm*. Marion et Hans Westenberg parlent plusieurs langues. Leur maison est superbe, arrangée avec beaucoup de goût, en plein dans les bois et à 2 mn du fleuve Saint-Laurent. Silence et repos. Le pied, vraiment ! Accueil chaleureux et petit déjeuner extra.

▲ *Wellington Street :* 60 Wellington Street. ☎ 544-9919. Ce n'est pas franchement une auberge de charme, mais elle a l'avantage d'être située à proximité du centre.

Très chic (de 110 à 250 $Ca)

▲ *The Hotel Belvedere :* 141 King Street East. ☎ 548-1565. Très belle demeure classique, superbement décorée. Si vous êtes en fonds, prenez la chambre 202. Lit gigan-tesque, meubles de style qui donnent une authenticité au lieu. Petit déjeuner inclus, servi sur la terrasse en été.

Où manger ?

Prix moyens (moins de 15 $Ca)

I●I *The Pilot House of Kingston :* 265 King Street East. Ce resto en angle doit son nom aux marins qui venaient s'y restaurer. Le café en a gardé une ambiance conviviale et chaleureuse et une décoration typique des tavernes de l'époque. De bonnes spécialités comme la tourte à la viande.

I●I *Stoney's :* Ontario Street, non loin de l'office du tourisme. Ouvert tous les jours de 10 h à 22 h, le week-end jusqu'à 23 h. Murs en pierre de taille. Très populaire le midi. Grand choix de salades, pizzas et spécialités américaines. Copieux et bon marché. Bar le soir.

I●I *Hoppin' Eddy's :* 393 Princess Street. Un grand resto, avec plusieurs salles et une terrasse. Style et cuisine « Nouvelle-Orléans ». Ça bouge et ça crie dans tous les sens. La visite du fort Henry fait bénéficier de 10 % de réduction.

Plus chic (autour de 20 $Ca le soir, un peu moins cher le midi)

I●I *Le Caveau :* 354 King Street East. Bar à vin et restaurant. Un beau resto, assez intime, sur trois niveaux car la maison n'est pas très large. Cartes des régions vinicoles françaises aux murs. Cuisine nettement différente. Atmosphère française mais pas franchouillarde. Une très bonne adresse.

I●I *Mino's Restaurant :* 250 Ontario Street, à droite du City Hall, à côté du parking. ☎ 548-4654. Bonnes spécialités grecques. Très copieux. Atmosphère pseudo grecque, comme il se doit. Toujours beaucoup de monde.

|●| *Chez Piggy :* 68 Princess Street. ☎ 549-7673. Au niveau du n° 72, il y a une impasse qui mène à une courette. C'est là, sur la gauche, dans une maison du XIXe siècle. Une petite terrasse adorable. Cadre agréable, sans doute le restaurant le plus réputé de la ville. Bonne carte des vins, enfin !

Où manger une glace ?

– *White Mountain :* 176 Ontario Street, en face du *Stoney's*. Vous ne pouvez pas le louper, il y a toujours beaucoup de monde devant la boutique. Ouvert tous les jours de 10 h à 23 h 30. Excellentes glaces faites maison. Même les cornets sont fabriqués sous vos yeux.

Où boire un verre ?

♈ *Toucan Bar :* pub anglais dans la même cour intérieure que *Chez Piggy,* sur Princess Street. Ouvert jusqu'à 1 h en semaine et 2 h le week-end. Spécialité de bière irlandaise (pour ne pas dire son nom). On y retrouve les éternels jeux de fléchettes ; groupes de rock de temps en temps. Possibilité d'y dîner.

♈ *Margaritaville :* 25 Ontario Street. En face de *Mino's Restaurant.* Ouvert tous les jours de 11 h à minuit. Aux premiers rayons de soleil ce resto-bar-terrasse s'anime. Des tonneaux en guise de table, des *nachos* à l'apéro, de la musique et c'est parti. Spécialités mexicaines. *Hot, hot, hot !*

♈ *The Kingston Brewing Co. :* Clarence Street, près de l'angle avec Ontario Street. Ouvert tous les jours jusqu'à 1 h. Et encore un pub plus ou moins anglais ! Ils fabriquent eux-mêmes leurs bières. Très bonnes d'ailleurs. Très connu dans le coin. Dites le *Brew Pub* si vous voulez faire *in.* Agréable patio.

Où danser ? Où voir une pièce de théâtre ?

– *AJ's Hangar :* 393 Princess Street. C'est une petite entrée, peu visible, à côté du restaurant *Hoppin' Eddy's.* Ouvert tous les jours. Le hangar d'*AJ* est décoré style *Sixties,* avec des avions suspendus au plafond. Ambiance sympa, rock'n'roll, bière et drague. Beaucoup de monde le soir pour écouter les groupes de passage ou pour s'éclater lors des soirées rétro du mardi et disco des jeudi et samedi. Entrée payante pour ces soirées à thème.

– *Stages :* 390 Princess Street, en face de l'*AJ's Hangar.* Fermé les mardi et dimanche. La boîte la plus en vogue actuellement. Clientèle jeune. Droit d'entrée.

– *Cocamo :* 172 Ontario Street. Ouvert toute la semaine jusqu'à 2 h (3 h le samedi). Gratuit pour les filles le jeudi. Boîte branchée de station balnéaire. La jeunesse dorée de Kingston s'y éclate sur des rythmes très dance. Un peu frime, étonnant au Canada ! Pour les petits creux de fin de soirée, kiosque à pizzas à l'entrée de la boîte. Resto pendant la journée.

– *The Grand Theatre :* 218 Princess Street. ☎ 530-2050.

– *Domino Theatre :* 370 King

Street West. ☎ 546-5460. En contrebas, face à Ellerbeck Street.

Pièces presque tous les soirs, en été.

À voir

★ **Old Fort Henry :** à l'est de Kingston. Sur la Highway 2, à 30 mn à pied du centre. Panneaux indicateurs. Demander le programme des parades à l'office du tourisme avant de vous y rendre. ☎ 542-7388. Ouvert de 10 h à 17 h. Entrée : 10 $Ca. Visites guidées en français plusieurs fois par jour. Fort construit en 1832 pour défendre l'accès du canal Rideau à l'époque où les relations entre Anglais et Américains n'étaient pas au beau fixe. Le fort ne fut jamais utilisé. Il abrite aujourd'hui d'intéressantes collections de costumes et d'armes. Visite des quartiers des officiers tels qu'ils étaient en 1867. Quelques prisonniers de la Seconde Guerre mondiale y furent détenus. Ils s'évadèrent... par les latrines. Les parades, défilés, démonstrations en uniformes et la discipline militaire de l'époque animent le fort de façon très réaliste. Les enfants pourront même s'initier à la marche au pas et au salut réglementaire. C'est l'un des plus beaux musées vivants de ce genre en Ontario.

★ **Murney Tour :** sur les bords du lac Ontario, au croisement de King Street et de Barries Street. Ouvert de mi-mai à mi-septembre de 10 h à 17 h, jusqu'à 18 h en juillet et août. Un petit musée en rapport avec le fort Henry, dans une des **tours Martello**, grosses et trapues, construites pour la défense de la ville.

★ **Bellevue House :** 35 Centre Street. ☎ 545-8666. Ouvert de 10 h à 17 h. Entrée payante (bon marché) ; réduction étudiants. Cette maison d'inspiration « toscane » fut la demeure d'un riche commerçant ruiné, avant d'être habitée de 1848 à 1849 par sir John A. MacDonald, petit avocat à l'époque et qui devait devenir le premier Premier ministre de la toute nouvelle Confédération. Petit film de présentation. La maison reflète la vie bourgeoise du XIXᵉ siècle. Guide francophone intarissable.

★ **Marine Museum of the Great Lake :** 55 Ontario Street. ☎ 542-2261. Ouvert tous les jours de 10 h à 17 h. Le ticket d'entrée comprend la visite du brise-glace *Alexander Henry* (voir « Où dormir ? »), ainsi que la Pump House, au 23 Ontario Street. Objets de navigation, quelques belles maquettes, éléments d'épaves. Expo photos concernant la construction navale des Grands Lacs dont Kingston était le centre au XIXᵉ siècle. Pour les passionnés.

Quitter Kingston

Si vous faites du stop, ne vous étonnez pas si vous restez un long moment le pouce levé. Kinsgton abrite 6 grandes prisons, la plus forte concentration du pays. Les automobilistes verront toujours en vous un Rapetou en fuite. Évitez de porter votre pull rayé !

Si vous partez à Toronto et que vous n'êtes pas trop pressé, la route 33, *via* Picton, est nettement plus agréable que la Highway. On y longe des champs de pommiers, on y croise des petits ports, on roule tranquillement à travers la campagne verdoyante canadienne.

De l'Ontario aux Rocheuses s'étend une vaste plaine (c'est rien de le dire) que votre imagination, même aussi fertile que la plaine susnommée, ne saurait concevoir. Cette immensité plate, alourdie par un ciel très bleu en été, balayée par le vent, organisée en parcelles clôturées et traversée par la transcanadienne, semble inhabitée. De fait, cette région, large de plus de 1 300 km, compte un peu moins de 4,5 millions d'habitants réunis principalement dans les villes de Winnipeg (Manitoba), Regina (Saskatchewan), Calgary et Edmonton (Alberta).

WINNIPEG
IND. TÉL. : 204

Une grande ville sans âme qui s'étend à l'infini, à l'image des immenses prairies qui l'entourent. Les centres vivants sont très dispersés, à l'américaine. Voiture conseillée. Les quartiers s'étirent vers des banlieues infinies aux rues larges. On se demande où sont passés les habitants, tellement l'espace est généreusement distribué. En fait, si une ville a été construite à cet endroit c'est bien parce qu'il constituait le lieu géographique idéal pour le commerce du grain. Winnipeg est donc avant tout un vaste entrepôt à céréales. Il ne manquait alors qu'une voie de chemin de fer pour que cette plaque tournante des Grandes Prairies devienne une véritable cité. Heureusement, les colonies ukrainienne, russe, mennonite, italienne, polonaise et chinoise sont venues stimuler la vie de la prairie. Un des seuls intérêts de séjourner à Winnipeg un ou deux jours sera d'explorer le quartier francophone de Saint-Boniface et de visiter l'excellent Manitoba Man and Nature Museum. Les amoureux de la nature iront au nord, sur les rives du lac Winnipeg. Les pêcheurs y font des prises extraordinaires.

Quelques diapos sur le passé

Ancien poste de traite des fourrures de la Compagnie, Winnipeg se développa notamment sur la rive droite de la rivière Rouge, où est situé le quartier de Saint-Boniface. C'est là que la nation métisse naquit. Il s'agissait des fonctionnaires et des travailleurs des compagnies de fourrures qui fondèrent un foyer avec des femmes indiennes de la tribu cri notamment. La région fut le théâtre de la révolte des métis contre le gouvernement canadien, menée par leur chef *Louis Riel* (lire les détails de l'histoire dans le chapitre « Histoire et société »).

Adresses et infos utiles

– *De l'aéroport :* *Shuttle Bus* vers le centre-ville. Bus orange et jaune.

◼ *Visitor's Information Center* (plan C3) : Legislative Building, sur Broadway Avenue, à l'angle d'Osborne Street. ☎ 945-3777. Numéro d'appel gratuit : ☎ 1-800-665-0040. Extension 36. Ouvert de 8 h à 21 h en été.
◼ *Bureau d'information* (plan C3) : dans le Convention Center, au centre-ville, 232-375, York Avenue. ☎ 943-1970.
✉ *Post Office* (plan C2) : 266 Graham Avenue. ☎ 983-5481. Un bloc au sud de Portage Avenue. Ouvert de 8 h 30 à 17 h 30.
◼ *Health Science Center (hôpital) :* 820 Sherbrook Street. Urgences : ☎ 787-3167.

◼ *Centre culturel franco-manitobain* (plan F2) : 340 Provencher Boulevard. ☎ 233-8972. Bar, resto, musique. Les francophones s'y retrouvent.
🚌 *Greyhound* (plan B3) : à l'angle de Portage Avenue et de Colony Memorial Boulevard. ☎ 783-8840.
🚌 *Grey Goose Bus Lines :* 301 Burnell Street. ☎ 786-8891.
◼ *Canadian :* ☎ 632-1250.
🚆 *Via Rail :* réservations, ☎ 1-800-561-8630 (gratuit).
✈ *Winnipeg International Airport :* ☎ 744-0031.
◼ *Air Canada :* ☎ 943-9361.
◼ *Manitoba Farm Vacations :* une

façon sympa de visiter le Manitoba est de loger dans des fermes. Écrire à Mr Félix Kuehn, Manitoba Farm Vacations, 525, Kylemore Avenue, Winnipeg, Manitoba R3L-1B5 ; ou téléphoner : ☎ 475-6624. Pas donné pour des gîtes ruraux, mais correct.

■ *The Canadian Park Service :* 457 Main Street. ☎ 983-2290. Ouvert du lundi au vendredi de 8 h 30 à 17 h. Centre d'information sur les campings, les parcs provinciaux, les permis de chasse et de pêche.

■ *Police :* ☎ 986-6222.

■ *Cartouches de gaz :* United Army Surplus Sales, à l'angle de Portage Avenue et de Colony Memorial Boulevard.

■ *Librairie À la Page :* Provencher Street. À côté de la station Shell. Magazines en français.

Où dormir ?

Quelques endroits pour reposer sa carcasse.

▲ *Ivey House International Hostel :* 210 Maryland Street. ☎ 772-3022. À 15 mn à pied du centre. Fermé de 9 h à 16 h. Petite maison propre et chaleureuse. 40 lits dispersés dans plusieurs pièces. Cuisine et réfrigérateur. Petit salon. Très chouette et pas cher. Location de bicyclettes.

▲ *University of Manitoba :* Pembina Highway. ☎ 474-9942. Du Downtown, prendre le *Pembina Bus* jusqu'à l'université. Il s'arrête à 2 mn du Pembina Hall, là où se trouve la réception de la résidence. Si vous arrivez après 17 h, demandez le gardien de nuit, c'est lui qui ouvre les portes. 30 chambres d'étudiants. Assez bon marché mais fermé aux touristes à partir de septembre. Cafétéria et restaurant à l'University Center Building. Mais bon, pas très pratique et excentré. Préférer l'AJ.

▲ *Saint James Hotel :* 1719 Portage Avenue. ☎ 888-2341. Propre et pas cher. Mais très excentré. Pour y aller, prendre le bus *Red-Express* sur Portage Avenue.

▲ *Guesthouse International :* 168 Maryland Street. ☎ 772-1272. Bon marché et accueil sympa. Salle à manger et cuisine. Pas plus de 3 lits par chambre. Salle de bains à chaque étage, douche et buanderie au sous-sol.

B & B

▲ *Gîte de la Cathédrale* (plan F3) : 581 rue Langevin. ☎ 233-7792. Chez Jacqueline Bernier, dans le quartier de Saint-Boniface. Quatre chambres. Salle de bains commune. Très bon accueil.

Où manger ?

Vraiment pas cher

|o| *Redtop :* 219 Saint Mary's Road. Les meilleurs hamburgers de la ville. Pour les vrais fauchés.

|o| *Kelekis :* 1100 Main Street. Les meilleurs hot-dogs. Plein de photos dédicacées par des célébrités ou racontant la vie de ce cher Mr Kelekis, proprio du resto. Endroit très réputé à Winnipeg. Allez savoir pourquoi ?

– Dans le quartier de la *Fourche* (cf. rubrique « À voir »), différents stands proposent des repas complets chinois, sri-lankais, ukrainiens, italiens ou jamaïcains vraiment excellents, à des prix défiant toute concurrence.

De l'Ontario aux Rocheuses s'étend une vaste plaine (c'est rien de le dire)
que votre imagination, même aussi fertile que la plaine susnommée, ne saurait concevoir. Cette immensité plate, alourdie par un ciel très bleu l'été,
balayée par le vent, organisée en parcelles clôturées et traversée par la

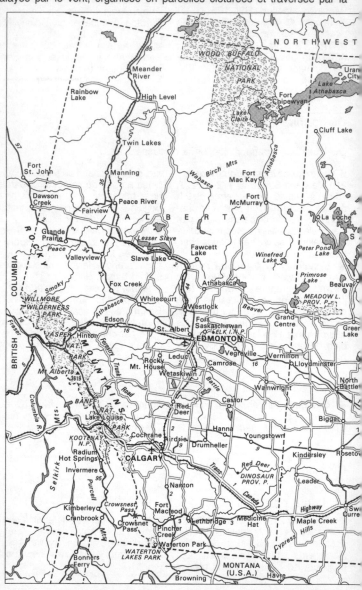

transcanadienne, semble inhabitée. De fait, cette région, large de plus de 1 300 km, compte un peu moins de 4,5 millions d'habitants réunis principalement dans les villes de Winnipeg (Manitoba), Regina (Saskatchewan), Calgary et Edmonton (Alberta).

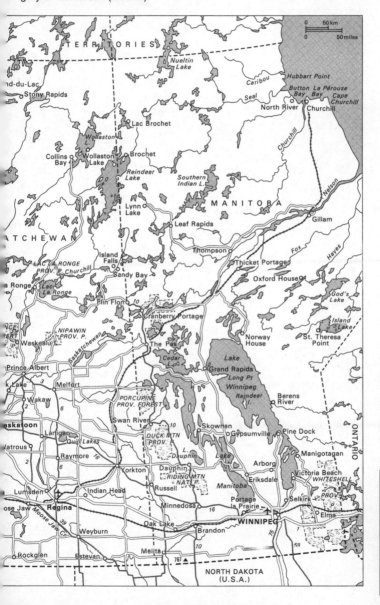

LES GRANDES PRAIRIES

WINNIPEG

WINNIPEG

0   200m

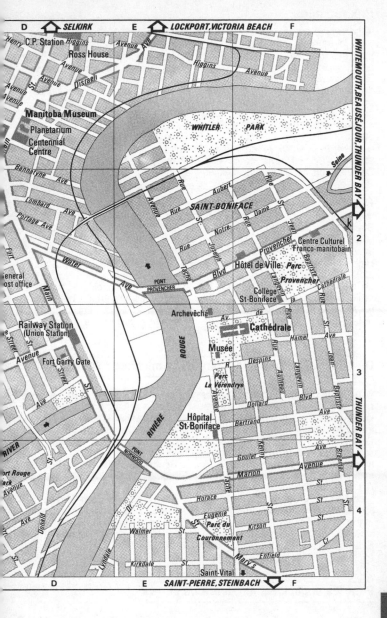

WINNIPEG

Prix modérés

Alycia's : 559 Cathedral Avenue. ☎ 582-8789. On vient de loin pour manger en famille dans ce resto ukrainien. Goûtez les soupes. Bon *sauerkraut* (chou émincé) et délicieux *pirojki*. Déco kitsch avec portraits et photos du pape. Tenu par une famille adorable. Une adresse excellente. À côté, le **Daly Store** fait des plats à emporter.

Chopin : 84 Albert Street. ☎ 943-0727. Au cœur de la ville. Café sympa où l'on sert d'excellentes soupes polonaises et quelques petits plats mijotés.

Impression Café : 102 Sherbrook Street. Café très populaire, très européen. On y lit le journal ou on joue aux échecs. Bonnes pâtisseries. Quelques plats russes.

Kum Koon : 257 King Street. ☎ 943-4655. Atmosphère assez remuante dans ce resto chinois. Un autre chinois pas mal : **Emperor Palace,** 277 Ruppert Avenue, dans Chinatown.

Plus chic

Acropolis : 172 Sherbrook Street. Bon resto grec. *Souvlaki, guros* et *tarama*.

D'8 Schtove : 1842 Pembina Highway, près de l'université. ☎ 275-2294. Plats mennonites cuisinés par un chef vietnamien. On vous conseille aussi les desserts.

Picasso's : 615 Sargent Avenue. Assez chicos. Spécialités de fruits de mer. Si vous ne faites pas gaffe, l'addition grimpe vite. Contentez-vous des salades ou d'*appetizers*.

Yamato : 667 Stratford Street, à l'angle de Pembina Highway. ☎ 452-1166. Resto japonais. On laisse ses chaussures à l'entrée. Cher mais les *side dishes* vous rempliront l'estomac sans vous mettre à sec.

Où boire un verre en écoutant de la musique ? Où danser ?

Le Café Jardin-Terrasse Daniel Lavoie *(plan F2)* **:** 340 Provencher Boulevard. Dans le centre culturel franco-manitobain, dans le quartier de Saint-Boniface. Cuisine franco-canadienne : tourtes, soupes gratinées, pâtés, tartes à la citrouille. À midi uniquement. On est servi avec l'accent. Le mardi soir, concerts de jazz. Les autres soirs, des groupes se produisent occasionnellement (consulter leur programme).

– ***Rorie Street Marble Club :*** 65 Rorie Street. ☎ 943-4222. Groupe genre « top 50 » tous les soirs. Grande disco très américaine. Assez convivial. C'est le seul endroit qui bouge un peu en ville. On n'y accepte pas toujours les jeans et les baskets.

– ***Spectrum Cabaret :*** 176 Fort Street. ☎ 943-6487. Pour les fans de rock.

– ***Club Soda*** et ***Night Moves*** sont les deux boîtes les plus en vogue. Elles sont situées dans le *Windsor Park Inn,* au 1034 Elizabeth Road. ☎ 253-2641.

Pour les anglicistes amateurs de shows

– ***Yuk Yuk's Komedy Kabaret :*** 108 Osborne Street, 2e étage. ☎ 475-9857. Dans le quartier animé d'Osborne Village. Même genre que le suivant.

– ***Rumor's Comedy Club :*** 2025 Corydon Avenue. ☎ 488-4520. Spectacles comiques à 21 h.

À voir

★ *Manitoba Museum of Man and Nature* (plan D1) : 190 Ruppert Avenue. ☎ 943-3139. Ouvert tous les jours de 10 h à 18 h. Cet excellent musée constitue le must culturel de la ville. Un arrêt à Winnipeg n'est pas vraiment nécessaire si vous faites l'impasse sur cette visite. On apprend beaucoup sur l'évolution du Canada. Les différentes sections retracent l'histoire de la terre par le biais de dioramas très réalistes : climat, végétation et faune du Canada sont expliqués clairement. La partie consacrée aux Indiens algonquins est une réussite. On se retrouve en fait au milieu d'un village. Reconstitution vivante d'une rue de Winnipeg au début du XXᵉ siècle. Allez voir également la salle où se trouve le *Nonsuch*, réplique du premier bateau faisant le commerce de fourrures au XVIIᵉ siècle. Impressionnant.

★ *Le musée Saint-Boniface* (plan E3) : sur Taché Avenue, non loin du Provencher Boulevard. ☎ 237-4500. Ouvert de 9 h à 21 h (17 h le samedi). Le musée est situé dans l'ancien couvent des « Sœurs grises ». Pour la petite histoire, sachez que quatre d'entre elles vinrent de Montréal à Winnipeg en canoë en 1844. Le voyage dura 59 jours. C'est le plus vieux bâtiment de la ville. Outre quelques reliques appartenant aux nonnes, le musée présente à l'étage de nombreux objets hétéroclites d'utilisation courante retraçant la vie des gens aisés du milieu du XIXᵉ siècle. La fondatrice du couvent fut mariée à un trafiquant d'alcool, alcoolique de surcroît, avant de se faire nonne. Les boutades sarcastiques disaient de son mari qu'il était toujours « gris ». La nonne choisit cette couleur comme signe distinctif, non sans humour, pour couper court aux médisances. Au fond de la chapelle, notez la Vierge en papier mâché. Le musée possède une salle consacrée à Jean-Baptiste Lagimodière, figure locale, connu pour avoir accompli l'exploit de porter un message urgent de Winnipeg à Montréal, en plein cœur du redoutable hiver de 1815-1816.

★ *La cathédrale Saint-Boniface* (plan E-F3) : sur la gauche du musée. Elle a brûlé en 1968. Il n'en reste plus que la superbe façade néo-romane. Quelques piliers ainsi que la statue de saint Boniface restent intacts. Une affreuse église a été reconstruite juste derrière.

★ En face de la cathédrale, un petit *cimetière* accueille les sépultures de nombreuses personnalités de Winnipeg dont celles de Louis Riel et Mgr Provencher, venus à Winnipeg en 1818 pour assurer une présence religieuse chez les Français et les métis.

★ *Art Gallery* (plan C3) : 300 Memorial Boulevard, à l'angle de Saint Mary Avenue. ☎ 775-7297. Ouvert de 11 h à 17 h les mardi, vendredi et samedi, de 11 h à 21 h les mercredi et jeudi, de 12 h à 17 h le dimanche. Fermé le lundi et les jours fériés. Gratuit le mercredi. Construit en 1970 avec la pierre fossilisée du Manitoba, cet édifice tout en pointes abrite, entre autres, de superbes collections de sculptures inuit (dans la mezzanine). Les œuvres inuit fascinent par le respect qu'elles imposent. La matière n'est jamais travaillée avec trop de délicatesse. Il en ressort une rudesse qui se traduit par une douceur dans les visages sculptés. Les groupes de personnages restent souvent attachés dans la pierre, comme pour se tenir chaud. On remarquera également que les personnages sont toujours actifs, courbant l'échine, témoignage de la vie austère des Inuit. La *Floor Gallery* propose des œuvres sur bois du XVIᵉ siècle, flamandes et allemandes. Expositions tournantes.

★ *Ukrainian Museum of Canada* (plan D1) : 1175 Main Street. ☎ 582-7345. Fermé le lundi. Non loin du Centennial Center. Musée montrant la vitalité de la culture ukrainienne dans la région. Collections de costumes richement brodés des pionniers du XIXᵉ siècle.

★ *Le quartier d'Osborne Village* (plan C4) : petite portion sur Osborne Street, entre River et Strabrook Avenues, sur laquelle on trouve quelques bars et restos. Sans être Greenwich Village, le quartier est le point de rencontre de la jeunesse locale. Un des quartiers les plus animés de la ville.

★ *Exchange District (plan D1-2)* : quartier de Main Street, situé juste au nord de Portage Avenue. On peut y voir les plus anciens buildings de la ville, construits au début du XXe siècle. Ici, les fortunes se faisaient en une journée grâce aux ventes de fourrures, dont la Hudson Bay Company était le fer de lance, et grâce aux ventes de grains qui ne cessaient de se développer. Ainsi, de 1880 à 1920 (et encore en partie aujourd'hui), ce district fut le centre de l'industrie du grain du Canada.

★ Sur *Main Street*, en passant, notez la *cathédrale orthodoxe ukrainienne* avec ses dômes noir et or. Et puisque nous parlons de Main Street, vous vous demandez peut-être pourquoi cette rue et sa perpendiculaire, Portage Street, sont si larges ? Pas besoin de porter des Vuarnet pour se rendre compte que nos Champs-Élysées font office de couloir de train à côté de celles-ci. Les carrioles de l'époque, tirées par des bœufs au milieu du XIXe siècle, abîmaient tellement les rues boueuses de la ville que l'on devait changer de trace souvent, créant ainsi une rue de plus en plus large. Main Street et Portage Street, qui constituaient les deux chemins de passage des traiteurs de peaux, étaient particulièrement endommagées. On dit aujourd'hui que ces rues sont larges comme *seven Red River carts* (sept chariots de la rivière Rouge).

★ *La Fourche (The Forks ; plan D-E3)* : au confluent de la rivière Rouge et de la rivière Assiniboine, derrière la gare *Via Rail*. Dans un environnement agréable, la Fourche est devenue l'endroit le plus animé de Winnipeg. Fruit d'un projet de redéveloppement d'un haut lieu historique de la ville et du Manitoba, c'est essentiellement un lieu de détente, avec des promenades aménagées le long des berges (avec panneaux d'explications historiques et culturelles intéressantes, rédigées en français et en anglais). Mais c'est aussi un ensemble de pavillons et anciens entrepôts très joliment transformés en boutiques et en restaurants, cafés, glaciers, épiceries étrangères (toutes les ethnies représentées au Manitoba) qui vendent également leurs produits sous forme de snacks à emporter ou à consommer sur place. On peut également louer des vélos à l'heure ou à la journée.

À faire à Winnipeg et dans les environs

– On peut assister aux *sessions de l'assemblée législative du Manitoba*. Intéressera les férus de sciences po ou de droit.
– Si vous êtes à Winnipeg pour quelques jours et que l'écrasante chaleur des prairies sied mal à votre teint, allez vous baigner à *Grand Beach,* belle plage très prisée des habitants de Winnipeg en fin de semaine. À environ 130 km de Winnipeg par la Highway 59. Camping très bien aménagé dans le Grand Beach Provincial Park. ☎ 754-2212.
– L'office du tourisme fournit une multitude d'infos concernant la *pêche* (miraculeuse) que l'on peut pratiquer au nord de Winnipeg.

Fêtes et manifestations

– *Spectacles* en été au *Rainbow Stage*, dans le Kildonan Park sur North Main Street. On y joue aussi bien *My Fair Lady, The King and I* ou *Annie*. Voir *Key to Winnipeg*.
– *Folklorama :* festival multiculturel. Chaque communauté ethnique présente des danses, des chants et la cuisine de son pays d'origine sous des chapiteaux répartis dans différents endroits de la ville. Tous les ans, pendant les deux premières semaines d'août. Infos : ☎ 944-9793. Assez touristique et assez cher.

– **Folk Festival :** ☎ 231-0096; dans le « Bird's Hill Provincial Park », à 20 km au nord de la ville. Durée : 3 jours, début juillet, tous les ans. En plein air et bien plus intéressant que le Folklorama, c'est le festival le plus grand et le plus célèbre du pays. Il s'agit d'un festival de « musiques du monde », regroupant une centaine de musiciens, de styles très variés puisque venus du monde entier. Public bien sûr très composite. Un des aspects de la *Canadian way of life*!

À voir dans les environs

★ **Lower Fort Garry :** à 32 km au nord de Winnipeg par Main Street, qui devient la Highway 9. ☎ 983-6341. Ouvert tous les jours de 10 h à 18 h. Entrée payante mais pas chère.
Fort construit de 1831 à 1848 pour la traite des fourrures. Il était de fait le centre économique de la colonie de la rivière Rouge. Visite de plusieurs bâtiments bien conservés dont une belle maison tout aménagée qu'habitèrent le gouverneur George Simpson, puis le gouverneur Colville. Des envoyés d'Angleterre signaient des contrats de 3 à 5 ans pour travailler au fort. On n'utilisait pas les Indiens, qui étaient plutôt des trappeurs. Des animateurs en costume jouent le rôle des anciens locataires. À l'époque, ce fort constituait la partie la plus avancée à l'ouest de Ruppert Land. Visitez également la maison du forgeron *(blacksmith's shop)* où les enfants peuvent aider à la fabrication de clous.
Mais, à notre avis, la partie la plus intéressante est l'entrepôt de fourrures *(fur loft)*. De nombreuses peaux y sont entreposées. Une peau de castor étant composée de poils longs et courts, une technique de friction était utilisée pour faire tomber les poils longs (trop durs) et conserver les poils courts. Au début des traites, les Indiens s'étonnaient que les commerçants soient plus intéressés par les peaux d'« occasion » (déjà portées) que par celles plus récentes. Pour transformer la peau de castor en feutre, on utilisait une technique de trempage dans un mélange de mercure et de plomb. L'émanation de vapeurs très toxiques rendait fous tous les « faiseurs de chapeaux », sans que l'on sache pourquoi. C'est de là que vient l'expression anglaise *as mad as a hatter* (fou comme un chapelier) utilisée par Lewis Caroll dans *Alice au pays des merveilles*, où l'un des personnages porte le nom de *Mad Hatter*. L'Angleterre des années 1800 raffolait des *top hats* et cet engouement pour le feutre fut l'une des raisons de la prospérité de Winnipeg... et de la disparition des castors.

★ **Mennonite Village Museum :** de Winnipeg, prendre les Highways 1 et 12. Le musée se trouve à environ 60 km, juste au nord de la ville de Steinbach. Ouvert en été de 9 h (12 h le dimanche) à 20 h. Entrée payante. Le village est une reconstitution de maisons appartenant à plusieurs villages construits par les mennonites émigrés des Pays-Bas et d'Allemagne de 1874 à 1880 : on y voit une imprimerie, des boutiques, une école, une église, un beau moulin à vent. Un petit musée près de l'entrée présente des costumes typiques et une carte indique les grandes migrations mennonites, cherchant à échapper aux persécutions successives. La secte issue des anabaptistes (comme les amishs aux États-Unis) fut fondée par Menno Simonsz, un réformateur néerlandais du XVIe siècle. La morale des adeptes n'est fondée que sur la Bible et leur propre conscience. Contrairement aux amishs, ils ont toujours été ouverts au progrès technologique et se sont bien intégrés dans la vie moderne. Il suffit pour le constater de se rendre dans la ville de Steinbach (peuplée quasi exclusivement de mennonites). Seules les femmes les plus conservatrices sont reconnaissables à leur petit calot bleu marine épinglé à l'arrière de la tête et à leurs jupes un peu plus longues.

LE MANITOBA

|●| Le ***restaurant*** du village propose des plats mennonites typiques de bonne qualité. On vous recommande notamment le gâteau à la rhubarbe et le *pluma moos*, salade de fruits séchés, puis cuits. On en a pris deux fois!

CHURCHILL   IND. TÉL. : 204

Uniquement pour les routards courageux ou poètes... Il s'agit d'un petit village de 1 300 habitants, perdu au bout du monde, c'est-à-dire sur la baie d'Hudson. Et pourtant il permet de découvrir facilement le Nord canadien. C'est le dernier village indien (les Cris) avant ceux des Inuit.

Comment y aller?

Pour y aller, comme il n'y a pas de route, c'est le train ou l'avion. Naturellement, on vous conseille le train. 3 départs par semaine de Winnipeg. 70 h aller et retour pour 3 200 km environ (pas cher, compte tenu du trajet et des émotions). Un bon truc : bloquez une semaine. L'aller-retour vous prendra 5 jours et 6 nuits, dont 3 jours à Churchill même.
Bon plan : en prenant son billet de train 7 jours à l'avance au départ de Winnipeg, on bénéficie de près de 40 % de réduction.
Pendant les 35 h de train (quelquefois davantage), on a le temps de faire connaissance avec les voisins (parfois c'est pas triste!), d'admirer le paysage (la forêt de moins en moins dense, puis la taïga et enfin la toundra), d'observer les animaux – différents selon les saisons (élans, renards... le train est si lent qu'on a tout le temps) –, de s'arrêter dans les villes minières (The Pas, Thompson), de s'arrêter nulle part et de voir surgir les Indiens qui chargent du poisson dans le train pendant qu'on décharge des caisses de bière (on en a vu).

À voir

Ce voyage dans le Nord est très insolite, on voit plein de choses qu'on n'a jamais vues ailleurs. Churchill est un endroit unique au monde. Jusqu'au 15 juillet, la baie d'Hudson est encore couverte d'icebergs, avec la muraille glacée de la banquise qui ferme l'horizon. Impressionnant.

★ ***La toundra :*** désert glacé en hiver, plus un arbre, tout est plat à perte de vue.

– ***Les Esquimaux :*** Churchill est encore un village indien mais c'est là que les Esquimaux trouvent divers services : hôpital, services sociaux. On peut donc en voir en ville. À noter, les panneaux écrits en alphabet esquimau. *Musée esquimau* pas mal.

– ***Les ours polaires :*** à partir de début octobre, ils attendent que la baie gèle pour partir à la pêche au phoque. Ils sont autour de Churchill. Attention, ils sont dangereux et n'ont peur de rien. Il y a un mort tous les 2 ou 3 ans! Meilleure époque pour les observer : du 15 octobre au 15 novembre. Difficile de trouver un logement à cette période.

■ ***Northern Expeditions :*** Box 614. ☎ 675-2793. Organise différentes excursions dans les environs de Churchill pour observer les ours, photographier des baleines blanches. Pour les plus sportifs (et les moins fri-leux), expéditions de plusieurs jours à travers la toundra. Assez cher.

★ *Les aurores boréales :* en anglais, *Northern Lights*. Churchill est le lieu idéal, surtout en décembre et en janvier. On en voit même si l'on a attrapé une conjonctivite.

★ *Le terminal céréalier :* la ligne de chemin de fer a été construite pour cela. Visite guidée en anglais organisée par *Parks Canada :* ☎ 675-8863. Super sympa. Les silos de 70 m, le traitement du grain...

★ Pour voir un *village indien*, il faut aller à *Eskimo Point*, à 300 km au nord en avion ou à pied. La 2e solution est déconseillée, parce que vous risquez de ne jamais revenir...

LE SASKATCHEWAN

Le Saskatchewan, c'est le grenier à blé du Canada où, par endroits, les champs s'étendent d'un horizon à l'autre. D'une superficie de 651 900 km², la province compte une population de 1 050 000 habitants et possède une florissante industrie de potasse, pétrole et gaz naturel.

Pays de rivières, de forêts et de lacs, cette province possède quelques-uns des plus beaux cours d'eau du Canada. Parmi eux, la rivière Saskatchewan (nom indien qui signifie « Rivière coulant doucement ») et la puissante rivière Churchill qui se fraie un passage au travers du bouclier précambrien, offrant ainsi des paysages spectaculaires et des défis de taille aux canoëistes débutants et experts.

Tout au long des routes de cette province, vous traverserez des dizaines de petites villes et villages dont les silos à céréales sont visibles à des kilomètres de distance. Partout où vous irez, vous trouverez ranchs et fermes pour vous loger.

Les Saskatchewanais, dont beaucoup sont les descendants directs des immigrés européens, russes et scandinaves arrivés au Canada entre la fin du XIXe siècle et le début du XXe, sont hospitaliers, amicaux et ont gardé bien vivants leur folklore et leurs coutumes.

REGINA
IND. TÉL. : 306

Capitale et principale ville commerciale du Saskatchewan, Regina est située au cœur de vastes plaines où pousse le blé en abondance, à 160 km au nord de la frontière américaine. La ville, baptisée Regina en l'honneur de la reine Victoria, portait autrefois le nom de *Pile O'Bones* (littéralement « Amas d'Ossements ») qui désignait le site où les Indiens et les métis pratiquaient jadis la chasse au bison.

En 1882, Regina est choisie comme quartier général du Nord-Ouest de la police montée, ancêtre de la gendarmerie royale au Canada, puis elle devient, en 1883, la capitale des Territoires du Nord-Ouest de l'époque. Sa population se compose des groupes ethniques les plus divers, dont une forte minorité d'origine allemande.

Adresses et infos utiles

▌ *Convention and Visitor's Bureau :* Center of the Arts, 200 Lakeshore Drive.
▌ *Regina Tourism Center :* Cornwall Center, 2100 Saskatchewan Drive. ☎ 787-2300. Dans le centre.
▌ *Saskatchewan Tourism :* 2103 11th Avenue. ☎ 565-2300. Numéro gratuit pour tout le Canada et le Nord des États-Unis : ☎ 1-800-667-5822. Très documenté.
■ *Renseignements téléphoniques :* ☎ 789-5099.

– Le quotidien *The Leader-Post* fournit toutes les informations concernant la vie culturelle de la ville.

Où dormir ?

- **YMCA** : 2400 13th Avenue.
- **YWCA** : 1940 McIntyre Street.
- **Auberge de jeunesse** : 2310 McIntyre Street. ☎ 791-8165. Amé-nagée dans un monument historique rénové. L'AJ la plus belle du Canada. Propre. Installations toutes neuves. Bien située, mais ferme à 22 h.

– Nombreux **B & B**.

Où manger ? Où boire un verre ?

|●| ♈ **Butler's Quaters** : 2171 Lorne Street. ☎ 781-6945. Pas loin de l'auberge, bonne ambiance, bonne table pas chère, bonnes boissons. Que demander de plus ? De l'insolite culturel ? Bon, vous saurez tout : le petit-fils d'Hemingway, qui habite Regina, copain avec l'une des serveuses, y passe parfois... Pour ceux qui préfèrent James Joyce, ils ont du whiskey irlandais au bar, quand ils cherchent bien...

À voir : le Wascana Center

Un parc de 800 ha aménagé sur les rives du lac artificiel Wascana, qui abrite les principaux immeubles gouvernementaux de la ville. On y trouve les bâtiments qui suivent.

★ **L'Assemblée législative :** un bâtiment cruciforme, construit en pierre calcaire du Manitoba. Les matériaux qui ont servi à sa finition ont été importés de divers pays. À l'intérieur, les arcs et les ornements du plafond attirent l'œil vers une tour et un dôme d'une hauteur de 56 m. L'édifice abrite la *Saskatchewan Gallery* qui possède une importante collection de tableaux représentant les Indiens des Prairies et évoquant les heures héroïques de la colonisation. Le panorama qu'on peut admirer du sommet du dôme en vaut l'ascension.

★ **Saskatchewan Museum of Natural History :** possède une collection remarquable d'animaux sauvages, d'oiseaux, de reptiles et de fossiles. La galerie réservée au Manitoba a pour thème le mode de vie des Indiens des Prairies. L'université de Regina loge dans des bâtiments de style futuriste, conçus par l'architecte du centre de Wascana, Minoru Yamasaki.

★ **Norman MacKenzie Art Gallery :** située sur le campus de l'université, abrite une collection permanente d'objets chinois, égyptiens et mésopotamiens, une collection de tableaux de peintres européens du XVe au XIXe siècle, et des œuvres d'artistes canadiens contemporains.

Fêtes et manifestations

– Chaque année, de la fin de juin au mois d'août, une **pièce sur le procès de Louis Riel** *(The Trial of Louis Riel)* est présentée à la *Saskatchewan House,* située avenue Dewdney, à l'ouest de la rue Alexandra. Riel dirigea la rébellion des métis contre le gouvernement central qui refusait de reconnaître les revendications territoriales des premiers colons métis. Le procès donne un aperçu fascinant de l'histoire du Canada à ses origines (lire les détails dans le chapitre « Histoire et société »).

L'ALBERTA

L'Alberta, c'est le pays des cow-boys et des Indiens des Prairies, de la police montée et des producteurs de pétrole. Non loin des grandes cités modernes d'Edmonton (la capitale) et de Calgary (siège de l'industrie pétrolière canadienne), les Albertains élèvent toujours leur bétail dans de vastes ranchs où vous pourrez séjourner (voir rubrique « Hébergement » dans le chapitre « Généralités »). La généreuse nature canadienne s'exprime sans limite dans l'Alberta. Ici, les lacs sont turquoise, même sous la pluie, grâce à la farine de roche issue de la fonte des glaciers en juin. Ici encore, se dressent les imposantes Rocheuses (frontière naturelle avec la Colombie britannique), cette mer de montagnes aux pics bleutés qui étonna les premiers explorateurs. C'est dans cette région que s'étendent les plus beaux parcs nationaux du Canada : Banff et Jasper aux contours gigantesques. Canyons étroits, lacs limpides, forêts denses. Les paysages sont restés tels qu'ils étaient lors de l'arrivée des premiers Européens.

CALGARY   IND. TÉL. : 403

La cité du rodéo. Déjà connue pour son *Stampede*, le plus grand rodéo du Canada, Calgary l'est encore plus depuis qu'elle a accueilli les Jeux olympiques d'hiver en 1988. Calgary ne constitue pas une halte indispensable si vous n'y venez pas pendant le *Stampede*. L'histoire de la ville résume parfaitement son atmosphère actuelle. Elle connut trois booms successifs. Ce fut tout d'abord l'établissement de la police montée en 1875, au beau milieu des Prairies. Le colonel Brisebois, commandant du fort, lui donna sans complexe son propre nom. Après avoir régné pendant quelque temps en tyran dans ce fort isolé, il fut démissionné, et le nouveau commandant de police rebaptisa l'endroit « Calgary » – ce qui signifie, en écossais, « L'Eau limpide ». La deuxième étape est due à l'arrivée du chemin de fer, en 1883, qui y draina des centaines de colons poussés toujours plus à l'ouest, vers une hypohétique terre promise. Puis la découverte, en 1914, de gisements de pétrole sonna le glas du petit village pour laisser la place à une ville qui, depuis 15-20 ans, prend un essor économique considérable. Aujourd'hui, plusieurs centaines de compagnies pétrolières (86 % des producteurs du pays) possèdent des bureaux dans les hauts buildings qui ne cessent de pousser selon le célèbre principe architectural du « vas-y que j'te bâtisse ». Mais alors pourquoi s'y arrêter ? Pour le *Stampede*, pardi ! Pendant 10 jours, chaque été, en juillet, c'est la grande folie. Barmen, businessmen, prostituées, caissières de supermarché, tout le monde porte la tenue du cow-boy : jeans, Stetson et boots... Super ambiance dans les bars et dans les rues de la ville qui se grise et se dégrise. Et puis, bien sûr, Calgary est le point de départ d'un merveilleux parcours, celui traversant les incroyables paysages des Rocheuses. Un conseil : venez ici pour le *Stampede* puis, quand tout est terminé, allez vous relaxer dans les montagnes...

Le stop est théoriquement interdit dans toute la province. Attention, à Calgary, l'interdiction est totale et appliquée, et l'amende très salée. On vous aura prévenu...

Comment se rendre dans le centre au départ de l'aéroport?

– *En bus :* Shuttle toutes les 30 mn de 6 h 30 à 23 h 30. Pour le retour, départs à partir des grands hôtels. Infos : ☎ 531-3909.
– *En voiture :* en suivant les panneaux « Centre-ville » à la sortie de l'aéroport, vous tombez sur la Barlow Trail que vous suivrez jusqu'à sa fin à la hauteur de Bow River. Là, prendre vers l'ouest pour vous retrouver dans Downtown sur 4th Avenue South East. Durée du trajet : 15 mn.

S'orienter à Calgary

Il est très facile de s'orienter à Calgary une fois que l'on a compris le système. La ville est divisée en quatre quadrants : nord-est, sud-est, sud-ouest et nord-ouest. La rivière Bow, prolongée par Memorial Drive, sépare le nord du sud, et Center Street l'ouest de l'est. La numérotation des rues et avenues s'effectue à partir de ces lignes de démarcation. Ainsi 7th Avenue SW est tout simplement la 7ᵉ avenue vers le sud à partir de Bow River, située à l'ouest de Center Street. Pour repérer une adresse exacte dans une rue ou une avenue, il vous suffit de laisser tomber les deux derniers chiffres de l'adresse pour trouver la rue, ou l'avenue la plus proche. Ainsi le 456 de 3rd Avenue se trouve non loin de 4th Street, et le 2345 de 13th Street est à proximité de 23rd Avenue. Cela manque de charme, mais vous allez vous apercevoir que c'est très pratique !

Transports

🚊 *C-Train :* une sorte de tramway fonctionnant de 6 h à 2 h. 2 lignes en forme de Y. Le train qui va vers le sud (en passant par le Stampede Park) s'appelle *Anderson*, celui qui va vers le nord-ouest *Brentwood* et celui qui va vers le nord-est *Whitehorn*. Des navettes relient le terminal de City Center et le terminal *Greyhound*. Rapide et pratique. Même prix que les bus et gratuit sur le trajet de 7th Avenue.
🚌 *Bus :* nombreux se dirigeant vers les stations de *C-Train*. Payants. Fonctionnent de 6 h à minuit.
– Il est malgré tout quasiment indispensable d'avoir un véhicule si vous ne voulez pas perdre un temps fou.
– Si vous voyagez en train, sachez qu'aucun train ne passe plus par Calgary. Il faut prendre le bus à partir d'Edmonton, la gare la plus proche.

Adresses utiles

🄳 *Tourist Information à l'aéroport :* ouvert jusqu'à 22 h.
🄳 *Tourist Information* (plan B3) : Calgary Tower, dans le pied du champignon, 131 9th Avenue South West. ☎ 263-8510. Demander le Visitor's Information Center (poste 397). Leur site web ● www.tourismcalgary .com ● est très bien fait. Ouvert de 8 h à 20 h de mi-mai à début septembre, de 8 h à 17 h le reste de l'année.

Staff réellement adorable. Possibilité d'y trouver un dépliant *Calgary Attractions*, offrant des réductions pour diverses activités de la ville.
✉ *Poste* (plan B3) : 207 9th Avenue South West, en plein centre. ☎ 974-2078.
■ *Consulat des États-Unis* (plan B2, 1) : 1000 615 Macleod Trail South East. ☎ 266-8962.
■ *Calgary General Hospital* (plan C2,

2) : Bow Valley Centre, 841 Centre Avenue. ☎ 291-8505.

■ *Urgences :* comme partout, faites le : 911.

■ *Alliance française (plan A3, 3) :* 301-902 11th Avenue South West. ☎ 245-5662.

 Bus Greyhound (plan A2) : 850 16th Street South West Bowtrail, à l'angle de 9th Avenue South West. ☎ 265-9111. Appel gratuit : ☎ 1-800-667-8747.

■ *Location de voitures : Rent-a-Wreck,* 113 42nd Avenue South West. ☎ 287-9703. *Budget (plan B2, 4),* dans le centre, à l'angle de 1st Street South East et 6th Avenue South East. ☎ 226-0000.

■ *Location de mobilhomes :* 3 compagnies se partagent le marché de la location à Calgary : *Canadream locations* (2508 24th Avenue North East. ☎ 291-1000), *Go West* (5515 Crowchild Trail South West, dans le parc ATCO. ☎ 240-1814) et *Motorhome Vacations Rentals* (3640 26th Avenue North East. ☎ 291-9450).

Où dormir ?

Il n'est pas très commode de se loger à Calgary : en centre-ville, on ne trouve que des chaînes d'hôtels, chers et impersonnels. Les *B & B,* nettement plus agréables, sont généralement excentrés. Par ailleurs, si vous venez à Calgary pendant le *Stampede,* pensez à réserver vos nuits bien à l'avance : les places se font rares à cette période.

Camping

 Calgary West KOA Campground : sur la Highway 1, vers Banff, à environ 1 km à gauche après l'Olympic Park. ☎ 288-0411.

Un camping privé de la chaîne *KOA* avec tous les services possibles : douche, électricité, laveries, etc. Pas donné, forcément.

Bon marché

 Calgary International Youth Hostel (plan C2, 10) : 520 7th Avenue South East. 2 blocs à l'est du City Hall. ☎ 269-8239. Fax : 266-6227. ● Chostel@hostellingIntl.ca ● Non loin du centre. Perdue au milieu de parkings, une longue maison en bois sur 2 niveaux. Arrivez entre 18 h 30 et minuit. Couvre-feu à 2 h. 114 lits en dortoirs de 6 à 8 personnes. Quelques chambres familiales en basse saison. Grande cuisine lumineuse, réfrigérateur. Petit déjeuner, *lunch* et dîner très simples et très bon marché. Possibilité de laver son linge. *C-Train* gratuit juste à côté. Le meilleur rapport qualité-prix en ville. Un bus quotidien dessert toutes les auberges de jeunesse jusqu'à Jasper dans les Rocheuses.

 YWCA (plan C2, 11) : 320 5th Avenue South East. ☎ 232-1599. À 15 mn à pied du Stampede Park, où se déroulent les rodéos. Chambres simples ou doubles avec ou sans salle de bains privée. Très propre. À deux blocs de la station de *C-Train* City Hall. Une quarantaine de chambres en tout. Filles et enfants uniquement. Cafétéria, laverie, salle TV, piscine, salle de gym.

 University of Calgary (hors plan par A1, 17) : 2500 University Drive North West. ☎ 220-3210 de septembre à avril ; ☎ 220-3203 de mai à août. Possibilité de réserver en écrivant au University Housing Office, Room 18, Dining Center, University of Calgary, 2500 University Drive NW, Calgary Alberta T2N-1N4 ou par fax au : 220-6760. Assez excentré. Prendre le bus n° 9 qui s'arrête en face du Kanasaskis Hall (3330 24th Avenue North West). Certains des bâtiments ont été construits pour les J.O. Compter 20 $Ca par personne la chambre minimaliste et environ 40 $Ca l'appartement tout équipé.

🛏 **SAIT (Southern Alberta Institute of Technology; *plan A1, 12)* :** 1301 16th Avenue North West. La résidence étudiante est l'*Owasina Hall*. ☎ 284-8012. Fax : 284-8435. Un peu moins excentré que l'université. Possibilité de loger, de mi-mai à mi-août, dans des petits appartements style résidence universitaire, avec cuisine, et salle de bains privée pour certains. Laverie, salle TV. Attention, se renseigner, il serait question de ne plus proposer ce type d'hébergement aux visiteurs de passage.

B & B (à prix moyens)

🛏 **Tumble Inn** *(plan B3, 14)* : 1507 6th Street South West, entre 15th et 16th Avenues. ☎ 228-6167. Un *B & B* très bien placé et pas très cher de surcroît, surtout si vous restez plusieurs nuits. 3 chambres très confortables dans une belle maison victorienne de 1912, avec salle de bains commune. Accueil chaleureux et décontracté du jeune couple de patrons. Arriver entre 17 h 30 et 19 h, ou s'arranger en téléphonant avant.

🛏 **A Good Knight B & B** *(plan A1, 13)* : 1728 7th Avenue North West. ☎ 270-7628. Dans un quartier résidentiel très calme, un peu excentré, mais ça vaut le détour : 3 chambres impeccables et joliment décorées, toutes avec salle de bains. Un vrai petit nid douillet. La plus spacieuse est sensiblement plus chère pour un confort à peine supérieur. Petit détail : ni enfants, ni cigarettes, ni chaussures ne peuvent franchir le palier.

🛏 **Lions Park B & B** *(plan A1, 15)* : 1331 15th Street North West. ☎ 282-2728. Fax : 289-3485. Pas très loin du précédent. Accueil très souriant de Dori. 3 chambres avec lavabo se partagent une salle de bains commune. On peut trouver la déco un peu kitsch, mais c'est bien tenu et les prix sont raisonnables.

CALGARY

■ **Adresses utiles**

  🛈 Tourist Information
  ✉ Poste
  🚌 Bus Greyhound
  1 Consulat des États-Unis
  2 Calgary General Hospital
  3 Alliance française
  4 Budget

🛏 **Où dormir ?**

  10 Calgary International Youth Hostel
  11 YWCA
  12 SAIT (Southern Alberta Institute of Technology)
  13 A Good Knight B & B
  14 Tumble Inn
  15 Lions Park B & B
  16 Inglewood B & B
  17 University of Calgary
  19 Elbow River Inn

|●| **Où manger ?**

  30 Pied Pickle
  31 Earl's
  32 Singapore Sam's
  33 Divino
  34 Unicorn
  35 Silver Dragon
  36 Cannery Row
  37 River Café
  38 Señor Frogs
  39 Sukiyaki House
  40 La Caille on the Bow

🍸 **Où boire un verre ?**

  34 Unicom
  38 Señor Frogs
  50 The Rose and Crow
  60 The King's Horses
  61 Concorde
  64 The Drink
  65 King Edward Hotel
  66 Dusty's
  67 The Ranchman

★ **À voir. À faire**

  70 Stampede Park
  71 Glenbow Museum
  72 Grain Academy
  73 Calgary Tower
  74 Devonian Gardens
  75 Fort Calgary
  76 The Deane House
  77 The Energeum
  78 Heritage Park
  79 Zoo

CALGARY

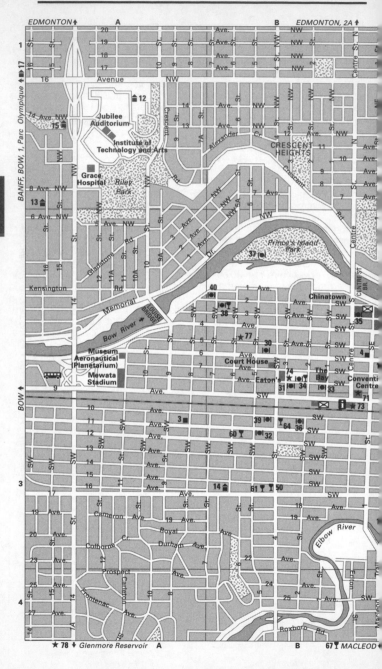

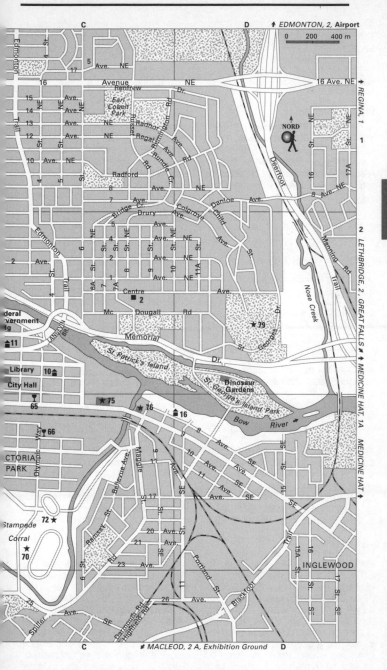

CALGARY

⬗ **Inglewood B & B** *(plan C-D3, 16)* : 1006 8th Avenue South East. ☎ 262-6570. Ouvert toute l'année. Pas loin du centre (15 mn à pied de la Calgary Tower). Suivre la 9th Avenue, passer devant le fort Calgary, tourner dans la 8th Avenue South East à gauche. Quartier résidentiel au calme. Élégante demeure de style victorien avec véranda, au milieu d'un jardin. Trois chambres confortables. *B & B* non-fumeurs.

Hôtel

⬗ **Elbow River Inn** *(plan B3, 19)* : 1919 MacLeod Trail South East. ☎ 269-6771. Fax : 237-5181. Pour les réfractaires à la formule *B & B*, *l'Elbow River Inn* est une solution de rechange : proche des quartiers animés, pas trop cher et à deux pas d'une station de *C-Train*. Casino, parking gratuit. L'hôtel le plus proche du Stampede Park... certains réservent leur chambre un an à l'avance ! Prix moyens.

Où manger ?

De bon marché à prix moyens

|●| **Singapore Sam's** *(plan B3, 32)* : 524 11th Avenue South West. ☎ 234-8088. Fax : 237-5748. Ouvert tous les jours jusqu'à 3 h. Compter entre 6 et 9 $Ca le plat. Malgré les dragons grimaçants et les lanternes traditionnelles, c'est plus proche de la cantine que du resto. Self-service, avec entre autres la formule gril mongol : vous choisissez vos ingrédients (nouilles, légumes, diverses viandes) et un cuistot se charge de faire sauter tout ça sur la plaque.

|●| **Unicorn** *(plan B2, 34)* : 8th Avenue et 2nd Street South West. ☎ 233-2666. À midi, ce pub irlandais en sous-sol sert divers casse-croûtes à prix acceptables : *fish and chips*, quelques salades ou même quelques plats mexicains.

|●| **Pied Pickle** *(plan B2, 30)* : 522 6th Avenue South West. ☎ 234-0050. Ouvert de 11 h à minuit. Fermé le dimanche. Resto-bar typiquement américano-canadien, avec des accents de cuisine italienne. Rien d'extraordinaire en fait, mais pas très cher en tout cas et de qualité correcte.

|●| **Silver Dragon** *(plan B2, 35)* : 106 3rd Avenue South East ; à l'angle de Centre Street. ☎ 264-5326. Fax : 262-1575. Ouvert tous les jours, de 10 h 30 à 13 h du lundi au jeudi, de 10 h à 14 h les vendredi et samedi, de 9 h 30 à 22 h 30 le dimanche et pendant les vacances. Plats de 7 à 15 $Ca. Resto chinois situé dans le minuscule Chinatown. Vaste salle à l'étage, au décor sobre et élégant. Atmosphère familiale et tranquille. Service impeccable. Plus de 200 plats au menu, il y en a sûrement un qui vous plaira !

Prix moyens

|●| **Earl's** *(at Bankers Hall ; plan B2, 31)* : 315 8th Avenue South West (Stephen Avenue Mall). ☎ 265-3275. Fax : 233-7554. Ouvert de 11 h à minuit (1 h les vendredi et samedi, 22 h le dimanche). Fait partie d'une chaîne de restos qui a essaimé dans toutes les grandes villes de l'Ouest canadien. Décor toujours haut en couleur et ambiance animée. Leur devise : « Eat a little, eat a lot, fun to share ! » Une carte où l'on trouve vraiment de tout, dans un style toujours très américain. À côté, bar de jeunes avec sol jonché de cacahuètes.

|●| **Divino** *(plan B2, 33)* : 817 1st Street South West. ☎ 263-5869. Sert jusqu'à minuit. Fermé le dimanche. Décor assez sobre. Une certaine élégance avec un zeste de high-tech. Exposition de peinture contemporaine sur les murs. Am-

biance très européenne, un peu classique, un rien intello, en tout cas chaleureuse. Cuisine succulente à dominantes italienne et californienne. Beaucoup de créativité dans les plats de pâtes et de salades. Au tableau noir, les *specials* du jour.

l●l *Cannery Row* (plan B3, 36) : 317 10th Avenue South West. ☎ 269-8889. Fax : 269-1447. Ouvert tous les jours, sauf le week-end pour le déjeuner. Compter entre 16 et 23 $Ca le plat. Vaste salle dominée par un immense bar où les solitaires peuvent s'installer. Coin café côté rue et petite terrasse en été. Carte variée, plein de plats légers pour le déjeuner, et surtout un grand choix de vins du monde entier. Restaurant dans la même veine au-dessus, sur fond de musique jazz, mais plus chic : le *McQueen* (ce n'est pas Steve en cuisine).

Plus chic

l●l *River Café* (plan B2, 37) : dans le Prince's Island Park (après le pont à gauche quand vous venez d'Eau Claire). ☎ 261-7670. Fax : 261-8795. Plat à partir de 16 $Ca. Venez y manger un morceau à l'occasion d'une promenade dans le parc. Décor très chouette, entièrement consacré à la pêche. Excellente cuisine régionale au feu de bois et belle carte des vins. *Brunch* le week-end.

l●l *La Caille on the Bow* (plan B2, 40) : 7th Street et 1st Avenue South West, à côté du *Señor Frogs*. ☎ 262-5554. Fax : 237-6108. À partir de

l●l *Sukiyaki House* (plan B3, 39) : 517 10th Avenue South West. ☎ 263-3003. Fax : 269-4082. De 10 à 15 $Ca le plat. Resto japonais jusqu'au bout des ongles : serveuses en tenue traditionnelle, paravents, estampes, musique traditionnelle. Vous pouvez même déjeuner ou dîner sur un tatami, un peu à l'écart des autres tables (mais pour cela, il est vivement conseillé de réserver).

l●l *Señor Frogs* (plan B2, 38) : 739 2nd Avenue South West, à l'angle de 7th Street. ☎ 264-5100. Grand resto mexicain dans une belle maison jaune. Plusieurs petits niveaux séparés par quelques marches, décoration chaude et colorée. Nourriture copieuse et de bonne qualité, mais certains y viennent avant tout pour danser : musique latino tous les soirs (concert *live* ou *DJ*). Très bonne ambiance.

16 $Ca le plat. Belle maison ocre et verte située près de la rivière Bow, avec vue sur le parc qui la borde. Grand resto sur deux étages, composé de nombreuses salles indépendantes et de petits salons. Également un bar réveillé chaque week-end par des concerts, et une terrasse très accueillante en bordure du parc. L'endroit se veut à la fois romantique (cheminée dans chaque pièce) et décontracté, selon les salles. C'est assez réussi. Cuisine sans génie mais toujours de qualité. Très connu à Calgary. Il est plus prudent de réserver.

Où boire un verre ?

Pratiquement tous les bars des hôtels reçoivent des groupes de rock, jazz ou blues tous les soirs durant le *Stampede*. Ils se valent tous. Si vous aimez la foule et le bruit, vous avez toutes les chances de vous faire plein de potes. Les bars sont en général ouverts jusqu'à 2 h ou 2 h 30. La technique est simple : il s'agit de les écumer les uns après les autres, là où le vent vous pousse. Attention : au Canada, si l'on est pompette, on marche. Pas question de prendre sa voiture. Sauf si l'on a envie de passer ses vacances au placard !

♆ *Unicorn* (plan B2, 34) : 8th Avenue South West et 2nd Street. ☎ 233-2666. Au sous-sol. Décor

bois et brique. Grand bar quadrangulaire. Venez y prendre votre première Guinness après avoir traversé la prairie et secoué votre poussière. Excellente musique rock. Joyeusement animé à l'irlandaise en fin de semaine. *Pool* et *darts*. Resto à côté.

♟ *The Rose and Crown* (plan B3, **50**) : 1503 4th Street South West ; à l'angle de la 15th Avenue. ☎ 244-7757. Un autre pub irlandais sympa. Chaude ambiance. *Happy hours* souvent. Très bon *brunch menu* de 12 h à 15 h.

♟ *The King's Horses* (plan B3, **60**) : pub près de l'angle de 11th Avenue et de 5th Street. Pour ceux qui cherchent un endroit pour les plus de 20 ans. Décor hétéroclite. Vieux tonneaux accrochés au plafond. Coin salon avec larges fauteuils, petits boxes, billards. En fin de semaine, ambiance garantie. On se presse au bar. Musique *live, darts*. Le dimanche, *happy hours* de 12 h à 18 h sur les billards et de 18 h à 22 h sur les *drinks*. Communique avec le bar d'à côté, du même genre, le *Fox & Firkin*.

♟ *Señor Frogs* (plan B2, **38**) : voir texte dans la rubrique « Où manger ? ».

♟ *The Drink* (plan B3, **64**) : 355 10th Avenue South West. ☎ 264-0202. Immense bar-resto sur deux niveaux, dans un style un peu romain :

colonnes à chapiteaux, faux marbres. Billards, *dance floor*, etc. Jeunes et moins jeunes s'y retrouvent tous les jours de la semaine.

♟ *King Edward Hotel* (plan C3, **65**) : 438 9th Avenue South East. ☎ 262-1680. Dans la rue de la Calgary Tower. Pas loin du centre. Le temple du blues à Calgary. On aime beaucoup ce vieil hôtel (entre parenthèses, chambres de passage pour musiciens et routards désargentés) qui propose au rez-de-chaussée de mémorables concerts (petit droit d'entrée la plupart du temps). Trois *sets* à partir de 21 h 30. Public de « bluescoolics ». Bien enfumé et tables toujours trop petites pour contenir toutes les bières. Tout le long du mur, les photos des gloires qui s'y produisent. Souvent, une *jam* le dimanche.

♟ *Concorde* (plan B3, **61**) : 510 17th Avenue South West. ☎ 228-4757. Ouvert midi et soir jusqu'à 2 h du matin. Pour ceux qui veulent changer de l'ambiance pub : bar chic et ultra-branché, au décor résolument moderne. Vous y trouverez la jeunesse dorée de Calgary. Possibilité de casser la croûte et concerts de temps à autre.

Pour les amateurs de country

♟ *The Ranchman* (hors plan par B4, **67**) : 9615 MacLeod Trail South. Ouvert jusqu'à 2 h. À une dizaine de kilomètres de Downtown vers le sud. Une voiture est nécessaire. Le nec plus ultra du country à Calgary. Chapeau et bottes presque nécessaires. Piste de danse et billards. Groupes certains soirs.

♟ *Dusty's* (plan C3, **66**) : à l'angle de

11th Avenue South East et Olympic Way. ☎ 263-5345. Décoration de bois clair, très saloon. D'un côté, un coin bar avec billard et cow-boys accoudés au comptoir, de l'autre, une scène, une piste de danse usée par les talons des bottes, et de solides tables capables de supporter le poids de la fête. Très chaud pendant le *Stampede* car tout près du site.

À voir. À faire

★ *Le Stampede* (Stampede Park ; plan C3, **70**) : c'est pour ça que vous êtes là. Il a lieu pendant 10 jours au début du mois de juillet (du 6 au 15 juillet en 2001) Pour plus d'infos, plusieurs possibilités : écrire (*Calgary Exhibition and Stampede*, Box 1060, Station « M », Calgary, Alberta, T2P-2L8, Canada), téléphoner (☎ 269-9822 ou 261-0101. Numéro gratuit de l'Amérique du Nord : ☎ 1-800-661-1260), ou surfer ● www.calgary-stampede.com ●

Chaque année, des dizaines de milliers de Canadiens et d'Américains viennent assister à cette fête du cheval (et du cavalier). Les festivités se tiennent dans les rues, notamment sur 8th Avenue avec, le jour d'ouverture, une fabuleuse parade de cow-boys, d'Indiens de différentes tribus, de majorettes, de la police montée, etc. Tous les jours, à un coin de rue, vous pourrez être surpris par un groupe de musiciens, une danse indienne... Le rodéo lui-même a lieu au Stampede Park.

Avant de parvenir à l'entrée du stade où se déroule le rodéo, on traverse une immense foire du Trône où l'on trouve un casino, des stands de toutes sortes, des baraques de hot-dogs, des manèges, etc., pour se mettre dans l'ambiance.

À l'intérieur de l'enceinte, on peut voir 3 grands types de compétitions qui se tiennent l'après-midi (de 13 h 30 à 17 h en général) et à partir de 19 h 30. L'après-midi, c'est l'heure du rodéo : le cavalier chevauche une monture furieuse pendant au moins... 8 s, une main levée. Non, les chevaux ne sont pas sauvages. On les excite juste un peu en leur serrant très fort une lanière au niveau du bas des reins. Cela leur compresse si fort les parties génitales qu'ils reviennent à l'état sauvage. Pour calmer le cheval après la compétition, on relâche la tension. Il redevient doux comme un agneau. Le 2e point fort est le *calf roping* (l'après-midi toujours) dans lequel le cow-boy doit prendre au lasso un veau puis sauter de son cheval, retourner le veau et lui lier 3 pattes en moins de 10 s. Le 3e est la course du *chuck-wagon* (le soir), rappelant la chevauchée des pionniers dans des roulottes bringuebalantes. Il s'agit de charger une roulotte (tirée par 4 chevaux) d'ustensiles divers, de décrire une boucle sur la piste puis de s'élancer à toute allure sur le circuit.

Réservation de tickets utile, mais il y en a toujours à la vente le jour des compétitions. De plus, il faut savoir que lorsque l'on réserve à l'avance, l'entrée dans l'enceinte est incluse dans le prix du billet : en clair, si l'on souhaite assister à plus d'un spectacle, pas la peine de payer à nouveau l'accès dans l'enceinte.

★ **Glenbow Museum** (plan B2-3, 71) : 130 9th Avenue South East. ☎ 268-4100 et 268-4208. Ouvert tous les jours de 9 h à 17 h (21 h les jeudi et vendredi). Très beau musée présentant notamment des œuvres d'art contemporain avec des toiles des XIXe et XXe siècles. Riches collections de la culture indienne.

– *Au 3e étage :* galeries consacrées aux conquérants du Canada mais surtout une remarquable collection concernant les Indiens des Grandes Prairies et du Nord ainsi que l'émouvante collection d'art inuit. Plus loin, l'histoire des Indiens cris. Salle de l'histoire de la conquête de l'Ouest, objets domestiques, anciennes machines agricoles, l'aventure du pétrole, mobilier colonial, etc. Sur les années 1920, opposition des objets de luxe et des années de la Dépression.

Superbe artisanat inuit, kayaks en peau de caribou, instruments de pêche. Collection des tribus indiennes des plateaux. Belles couvertures de chevaux brodées, vêtements très ouvragés. Curieuse section des *medecine men*, petits totems, etc. Section sur le commerce et les trappeurs. *Heritage from the Homeland* ou tout ce qu'apportèrent les émigrants de leur propre pays et qui contribua à la constitution du Canada.

Dans la section *Indians of the American West*, à droite de la pancarte, en contrebas, on peut voir l'évolution des traités passés avec les Indiens, leur arrachant peu à peu toutes leurs terres. Ces documents sont en général peu montrés dans les musées, vue la situation des Indiens actuellement. Sur le panneau *Indian Treaties*, sur la droite, on peut même lire une *begging letter* (lettre de mendicité) que montrait un vieil Indien aveugle et démuni aux passants généreux. Rares sont les preuves, même dans les musées, de la

déchéance des Indiens du fait de l'arrivée des Blancs. On s'en tient généralement à la parade des costumes. À côté, l'histoire de la révolte de Riel.
– *Au 4ᵉ étage :* collection d'armes et uniformes et galerie de minéralogie.
– *Au 2ᵉ étage :* galerie d'art asiatique. Rare bouddha marchant de Sukhôthai (XVᵉ siècle), remarquable mahachakra Vajrapani (du XVIIᵉ), llamo, statues tibétaines (protectrice de Lhassa), sculptures hindouistes. Pièces fort bien mises en valeur. Art canadien des XIXᵉ et XXᵉ siècles : Emily Carr, Riopelle, McLeod, etc.

★ **Heritage Park** *(hors plan par A4, 78) :* 1900 Heritage Drive South West. ☎ 259-1900. Fax : 252-3528. De mi-mai à début septembre, ouvert tous les jours de 9 h à 17 h ; de début septembre à mi-octobre, ouvert le week-end et partiellement en semaine (passez un coup de fil avant d'y aller). Pour y aller de Downtown, prendre MacLeod Trail sur plusieurs kilomètres, puis à droite sur Heritage Drive. Le parc est situé un peu plus loin sur la gauche. Compter 20 mn en voiture.
Vaste parc dans lequel ont été reconstruites des dizaines de commerces et de maisons datant du début du XXᵉ siècle. Un véritable village non loin d'un lac a été ainsi reconstitué avec goût et réalisme. C'est un vrai plaisir de parcourir les rues où se promènent des animateurs en costume, ou encore de prendre le train à vapeur (authentique) qui relie les différents points d'intérêt du parc. On y trouve un saloon, une gare de train, une école, l'atelier du forgeron, celui de réparation des trains, le *railway turntable* et une pâtisserie excellente (où le petit déjeuner est offert entre 9 h et 10 h sur présentation du billet d'entrée !).
Des programmes estivaux invitent même les enfants à venir vivre la vie de l'époque dans une ferme du village. On y trouve aussi la première grande roue, qui appartenait à un parc d'attractions de Chicago au début du XXᵉ siècle. Balade sur le lac à bord du *S.S. Moyie.* Promenades balisées permettant de redécouvrir trois grandes périodes : la traite des fourrures en 1860, la colonisation de la prairie en 1880 et la vie d'une petite ville de l'Ouest en 1910. Apportez votre casse-croûte. On peut facilement y passer plusieurs heures sans s'ennuyer. Ce parc a pu être réalisé grâce aux sponsors industriels et à des dons de particuliers. Incroyable comme le capitalisme peut avoir parfois des relents de désintéressement.

★ **Le zoo** *(plan D2, 79) :* prendre le *C-Train,* descendre à Zoo Station. ☎ 232-9300. Ouvert tous les jours à partir de 9 h, fermeture variable suivant la saison. Une des fiertés de la ville. La partie consacrée aux Rocheuses notamment est vraiment intéressante. Le parc préhistorique, reconstitution grandeur nature d'animaux disparus, est également assez bien fait. Situé à droite en entrant dans le zoo.

★ **Grain Academy** *(plan C3, 72) :* dans le Stampede Park. ☎ 263-4594. Ouvert d'avril à septembre de 10 h à 16 h en semaine et le samedi de 12 h à 16 h. L'entrée est gratuite. Un petit musée de l'agriculture en Alberta. Géré par une coopérative d'agriculteurs fiers de parler de leur métier. Photos, audiovisuels, quelques outils, maquettes, etc.

★ **Calgary Tower** *(plan B3, 73) :* à l'angle de Center Street et de 9th Avenue South. On ne peut pas la louper. ☎ 266-7171. Ouvert de 7 h à 23 h (de 8 h 30 à 22 h hors saison). 190 m de haut. La construction de la tour est unique au monde : le ciment a été coulé de façon continue pendant 24 jours en 1967. On ne peut pas dire que ce soit une réussite esthétique. Ça fait *cheap.* D'en haut, c'est déjà beaucoup mieux. L'ascenseur effectue la montée en 62 s ! D'un côté le regard se perd dans l'immensité des prairies tandis que de l'autre on aperçoit les lignes tendues des Rocky Mountains.

★ Dans le centre commercial délimité par les 2nd et 3rd Streets South West, au 4ᵉ niveau, aller jeter un œil aux **Devonian Gardens** *(plan B2, 74) :* jardins suspendus, en serre, sur plus de 1 ha.

★ *Fort Calgary (plan C3, 75)* : Interpretive Center, 750 9th Avenue South East. ☎ 290-1875. Fax : 265-6534. Ouvert tous les jours de 9 h à 17 h du 1er mai à la mi-octobre. C'est là que la police montée avait sa garnison. Il ne reste rien. Il s'agit d'un grand espace vert sur lequel des étudiants costumés reconstituent des scènes de la vie du fort. Quelques objets, outils et uniformes. Audiovisuel.

★ *The Deane House (plan C3, 76)* : en face du précédent. ☎ 269-7747. Ouvert toute l'année de 11 h à 14 h. Visite guidée sur réservation. Le vendredi soir, vers 18 h, *Mistery from History*, un dîner spectacle interactif (sur réservation). Construite en 1906, c'est l'une des plus anciennes maisons de la ville. Ancienne résidence du commandant du fort. Aujourd'hui, fait restaurant et *tearoom*.

Derrière, un petit pavillon de chasse, la plus vieille construction de Calgary (1876), édifié pour le représentant local de la Hudson's Bay Company.

★ *The Energeum (Energy Resources Building ; plan B2, 77)* : 640 5th Avenue South West. ☎ 297-4293. Ouvert de 10 h 30 à 16 h 30 du lundi au vendredi ; le samedi en période de vacances et de mai à août. Si vous avez des loupiots curieux de techniques, voici un lieu intéressant. L'histoire géologique et énergétique de l'Alberta, toutes ses ressources (pétrole, gaz naturel, charbon, énergie hydroélectrique). Quelques machines simples à manipuler.

★ *Aero Space Museum of Calgary (hors plan par D1)* : 4629 McCall Way North East. ☎ 250-3752. Fax : 250-8399. Ouvert de 10 h à 17 h tous les jours. Pour les « vieilles tiges » et amoureux des zincs, l'un des musées les plus importants d'Amérique. On y trouve, entre autres, le célèbre *Sop with Triplane* (héros de la Première Guerre mondiale), le *Hawker Hurricane* (qui s'illustra lors de la bataille d'Angleterre), le *Beech D 18 S,* le *Mosquito,* le *Lancaster* et beaucoup d'autres avions civils et militaires.

Fêtes et manifestations

– Bien sûr, le *Stampede,* pendant 10 jours à partir du premier vendredi de juillet (cf. « À voir. À faire »).
– *Festival des Caraïbes :* généralement, pendant la 2e semaine de juin. Sur la place Olympique et sur Prince's Island.
– *Festival de Jazz :* groupes de jazz un peu partout dans la ville pendant la dernière semaine de juin.
– *Canada Day :* la fête nationale, le 1er juillet. Attractions diverses sur Prince's Island : concerts, ateliers pour enfants, jeux divers. N'oubliez pas votre petit drapeau canadien...
– Les samedis d'été, *concerts* gratuits dans la journée, dans Rilley Park et Heritage Park.

Achats

– Tout le long de 8th Avenue South West, des *boutiques de cow-boys.* On y trouve ceintures, stetsons en tout genre, boots, lassos, chemises... tout ce qu'il faut pour vous faire un look « Petite maison dans la prairie ».

⌂ *Riley & MacCormick :* 209 8th Avenue South West. ☎ 1-8000-661-1585. Le repaire des vrais cow-boys avec les meilleures marques nord-américaines : *Boulet* pour les bottes, *Wrangler* pour les jeans (les choisir longs pour qu'ils couvrent bien les bottes), *Rockmount Ranchwear* pour les chemises à empiècements et poignets larges, *Montana* pour les boucles de ceinture, *Watson* pour les gants, *Stetson* pour les chapeaux. Soldes toute l'année et notamment après le *Stampede*.

⌂ *Grand Saddlery and Western Wear :* 108 8th Avenue South East. ☎ 269-3293.

⌂ *Hudson Bay Company :* 1st Street et Stephen Avenue (8th Av. South West). Succursale de la célèbre chaîne de magasins, née le 2 mai 1670. Pour sa belle architecture à arcades également.

⌂ *Eau Claire Market :* à l'angle de Second Avenue et de Second Street South West. ☎ 264-6460. Un des rares endroits où vous pourrez trouver un marché digne de ce nom : fruits et légumes frais, étalages en tous genres, et même un caviste pour dégoter les bons petits crus locaux !

CALGARY

À voir. À faire dans les environs

★ *Tyrrell Museum of Paleontology :* à 6 km au nord-ouest de Drumheller et à 138 km de Calgary. Environ 1 h 30 de route (vers le nord-est, par la Highway 9). ☎ (403) 823-7707. ● www.tyrellmuseum.com ● De mi-mai à début septembre, ouvert tous les jours de 9 h à 21 h. Le reste de l'année, ouvert du mardi au dimanche de 10 h à 17 h, mais aussi le lundi en période de vacances (vous suivez ?).

Situé dans la région des Badlands (les « Mauvaises Terres »). Dans un cadre remarquable, l'un des plus beaux musées de paléontologie au monde. Il porte le nom de Joseph Burr Tyrrell qui découvrit les premiers restes d'un dinosaure en 1884. Intéressante reconstitution des animaux préhistoriques dans leur milieu naturel, suivant l'évolution de la planète depuis sa création, l'apparition des premières formes de vie, suivies de l'arrivée des dinosaures. Entre autres, le squelette entièrement reconstitué d'un tyrannosaure *Rex*. Démarche pédagogique particulièrement réussie. Les enfants pourront s'amuser et se cultiver en même temps sur de petits ordinateurs. Compter au moins 2 h de visite.

★ *The Park of the Dinosaurs :* à 2 h de route de Calgary vers l'est, près de la petite ville de Brooks. ☎ (403) 378-4342. Dans un désert de roches et de sable, l'un des sites fossilifères les plus riches du globe (classé par l'Unesco patrimoine mondial). Un véritable et merveilleux cimetière de dinosaures. Bien se renseigner avant d'y aller, on ne peut pas toujours le visiter.

★ *Head Smashed-In Buffalo Jump* (littéralement le « Saut où les Bisons se fracassaient la tête ») *:* à 66 km à l'ouest de Lethbridge et à 160 km au sud de Calgary. ☎ (403) 553-2731. De l'intersection de la Highway 2 et de la route 785, suivre cette dernière durant 16 km vers l'ouest. Ouvert de 9 h à 19 h du Victoria Day (3e lundi de mai) au Labour Day (1er lundi de septembre) ; de 9 h à 17 h le reste de l'année. Entrée libre.

Vous arriverez dans un superbe endroit, déclaré site du patrimoine mondial par l'Unesco en 1981. Un très beau musée et centre d'interprétation, construit en terrasses sur 7 niveaux et remarquablement intégré à une falaise, représente le plus grand site de massacre des bisons en Amérique du Nord. Durant près de 6 000 ans, les Indiens des Prairies rabattirent les troupeaux de bisons vers le bord de la falaise ; emportées par leur élan et saisies par la peur, les énormes bêtes s'écrasaient les unes sur les autres une dizaine de mètres plus bas, où d'autres chasseurs les attendaient pour les achever à coups de lance ou de massue. La collection d'os de bison est très impressionnante ; films, vitrines, maquettes, cartes constituent une excellente approche de la vie dans la Prairie. Promenade de 2 km par des sentiers agréables et faciles qui courent du pied de la falaise jusqu'en haut, où la vue sur la plaine verdoyante étendue à l'infini est époustouflante.

★ *Le fort MacLeod :* Fort Museum, Box 776, Fort McLeod, AB T0L 0Z0. ☎ (403) 553-4703. À 20 km à l'est du site précédent, sur la Highway 2, à 165 km au sud de Calgary. Ouvert de mai à octobre de 9 h à 17 h (jusqu'à 19 h en juillet et en août). Entrée payante. Un fort construit sur une île en 1874 constitua le premier avant-poste vers l'ouest de la police montée du Nord-Ouest. Reconstruit en 1957 et aménagé en musée rappelant la vie des cavaliers, des Indiens et des pionniers de cette région, le fort est le théâtre d'une parade en musique de la police montée royale canadienne (4 fois par jour en juillet et août).

■ *Hammerhead Tours :* 4714 14th Street North West, Calgary. ☎ 547-1566. Organise des tours guidés en petits groupes dans le Sud de l'Alberta, sur des sites remarquables et historiques, notamment sur la trace des dinosaures (*Dinosaur Adventure,* avec la visite du Tyrrell Museum), et à Head Smashed-In Buffalo Jump.

Quitter Calgary

🚌 *Bus Greyhound (plan A2) :* 850 16th Street South West. ☎ 265-9111. Hors Calgary : ☎ 1-800-661-8747. Pour Vancouver, 5 départs. Vers l'est (Winnipeg, Toronto et Montréal), 5 bus dont 3 jusqu'à Montréal. Compter plusieurs jours.
– Si vous allez *vers l'est,* on vous conseille l'*avion*. Les prairies c'est bien joli mais on s'en lasse.
– Si vous voulez aller *vers le nord,* vers Banff et les Rockies, il vous faut une *voiture*. Il serait dommage de ne pas pouvoir vous arrêter là où vous le souhaitez. *En bus :* vers Banff, 6 départs par jour.
– Il n'y a pas de liaison régulière de *train* entre Calgary, Banff et Vancouver. La seule ligne dans le coin passe par Winnipeg, Edmonton, Jasper et Vancouver. Seul le train *Rocky Moutains,* affrété spécialement pour les touristes de mai à octobre, rallie Calgary et Vancouver. Assez cher. Renseignements : ☎ (800) 665-7245.

LES ROCHEUSES

La traversée des Rocheuses est le clou d'un voyage au Canada. De Banff à Jasper, vous voici lancé sur un parcours de plus de 400 km, sur une belle *highway* qui offre d'inoubliables panoramas, toujours variés. Mais n'hésitez pas à quitter le confort de la route. Allez explorer à pied les merveilles naturelles que peut-être seuls vos yeux auront vues. Il faudra consacrer plusieurs jours à cet itinéraire si vous voulez profiter pleinement des possibilités de randonnées, d'observation de la vie animale, de raft et d'excursions touristiques qu'offre le parc. Il y en a pour tous les goûts : de la balade de santé de quelques heures à la randonnée de plusieurs jours. Les nombreux campings et auberges de jeunesse aménagés tout le long du parcours permettent aux routards de limiter les frais. Si vous pouvez choisir vos dates de vacances, n'hésitez pas à partir pour les Rocheuses fin mai-début juin : non seulement il n'y a presque personne, mais de plus, il y fait généralement beau et les motels et autres *B & B* sont moins chers. N'oubliez pas cependant que les lacs ne sont entièrement dégelés et tous les sentiers intégralement ouverts qu'à partir de la fin juin.

Les balades à réaliser sont tellement agréables qu'il serait dommage que le temps vous oblige à « speeder » et vous empêche de sortir des *highways* battues. La Highway 1, puis la 93, traversent les parcs nationaux de Banff à Jasper situés sur la partie orientale de la chaîne, en Alberta. À l'ouest de ceux-ci se trouvent les parcs Yoho et Kootenay, situés en Colombie britannique. Pour les rejoindre, il faut quitter la route principale. Les parcs forment une seule chaîne rocheuse, divisée administrativement en quatre parties. Au total, 20 155 km^2 d'espace...

Un peu de préhistoire

Il y a quelque 57 millions d'années, la chaîne des Rocheuses sortait de terre, poussée par les forces de la croûte terrestre et celles des océans, tirant les masses vers le haut, les repoussant et les brisant en crêtes aiguës pour former une barrière de plus de 4 000 km, terminant sa course au nord dans le territoire du Yukon et au sud à la frontière du Mexique. Les Rocheuses ressemblent en grande partie à nos Alpes avec des crêtes abruptes, des strates de roches bien dessinées, de grandes vallées boisées, des neiges éternelles et des glaciers à la langue toujours pendante. Elles comportent aussi de vastes forêts de sapins immenses, poussés très serrés grâce à l'humidité, ainsi que des lacs petits ou grands aux abords sauvages ou au décor très civilisé, genre carte postale, dont les couleurs dépassent la simple imagination. La pêche est autorisée. Demandez un permis à l'office du tourisme. Ici, la sensibilité aux couleurs et aux formes est sans cesse en éveil. Les paysages sont changeants, bouleversants aussi.

Depuis leur création, les Rocheuses ont eu à subir au moins quatre périodes glaciaires dont la dernière se situe il y a environ 10 000 ans. Elles permirent aux glaciers de conserver leur jeunesse, traçant ainsi derrière eux, après la fonte, de vastes vallées en U dans lesquelles s'écoulent 5 grands systèmes de rivières drainant avec elles les débris de l'érosion. Les montagnes Rocheuses des parcs naturels sont intactes. Mis à part les villages que vous rencontrerez, l'homme n'a jamais exploité cette région. Les paysages sont comme au premier jour et seront ainsi certainement jusqu'au dernier. Respectez-les.

Quelques conseils

– Comme dans tous les parcs, les places de camping sont limitées. Les *rangers* sont là pour vous aider à choisir votre endroit, en fonction du temps dont vous disposez. N'hésitez pas à aller les voir. Certains parlent le français. Ils vous communiqueront l'amour de leur montagne.
– *Vous êtes au pays des ours :* c'est le titre d'une petite brochure en français qui vous indique comment vous comporter avec ces « poilidés ». Lisez-la bien. On y trouve quelques consignes pas toujours respectées, vu que chaque année des touristes se font attaquer. Par exemple, ne pas garder de nourriture dans la tente, les ours ont l'odorat suffisamment développé pour la trouver ; ou encore, le classique : ne pas s'approcher des oursons pour les prendre en photo, sinon maman ourse vous fera la peau !
– Respectez l'environnement, les poubelles ne sont pas faites pour les chiens. On a vu des gens laisser gentiment traîner leurs boîtes de Coca sur un sentier de balade. Ils étaient français ! (Ouf, c'étaient pas des lecteurs !)
– Sur la Highway, il n'est pas rare de voir des troupeaux de cerfs, de biches ou même d'élans se balader. Ne les nourrissez pas. Ils s'habituent à l'homme. Leur présence devient alors dangereuse pour la circulation.
– Le soir, il fait frais. Prévoyez un pull chaud.
– Attention aux moustiques et aux taons.

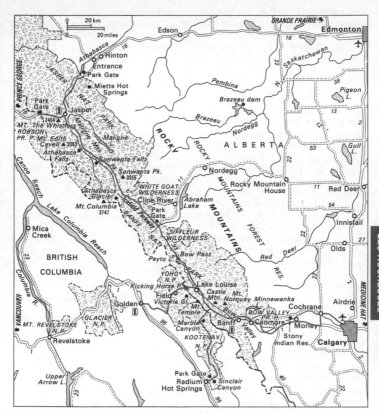

LES ROCHEUSES

DE CALGARY À BANFF (129 km)

De Calgary, prendre la Highway 1 (dans le prolongement de la 16th Avenue North West) qui traverse les Rocheuses. À quelques dizaines de kilomètres on aperçoit, sur la gauche, les installations olympiques de saut à ski. Des larges plateaux des Prairies, on passe à un relief plus vallonné sur lequel s'étendent de grandes installations agricoles. Les paysages se dérident, deviennent riants, un peu comme une douce introduction aux montagnes Rocheuses. Quelque 20 km plus loin, le paysage se transforme encore : forêts de sapins et vallons pentus. À la hauteur de Canmore, sur la gauche, on découvre les *Three Sisters,* montagne composée de trois pics.

CANMORE   IND. TÉL. : 403

La petite ville de Canmore présente quelques avantages par rapport à Banff, éloignée d'une vingtaine de kilomètres, principalement celui de pouvoir se loger plus facilement et pour des prix identiques ou inférieurs. Bon, l'activité n'y est pas débordante, mais l'on trouve quand même quelques commerces et restaurants sur Main Street (8th Street), et c'est suffisant si vous êtes là avant tout pour faire de la randonnée. Canmore est en effet un bon port d'attache pour partir à l'assaut des Rocheuses.

Où dormir ?

Prix moyens

🛏 *Cougar Canyon B & B :* 3 Canyon Road. ☎ et fax : 678-6636. Numéro gratuit : 1-800-289-9731. ● gai lusaf@telusplanet.net ● Belle maison bleue dans un coin calme. 2 chambres avec salle de bains à 95 $Ca la nuit. La déco est chouette et Andréa très sympa. Super petit déjeuner. Bref, on se sent bien ici...

🛏 *A Room with a View B & B :* 711 Larch Plane. ☎ et fax : 678-6624. ● bestbnb@telusplanet.net ● Compter 130 $Ca la nuit. Jean-Daniel est français d'origine mais installé depuis longtemps dans la région, qu'il connaît comme sa poche.

Vous avez le choix entre une chambre tout en bois clair, agréable, ou alors le mini-appartement en bas (chambre, salon TV, coin cuisine), mais là c'est un peu plus cher. Jacuzzi et sauna en prime dans les deux cas. Le luxe, quoi !

🛏 *A Touch Oh'Brass B & B :* 510 Larch Plane. ☎ et fax : 678-4220. ● mgfbrass@telusplanet.net ● Pas très loin du précédent. Deux chambres à la déco un peu kitsch. Les prix sont les mêmes qu'ailleurs. Vaut surtout pour la gentillesse de Maureen, vraiment exceptionnelle. Jacuzzi pour les amateurs.

Où manger ?

Bon marché

IOI *Famous :* 629 8th Street, à l'angle de la 6th Avenue. ☎ 678-9351. Ouvert tous les jours sauf le lundi en basse saison. Comme souvent dans l'Ouest canadien, le

resto chinois, c'est la bonne formule pour manger bien et pas cher. Celui-ci n'est pas mal du tout, bien que le cadre ne soit pas terrible.

Prix moyens

IOI *The Sherwood House :* à l'angle de Main Street et de 8th Avenue. ☎ 678-5211. Chalet de rondins avec une terrasse pour les beaux jours. Intérieur sobre mais de bon goût, ambiance plutôt familiale. Cuisine traditionnelle de qualité, avec quelques touches de fantaisie.

IOI *Sinclair's :* 637 Main Street. ☎ 678-5370. Déco un peu ringarde, mais c'est un des restos de la ville dont la carte sort de l'habituelle formule *burgers*-salades-pâtes. Prix raisonnables à midi, plus élevés le soir.

BANFF   IND. TÉL. : 403

À 56 km de Lake Louise, à 120 km de Calgary, et à 228 km de Jasper.
La station de montagne la plus proche de Calgary. Très populaire et chic. L'activité de cette petite ville se concentre autour de la rue principale, Banff Avenue, toujours très animée. Le développement de Banff au début du

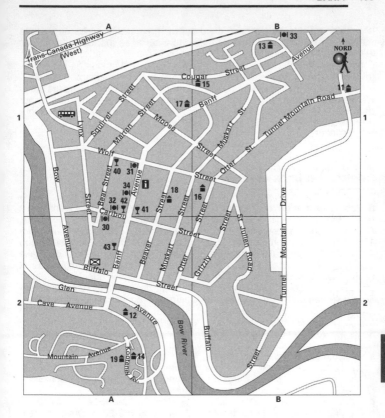

BANFF

XXᵉ siècle est dû à la découverte d'eaux sulfureuses, ce qui incita les autorités à créer le premier parc national du Canada. Le *Banff Spring Hotel,* bâti à cette époque, devint rapidement le lieu de rendez-vous des huppés de la région qui possède des possibilités infinies de petites balades et de grandes randonnées. Il n'est pas rare qu'au petit matin quelques cerfs se promènent nonchalamment dans les rues, dévorant allégrement les haies de verdure autour des maisons ou créant de mini-embouteillages (parfois, ce sont des wapitis, plus belliqueux!).

L'achat à l'entrée du parc d'un permis de circulation à la journée est obligatoire. À partir de 7 jours, le *pass* annuel est plus avantageux. C'est cher, mais quand on voit la qualité du service et de l'organisation dans les parcs nationaux, on comprend mieux. Sachez enfin qu'il est possible de camper dans l'arrière-pays si l'on détient un permis (renseignez-vous car le nombre de permis délivrés par jour est limité). Et attention aux ours!

Adresses et infos utiles

❶ *Park Information et Tourist Information* (plan A1) : 224 Banff Avenue; à côté d'une église. ☎ 762-1550. Infos en français : ☎ 762-4834. Du 21 juin au 6 septembre, ouvert de 8 h à 20 h; du 1er au 20 juin et du 7 au 26 septembre, de 8 h à 18 h; horaires d'hiver : de 9 h à 17 h. D'un côté, le bureau du tourisme de la ville de Banff; de l'autre, les sympathiques *rangers* des parcs nationaux qui vous renseignent et vous conseillent. Nombreuses brochures très complètes. Nous recommandons l'une d'entre elles : *Don't Waste your Time in the Canadian Rockies,* guide d'opinion pour ne pas être déçu. Il cite, par exemple, le cas de balades dans de hautes forêts qui ne laissent rien voir du paysage. Moralité : beaucoup d'efforts pour rien! Si vous souhaitez effectuer des randonnées pédestres, achetez les cartes détaillées. Diaporama informatif bien fait. Prenez les brochures informatives à Banff car, à Lake Louise, elles n'y sont pas toutes. Les prévisions météorologiques nous ont semblées beaucoup plus fiables que celles de Lake Louise (températures minimales et maximales ainsi que la probabilité d'avoir de la pluie). On vous renseignera également en temps réel sur les hôtels et leur disponibilité avec les prix du moment. Très pratique, personnel affable et souriant. Enfin, tous les soirs de la haute saison, un *ranger* anime une soirée : projection d'un film, exposés (sur la faune, la flore, etc.) ou discussions sont au programme.

■ *Bank of Montreal :* 107 Banff Avenue. ☎ 762-2275. Ouvert de 10 h à 16 h (18 h le vendredi).

✉ *Post Office* (plan A2) : sur Buffalo Street, au coin de Bear Street (☎ 762-2586) et dans Cascade Plaza, au 317 Banff Avenue (☎ 762-2245).

Transports, location de matériel

🚌 *Gare routière* (plan A1) : sur Gopher Street. ☎ 762-2286. Cinq bus par jour pour Calgary. Cinq bus quotidiens pour l'aéroport de Calgary en été, moins l'hiver. Horaires fluctuants. Vérifier.

🚌 *Greyhound :* ☎ 762-1092.

– *Transports dans Banff :* un *Banff Explore Transit Service* effectue un circuit passant par les hôtels et les campings, de 8 h à 21 h du 1er juin au 30 septembre.

■ *Location de bicyclettes :* Bactrax, 225 Bear Street. ☎ 762-8177. Ouvert de 8 h à 20 h. Le moins cher de Banff. Réductions pour les détenteurs de la carte des auberges de jeunesse.

■ *Performance :* 208 Bear Street. ☎ 762-8222. Fax : 762-8411. Location de vélos, VTT, tentes, matériel de camping, randonnée et alpinisme.

Urgences

■ *Police :* ☎ 762-2226.
■ *Mineral Springs Hospital :* à l'angle de Bow Avenue et de Wolf Street. ☎ 762-2222.

■ *Gardien du parc :* ☎ 762-4506, 24 h/24. Appels non urgents : ☎ 762-1470.

Où dormir ?

Bon marché

🛏 *Camping de Tunnel Mountain Village :* à 9 km au nord-est de Banff. Prendre Tunnel Mountain Road jusqu'au bout. Grand camping très bien équipé, mais plutôt bondé. Douches.
🛏 *Banff International Hostel (plan B1, 11) :* Tunnel Mountain Road. ☎ 762-4122. Assez excentré. Inscription de 15 h à minuit. Si vous rentrez plus tard, le *watchman* vous ouvrira. Belle auberge moderne et très bien équipée. Beau salon avec cheminée. Une autre pièce avec un piano. Cuisine, petite cafétéria et machines à laver. Un chouette endroit plein de gens sympas. 154 lits en dortoirs de 4 à 6. Chambres familiales. Possibilité de réserver et de s'inscrire pour des journées de rafting dans les montagnes avoisinantes à des tarifs intéressants et pour de nombreuses autres activités, excursions et randonnées.
🛏 *« Y » Mountain Lodge (plan A2,*

12) : 102 Spray Avenue. ☎ 762-3560. Fax : 760-3202. Bâtiment moderne, sur la gauche après le pont en venant de Banff. Très propre. Petits dortoirs, chambres familiales, chambres doubles (toutes les formules). La chambre avec bains la moins chère de la ville. Pour les *bunk beds*, sac de couchage obligatoire. Prix basse et haute saisons (du 15 mai au 30 octobre). Conseillé de réserver. Grand salon agréable. Pas de couvre-feu. Cafétéria ouverte de 7 h à 13 h. Pas de possibilité de cuisiner. Accueille beaucoup de jeunes qui travaillent en ville pour la saison.
🛏 *Spruce Grove Motel (plan B1, 13) :* 545 Banff Avenue; à l'entrée de Banff. ☎ 762-2112. Fax : 760-5043. Le moins cher des motels de la ville. Propre et bon accueil. Chambres plaisantes. En haute saison, si vous en trouvez une sans réserver, jouez tout de suite au Loto !

B & B (prix moyens)

La région étant très touristique, il vaut mieux réserver les *B & B* assez longtemps à l'avance. Liste disponible à l'office du tourisme. Quelques adresses :

🛏 *Cascade Court B & B (plan A2, 14) :* 2 Cascade Court. ☎ 762-2956. Fax : 762-5653. Fort belle demeure avec déco intérieure façon *Marie-Claire*. Excellent accueil. Chambres spacieuses. Copieux petit déjeuner. Billard.
🛏 *A Good Night's Rest Chalet B & B (plan B1, 15) :* 437 Marten Street. ☎ 762-2984. Fax : 762-8883. Trois chambres avec salle de bains commune, ou la formule mini-appartement (salle de bains, frigo, TV).

Accueil très sympa et prix dans les moins chers de la ville.
🛏 *Rocky Mountain B & B (plan B1, 16) :* 223 Otter Street (à l'angle de Wolf). ☎ 762-4811. Ouvert de mai à fin novembre. Grande maison avec 11 chambres. Jolie décoration intérieure. Chambres avec ou sans bains, à des prix raisonnables. Une suite plus chère au 3e étage, pouvant loger jusqu'à 6 personnes. Réduction en basse saison.

BANFF

De prix moyens à plus chic

🛌 **Red Carpet Inn** *(plan A1, 17)* : 425 Banff Avenue. ☎ 762-4184. Fax : 762-4894. Ancien *inn* reconverti récemment en hôtel. De 1 à 3 grands lits par chambre, et ça devient très intéressant quand on est nombreux. Sinon, ça revient cher. Propreté impeccable en tout cas.

🛌 **Beaver Street Cabins** *(plan A1, 18)* : 220 Beaver Street. ☎ 762-5077. Fax : 762-5071. Ouvert toute l'année. Pour les familles (sauf celles qui ont des enfants en bas âge, car ils ne sont pas acceptés !) ou les p'tites bandes de copains, possibilité de louer des petits chalets plaisants et confortables à prix fort intéressants. 4 personnes maximum par chalet et location pour une semaine au minimum.

🛌 **Eleanor's House B & B** *(plan A2, 19)* : 125 Kootenay Avenue. ☎ 760-2457. Fax : 762-3852. Ouvert de mai à octobre et pendant la saison de ski (location à la semaine uniquement dans ce dernier cas). Pour les routards fortunés, le meilleur *B & B* de Banff. 4 chambres à thème : la *Turret* (vue magnifique sur les Rocheuses), l'*Artist's View* (pour les romantiques), la *Homestead* (née des souvenirs d'enfance d'Eleanor) et enfin la *Ranger's Cabin*, super aussi (2 lits simples dans celle-ci, à la différence des 3 autres qui ont un lit double). Grand salon pour les invités avec un coin cheminée. Bref, le grand luxe, et en prime, Eleanor et Rick sont adorables.

Où manger ?

Nous indiquons ci-dessous les établissements qui sont avant tout des restaurants, mais n'oubliez pas qu'il est également possible de grignoter dans la plupart des bars (cf. notre rubrique « Où boire un verre ? »).

De bon marché à prix moyens

🍽 **Magpie and Stump** *(plan A1-2, 30)* : 203 Caribou Street, à l'angle de Bear Street. ☎ 762-4067. Ouvert de 12 h à 2 h. Sans conteste le meilleur restaurant mexicain du coin. Déco chaleureuse tout en bois, ambiance familiale. C'est aussi un bar très fréquenté où les jeunes viennent boire un coup. Groupes certains soirs. Au *lunch, nachos* et *crips, combination platter*. Le soir, tous les classiques mexicains et viandes grillées à la canadienne (pour les moins aventureux, est-il précisé sur le menu !). C'est une cuisine sérieuse, propre, copieuse. Un conseil, ne prenez pas la même chose : c'est suffisamment abondant pour partager vos hors-d'œuvre. Sinon, excellents *guacamole, ceviche, burritos, enchilladas*... À côté, le magasin *The Studio* appartient à la même maison. Réduction de 10 % à la caisse sur présentation d'une note (payée !) du restaurant.

🍽 🍽 **Earl's** *(plan A1, 31)* : 299 Banff Avenue, à l'angle de Wolf Street. ☎ 762-4414. Fax : 762-4735. Un des maillons de la chaîne qu'on vous conseille aussi à Calgary. Décor hétéroclite de vieilles photos et de dessins du Vieux Continent. Un gros phacochère trône au milieu de la pièce. Nourriture traditionnelle de ces chaînes, à base de *burger*, pas très imaginative mais de bonne qualité.

🍽 **Coyote's Deli and Grill** *(plan A1, 32)* : 206 Caribou Street. ☎ 762-3963. Ouvert de 7 h 30 à 23 h tous les jours. Cuisine à dominante mexicaine et méditerranéenne, souvent fine et joliment présentée. Plutôt pas cher. N'oubliez pas de goûter leur excellent *blue corn bread*.

🍽 **Bumper's The Beef House** *(plan B1, 33)* : 603 Banff Avenue, à l'angle de Marmot Cres (un peu excentré). ☎ 762-2622 ou 762-4001. Vous l'aurez compris, la spécialité locale, c'est le bon bœuf des prairies canadiennes. Le cuistot vous découpe la viande à l'épaisseur de votre choix : de la taille *Ladies* à la taille *Mountain Man* (« si épais que vous n'en croirez pas vos yeux » précise la carte !). Elle est si tendre qu'on pourrait la couper avec le doigt. *Salad-bar* à volonté compris avec tout repas. Joli cadre, style chalet.

Plus chic

|●| **The Grizzli House** *(plan A1, 34)* : 207 Banff Avenue. ☎ 762-4055. Dans un cadre très indien trappeur, entre totem et têtes d'animaux, on déguste des plats onéreux mais savoureux, de l'alligator au caribou en passant par les deux grandes spécialités de la maison, les pierres chaudes *(hot rocks)* et les fondues. À propos de ces dernières, respectez la tradition : si une femme laisse tomber un morceau de viande dans l'huile, elle doit un baiser à l'homme qui l'accompagne. Si c'est l'homme, il doit une tournée à toute la tablée. Carte des vins impressionnante pour le pays (plus de 100).

Où boire un verre ?

La plupart des bars de Banff sont en fait des restos-bars : les uns dînent d'un côté tandis que les autres vident des bières en face. Il arrive que le succès du bar éclipse totalement la partie restaurant.

♟ **Saint James' Gate** *(plan A1, 40)* : 207 Wolf Street. ☎ 762-9355. Très beau pub à l'irlandaise, autour d'un immense bar central, où la stout coule à flots. 33 bières pression en tout et 50 single malts différents (les 15 premiers sont excellents, après on ne se souvient plus !). Incontestablement un des endroits les plus sympas de la ville, d'où l'affluence. Concerts de temps à autre.

♟ **Rose and Crown** *(plan A1, 41)* : 202 Banff Avenue, au 1er étage. ☎ 762-2121. Un des bars les plus animés de la ville : la fréquentation est jeune et l'ambiance y est vraiment sympa. Coin billard. Des concerts de temps en temps. Le côté resto est correct, pas trop cher.

♟ **Wild Bill's** *(plan A1, 42)* : 201 Banff Avenue. Au 1er étage. ☎ 762-0333. Fax : 762-0399. Restauration jusqu'à 23 h. Bar et musique jusqu'à 1 h 30. Plusieurs salles avec cadre façon saloon et sympathique atmosphère. Carte fourre-tout sympathique : soupes, salades, pizzas, barbecue, tex-mex, *burgers,* pâtes, steaks.

♟ **Barbary Coast** *(plan A2, 43)* : 119 Banff Avenue. Au 1er étage. ☎ 762-7673. Dans le même genre que le précédent, mais un peu moins léché : piliers de bar, sol jonché de cacahuètes, billards usés. Resto à côté, dans un cadre particulièrement hétéroclite. Atmosphère très relax. Là encore, carte mixte de type californienne.

Achats et autres gâteries

La spécialité de Banff, c'est sans conteste le chocolat. Difficile de résister à toutes les boutiques qui proposent leurs produits faits maison sur Banff Avenue.

⌂ **The Fudgery :** 215 Banff Avenue. ☎ 762-3003. Pour trouver la boutique, laissez-vous guider par votre odorat. L'atelier de production donne sur la rue et invite à entrer. Il y a tellement de choix que c'est un peu déroutant.

⌂ ***Chocolaterie Bernard Callebaut :*** 127 Banff Avenue. ☎ 762-4106. La classe au-dessus. Des produits très fins, pour les aristos du Chocolat. Bernard a obtenu le grand prix du Festival international du Chocolat à Roanne.

⌂ ***Welch :*** 126 Banff Avenue. ☎ 762-3737. Grande confiserie où viennent se damner enfants et adultes. Un choix incroyable de bonbons sous toutes les formes. Candimaniaques, tous chez *Welch* !

– Bon, à Banff, il n'y a pas non plus que du chocolat :

⌂ ***Art inuit :*** Sedna Art Gallery, 205A Wolf Street. ☎ 760-8676. Fax : 760-8675. Yvonne Macey expose des pièces de grands maîtres à tous les prix et se fait un plaisir de vous expliquer l'art inuit injustement méconnu en Europe. De beaux exemples de peintures, sculptures et totems donnent un aperçu de l'art canadien et son côté pluriel. Possède également une boutique au Samson Mall de Lake Louise.

⌂ ***Vêtements sportswear :*** il suffit de se promener sur Banff Avenue pour se rendre compte que Banff, c'est un peu Chamonix ou Megève. Les prix suivent. N'acheter qu'en été au moment des soldes et bien comparer les prix. Bien sûr, ce problème ne se pose pas si ce que vous recherchez n'existe pas en France. Afin de vous faire gagner du temps, nous vous recommandons parmi la multitude de magasins : *Relaxed'n'Rugged*, 124 Banff Avenue (☎ 762-0450), les meilleures marques aux meilleurs prix (parfois ventes flash avec 25 % de réduction sur certains articles) : *Columbia, Muskoka Lake, Sun Ice, Rockport, Clark's, Prospector, Nike, Aerosole* ou encore *Royal Robbins.*

⌂ ***Vêtements et souvenirs indiens :*** Banff Indian Trading Post, dans le prolongement de Banff Avenue vers le *Banff Spring Hotel*, à l'angle de Birch et Cave (☎ 762-2456). Si vous voulez absolument ramener de l'artisanat indien, c'est ici qu'il faut venir. Ne pas hésiter à marchander un peu car les articles ne sont pas donnés.

À voir

★ ***Cave and Basin :*** 311 Cave Avenue, un peu à l'extérieur de la ville. ☎ 762-1557. Ouvert tous les jours de 9 h à 18 h. Possibilité de tour guidé. Du 1er lundi de septembre au 3e lundi de mai, de 9 h 30 à 17 h.
Sources thermales exploitées depuis la construction du chemin de fer en 1883. En 1885, un conflit sur la propriété des sources entre plusieurs « découvreurs » incita le gouvernement à déclarer Banff propriété de tous les Canadiens. C'est ainsi que fut créé le premier parc national. Une piscine a été aménagée, conservant les vieux murs de la bâtisse d'époque. L'eau varie entre 29 et 32 °C. Malheureusement, on ne peut plus s'y baigner. On visite également une petite grotte d'où coule la source d'eau sulfureuse. Cette eau provient des pluies et des chutes de neige de l'autre côté du mont Sulphur. Les eaux plongent à l'intérieur de l'écorce terrestre (plus de 2 km), où elles se réchauffent en entraînant avec elles quantité de sels minéraux dont elles se déchargent en partie en regagnant la surface. L'un de ces sels, le carbonate de calcium, en se durcissant forme le tuf. Auprès des premiers touristes au XIXe siècle, cette eau avait acquis l'étrange réputation de guérir la goutte, la dyspepsie, la dépression et... les blessures par balles !

★ ***Upper Hot Springs :*** sur Mountain Avenue. ☎ 762-1515. Appel gratuit : ☎ 1-800-767-1611. Ouvert tous les jours de 9 h à 23 h de mi-juin à mi-septembre, et en basse saison, de 10 h à 22 h. L'eau y est chaude (40 °C).

Bain turc (*spa*) et massages. Entrée : 3 $Ca environ. Même genre que ci-dessus mais en plus moderne, donc moins attrayant. Cependant, depuis la fermeture de Cave and Basin, c'est ici que l'on vient soigner ses blessures par balles. Et un bain à 40 °C, au milieu d'un panorama à couper le souffle, ça ne se refuse pas !

★ *Sulphur Mountain Gondola :* quand on se dirige sur Spray Avenue vers le *Banff Springs Hotel*, prendre vers la droite Mountain Avenue. Panneaux indicateurs. ☎ 762-2523. Fax : 762-7493. Ouvert de 7 h 30 à 21 h de fin juin à début septembre. Une télécabine vous grimpe en 8 mn en haut du mont Sulphur (2 270 m). C'est cher, mais la vue sur les Rockies et sur la Bow River, couleur d'émeraude, un peu laiteuse, est grandiose. De l'autre côté, l'étendue infinie de la chaîne montagneuse s'offre à vous. Un petit sentier mène à une ancienne station météo.

★ *Luxton Museum :* après le pont, au bout de Banff Avenue, prendre à droite. ☎ 762-2388. Ouvert de 9 h à 21 h en été. Un fort protégé par une grande palissade en bois (genre *Rintintin*) abrite le musée le plus intéressant de la ville. Il retrace la vie des Indiens des Prairies du Nord, dans leur environnement et leurs costumes. Les visages ne sont pas terribles mais les décors sont édifiants de vérité. On comprend mieux la vie de ces Indiens nomades qui changeaient de camp en fonction de la migration des bisons.

★ *Park Museum :* au bout de Banff Avenue, à droite, au bord de la rivière. ☎ 762-1558. Ouvert en haute saison de 10 h à 18 h. Tours guidés à 11 h et 15 h. Du 1er lundi de septembre au 3e lundi de mai, ouvert de 10 h à 17 h. Au bord d'un petit parc, dans une vaste maison en bois de style pagode aménagée à l'ancienne, on peut voir toute la faune des Rockies empaillée. Merveilleux travail de conservation. Riche collection d'oiseaux et notamment de chouettes. Dans le parc, les week-ends d'été, groupes de musique sous le kiosque.

★ *Bow Falls :* en traversant Banff Avenue, prendre à gauche après le petit pont et suivre les flèches. Petite chute d'eau pittoresque. Allez-y plutôt au petit matin en faisant votre jogging. C'est très sympa sans les petits cars de Japonais. La chute est le départ d'une chouette balade le long de la rivière. Mais gare aux moustiques !

★ *Whyte Museum of the Canadian Rockies :* 111 Bear Street. ☎ 762-2291. Ouvert de Victoria Day à Thanksgiving, tous les jours de 10 h à 17 h. Pour les férus de sports de montagne et d'alpinisme, un intéressant survol de l'histoire de l'homme et de la montagne depuis la nuit des temps. Beaux paysages, souvenirs, photos du passé, vénérables matériels d'alpinisme, objets ayant appartenu à de vieux guides célèbres ou à des personnalités locales. Toiles de Peter et Catherine Whyte.

★ *Natural History Museum :* 112 Banff Avenue. ☎ 762-4747. Ouvert de 11 h à 20 h en été. Entrée gratuite dans la Clock Tower. Petit musée sur la formation des Rocheuses. Audiovisuel. Parcours géologique : minéraux, maquettes, diapos. Collection de géodes, fossiles (notamment 4 crânes de dinosaures), pierres en tous genres, etc.

★ *Mount Norquay :* en sortant de Banff, passer au-dessus de la transcanadienne et suivre la route qui monte jusqu'au bout. ☎ 762-4421. L'hiver, on y chausse les skis. L'été, on peut emprunter le télésiège pour simplement admirer le panorama au sommet, ou faire une balade de 3 à 5 h, accompagné d'un guide, sur ce mont qui domine Banff et les lacs alentour. On y apprend beaucoup sur la faune et la flore locales.

À faire

Vélo

La plupart des loueurs sont sur Bear Street (facile pour comparer les prix), ne pas lésiner sur la qualité du matériel, surtout si vous avez de grandes ambitions. Nous vous conseillons :

■ *Mountain Magic Equipment :* 224 Bear Street. ☎ 762-2591. Excellent rapport qualité-prix, vendeurs très aimables et compétents qui connaissent le coin comme leur poche et qui sauront vous conseiller l'itinéraire qui vous convient le mieux. Il se peut cependant que le matériel que vous vouliez louer ne soit pas disponible (ce qui est fréquent en haute saison).

■ *The Ski Stop :* possède deux magasins, l'un au *Banff Springs Hotel*, près de l'entrée (☎ 762-5333), l'autre en ville au 203 Bear Street (☎ 760-1650).

■ *Bactrax :* 225 Bear Street. ☎ 762-8177.

Quelques idées d'itinéraires :

– *De Cave and Basin à Sundance Canyon :* boucle de 1 h, le long de la rivière et dans la forêt. Pas de voiture après Cave and Basin.

– *Lake Minnewanka Trail :* une balade de 3 h qui vous mène au lac Minnewanka au nord de la ville. Emporter de l'eau. Petite épicerie au bord du lac.

– *Vermilion Lakes :* à pied ou à vélo. À partir de Mount Norquay Drive, juste avant la Trans-Canada Highway. Ne pas oublier les jumelles pour observer castors, oies sauvages, aigles, rats musqués, aigrettes, etc. Boucle de 1 h, le long de 3 petits lacs.

– *Fenland :* sentier d'interprétation au début de la balade précédente. On passe du marais à la forêt. Deux petits kilomètres. Quelques castors et oiseaux aquatiques balisent le parcours.

– *Sentier des cheminées de fée :* belle vue sur la vallée de la rivière Bow et le mont Rundle.

– *Spray River* et *Goat Creek :* si quelqu'un va vous chercher à l'arrivée, vous éviterez de faire le chemin en sens inverse. Ce serait dommage cependant, car les paysages sont différents et le trajet est aussi difficile dans un sens que dans l'autre. Pour « mollets d'acier », nous conseillons donc l'aller et retour. Compter 6 h (pour 2 fois 19 km), mais quelle balade ! En partant un matin de bonne heure, peut-être aurez-vous, comme nous, la chance de voir traverser le chemin par plusieurs troupeaux de biches, cerfs ou daims, le tout dans la brume matinale. Le rêve, quoi !

Rafting

Au choix, 2 formules possibles.

– Le rafting tranquille : *Rocky Mountain Raft Tours*. ☎ 762-3632. Balades de 1 ou 2 heures.

– Le rafting sportif : *Adventures Unlimited-Hydra* propose des formules à la journée ou à la demi-journée sur la Kicking Horse River. 209 Bear Street. ☎ 762-4554.

Canoë

Possibilité de location à l'heure ou à la journée pour des balades sur les Bow River et Vermilion Lakes.

■ *Bow River Canöe Rentals :* au bout de Wolf Street. ☎ 762-3632.

Location de chevaux

■ *Holiday on Horseback :* Trail Rider Store, 132 Banff Avenue. ☎ 762-4551. Balades de 1 h, 2 h ou 3 h.

Pêche

■ Pour la pêche en rivière ou sur le lac, s'adresser à *Banff Fishing Unlimited*. ☎ 762-4936.

Bus

– *Banff Transit Service :* pour 1 $Ca par jour, vous pouvez utiliser autant de fois que vous le souhaitez les bus kitsch de la ville. Il existe 2 trajets :

● du début de Banff Avenue (Trailer RV parking) au *Banff Springs Hotel* et vice versa.
● Du *Tunnel Mountain Hotel* jusqu'à Banff Avenue.

Le parc national de Banff

★ Quelques kilomètres après l'entrée (payante), une sortie indique le *lac de Minnewanka* (5 km). Belle étendue au pied des montagnes. Balade en bateau ou en canoë possible l'été. Suivre la digue-barrage en roches jusqu'aux lacs Two Jack et Johnson. À découvrir le matin de bonne heure. Superbe diapo sur la barrière rocheuse. Sur la rive gauche du lac de Minnewanka, sentier vers les Stewart Canyon, Aylmer Pass et Devil's Gap.

★ Sur la route du lac, peu avant, le *site de Bankhead South,* ancienne ville minière qui fut, à une époque, plus importante que Banff. La mine de charbon ouvrit en 1903 et compta jusqu'à 300 ouvriers au fond et 150 en surface. Entrepôts, ateliers, résidences privées, écoles, magasins se construisirent autour. Problèmes de rentabilité et grèves pour de meilleurs salaires et conditions de travail amenèrent sa fermeture en 1922. Ensuite, tout fut démantelé rapidement. Aujourd'hui, il ne reste guère de vestiges. Pourtant un sentier d'environ 1 km invite à faire revivre cette page ouvrière à l'aide de panneaux explicatifs. Petite balade intéressante, et que la vallée est belle au petit matin !

BANFF

▲ *Two Jack Main Campground :* à 13 km au nord-ouest de Banff, vers le lac. Sur la droite de la route. Ouvert de mi-mai au Labour Day (1er lundi de septembre). Toilettes mais pas de douches.

▲ *Two Jack Lake Side :* plus petit et au bord du lac. Ouvert de mi-mai à fin septembre. Arriver avant 23 h. Douches.

Randonnées dans les environs de Banff

Guides, brochures, informations

– Plus de 1 300 km de *sentiers balisés* vous sont proposés. Certaines promenades sont réalisables en une journée, d'autres sur plusieurs jours. Si vous comptez réaliser plusieurs randonnées assez courtes (d'une journée tout au plus) et que vous lisez l'anglais, le guide intitulé *Walks and Easy Hikes in the Canadian Rockies* de Graeme Pole présente en détail une sélection des 95 meilleures randonnées d'une journée dans les Rocheuses canadiennes. Ouvrage incontournable.
Si vous êtes plus courageux et que vous comptez réaliser des randonnées

de plusieurs jours, *The Canadian Rockies Trail Guide* peut alors se révéler plus utile. Très bien fait.

▲ Dans tout le parc, des emplacements pour *camper* sont prévus.

– La brochure *Promenades et excursions à Banff et dans les environs*, en français, est indispensable. Disponible au Park Information. Lisez-la attentivement. Tout y est expliqué en détail (possibilités, conseils généraux, exemples de promenades à la journée, etc.). Nombreux autres guides et cartes à la boutique du Park Information.

– Procurez-vous également en français le *Guide des visiteurs de l'arrière-pays*, bourré de conseils généraux. Disponible au Park Information.

– Le petit journal *Banff Parc National-Guide des visiteurs* vous donne le calendrier des promenades organisées avec les *rangers*. Ambiance pédago assurée. On apprend plein de choses, mais certains touristes réussissent toujours à vous gâcher le paysage.

Pour les randonnées à la journée et plus

– Achetez impérativement la carte topographique de la région.

– Procurez-vous le dépliant gratuit *Promenades et excursions, Banff et ses environs*.

– Si vous comptez réaliser plusieurs randonnées assez longues et que vous lisez l'anglais, le guide *The Canadian Rockies* (*Trail Guide* de Brain Patton et Bart Robinson) peut se révéler très utile. Très bien fait : cartes, descriptions précises, durée, points de repère, photos. On le trouve dans toutes les librairies. Plus de 250 balades y sont décrites à la journée et plus. D'autres très bons guides sont en vente à la boutique du Park Information.

La faune locale

Attention, une soixantaine de gros mammifères sont tués sur les routes de Banff chaque année. Non seulement de braves bébêtes meurent, mais pas mal d'automobilistes sont également blessés ou contusionnés. Il faut donc rouler doucement, encore plus dans les coins signalés et, enfin, encore plus à l'aube et au crépuscule. Voici les animaux les plus courants du parc.

– **Le wapiti** (équivalent nord-américain de l'élan) : on le voit parfois au bord des routes secondaires. Reconnaissable facilement, *wapiti* voulant dire « croupe blanche ». Cet élan possède de grands cors ; ses cou et pattes sont plus foncés que sa robe. Deux périodes où il n'est pas conseillé de lui mettre un Nikon sous le nez (garder au moins 30 m de distance !) : au printemps, quand les femelles défendent âprement leurs petits (et gare aux sabots pointus !), et en septembre-octobre où les mâles peuvent être particulièrement belliqueux si on les titille de trop près. On en évalue le nombre à 3 200 au maximum.

– **L'orignal :** reconnaissable à ses bois plats et larges et à sa masse imposante. Pas de croupe blanche. Très solitaire, on le rencontre rarement, à part dans les coins marécageux comme le lac Waterfowl et la montagne Bow. Très agressif au printemps et à l'automne pour les mêmes bonnes raisons que le wapiti. On en dénombre de 50 à 80 maximum.

– **Le cerf mulet :** plus petit, plus commun, s'enhardit parfois dans les rues des villes. Reconnaissable à sa queue blanche étroite, sa croupe blanche et ses longues oreilles.

– **Le chevalier ou cerf de Virginie :** reconnaissable à sa queue brune sur le dessus et blanche en dessous, et qui possède la caractéristique d'être agité comme un drapeau blanc en cas de frayeur. On en compte de 250 à 350.

– **Le connan :** confondu parfois avec le caribou, le connan s'en distingue par sa taille, plus modeste, ainsi que par une odeur corporelle très forte. Cet animal aujourd'hui méconnu et en voie de disparition était autrefois un des plus respectés des Indiens des Prairies.

– *Le mouflon des Rocheuses :* visible en bord de route, souvent en petite bande. Poil court et brun pâle, croupe blanche, queue minuscule. Les nourrir est en fait un très mauvais service car cela les rend dépendants. On en évalue leur nombre de 2 000 à 2 600.

– *La chèvre de montagne* (aussi appelée *lemenaheze*, son nom en langue amérindienne cri) *:* esthétique très originale avec sa longue robe blanche et sa petite tête surmontée de deux petites cornes très acérées comme des dagues. Rarement visible de la route. On en compte environ 800 à 900.

– *Le grizzli :* plus gros que l'ours noir et face plus plate et concave. Possède en général une fourrure teinte cannelle, mais parfois aussi des teintes tirant sur le noir. Une curiosité : devinez combien pèse un bébé grizzli à la naissance : 3 kg... 10 kg... 30 kg ? Vous avez perdu... de 300 à 500 g seulement. Une vraie petite larve, étonnant, non ? On en compte de 80 à 100 dans le parc.

– *L'ours noir :* plus petit que le grizzli (vous l'aviez deviné). Face plus étroite et robe noire. Mais ce qui ne rend pas les choses faciles dans l'identification, c'est qu'elle peut virer dans les teintes brune, cannelle ou... blonde. Environ 50 à 60 spécimens.

Pour observer les ours, se procurer d'abord la brochure *Vous êtes au pays des ours* avec des tas de conseils utiles. Puis demander aux *rangers* leurs lieux habituels.

– *Autres animaux :* les *coyotes*, évalués à 200 spécimens environ dans le parc. Souvent victimes des automobilistes dans un rayon court autour de Banff. Puis les *caribous* au nombre de 25, les *couguars*, entre 10 et 15. Les *bisons*, seule espèce non menacée de disparition. Ne pas sortir de la voiture, leurs 600 kg surmontés d'une énorme tête broussailleuse vous y ramènent vite ! Enfin, les *loups* dont on a recensé environ 6 bandes (de 50 à 60 spécimens en tout). Ils font l'objet de beaucoup d'attention de la part des autorités du parc.

Quelques superbes randonnées très chouettes parmi tant d'autres

Nous ne vous proposons qu'une sélection de balades. Pour l'itinéraire précis, voir avec les *rangers*. Ne pas oublier cependant que l'intégralité des lacs n'est dégelée qu'à partir de fin juin en général.

– *Bourgeau Lake :* compter une petite journée aller-retour. Pas trop difficile. Lac sauvage entouré d'éboulis et de sapins. Quelques chèvres de montagne.

– *Rock Bound Lake :* à faire dans la journée. Randonnée assez sportive. Superbes paysages de type subalpin se reflétant dans un lac d'eaux vertes. Le coup d'œil vaut l'effort.

– *Twin Lakes :* comptez 3 h à 3 h 30 pour l'aller. Deux trajets possibles. Vue des crêtes impressionnante au pied desquelles un lac repose sagement. Paysages très prenants.

Exemples de randonnées avec une nuit sur place

– *Elk Lake :* à la journée. On peut aussi y passer la nuit. Le lac est situé au milieu d'un cirque. Panorama ouvert, très varié. Pas de difficultés majeures.

– *Mystic Lake :* compter 6 à 8 h aller. Un classique des randonneurs. Nombreux sites de camping sur le parcours. Possibilité de prolonger la randonnée jusqu'à *Johnston Canyon*. On rencontre de charmants cours d'eau, des paysages de type subalpin, de denses forêts.

– *Fish Lakes :* randonnée d'environ 6 h aller. Longue montée longeant une passe. De l'*Upper Fish Lake*, possibilité de balades alentour très agréables. Du lac, paysages ouverts et dégagés. On a envie d'y séjourner quelque temps.

– *Canoë :* dans les environs de Banff, sur les *lacs Vermilion*. Louez un canoë en ville (voir rubrique « À faire », plus haut). Pas de location sur place.

DE BANFF À CANADA·LAKE LOUISE (64 km)

Après avoir récupéré la transcanadienne à la sortie de Banff, à quelques kilomètres, empruntez la *Bow Valley Parkway* (1A) qui vous mène à Lake Louise par la route tracée initialement, bien plus pittoresque que la transcanadienne. La route est même superbe par endroits, et vous avez toutes les chances de croiser des wapitis. On vous indique ci-dessous quelques belles étapes.

★ *JOHNSTON CANYON*

À environ 25 km sur la gauche, *camping* de Johnston Canyon (☎ 762-1581. Ouvert de juin à septembre, de 7 h à minuit. Appeler tôt ou tard). Un peu plus loin sur la droite, on trouve un *coffee-shop* ainsi que le départ d'une chouette balade qui remonte la sinueuse rivière Johnston sur plusieurs kilomètres. À 1 km, en empruntant le sentier goudronné sous les pins, on parvient à une chute d'eau croquignolette qui fouette la roche et a creusé un bassin aux contours arrondis. Encore plus haut, à 5,8 km, on arrive aux *Inkpots* « Pots d'Encre », une série de sources qui s'écoulent dans de superbes bassins. Balade agréable. Carte claire et illustrée en vente au *lodge*.

★ *CASTLE MOUNTAIN*

En poursuivant la route sur la droite, apparaissant comme au beau milieu d'un conte de fées, la Castle Mountain, masse rocheuse aux formes pyramidales dressées vers le ciel, harmonieuses comme la pensée d'un sculpteur. La route semble nous mener tout droit à l'entrée de ce château de roches où vous attend sans doute le prince (la princesse) charmant(e).

Où dormir ? Où manger en cours de route ?

▪ *Castle Mountain Youth Hostel :* en arrivant presque en face de la Castle Mountain, prendre sur la gauche vers *Castle Mountain Village* (petite épicerie et location de bungalows) et tout de suite à gauche vers l'auberge de jeunesse. ☎ 762-2367. Situé dans les bois, ça va de soi. Inscriptions de 8 h à 10 h et de 17 h à 22 h, mais c'est ouvert tout le temps. L'AJ vient d'être refaite. Propre. 36 lits en tout. Salon et cuisine équipée très agréables. Cette intersection (route 93) mène au parc national du Kootenay en Colombie britannique.

▪ Si vous empruntez la route vers le parc Yoho, on vous conseille la *Whiskey Jack Youth Hostel*, juste au pied des Takakkaw Falls. Génial. Ouvert de mi-juin à mi-septembre. Résa par Calgary ou Banff. 27 personnes en 3 dortoirs.

De prix moyens à plus chic

▪ *Johnston Canyon Resort :* à l'entrée du Johnston Canyon, sur la 1A. ☎ 762-2971. Ouvert de mi-mai à mi-octobre. Petits chalets en bois plaisants, à partir de 95 $Ca pour 2 et 143 $Ca pour 4. Pas de kitchenette. Chalets plus luxueux avec cuisine équipée pour 4 personnes, mais ce n'est pas à la portée de toutes les bourses. Bon accueil. Cafétéria en contrebas.

▪ *Castle Mountain Village :* à 32 km de Banff et 29 km de Lake Louise. ☎ 762-3868. Fax : 762-

8629. Ouvert toute l'année. Une vingtaine de beaux chalets disséminés dans les arbres, en marge de la 1A. Très bien équipés. Accueil sympa. La patronne remporte régulièrement des prix pour l'excellente tenue de ses chalets. *Summer cottages* pour deux ou pour quatre. *Pine, cedar* et *log chalets* pour quatre. De luxe (avec jacuzzi) pour 6 personnes. Meilleur rapport qualité-prix du coin. Épicerie et essence.

▲ *Baker Creek Chalets :* avant d'arriver à Lake Louise Village. ☎ 522-3761. Fax : 522-2270. Chalets confortables avec kitchenette. C'est quand même cher, 150 $Ca la nuit, avantageux surtout pour les familles ou les groupes. Environnement de charme.

|●| *Baker Creek Bistro :* petit resto avec snacks et salades le midi (plats un peu chers le soir). ☎ 522-2182. Terrasse agréable.

LAKE LOUISE
IND. TÉL. : 403

On arrive d'abord à un minuscule village où l'on trouve une station-service et un centre commercial. C'est tout. En suivant la route, 4 km plus haut, on parvient à l'un des joyaux des Rockies, le Lake Louise et son célèbre hôtel (dont l'architecture, en revanche, ne possède guère de charme). Ses eaux émeraude et sa situation au pied d'un harmonieux décor montagneux, composé, au centre, d'un cirque de glace et, de chaque côté, d'abruptes crêtes rocheuses couvertes de sapins, en font depuis quelques années le passage obligé des cars de touristes. Évitez donc les week-ends. Depuis 1980, le lac appartient au patrimoine mondial de l'humanité, classé par l'Unesco. C'est dire si c'est beau ! Une vraie carte postale de rêve.

Adresses utiles

◨ *Lake Louise Visitor's Center :* près du Samson Mall. ☎ 522-3833. Ouvert de 8 h à 18 h environ, avec quelques variations suivant les saisons. Prévisions météo affichées pour le jour même et les deux jours suivants, mais elles se montrent parfois inexactes. Le mieux est d'attendre le matin et d'aviser.

■ *Lake Louise Park Administration :* ☎ 522-3763.

■ *Bureaux des gardes :* ☎ 522-3866 (24 h/24).

ᗕᗒ *Bus :* au Samson Mall. Pour aller vers l'est, 6 départs à partir de 3 h. Vers l'ouest : 4 départs entre 10 h et 1 h 35. Pour se rendre à Jasper, un bus direct à 16 h 15 ; un autre le matin, plus cher (c'est un tour), qui s'arrête au glacier Athabasca.

■ *Police :* ☎ 522-3811.

■ *Clinique médicale de Lake Louise :* ☎ 522-2184.

Où dormir ?

Lake Louise n'existe que par le tourisme, et ne compte pas d'habitants permanents. Vous n'y trouverez donc pas de *B & B*, mais des hôtels ou des *cabins* à louer. Dans tous les cas, vous devrez casser votre tirelire, surtout en haute saison. D'où un nombre plus important de Japonais en bande que de routards en vadrouille...

Bon marché

🛏 ***Camping Lake Louise :*** traverser le village en empruntant la route vers le lac Louise et bifurquer aussitôt à gauche sur Sentinel Fairview Road ; le camping se trouve sur la droite. Ouvert toute l'année. Assez grand et très fréquenté. Abris avec poêle et tables en cas de pluie.

Prix moyens

🛏 ***The Canadian Alpine Center and International Hostel :*** à Lake Louise Village. ☎ 522-2200. Fax : 522-2253. Complexe hôtelier pour alpinistes et jeunes, seul à offrir un logement à prix acceptables. Beaux édifices en bois avec des chambres de 4 à 6 personnes ou quatorze chambres pour couples. Salle de bains privée dans quelques chambres seulement. Conseillé de réserver plusieurs mois à l'avance (au moins 6 mois en haute saison). Réservation avec un numéro de carte de crédit, sinon la réservation est annulée à partir de 18 h. Bibliothèque, salle de jeux, sauna, etc.

Plus chic

🛏 ***Paradise Lodge and Bungalows :*** sur Lake Louise Drive. ☎ 522-3595. Fax : 522-3987. Jolis petits chalets situés dans la forêt, pour 2 ou 4 personnes, avec ou sans coin cuisine. Les prix commencent haut (environ 143 $Ca), mais sont quasiment les mêmes que vous soyez 2 ou 4.

🛏 ***Lake Louise Inn :*** Lake Louise Village. ☎ 522-3791. Numéro gratuit : ☎ 1-800-661-9237. Fax : 522-2018. Chambres doubles à partir de 90 $Ca en haute saison, 60 $Ca en basse saison. Restaurants à prix raisonnables. Excellents *seafood chowHder* et *New York steak*.

Encore plus chic

🛏 ***Post Hotel :*** pour événements particuliers (noces, etc.). Qualité identique au *Château Lake Louise* (au bord du lac) mais avec mille fois plus de charme. Tous les soirs, on dépose dans votre chambre le bulletin météo du lendemain. Certains soirs, des conteurs viennent vous narrer la grande histoire des Rocheuses canadiennes ou bien des guides viennent vous apprendre le pourquoi et le comment du respect de l'environnement. Salon-bibliothèque avec grande cheminée. Un must abordable seulement hors saison et si l'on prend les chambres les plus petites donnant sur l'arrière et non sur la rivière.

Où manger ?

Bon marché

🍽 ***Bill Peyto Café :*** situé à la *Canadien Alpine Center and International Hostel* (cf. « Où dormir ? »). Ouvert tous les jours de 7 h à 21 h. Cadre agréable. Liste des plats sur le tableau noir. Pas mal de choix. Bons petits déjeuners. Ambiance jeune et conviviale. On donne un coup de main en débarrassant soi-même sa table, mais on est cependant dispensé de vaisselle. Le luxe...

Prix moyens

I●I *Mountain Restaurant :* situé juste à côté de la station-service Esso. Cuisine sans prétention, service rapide et souriant. Honnête choix de *breakfast*, *lunch* et dîner à prix raisonnable pour l'endroit. Bref, c'est pas l'Himalaya, mais on peut s'en satisfaire. Les belles chemises en jean brodées que portent les serveurs sont en vente à la boutique en sortant de l'établissement.

I●I *Deer Lodge :* sur Lake Louise Drive. ☎ 522-3747. À midi, on y trouve des plats légers, de bonne qualité, et surtout un peu de tranquillité. Chouette cadre de bois foncé.

Attention, les prix s'envolent le soir.

I●I *Timberwolf :* situé au *Lake Louise Inn*, c'est le plus abordable des deux restaurants de l'hôtel, le moins guindé aussi. Pizzas copieuses et excellentes. Écrans de télévision pour les fanas de sport.

I●I *Lake Louise Station :* au bout de Sentinel Road. ☎ 522-2600. Dans l'ancienne gare ferroviaire, très bien rénovée. Le cadre est chouette, un peu années 1920. Lumières tamisées. Dommage que la cuisine ne soit pas toujours à la hauteur. On trouve quand même de bonnes choses.

De prix moyens à plus chic

Les restaurants du Château Lake Louise : au bord du lac Louise, ça va de soi !

I●I *Poppy Room :* resto à la déco vaguement tyrolienne, avec vue sur le lac. Carte variée avec des notes italiennes et autrichiennes. Très européen tout ça ! Menu rigolo pour les enfants.

I●I *Walliser Stube :* ouvert le soir uniquement. *Wine bar* assez sympa,

où l'on sert une cuisine d'inspiration essentiellement allemande (*Spätzle*, *Wurst*, fondues, raclettes).

I●I *Tom Wilson :* au 7ᵉ étage, surplombant le lac. Uniquement le soir. Belle carte, de recettes italiennes cette fois. Prix plus élevés.

– Les autres restos du *Château,* luxueux, sont très chers au regard de la qualité de ce que l'on y sert.

Très chic

I●I *Restaurant du Post Hotel :* voir « Où dormir ? » Sans discussion possible le meilleur restaurant de Lake Louise mais les prix ne sont malheureusement pas à la traîne ! Difficile de s'en sortir à moins de 70 $Ca par personne et de ne pas réaliser que l'établissement est tenu

par une équipe suisse (ce qui s'explique par l'importance qu'ont jouée les guides montagnards de cette nation dans l'histoire du parc, notamment par les nombreuses « premières » d'escalade des différents massifs).

À voir. À faire

– Sur les lacs Louise et Moraine, **location de canoës et de barques.** Assez cher.

– Nombreux **sentiers aménagés** à travers les sous-bois d'épinettes tout autour du lac. Procurez-vous la brochure *Promenades et excursions au lac Louise et dans les environs*. Paradise Valley (18 km aller-retour), Sentinal

DE BANFF À JASPER

Pass (12 km aller-retour) et Moraine Lake (25 km aller-retour à partir du *Château Lake Louise*) sont de très chouettes balades. Si vous disposez de peu de temps, en sortant du *Château Lake Louise,* prendre à gauche le sentier menant aux *Lake Mirror* et *Lake Agnes*. Selon la saison, on peut accéder au Beehive d'où l'on a une vue éblouissante sur le lac. Compter 45 mn pour atteindre le Lake Mirror et 15 mn de plus (si vous n'êtes pas fatigué) pour le lake Agnes et sa maison de thé ouverte dès la mi-juin.

La ligne de partage des eaux (plus connue ici sous la dénomination *Great Divide*) est située à 7 km à l'ouest de l'intersection entre l'autoroute 1A et Lake Louise Drive. C'est exactement à cet endroit (sommet du col Vermillon à 1 651 m) que l'on trouve le jalon qui marque la ligne de partage des eaux entre les parcs nationaux de Kootenay et Banff, entre les provinces de l'Alberta et de la Colombie britannique et entre les bassins hydrographiques de l'océan Pacifique et de l'océan Atlantique. C'est également l'endroit où un grand feu de forêt a balayé le col Vermilion en 1968. Le sentier de l'interprétation de l'Epilobe (boucle de 800 m) vous mène à travers les terres brûlées et vous permet d'observer la forêt en régénération.

– *Bicyclettes et VTT :* location sur la placette du centre commercial Samson Mall (à l'angle de Lake Louise Drive et Village Road) chez *Wilson Mountain Sports* (☎ 522-3636). Personnel serviable et expérimenté. Service et matériel impeccables. Compter une trentaine de dollars par jour.

– *Balade à cheval :* vous avez le choix entre deux agences.

■ *Brewster Lake Louise Stables :* réservation au *Guest Service* du *Château Lake Louise* ou en téléphonant au : ☎ 522-3511; ext. : 12-10 ou 11-42. Nombreux choix possibles entre les balades d'une heure, d'une demi-journée, d'une journée (voire 3 jours pour les accros, avec nuit sous la tente, cuisine au feu de bois, etc.). On vous emmène généralement jusqu'au salon de thé du lac Agnès ou de celui de la Plain of Six Glaciers. Les comptables réaliseront qu'une nuit sous la tente est beaucoup moins chère que l'hôtel, même en dormant à la *Canadian Alpine Center and International Hostel.*

■ *Timberline Tours :* ☎ 522-3743. Tarifs un peu moins chers pour des balades similaires. Si vous y succombez, emportez votre chrono car les prix sont calculés à la demi-heure près. Départ du *Coral* situé derrière le *Deer Lodge.*

– *Rafting :* les prix pratiqués sont très similaires d'une agence à l'autre. La réglementation canadienne est encore plus stricte qu'en France. Les mesures prises par les unes et les autres vous garantiront une sécurité absolue.

Pour les adeptes, vous remarquerez que le « rafteur » (ou barreur) ne se situe pas derrière (comme c'est le cas en France), mais au centre, avec deux longues rames. Pour les frileux, sachez que l'on vous remettra du matériel en mousse isolante (ou néoprène) comprenant des combinaisons longues, des chaussons, des gants, mais également un casque et un gilet de sauvetage (avec tout cela, difficile d'avoir froid ou de couler en cas de chute). Descente d'une demi-journée (préférer le départ l'après-midi car l'eau est moins froide).

Parmi la multitude d'agences, deux nous ont paru sortir du lot. *Wild Water Adventures :* ☎ 522-22-11; et *Wet'n'Wild Adventures :* ☎ (1) 250 344-65-46. Les réservations se font par téléphone dans la plupart des cas. Départ de Banff puis arrêt à Lake Louise pour prendre quelques clients supplémentaires, puis direction Golden. Si donc votre voyage passe d'abord par Banff puis se prolonge par Lake Louise, attendre d'être à Lake Louise pour faire votre descente en eaux vives (cela vous évitera un aller-retour Banff-Lake Louise inutile).

– **Téléphérique du mont Whitehorn :** du haut du téléphérique partent plusieurs sentiers pédestres. À 3 km de Lake Louise. Ouvert de 8 h à 21 h (20 h en hiver). Resto au sommet. ☎ 522-3555.

★ **Galerie Northern Art Impression :** dans le Samson Mall. ☎ 522-2038. Excellente initiation à l'art inuit dans cette petite galerie qui présente néanmoins de superbes œuvres d'artistes renommés à des prix variables selon la cote de l'artiste et la taille de l'œuvre.

★ LAKE MORAINE

À environ 13 km de la jonction avec le lac Louise mais beaucoup plus sauvage que celui-ci. D'ailleurs, nous, c'est celui des deux que l'on préfère. Problème cependant, la route qui y mène est parfois très embouteillée en été. Le lac est bordé de sévères édifices rocheux appelés « la vallée des Dix Pics ». Le spectacle de ces immenses falaises, aux couleurs austères qui s'adoucissent par une toison verte dans leur partie basse avant de plonger dans les eaux bleues éblouissantes du lac, est une image inoubliable. Sur la gauche du lac, on voit le champ d'éboulis qui barra la voie d'eau et forma le lac. Sur la gauche, juste avant d'arriver au lac, la *tour de Babel,* énorme monolithe isolé, dressé droit vers le ciel.

À faire

Trois randonnées pédestres au départ du lac Moraine parmi les plus belles de la région. Elles partent du parking.
– **Sentier de Lake Moraine Rockpille :** 1,4 km aller et retour (30 mn aller et retour).
– **Sentier le long de Lake Moraine :** 3 km aller et retour (30 mn jusqu'au bout du lac).
– **Sentier pour Consolation Lake :** 5,8 km aller et retour (2 h aller et retour). Sentier très agréable au milieu des bois qui aboutit à un lac superbe, inaccessible aux voitures, donc assez calme. Au fond du lac, un beau glacier. Le retour est en pente descendante.

DE LAKE LOUISE À JASPER (236 km)

La route qui mène de Lake Louise à Jasper (la Highway 93) traverse une région d'une grande splendeur, composée de lacs, de glaciers, de crêtes acérées et de forêts. À 16 km au nord, superbe vue sur les eaux émeraude du *lac Hector,* bordé de sapins et d'une langue de neige qui descend des pics montagneux.
Attention, pendant près de 250 km, vous ne trouverez qu'une seule station-service, à 150 km de Jasper.
Toutes les auberges de jeunesse situées sur ce parcours, et elles sont nombreuses, sont en principe ouvertes tous les jours de la semaine, sans exception, de mi-mai à mi-octobre. La plupart sont ouvertes toute l'année, mais ferment certains jours de la semaine en basse saison. Attention, ces périodes d'ouverture peuvent changer d'une année à l'autre suivant les auberges. Pour toutes informations et réservations concernant ces auberges, contacter la *Banff International Hostel* (☎ 762-4122), puis à partir de Beauty Creek, la *Whistler Mountain Hostel,* près de Jasper (☎ 852-3215). Pour ceux qui sont à pied et ne veulent pas faire de stop (qui marche pourtant très bien !), se renseigner sur le bus qui dessert quotidiennement toutes les auberges entre Calgary et Jasper de mi-mai à fin novembre, dans les deux sens. Horaires sujets à des variations.

🛌 **Mosquito Creek Hostel :** au km 24. Fermé les lundi et mardi en basse saison, sauf à Noël. L'auberge de jeunesse et le camping sont proches l'un de l'autre. L'auberge possède 38 places en 4 chalets. Deux chambres familiales. Cuisine, salon. Sauna au feu de bois.

★ *km 34 :* sur la gauche, belle vue sur **Bow Lake** et, avant, sur le glacier qui apparaît au fond d'un cirque *(Crowfoot Glacier)*.

★ *km 46 :* le *lac Peyto*. Magnifique panorama sur ce lac. En haute saison, pour éviter la foule, pousser 2 km plus loin que le point de départ classique et vous trouverez un sentier de rechange qui mène au lac en une vingtaine de minutes. Ce serait le plus vert des lacs des Rocheuses.

🛌 **Camping de Water Fowl Lake :** au km 57. Du camping, sentier menant vers deux beaux lacs (1 h 30 de marche).

🛌 **The Grassing :** au km 80, au croisement de la Highway 93 et de la Highway 11. ☎ 761-7000. Fax : 761-7006. Ici a poussé un petit motel logiquement baptisé *The Crossing*. Les chambres sont normalement pour 2, mais on peut y tenir à 4, et elles sont en bois, pas mal du tout. Prix honnêtes, surtout hors saison. Pour casser la croûte à midi, préférer le petit pub dans le bâtiment derrière, où sont situées les chambres du motel. On peut y faire son propre *burger* pour pas cher. Le soir, la *dining room* du bâtiment principal n'est pas géniale, mais il n'y a pas grand-chose d'autre dans le coin.

🛌 **Rampart Creek Hostel :** au km 88, sur la droite. Un peu au bord de la route. Fermé les mercredi et jeudi en basse saison. 30 places. Camping à côté. Situé dans une clairière, au pied de la montagne.

🛌 **Hilda Creek Hostel :** au km 118, sur la gauche. Ouvert en principe tous les jours de mi-mai à mi-octobre ; les jeudi, vendredi et samedi de fin janvier à mi-mai. Fermé de mi-octobre à fin janvier, sauf à Noël. Baraque toute simple. Confort modeste. 21 places. Au milieu des sapins et assez éloigné de la route. Sauna. Point de départ du Parker Ridge Trail.

🛌 **Wilcox Creek Campground** et **Columbia Icefield Campground :** aux km 124 et 125. Deux petits campings sur la droite de la route. Mieux aménagé, mais seulement pour les tentes.

★ *km 127 :* le **glacier Athabasca**. Sur la gauche de la route, il étend sa langue de glace sur 7 km de long, 1 km de large et 400 m d'épaisseur. Ce glacier, tout comme ceux de Saskatchewan et de Columbia, est issu du vaste champ de glace Columbia, imposante calotte glaciaire qui couvre plus de 300 km^2 d'une épaisseur maximale de 900 m. Le glacier a reculé de 1,5 km depuis 1878 alors que le glacier Columbia, de l'autre côté du massif (à différencier du champ de glace du même nom), a avancé de 1 km depuis 10 ans. Il y a 20 millions d'années, le refroidissement de la croûte terrestre a provoqué la création des glaciers dans les régions septentrionales et montagneuses. Ces avancées glaciaires ont été interrompues par des périodes interglaciaires plus chaudes. La période interglaciaire dans laquelle nous sommes a débuté il y a environ 10 000 ans.
Pour aller au pied du glacier, laisser la voiture au centre d'information et grimper sur quelques centaines de mètres. Ne pas s'aventurer sur le glacier même. C'est très glissant. Sauf, évidemment, avec un guide. Départ tous les jours à 11 h, pour 3 à 5 h de marche. Balade exceptionnelle. Aucune comparaison avec la promenade en véhicule à grosses roues pour touristes...

🅘 **Centre d'information du Glacier** *(Icefield Center) :* sur la droite de la route en venant de Banff dans un (trop) grand complexe tout neuf avec un hôtel, des magasins de souvenirs en sous-sol et au 1er étage, 2 restaurants, l'un à gauche (le seul à accepter les individuels) assez cher, l'autre à droite n'acceptant que les groupes (la plupart japonais).

▣ **Hôtel Columbia Icefield Chalet :** dans le grand complexe, face au glacier. ☎ 852-6550. Fax : 852-6568. Ouvert de mai à mi-octobre. 32 belles chambres, très confortables, plusieurs avec mezzanine. On peut loger à 6 personnes dans les grandes. En haute saison, c'est assez cher sauf si vous êtes nombreux car les prix des chambres sont calculés sur la base de deux personnes. En mai et octobre, les prix sont très abordables. Non-fumeurs.

★ *km 135 :* passé le glacier, en redescendant dans la vallée, on aperçoit sur la gauche, au loin, le **glacier Stutfield.** Déjà les paysages deviennent moins sévères, la vallée s'ouvre.

▣ **Beauty Creek Hostel :** au km 144, sur la gauche dans la vallée, coincé entre la route et une large rivière. Ouvert tous les jours de l'année, mais aux groupes seulement de début octobre à fin avril. Bon point de départ pour les randonneurs.

▣ **Jonas Creek Campground :** au km 153. Petit camping à droite de la route.

★ *km 175 :* **Sunwapta Falls**. Prendre à gauche, le parking est 500 m plus loin. Un chouette sentier en sous-bois mène aux chutes.

▣ **Athabasca Falls Hostel :** au km 198, sur la droite de la route, juste après le poste de secours. 40 places. Ouvert de 17 h à 23 h. Fermé le mardi en basse saison (sauf à Noël, vous l'aviez deviné). Non loin des chutes.

★ *km 199 :* **Athabasca Falls**. Prendre à gauche sur quelques centaines de mètres. Les eaux de l'Athabasca s'enfoncent avec puissance dans un étroit canyon. La fougue de la chute est impressionnante. Géologiquement, on comprend le travail de l'eau, se frayant au cours des siècles un passage toujours plus grand, sculptant des bassins de plus en plus larges, perçant des cavités toujours plus profondes. Les passerelles en béton rompent cependant un peu le charme.

▣ **Mount Edith Cavell Hostel :** prendre la 93A à partir des Athabasca Falls ou de Jasper pour ceux qui viennent du nord, puis grimpette par la Mount Edith Cavell Road, très forestière. Cette auberge est moins près de l'itinéraire principal que les précédentes, mais l'environnement y est vraiment superbe. Ouvert aux groupes seulement de mi-octobre à mi-juin, et uniquement si l'état de la route qui y mène le permet. 32 places. Une troisième cabane abrite une cuisine que chauffent deux beaux poêles. Belles balades alentour et possibilités d'escalade pour les amateurs éclairés.

Randonnées dans le parc national de Jasper

Un permis d'usage du parc est obligatoire pour les excursions de plus d'une journée. Ce permis (payant) permet d'éviter l'encombrement et de protéger le milieu. Il doit être obtenu moins de 24 h avant l'excursion au centre d'infor-

DE BANFF À JASPER

mation du champ de glace ou au centre d'information à Jasper. On doit y aller en personne, ce qui permet de discuter de l'excursion avec les *rangers* et de s'informer sur la météo ainsi que sur l'état des sentiers. Pour être sûr d'obtenir un permis, on peut le réserver par téléphone : ☎ 852-6177.

JASPER
IND. TÉL. : 780

Petite station balnéaire entourée de crêtes rocheuses impressionnantes. Jasper est moins chic que Banff : moins de boutiques aguicheuses, clientèle plus populaire, restos abordables... Elle compte beaucoup de modestes maisons de retraités qui font office de *B & B*. Jasper est constituée de trois rues parallèles dont la principale, Connaught Drive, est bordée sur la droite par la voie ferrée et sur la gauche par les boutiques et restos. Sur Patricia Street, vieilles demeures de bois aux toits colorés avec de charmants petits jardins aux blanches barrières. Quelques églises, de-ci, de-là. Quelques bâtiments « historiques » : la caserne de pompiers, l'office du tourisme, la poste (en pierre de montagne). Jasper est également un haut lieu de rendez-vous des *mountain bikers* qui organisent des raids assez incroyables dans la montagne. C'est aussi un excellent point de départ de randonnées vers les superbes lacs des environs. On peut y pratiquer le kayak et le rafting.

Adresses utiles

◼ *Information :* 500 Connaught Drive, au milieu du petit parc, dans le centre-ville. ☎ 852-6162 (24 h/24) et 852-6176. Ouvert de 8 h 30 à 19 h de mi-juin à fin août, de 8 h à 17 h de début mai à mi-juin, et de 9 h à 17 h du 1er septembre à mi-octobre. Donne des infos et conseils aux randonneurs du parc. Demandez la brochure *Excursion d'un jour dans le parc national Jasper*. Plusieurs circuits y sont décrits avec précision et en français. Pour voir des animaux sauvages, consulter le *Rapport sur les ours,* hebdomadaire, ou le *Wildlife Observation Book,* qui recense toutes les apparitions d'animaux au jour le jour.

✉ *Poste :* Patricia Street, derrière le centre d'information.

◼ *Urgences médicales :* 518 Robson Street. ☎ 852-3344. Des médecins consultent au 507 Turret Street. ☎ 852-4885.

◼ *Police :* ☎ 852-4848.

🚂 🚌 *Gares ferroviaire et routière :* 314 Connaught Drive.

◼ *Météo :* ☎ 852-3185.

◼ *Parcs Canada :* ☎ 852-6161. Un numéro d'urgence très utile, on peut vous orienter vers le service que vous recherchez en cas de problème.

◼ *État des routes :* pour les routes du parc, appelez Parcs Canada (numéro ci-dessus).

◼ *Location de vélos :* Free Wheel Cycle, 618 Patricia Street. ☎ 852-3898. Dans le centre. Également chez *On-line Sport & Tackle*, 600 Patricia Street, presque en face du précédent. ☎ 852-3630. Pas cher.

◼ *Location de voitures :* National Tilden se trouve dans la gare ferroviaire. ☎ 852-1117. Fax : 852-4303. *Budget* se trouve dans la station Shell sur Connaught Drive, non loin de la gare. ☎ 852-3222. *Hertz :* également dans la gare ferroviaire. ☎ 852-3888.

◼ *Jasper Taxi :* ☎ 852-3146.

Où dormir à Jasper et dans les environs ?

Tous les hôtels de Jasper sont assez chers. Préférez les AJ ou les chambres d'hôtes. À partir de 4 personnes, la formule « chalet » peut aussi se révéler intéressante.

Bon marché

Whistler Mountain Hostel : à 7 km au sud de Jasper, au pied de la Whistler Mountain. ☎ 852-3215. Si vous arrivez par le sud, prendre à gauche la Whistler Road, environ 3 km avant Jasper. L'auberge est à 4 km. Ouvert de 17 h à 23 h. Chouette maison située dans un coin sauvage. Grand dortoir au rez-de-chaussée. Peut loger 80 personnes. Trois chambres familiales. Cuisine dotée de nombreuses plaques chauffantes. Salon agréable. Chacun participe un peu aux tâches ménagères : un coup de balai, sortir les poubelles, etc. Dommage que le couvre-feu soit si tôt (23 h) et qu'elle soit plus chère que toutes les autres AJ du parc. Location de VTT bon marché.

Maligne Canyon Hostel : situé à 11 km à l'est de Jasper, sur Maligne Canyon Road que l'on prend à droite à environ 4 km après avoir traversé le village. Réservation en été auprès de l'auberge précédente. Ouvert toute l'année. Fermé le mercredi d'octobre à fin avril. Environ 10 $Ca avec la carte des AJ. Un petit chalet près de la rivière Maligne et au pied des falaises abruptes du canyon. 24 places. Cuisine et feux de camp. Plus petit, moins moderne, mais aussi moins cher que la *Whistler Mountain Hostel*. Confort spartiate mais immersion dans la nature garantie.

Camping Whistler : prendre la Whistler Road 3 km avant Jasper, sur la gauche. Ouvert en principe de début mai à mi-octobre. Le plus grand camping et le mieux équipé du parc, avec les *Wapiti* et *Wabasso Campings*. Le **Wapiti** ouvre mi-juin et ferme mi-septembre. Situé à 4 km de Jasper.

Les agences des chambres d'hôte

Plusieurs agences se chargent de réserver des chambres chez des particuliers. Le week-end et en période en vacances, il est prudent de passer par elles. De nombreux routards se retrouvent « Gros-Jean-comme-devant » faute d'avoir réservé.

■ **Jasper Travel Agency :** dans la gare ferroviaire. ☎ (403) 852-4400. Fax : (403) 852-3030. ● jtravel@telusplanet.net ●
■ **Jasper Adventure Centre :** 608 Connaught Drive, dans le cinéma.

☎ 852-5595. Fax : 852-3127. ● tours@telusplanet.net ● Agence de réservations non seulement pour les chambres, mais aussi pour toutes les activités que vous souhaitez faire à Jasper.

Quelques adresses de chambres d'hôte (prix moyens)

La plupart des chambres d'hôtes sont sur Connaught Drive et Patricia Street. On les reconnaît à leur pancarte « Approved accomodation ». Vous pouvez faire un tour sur Geikie Street si vous n'avez rien trouvé. Voici quelques adresses pas trop chères (très honnêtement, nous n'avons pas testé l'intégralité des 150 maisons qui proposent des chambres d'hôtes à Jasper !).

Mrs McLay : 719 Patricia Street. ☎ 852-4543. Ouvert toute l'année. L'une des moins chères. Maison blanche au toit brun. Petit studio avec coin cuisine. Hôtesse très pointilleuse. Apprécie plutôt les gens recherchant le calme.
Mrs S. de Silvestri : 729 Patricia Street. ☎ 852-3615. Bon accueil. Petit studio avec cuisine, *living-*

room, baignoire et douche, où peuvent loger jusqu'à 5 personnes.

▪ *Lena et Pat Hollenbeck :* 716 Connaught Drive. ☎ 852-4567. ● hollen@incenter.net ● Une chambre à lit double, 1 chambre à 2 lits doubles, et 1 à 2 lits simples. Les chambres à grand lit sont moins chères. Café ou thé à discrétion. Pas cher.

▪ *Gloria Kongsrud :* 712 Connaught Drive. ☎ 852-3763. Maison moderne et chambres agréables.

▪ *Bill and Gloria Unrau B & B :* 204 Colin Crescent. ☎ 852-4345. Chambres en sous-sol correctes et au calme (salle de bains à l'extérieur). Petit jardin. Prix très modérés. Pas de petit déjeuner. Accueil moyen.

De prix moyens à plus chic : les chalets

Plus séduisant que les motels et hôtels traditionnels. Très conseillé de réserver. Ouverts de fin avril à Thanksgiving (2ᵉ lundi d'octobre).

▪ *Alpine Village :* sur la 93 (Icefields Parkway), quelques kilomètres avant Jasper (venant de Banff). ☎ 852-3285. Caché dans les arbres, un mini-village de ravissants chalets fabriqués avec de gros rondins (*log cabins*) et fleuris, à deux pas de l'Athabasca River. Chacun d'eux dispose d'une pelouse avec terrasse au soleil. Décoration intérieure de charme avec cheminée de grosses pierres. En moyenne, de 80 à 160 $Ca pour quatre suivant le standing et le confort.

▪ *Becker's Chalets :* à 5 km de Jasper, sur la même route que le précédent. ☎ 852-3779. Fax : 852-7202. Beaux chalets là aussi. Charme et confort.

▪ *Jasper House Bungalows :* ☎ 852-4535. Fax : 852-5335. Même genre que *Becker's*.

▪ *Bonhomme Bungalows :* 100 Bonhomme Street. ☎ 852-3209. Fax : 852-3099. Ouvert de mi-avril à fin octobre. À trois blocs de Connaught Drive. Agréable petit ensemble de chalets en plein centre. Quartier tranquille. Accueil sympathique. Sauna, jacuzzi, barbecue, location de VTT. De 80 à 110 $Ca pour deux et un peu plus de 120 $Ca pour quatre (avec cheminée et kitchenette).

Où manger ?

Bon marché

|●| *Jasper Pizza Place :* sur Connaught Drive, après l'office du tourisme. ☎ 852-3225. Ouvert tous les jours jusqu'à 1 h. *Tacos*, hamburgers, pizzas et *poutine* pour les fans, pour 12 $Ca environ. Rendez-vous de pas mal de jeunes. Terrasse sur le toit avec vue sur les montagnes.

|●| *A & W :* 624 Connaught Drive, en face de la locomotive à vapeur.

☎ 852-4930. Ouvert de 7 h à 22 h en été, jusqu'à 21 h en hiver. Hamburgers, steaks, etc. Tient du fast-food et du hall de gare, mais c'est l'endroit le moins cher de Jasper.

|●| *Cantonese Restaurant :* Connaught Drive. ☎ 852-3559. Fax : 852-3047. Ouvert tous les jours de 11 h à 23 h. Cadre propre et agréable. Une formule « soupe, plat et riz » à prix modérés, autour de 12,50 $Ca.

Prix moyens

|●| *Kim Chi House :* 407 Patricia Street. ☎ 852-5022. S'il n'y avait pas un grand panneau « Korean

Restaurant » à l'extérieur, on ne pourrait pas soupçonner l'existence d'un restaurant dans cette petite maison semblable à toutes les autres. Ambiance familiale, on a l'impression de dîner chez eux. Bonnes spécialités coréennes, comme les raviolis *(pan fried dumpling)*. Prix très raisonnables.

|●| *Earl's :* 600 Patricia Street. ☎ 852-2393. « Ter repetita placent », comme on lit dans Cicéron et Astérix : le même restaurant en gros qu'à Banff et Calgary. Donc vous connaissez la chanson. Très chargé en haute saison.

|●| *L and W Family Restaurant :* à l'angle de Patricia Street et Hazel Street. ☎ 852-4114. Ouvert jusqu'à 1 h en été et 22 h en hiver. Décor style californien un peu tape-à-l'œil, mais les nombreuses plantes vertes, les tons roses, le bois blanc lui donnent de la fraîcheur. Beaucoup d'espace. Cuisine italienne et grecque servie copieusement : poisson, *scallops, pasta, BBQ chicken* et *spare-ribs, Alberta prime rib, T-Bone* grillé au charbon de bois. Bonnes salades. Bon rapport qualité-prix.

|●| *Something Else :* 621 Patricia Street. ☎ 852-3850. Ouvert jusqu'à minuit. Cadre où le plastique domine, mais l'atmosphère sait rester chaleureuse et l'animation sympathique. Petits boxes pour les joyeuses bandes. Cuisine particulièrement éclectique. Jugez-en : *souvlaki*, pizzas, *pasta*, plats cajuns, *seafood, BBQ ribs*... Pour le *lunch : burgers* et sandwichs.

|●| *Papa George's :* 404 Connaught Drive. ☎ (403) 852-3351. Fax : (403) 852-5472. Ouvert du petit déjeuner au dîner. Fermé de mi-octobre à mi-décembre. Quelques salades et *burgers* bon marché, mais surtout de nombreux plats, viande et poisson (très bon filet d'*halibut*), cuisinés et servis avec un certain raffinement.

Où boire un verre en musique ?

▼ *Atha-B Pub :* à l'angle de Miette Avenue et Patricia Street, à côté de l'*Athabasca Hotel*. Le seul endroit qui présente des groupes le soir.

Où déguster une bonne pâtisserie ?

– *Bear's Paw Bakery :* Cedar Avenue, pas loin de Connaught Drive. ☎ 852-3233. Impossible de ne pas signaler cette boulangerie : pains en tous genres, et surtout, excellentes viennoiseries et pâtisseries. À emporter ou à déguster sur place avec un thé ou un café. Parfait pour le petit déjeuner.

À voir

★ *Den Wildlife Museum :* Connaught Drive et Miette Avenue ; au sous-sol du *Whistlers Inn*. ☎ 852-3361. Ouvert tous les jours de 9 h à 22 h. Entrée payante (peu chère). Tous les animaux de la région naturalisés et mis en scène dans leur décor. À ne pas rater, même si le musée est petit !

★ *Jasper Yellowhead Museum :* 400 Pyramid Lake Road (en face de la piscine). ☎ 852-3013. Ouvert en été de 10 h à 21 h, de 10 h à 17 h le reste de l'année. Petit musée d'histoire de la ville et de la région, de la vie des pionniers en quête de fourrures, de l'arrivée du chemin de fer, Jasper dans les journaux, dans les films, l'école à Jasper... De nombreux vieux objets sont exposés, et des photos anciennes illustrent les panneaux explicatifs.

Films sur la faune de la région. Une petite salle, consacrée à la découverte de la nature sous forme de jeu, est réservée aux enfants. Il est prévu que le musée soit très prochainement agrandi.

Activités sportives et balades

– **Kayak :** les amateurs trouveront sur la Maligne River l'un des meilleurs *spots* des Rockies. Vraiment de quoi se faire peur. Location de kayaks à Jasper.

– **Rafting :** les rivières de Jasper offrent des possibilités de rafting absolument géniales. L'Athabasca River conviendra mieux aux débutants. Ceux qui connaissent déjà ou n'ont peur de rien iront directement s'éclater dans la Maligne River. Le pied total et ambiance assurée. Une expérience à ne pas manquer. La balade n'est pas donnée mais n'hésitez pas, c'est un chouette souvenir.

■ **Jasper Raft Tour :** dans la station de bus, au bureau *Brewster*. Navigue sur l'Athabasca River. Pour les bleus.
■ **White Water Rafting :** nombreux points de vente en ville. ☎ 852-7238. Sur les rivières Athabasca, Sunwapta et Maligne. Ambiance sympa. Organisation impeccable.

■ **Maligne Rafting Adventure :** 626 Connaught Drive (☎ 852-3370; fax : 852-3390) et 627 Patricia Street (☎ 852-5208). Beaux programmes sur les Athabasca, Sunwapta et Kakwa Rivers.

– **Mountain bike :** les adeptes de ce sport s'en donneront à cœur joie. Excursions sur des sentiers de randonnée bien tracés. Renseignements à l'office du tourisme. Prenez aussi vos infos auprès des gars qui en reviennent. Il y en a toujours qui traînent avec leur vélo, près de l'office du tourisme, dans le petit parc. Pour louer, voir notre rubrique « Adresses utiles ».

– **Balades à cheval :** Pyramid Stables. ☎ 852-3562. De Jasper, prendre la direction de Pyramid Lake. Les écuries se trouvent à 3,5 km au-dessus de Pyramid Lake Road. Balades de 1 h à 3 h. Poneys pour les enfants. Réservation conseillée.

– Les *rangers* du parc organisent des **balades à thème** tous les jours. *Profil* est un journal gratuit qui décrit ces promenades et en donne des horaires. Une excellente approche pédagogique de la faune et de la flore.

Randonnées de plusieurs jours avec nuit en montagne

Demandez votre *Guide des visiteurs de l'arrière-pays-parc national de Jasper* à l'office du tourisme. N'oubliez pas qu'il vous faut aussi acheter le permis d'accès à cet arrière-pays : 6 $Ca par nuit avec un plafond à 30 $Ca par randonnée, ou alors le permis annuel à 42 $Ca.
– **2 jours :** la boucle du lac Saturday Night vous donnera sans aucun doute la fièvre. Sentier assez facile.
– **3 jours :** parmi toutes les randonnées possibles, celle de la vallée Tonquin vous mettra en présence de paysages merveilleusement sauvages.
– Celle du **Skyline** est également à recommander. Mais ce ne sont là que des exemples.

À voir dans les environs

★ **Patricia and Pyramid Lakes :** à 10 mn au nord-est de Jasper. On peut y aller facilement à vélo. L'idéal est de pousser jusqu'à Pyramid Lake. On peut y louer un canoë. Environnement boisé et très tranquille.

▪ *Pyramid Lake Resort.* ☎ 852-4900. Ouvert toute l'année. Jolis chalets (assez chers) surplombant le lac.

★ *The Whistler (Jasper Tramway) :* on grimpe au sommet du mont Whistler (2 469 m) par un téléphérique. Prendre la Whistler Road à 3 km environ au sud de Jasper et poursuivre jusqu'au bout (encore 3 km). ☎ (403) 852-3093. Fax : (403) 852-5779. Ouvert de mi-avril à mi-octobre. En basse saison, dernier départ à 16 h. En haute saison, départs de 8 h 30 à 22 h. Un peu cher. Vous pouvez aussi monter à pied mais ça grimpe dur (1 200 m de dénivelée pour 7 km de marche !). Le mont doit son nom aux sifflements des marmottes que l'on aperçoit parfois en contrebas de la cabine supérieure du téléphérique. Vue impressionnante sur la vallée, les chaînes montagneuses environnantes, les rivières qui scintillent, les lacs qui se reposent. Un sentier mène au sommet du mont, 200 m plus haut. Panorama grandiose.
▮●▮ *Resto* au sommet.

★ *Lake Edith et Lake Annette :* à 5 km de Jasper, sur la route du *Jasper Park Lodge*. Deux petits lacs adorables et très peu fréquentés dont les eaux sont moins froides qu'ailleurs. On peut s'y baigner. Assez civilisé (toilettes, parking, aire de pique-nique) mais pas trop (pas de resto ni boutique de souvenirs). Parcours de jogging. Une préférence pour le lac Edith, paysage plus doux, éclairé superbement le soir, au soleil couchant. Bords sablonneux qui se prennent presque pour une plage. Sentiers de randonnée. L'eau atteint 20 °C en juillet. Sympa pour un petit bain.

★ *Maligne Canyon :* à 11,5 km de Jasper. À 3 km en sortant de Jasper vers le nord, prendre à droite le petit pont en direction de Maligne Canyon. Parking. Chemin balisé *(Interpretative Trail)*. Les six ponts qui traversent le canyon en forment les étapes les plus importantes. Superbe chute d'eau de 23 m dont les eaux se faufilent le long d'un étroit canyon. La vallée Maligne s'étend sur 65 km entre les chaînes des Rocheuses. Balades agréables le long du canyon. Panneaux d'explications très enrichissantes concernant la formation de la vallée. En observant le canyon, on distingue nettement le feuilletage de la roche. Dans de minuscules recoins de la paroi, de petits oiseaux ont fait leur nid.

★ *Le lac Medicine :* à 27 km de Jasper en poursuivant la route précédente. Il est souvent presque à sec. En fait, ses eaux viennent de celles du lac Maligne, par voie souterraine, en s'infiltrant par les couches plus tendres de la roche. Le lac n'est pas vraiment d'une grande beauté, en revanche les monts qui lui servent de décor sur la gauche *(Queen Elizabeth Range)* présentent des stratifications verticales nettement dessinées qui permettent d'imaginer le bouleversement phénoménal de la croûte terrestre lorsqu'il fallut amener ces blocs à la verticale.

★ *Le lac Maligne :* à 48 km de Jasper sur la même route. Une pure merveille (22 km de long). Quelques chances de voir des chèvres de montagne dans le coin. Quand la lumière est douce, le ciel légèrement nuageux, le spectacle devient éblouissant : d'un côté, une colline arrondie dont les flancs s'élèvent doucement des berges du lac, au fond des sommets enneigés, et, au milieu, les eaux du lac qui s'étirent tout en longueur. L'étroitesse du lac lui confère un côté intimiste. Tout au bout, *Spirit Island*, la diapo la plus célèbre du lac. Pour en saisir toute la splendeur, venez-y le matin tôt et louez une barque à l'ancienne remise à bateaux où un guide, pionnier des années 1930, construisait des embarcations. Ouvert de 8 h 30 à 18 h. Possibilité de pêcher. Évitez d'y aller le mercredi, c'est le jour où tous les bus des voyages organisés passent par là. Renseignements à Maligne.
– *Tours en bateau sur le lac : Maligne Tours*, 626 Connaught Drive. ☎ 852-3370. De mi-mai à mi-octobre, de 10 h à 17 h environ tous les jours. Départ toutes les heures en haute saison, toutes les 2 heures maximum sinon. Assez cher tout de même. Possibilité également de louer des canoës.

I●I Grande *cafétéria* ouverte de 9 h à 19 h du 25 juin au 10 septembre ; jusqu'à 18 h le reste de l'année.

★ *Miette Hotsprings :* à 61 km de Jasper au nord-est, en prenant la direction d'Edmonton (Highway 16). Tourner à droite de Pocahontas. On passe devant les Punchbowl Falls avant d'arriver aux sources d'eaux chaudes. ☎ 866-3939. Sources thermales ouvertes de 8 h 30 à 22 h 30 de fin juin à début septembre et de 10 h 30 à 21 h de mi-mai à fin juin et en septembre. Deux piscines chaudes (dont une « rafraîchie » à 40 °C, l'eau sortant à 54 °C) et une froide. Aire de pique-nique.

★ *Mount Edith Cavell :* à 30 km au sud par les routes 93 et 93A. Belle attraction de la région, mais attention : la route sinueuse qui y mène est interdite aux véhicules trop larges (motor-homes, caravanes, bus). Balade d'une vingtaine de minutes pour arrivée au magnifique glacier Angel.

À voir encore plus loin

★ *Village historique ukrainien :* à la sortie du parc national Elk Island. La vie quotidienne des colons ukrainiens, arrivés de 1891 à 1925, est reconstituée par de jeunes comédiens. Églises à coupole et architecture ukrainienne pour la gare, le poste de police, l'atelier du mécanicien, le magasin général, la quincaillerie, la forge... Dégustation possible. Prévoir 2 à 3 h. Renseignements : ☎ (403) 662-3640.

Quitter Jasper

En bus

▭ *Greyhound* et *Brewster* sont situés dans un même bureau dans la gare (314 Connaught Drive). ☎ 852-3332. Fax : 852-3211. Horaires sujets à changements.
– *Pour Banff :* le bus express part à 13 h 30. Également 3 autres départs dans la journée, mais avec un bus qui s'arrête partout.
– *Pour Edmonton :* 2 départs tôt le matin (vers 6 h), 1 à 13 h 45, 1 à 19 h 30.
– *Pour Vancouver :* 2 départs de nuit (1 h et 4 h du matin), 1 de jour (à midi).
– *Pour Kamloops :* 1 départ dans la matinée et 1 dans l'après-midi.

En train

▭ *Gare ferroviaire :* 314 Connaught Drive. Réservations : ☎ 1-800-561-8630 (numéro gratuit). Infos départs et arrivées à Jasper : ☎ 852-4102. *À Paris :* renseignements et réservations auprès de *Canadien National*, 1, rue Scribe, 75009. ☎ 01-47-42-76-50. M. : Opéra.
– *Pour Vancouver :* les lundi, jeudi et samedi à 16 h 25. Le trajet Jasper-Vancouver traverse les Rocheuses. Les paysages qui défilent devant vos yeux sont vraiment exceptionnels. Les trains canadiens sont un rien rustiques tout en étant très fonctionnels. Un véritable plaisir avec un petit goût rétro. Durée : 4 h 30.
– *Pour Edmonton et Winnipeg :* les lundi, mercredi et samedi à 14 h 05 (durée : 5 h environ pour Edmonton, une quinzaine d'heures pour Winnipeg).
– *Pour Prince Rupert :* les mercredi, vendredi et dimanche à 12 h 45. Arrivée le lendemain soir à Prince Rupert (nuit à Prince George).

LA COLOMBIE BRITANNIQUE

On y trouve les paysages les plus diversifiés, les plus grandioses et les forêts les plus prestigieuses du Canada. La côte ouest, déchiquetée en milliers d'îlots, est composée de hautes montagnes aux sommets enneigés qui plongent brutalement dans l'océan. L'humidité du climat et le niveau des précipitations expliquent cette luxuriance tropicale de la végétation. La douceur de l'été et les joies de la mer y attirent de plus en plus de touristes, notamment à Vancouver, ville superbe bien que moderne, où règne un respect évident du cadre naturel. Dans les prochaines années, la population de la Colombie britannique est amenée à augmenter de 40 % et, parallèlement, son trafic général de 40 %. D'ores et déjà, des mesures ont été prises avec, notamment, un certain nombre d'aménagements en tous genres (amélioration des routes, augmentation et modernisation de la flotte des ferries).
Ce sont aussi les Rocheuses et les parcs nationaux de Yoho et de Kootenay. Un espace infini de lacs et de crêtes rocheuses entre lesquelles se fraie toute une kyrielle de chemins de randonnée. La Colombie britannique, c'est un peu tous les plaisirs du Canada réunis en une seule province.

VANCOUVER
IND. TÉL. : 604

> **Pour les plans de Vancouver, voir le cahier central en couleur.**

La Californie du Canada. De larges avenues, des parcs immenses bien ordonnés et sauvages à la fois (Stanley Park), des quartiers vivants le soir, un climat tempéré, des gens cool qui prennent la vie comme elle vient... Vancouver est un peu comme San Francisco, à qui elle est souvent comparée, une ville où il fait bon vivre et où il est interdit de fumer dans tous les établissements commerciaux susceptibles d'être fréquentés par des enfants. La plupart des centres d'intérêt sont regroupés dans Downtown, sur la presqu'île, au nord-ouest. La ville a une taille humaine. Ici, il ne fait ni trop froid l'hiver (rarement en dessous de 0 °C) ni trop chaud l'été. Vancouver est encadrée par les montagnes et l'océan, on n'y ressent jamais le stress des grandes cités. Et puis Vancouver, c'est aussi une vie sociale et culturelle trépidante, toujours en mouvement. En un mot, une étape indispensable d'un séjour au Canada. Non loin de là, à quelques encablures, toute proche de la cité moderne, il y a l'île de Vancouver. Complément obligé de la ville, morceau de terre préservé des hommes et par les hommes. Elle fut découverte par le capitaine James Cook, en 1778, avant que George Vancouver n'en prenne possession en 1792 au nom de la Couronne britannique.

Transports

– **La voiture** semble être le mode de transport le plus approprié pour visiter les quartiers un peu éloignés de Downtown. Le centre se fait à pied évidemment. En voiture, faites gaffe, on n'est pas en France. Si vous vous garez illégalement, d'abord c'est mal (ah bon ?), mais surtout leur système de mise en fourrière est très bien fait. Pas le temps d'aller acheter son journal ! L'addition n'est pas sévère, mais on n'est pas là pour courir après sa

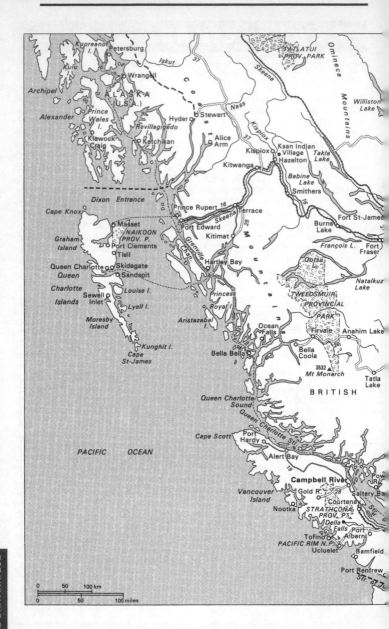

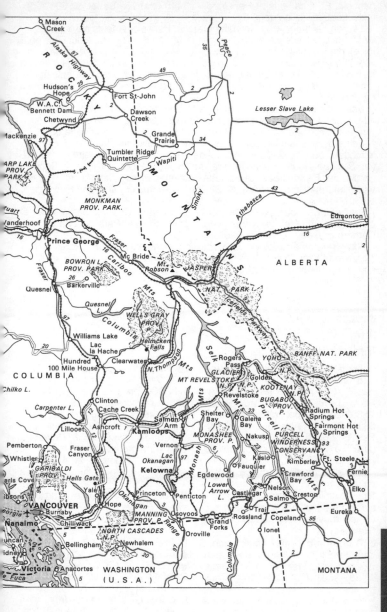

LA COLOMBIE BRITANNIQUE

bagnole. Et si ça vous arrive, *Unitow* : 1410 Granville Street. ☎ 606-1250. C'est là qu'ils les gardent.

– *Le bus :* système très bien fait et rapide. Renseignements au *BC Transit :* ☎ 521-0400. Tarifs par zone, 3 zones (1,50 ; 2,25 et 3 $Ca), réductions pour les étudiants. Ayez l'appoint. La plupart des grandes lignes partent de Granville Street. Si vous disposez d'un peu de temps et de peu d'argent, c'est ce qu'il vous faut. Forfait à la journée *(daypass)* très intéressant. Valable également sur le *Skytrain* et le *Seabus*. Il y a aussi un *monthpass* et des carnets de tickets.

– *Seabus :* ferry reliant Vancouver à North Vancouver de Water Front Station. Fonctionne tous les jours toutes les 15 à 30 mn. Trajet en 12 mn environ. Fort belle vue de la ville. Même tarif et mêmes tickets que le bus.

– *Le vélo* est également un excellent moyen de visiter Vancouver. Préférer le modèle *mountain bike,* vu le relief de la ville. En particulier faire la *Vancouver Seaside Route,* super balade de 15 km de Stanley Park à Spanish Banks, par False Creek. Quelques téléphones utiles : *Bicycle Hotline* (service d'information de la ville), ☎ 871-6070. *Boards of parks and Recreation,* ☎ 681-1141.

– *Le bateau :* pourquoi ne pas louer un bateau ? Ce n'est pas ruineux et c'est rigolo. Vous en trouverez juste avant le Stanley Park, à la hauteur de Cardero et Georgia. ☎ 682-6257.

– *Skytrain :* métro aérien à propulsion magnétique, dont seules 4 des 17 stations sont souterraines. Il relie en une ligne unique de 24,5 km Vancouver à la banlieue est : Burnaby, New Westminster et Surrey.

Adresses et infos utiles

Infos pratiques

◻ *Tourism Vancouver Convention and Visitor's Bureau (plan couleur II, C1) :* Water Front Center, Plaza Level 200, Burrard Street. ☎ 683-2000. Appel gratuit : ☎ 1-800-663-6000 (de l'Amérique du Nord). Fax : 682-6839. Ouvert tous les jours de 8 h à 18 h en saison ; de 8 h 30 (9 h le samedi) à 17 h, et fermé le dimanche, le reste de l'année. Office du tourisme tout neuf, tout beau. Matériel touristique et personnel extra.

◻ Un *kiosque info (plan couleur II, C2)* se trouve à l'angle de Georgia et Granville.

◻ *Tourist Info Center :* petit guichet dans le hall de l'aéroport au niveau des arrivées, juste avant la sortie. ☎ 303-3601. Fax : 271-0924. Vous déniche un hôtel en fonction de votre budget et du quartier que vous souhaitez, et vous délivre un *voucher* après s'être assuré de la réservation par téléphone. Service efficace, gratuit (vous payez votre chambre au prix coûtant) et aimable.

✉ *Post Office (plan couleur II, C2) :* 349 West Georgia Street. ☎ 662-5722. Ouvert de 8 h à 17 h 30, du lundi au vendredi.

◼ *Consulat de Belgique (plan couleur II, C2, 1) :* 570-688 West Hastings Street. ☎ 684-6838. Ouvert du lundi au mercredi de 10 h à 15 h. Pour les urgences : ☎ 416-9444-1422 (consulat général de Belgique à Toronto).

◼ *Consulat de France (plan couleur II, C2, 2) :* 1201-736 Granville Street. ☎ 681-4345 et 681-2301. Ouvert du lundi au vendredi de 9 h à 17 h.

◼ *Consulat de Suisse (plan couleur II, C1, 3) :* 999 Canada Place. ☎ 684-2231. Ouvert du lundi au vendredi de 9 h à 17 h.

◼ *Consulat des États-Unis (plan couleur II, C1, 4) :* 1095 West Pender. ☎ 685-4311. Ouvert de 8 h à 16 h 30 du lundi au vendredi, sauf les jours fériés.

◼ *Saint Paul Hospital (plan cou-*

leur II, B2, 10) : 1081 Burrard Street. ☎ 682-2344/2157. Dans le centre.

■ *Urgences :* ☎ 911.

■ *Pharmacies ouvertes 24 h/24 :* *Shoppers Drug Mart (plan couleur II, B2, 11),* 1125 Davie Street ; à l'angle de Thurlow. ☎ 685-2424. Ou 1650 David Street toujours. Ouvert de 9 h à 23 h et de 10 h à 22 h le dimanche

et pendant les vacances scolaires. Une autre pharmacie ouverte jusqu'à 22 h : *London Drug (plan couleur II, B2, 12),* 1187 Robson Street. ☎ 669-7374.

■ *American Express (plan couleur II, C2, 13) :* 666 Burrard Street. ☎ 669-2813.

Transports

🚌 *Greyhound Bus Terminal (plan couleur II, D3) :* 1150 Station Street, à l'intersection de Main Street et Terminal. ☎ 482-8747. Renseignements téléphoniques 24h/24, appel gratuit : ☎ 1-800-231-2222. Fax : 683-0144. ● www.greyhound.ca ● Point de départ pour toutes les destinations vers les États-Unis et tout le Canada.

🚌 *BC Transit :* 108 av. Surrey, New Westminster. Infos pour tous les bus intra-urbains : ☎ 521-0400. De 6 h 30 à 23 h 30. ● www.bctransit.com ●

🚆 *Gare Via Rail (plan couleur II, D3) :* 1150 Station Street, à l'intersection de Main Street et Terminal. Réservation : ☎ 1-800-561-8630 (numéro gratuit).

🚆 *Gare BC Rail (plan I, C-D1) :* 1311 West First Street, North Vancouver. ☎ 984-5503. Fax : 984-5565. ● www.bcrail.com/bcrpass ●

■ *Air Canada :* 1088 West Georgia Street. ☎ 688-5515.

■ *Air France :* ☎ 1-800-361-7257 (numéro gratuit).

■ *Canadian Airlines (plan cou-*

leur II, B2, 6) : 1030 West Georgia Street. ☎ 279-6611.

■ *Thrifty : Century Plaza Hotel,* 1015 Burrard Street. ☎ 606-1695. Également au 1400 Robson Street ; ☎ 681-4869 ; et près de l'aéroport, 4071 3rd Street, à Richmond ; ☎ 276-1840.

■ *Budget (plan couleur II, C2, 7) :* 501 West Georgia Street (et Richards). ☎ 668-7068. Autre agence au 99 West Pender Street. ☎ 683-5666. Ouvert de 7 h 30 à 18 h, à partir de 8 h 30 le dimanche.

■ *Tilden (plan couleur II, B2, 8) :* 1140 Alberni Street (et Thurlow). ☎ 685-6111. Ou au 1128 West Georgia.

■ *Rent-a-Wreck :* 1083 Hornby Street. ☎ 688-0001.

■ *Lo-Cost (plan couleur II, B3, 9) :* 1105 Granville Street. ☎ 689-9664. 1835 Marine Drive. ☎ 986-1266. À Canada Place, *Cruise Ship Level.* ☎ 682-7333. Une autre agence de location de voitures, avec d'excellents forfaits week-end (3 jours).

■ *Taxis : Vancouver Taxi,* ☎ 871-1111. *Yellow Cab,* ☎ 681-1111.

– *Location de vélos :* la plupart des loueurs sont concentrés sur Robson et Denman, à partir de l'intersection des deux rues. Prix à peu près identiques mais ne vous fiez pas à ce qu'ils affichent, faites-vous confirmer le tarif avant de louer et après avoir vérifié l'état du matériel.

Médias

– Les principaux quotidiens en anglais pour les nouvelles locales et régionales sont *Vancouver Sun* et *The Province.* Un mensuel, *Vancouver* (3,50 $Ca) et deux gratuits, *Georgia Straight* et *Where Vancouver*, à disposition dans la plupart des cafés, offrent une mine d'infos pour

sortir, « magasiner » ou faire d'éventuelles rencontres.

■ *Manhattan Books (plan couleur II, B2, 14) :* 1089 Robson Street. ☎ 681-9074. Ouvert de 9 h à 19 h. Journaux français. Ils arrivent souvent avec plusieurs jours de retard.

■ Dans les **Chapters** : 788 Robson Street. ☎ 682-4066. Ouvert tous les jours de 9 h à 23 h. Quelques magazines en français (mais surtout ceux de la France « canadienne »).

■ **Radio en français** : CBUF-CBC sur 97.7 FM.

■ **International Travel Maps** (plan couleur II, C2, **15**) : 552 Seymour Street. ☎ 687-3320. Fax : 687-5925. Ouvert de 9 h à 18 h 30 du lundi au samedi, de 12 h à 17 h le dimanche. Guides et cartes routières et topographiques sur le monde entier. Grand choix, évidemment, sur le Canada et les États-Unis.

Sites web

● **www.tourism-vancouver.org** ● Site de l'office du tourisme à Vancouver. Peu d''informations générales sur Vancouver mais liste très complète des adresses de logement, restos, bars, etc.

● **www.culturenet.ca/vca** ● Calendrier et infos générales sur tous les événements artistiques à Vancouver.

Où consulter Internet ?

Partout, car après tout c'est aussi l'Amérique. Selon que vous privilégiez le cadre ou le prix de la connexion, voici quelques adresses éparpillées dans le centre, mais vous n'aurez aucune difficulté à en trouver d'autres.

@ **Lingo Cyberbistro** (plan couleur II, C2, **16**) : 547 Seymour Street, en face d'*A & B Sound.* ☎ 331-9345. ● www.ilsc-vancouver.com/lingo/ ● Ouvert de 8 h à 20 h du lundi au vendredi, 4 h le samedi, 19 h le dimanche. 4,5 $Ca la demi-heure, 8 $Ca l'heure pour surfer sur le Web. De bons sandwichs et quelques plats tex-mex pour ceux que la cyberculture laisserait sur leur faim.

@ **Student Center** : 616 Seymour Street, à peine un bloc plus bas que le *Lingo Cyberbistro,* sur le trottoir opposé. ☎ 488-1441. Ouvert tous les jours de 10 h 30 à 19 h 30. Ouvert à tous, ce local à peine aménagé permet d'utiliser Internet pour de courtes durées (2 $Ca pour moins de 20 mn, 6 $Ca l'heure) et

de scanner des photos pour les envoyer à sa petite famille. Cartes téléphoniques également en vente.

@ **Internet Coffee** (plan couleur II, B2, **17**) : 1104 Davie Street. ☎ 682-6668. ● internetcoffee98@yahoo.fr ● Ouvert tous les jours de 9 h à 3 h, 4 h du matin le samedi. En plus des services Internet, cafés « à l'italienne » et jus de fruits frais.

@ **The Byte Place** (plan couleur II, A1, **18**) : 1636 Robson Street. ☎ 683-2688. ● byteplace@yahoo.com ● Sous le *Tama Sushi.* Ouvert tous les jours de 10 h à minuit, les vendredi et samedi jusqu'à 2 h. Une déco qui n'a pas bougé depuis les *Seventies* mais un matériel complet : Internet, photocopieuses, fax, tout pour rester en contact. Bar.

Où dormir ?

Campings

Peu de campings à Vancouver et ils sont loin. Pour les inconditionnels et les *addicts* de la sardine, voici cependant quelques adresses.

⌂ **Capilano RV Park** (plan I, C1) : 295 Tomahawk Avenue, North Vancouver. ☎ 987-4722. Fax : 987-

2015. Le plus proche de Downtown, juste après le Lion's Gate Bridge. Il suffit de traverser le pont pour être dans le Stanley Park, à 10 mn de bus du centre-ville. Compter 25 $Ca pour 2 personnes, une voiture et une tente. Laverie, piscine, jacuzzi. Seul inconvénient, assez bruyant à cause de la circulation.

♣ **Richmond RV Park and Campground :** 6200 River Road, Richmond BC, V7C-5E8. ☎ 270-7878. Appel gratuit : ☎ 1-800-755-4905. Fax : 244-9713. Ouvert d'avril à octobre. Tout près de la ville. À une dizaine de kilomètres au sud (sur Lulu Island), mais bus à 5 mn à pied pour rejoindre Downtown. Compter environ 15 $Ca pour deux.

♣ **Dogwood Campgrounds of BC :** 15151 112th Avenue, Surrey. ☎ 583-5585. Fax : 583-4725. À une trentaine de kilomètres au sud-est. En marge de la Highway 1 (Transcanada Highway).

♣ **Peace Arch RV Park :** 14601 40th Avenue, Surrey. ☎ 594-7009. À une quarantaine de kilomètres au sud-est de Vancouver. En marge de la Highway 99. Confortable. Emplacements dans un endroit boisé. Piscine chauffée. Bus du camping au *Skytrain*.

Bon marché

♣ **Vincent's The New Backpackers Hostel** (ex-*Vincent's Guesthouse* ; *plan couleur II, C2, 20*) : 347 West Pender Street. ☎ 688-0112. Vraiment pas cher, 10 $Ca la nuit en chambre de 4 ou 6 ; 25 $Ca la chambre simple et 30 $Ca la double. Bien pour une nuit et pour les fauchés, car pas toujours bien propre. Ambiance très routarde, pas de couvre-feu. Cuisine et salle TV.

♣ **Global Village Backpackers** (*plan couleur II, B2-3, 23*) : 1018 Granville Street, en face du *Royal Hotel*. ☎ 682-8226. Appel gratuit : ☎ 1-888-844-7875. Fax : 682-8240. ● www.globalbackpackers.com ● Immanquable, avec ses couleurs flashy. Compter 18 $Ca la nuit. Quelques chambres individuelles à 56 $Ca. Situation idéale près des bars et de Gastown, d'autant que la folle animation de Robson Street n'est pas loin. Ambiance très cool, difficile de faire cavalier seul, vous êtes dans le bain dès le seuil franchi.

♣ **Vancouver Hostel** (*plan couleur II, B2, 21*) : 1114 Burnaby Street, à l'angle de Thurlow. ☎ 684-4565. Appel gratuit : ☎ 1-888-203-4302. Fax : 684-4540. ● van-downtown@hihostels.bc.ca ● ♿ En plein centre, dans un coin assez calme, non loin du Nelson Park. Accueil 24 h/24. Compter 20 $Ca la nuit si vous êtes membre (sinon, 24 $Ca), et 55 $Ca (ou 64 $Ca) pour une chambre double. Non-fumeurs. Auberge récente dont la situation, l'accueil et les services en font une très bonne adresse, même pour les familles. Chambres privées ou partagées (4 personnes au maximum). Jardin, salons, cuisine bien équipée, salle à manger, laverie, librairie, salle de jeux, location de vélos.

♣ **Hostelling International Vancouver Jericho Beach** (*plan couleur I, B2, 22*) : 1515 Discovery Street. ☎ 224-3208. Appel gratuit : ☎ 1-888-203-4303. Fax : 224-4852. ● van-jericho@hihostels.bc.ca ● Ouvert 24 h/24. Situé dans le parc de Jericho, à 5 mn des plages de Jericho et Locarno, au sud de Downtown. Pour y aller, prendre le bus n° 4 sur Granville Street, direction UBC. Le bus s'arrête à 5 mn à pied de l'auberge. Compter 17 $Ca par personne pour les membres, ou 21,5 $Ca si vous n'avez pas la carte des AJ. Grande maison blanche aux fenêtres bleues. Deux étages de dortoirs (non mixtes) un peu spartiates, divisés en petites sections de 4 lits, et 4 chambres individuelles un peu chères (environ 50 $Ca). Sanitaires propres. Cafétéria, *laundry* et coin cuisine. Attention, c'est une AJ non-fumeurs. Possibilité d'y prendre ses repas. Billard. Tennis à côté.

♣ **YWCA Hotel-Residence** (*plan couleur II, C3, 31*) : 733 Beatty

Street. ☎ 895-5830. Appel gratuit : ☎ 1-800-663-1424. Fax : 681-2550. ● www.ywcavan.org ● ♿ Un véritable hôtel, dans un nouveau bâtiment, moderne, en plein centre, à deux pas du quartier rénové de Yaletown. 155 chambres de 1 à 5 personnes. Simples de 48 à 63 \$Ca, doubles de 60 à 96 \$Ca, triples autour de 90 \$Ca, environ 10 \$Ca en

moins en basse saison. Salles de bains privées ou communes, TV dans certaines chambres. Plusieurs cuisines, laverie, salle TV, air conditionné. Accueil et ambiance un peu froids. Accès gratuit au centre sportif et de santé (piscine, salle de gym, etc.) à 15 mn à pied. Réservation conseillée.

Prix moyens

🛌 **The Kingston Hotel** (*plan couleur II, C2, 24*) *:* 757 Richards Street, à l'angle de Robson et Richards. ☎ 684-9024. Appel gratuit : ☎ 1-888-713-3304. Fax : 684-9917. ● www. vancouver-bc.com/kingstonhotel ● Chambres simples de 45 à 75 \$Ca, doubles de 55 à 85 \$Ca, douches et toilettes communes à chaque étage. À quelques blocs à peine du stadium ou des magasins de Robson Street, un *B & B* pratique pour rayonner dans tout le centre-ville. Très *clean* et sans prétention, un hôtel familial au rapport qualité-prix imbattable. Sauna, laverie, parking.

🛌 **Royal Hotel** (*plan couleur II, B2, 25*) *:* 1025 Granville Street. ☎ 685-5335. Appel gratuit : ☎ 1-877-685-5337. Fax : 685-5351. ● www.attheroyal.com ● Chambres de 69 à 89 \$Ca. Cet hôtel à la façade jaune et noir vient d'être entièrement refait. Il manque encore un peu de patine mais sa situation centrale et des prix raisonnables devraient lui attirer pas mal de monde. Relativement calme malgré le pub en dessous.

🛌 **The Dominion Hotel** (*plan couleur II, D2, 26*) *:* 210 Abbott Street, à l'angle de Water Street ; dans le quartier de Gastown. ☎ 681-6666. Fax : 681-5855. ● www.dominionho tel.bc.ca/gastown ● Doubles sans salle de bains à partir de 96 \$Ca en saison, de 115 à 128 \$Ca avec salle de bains, petit déjeuner inclus. Loin des chaînes aseptisées, cet hôtel possède un petit côté *historical flavour and charm*. En activité depuis 1899, il est situé dans un des plus vieux buildings de Gastown,

dans le style XIXᵉ siècle. Les chambres, inégales, ont toutes un petit côté désuet, déco minimale et murs de brique, avec tout le charme et les inconvénients que cela implique... celles qui donnent sur Water Street peuvent se révéler bruyantes et les groupes qui jouent parfois au *Lamphighter's Pub,* au rez-de-chaussée de l'hôtel, perturbent sérieusement le sommeil. Petit déjeuner servi au *coffee-shop* d'à côté jusqu'à 11 h. Accueil sympa dans un français de bonne volonté.

🛌 **Buchan Hotel** (*plan couleur II, A1, 27*) *:* 1906 Haro Street. ☎ 685-5354. Appel gratuit : ☎ 1-800-668-6654. Fax : 685-5367. ● www.3bc. sympatico.ca/buchan ● Rue parallèle à Robson Street. Petit hôtel entouré d'arbres dans un quartier résidentiel calme, à deux blocs du Stanley Park. Architecture style 1940, sur 3 étages. Environnement et cadre agréables. Chambres avec cheminée, avec ou sans salle de bains, fort bien tenues. Accueil sympathique. Prix intéressant à la semaine. Non-fumeurs. Réservation conseillée.

🛌 **Kitsilano Point B & B** (*plan couleur I, C2, 28*) *:* 1936 McNicoll Avenue. ☎ 738-9576. À deux pas de Burrard Street. Bien situé, pas loin de la plage de Kitsilano et du Vanier Park. Demeure traditionnelle du début du XXᵉ siècle. Chambres plaisantes autour de 75 \$Ca. Jennifer et Larry sont très sympas et parlent un peu le français. Réservation obligatoire par écrit ou par téléphone.

De prix moyens à plus chic

■ **Sylvia Hotel** (plan couleur II, A1, *29*) : 1154 Gilford Street. ☎ 681-9321. Fax : 682-3551. ● www.sylvia hotel.com ● Chambres de 65 à 115 $Ca, avec cuisine si l'on veut, superbes suites de 125 à 175 $Ca. Parking : 5 $Ca la nuit. En lisière d'English Bay, avec sa jolie plage, ses pelouses, etc. (et à deux pas du Stanley Park). Aisément repérable avec sa majestueuse façade couverte de lierre, cet hôtel fut considéré en 1912 comme le plus bel édifice du West End et, jusqu'en 1950, le plus haut. À côté des hôtels de chaîne chics mais identiques, il présente en effet un remarquable rapport qualité-prix-charme, avec ses chambres fonctionnelles et spacieuses. Huit d'entre elles offrent une vue directe sur la baie (les plus chères), et beaucoup d'autres n'en possèdent qu'un petit bout. Réserver impérativement.

■ **The Manor** (plan couleur I, C2, *32*) : 345 West 13th Avenue. ☎ 876-8494. Fax : 876-5763. Quartier résidentiel dans la verdure. Demeure édouardienne avec décor intérieur fait d'élégantes boiseries. L'hôtesse parle le français. 10 chambres de 85 à 170 $Ca, plaisantes, dont certaines au sous-sol (peu de lumière, mais très propres). Au dernier étage, une superbe suite familiale, très claire, avec cuisine, balcon et vue sur Downtown. Parking privé. Réservation fortement conseillée.

■ **The Penny Farthing Inn** (plan couleur I, B2, *33*) : 2855 West 6th Avenue ; près de *MacDonald*. ☎ 739-9002. Fax : 739-9004. ● pennyfarthinginn.com ● Trois chambres à 110 $Ca, une suite à 165 $Ca. Ravissant *B & B* dans un quartier agréable. Jardin très fleuri. Fumeurs, enfants de moins de 12 ans et allergiques aux chats (il y en a 3), s'abstenir. La maison, style *craftman house* avec véranda surélevée, date de 1912. Décoration adorable, faite de dentelles et mobilier anglais. De quoi vous sentir une âme de collégienne anglaise en dormant dans les chambres d'*Abigail*, *Lucinda*, *Sophie* ou *Bettina* (suite de luxe, cheminée, TV, stéréo, véranda). Copieux petit

déjeuner. Réservation hautement recommandée.

■ **The West End House** (plan couleur II, B2, *34*) : 1362 Haro Street. ☎ 681-2889. Fax : 688-8812. À un bloc de l'animation de Robson Street et à 600 m du Stanley Park. À partir de 120 $Ca la nuit. Jolie maison du début du XXᵉ siècle offrant un vieux charme victorien. Lits en cuivre, mobilier ancien. Confortable. Terrasse agréable. Non-fumeurs. 2 jours minimum. Réservation obligatoire.

■ **Beautiful B & B** (plan couleur I, C3, *35*) : 428 West 40th Avenue, au carrefour avec Cambie Street. ☎ 327-1102. Fax : 327-2299. ● www. beautifulbandb.bc.ca ● Entre Downtown (5 mn en voiture) et l'aéroport de Vancouver (12 mn), donc très bien situé, en plein quartier résidentiel. Si vous n'êtes pas motorisé, 15 mn pour aller au centre-ville en prenant le bus sur Cambie Street. Chambre simple à 100 $Ca, double à 110 $Ca et suite à 200 $Ca. Une superbe maison coloniale, avec des chambres impeccables aux meubles rustiques. Bon accueil de Corinne, la maîtresse de maison.

■ **Douglas Guesthouse B & B** (plan couleur I, D2, *30*) : 456 West 13th Avenue, à l'intersection avec Cambie Street. ☎ 872-3060. Appel gratuit : ☎ 1-888-872-3060. Fax : 873-1147. ● www.dougwin.com ● Chambres agréables et claires, de 95 à 110 $Ca. Non-fumeurs. Une maison édouardienne pas très discrète de l'extérieur (dans les tons orange), mais tout confort. Superbe cuisine et petit déjeuner en terrasse. Si c'est complet, le *Cambie Lodge* à côté, blanc et bleu, appartient au même propriétaire.

■ **Shato Inn** (plan couleur II, A1, *37*) : 1825 Comox Street. ☎ 681-8920. Compter environ 110 $Ca la double. Quelques chambres dans une maison en bois située dans une rue calme, à deux pas d'English Bay. Idéal pour des familles. Garage gratuit en sous-sol. Accueil en pantoufles de la propriétaire, une gentille grand-mère.

■ **Barclay** (plan couleur II, B1, *38*) : 1348 Robson Street. ☎ 688-8850.

Fax : 688-2534. ● www.barclayhotel. com ● Bien situé entre le quartier des affaires et les restos de Denman Street. Chambres simples de 75 à 95 $Ca, doubles de 95 à 125 $Ca. L'entrée et le bel aspect extérieur du bâtiment laissent supposer des chambres avec plus de caractère, mais elles sont plutôt fonctionnelles. Cet hôtel à taille humaine reste tout de même une bonne adresse.

De chic à très chic

▣ *Best Western Sands (plan couleur II, A2, 40)* **:** 1755 Davie Street. ☎ 682-1831. Appel gratuit : ☎ 1-800-661-7887. Fax : 682-3546. Compter environ 180 $Ca en semaine, 200 $Ca le week-end. La moitié des chambres sont réservées aux non-fumeurs. Motel classique et fonctionnel à l'américaine, très bien situé, à 100 m d'English Bay et non loin du Stanley Park. Au 5ᵉ étage, les chambres, à peine plus chères, bénéficient d'une belle vue sur la mer et d'un petit balcon.

▣ *Wedgewood Hotel (plan couleur II, B2, 45)* **:** 845 Hornby Street. ☎ 689-7777. Appel gratuit : ☎ 1-800-663-0666. Fax : 608-5348. ● www.wedgewoodhotel.com ● Chambre double à partir de 200 $Ca, et compter de 440 à 640 $Ca pour les suites. Le grand luxe et le charme anglais, tons vieux rose et papiers fleuris, au cœur de la ville. Restaurant, bar et *afternoon tea* servi dans la *Bacchus Lounge.*

▣ *Georgia (plan couleur II, C2, 39)* **:** 801 West Georgia Street. ☎ 682-5566. Appel gratuit : ☎ 1-800-663-1111. Fax : 642-5579. ● www.hotelgeorgia.bc.ca ● Ce vaste hôtel possède un charme rétro mais ses chambres sont plutôt de type motel. Compter 279 $Ca la chambre simple, et 400 $Ca la chambre double.

Location d'appartements à la journée

Cette formule est vraiment économique si vous êtes quatre. Vous vous trouverez dans un grand appart avec une cuisine équipée. C'est intime et ça vous fait économiser sur les restos.

▣ *Robsonstrasse Hotel (plan couleur II, B1, 41)* **:** 1394 Robson Street. ☎ 687-1674. Appel gratuit : ☎ 1-888-667-8877. Fax : 685-7808. ● www.van couver-bc.com/RobsonstrasseHotel ● Compter 139 $Ca la nuit. À l'extrémité du sympathique quartier de Robson (boutiques, maisons basses, rues animées...). Grands appartements avec salle de bains et cuisine. Très propres. Grandes baies vitrées. Juste en face, le *Riviera*, grand immeuble vert flambant neuf, propose également des appartements tout confort, mais plus chers (169 $Ca la nuit).

▣ *English Bay Apartment Hotel (plan couleur II, A1, 42)* **:** 1150 Denman Street ; à l'angle de Pendrell Street. ☎ 685-2231. Fax : 685-2291. Tenu par un Chinois très souriant (pléonasme). À 2 mn de la plage d'English Bay, dans un quartier toujours animé. À trois blocs du Stanley Park. Chambres propres et spacieuses, avec salle de bains et cuisine pour 90 $Ca la nuit.

▣ *Tropicana Motor Inn (plan couleur II, B1, 43)* **:** 1361 Robson Street. ☎ 687-6631. Fax : 687-5724. ● 693687@ican.net ● Compter 139 $Ca la nuit, plus intéressant en basse saison. Même formule et dans le même quartier que les deux autres. Piscine et sauna. Parking gratuit.

▣ *Oceanside Apartment Hotel (plan couleur II, A1, 44)* **:** 1847 Pendrell Street. ☎ 682-5641. Fax : 687-2340. Grands appartements lumineux (cuisine, coin salle à manger + séjour) pour 150 $Ca la nuit en haute saison, et 100 $Ca hors saison. Très bien situé, près d'English Bay et du Stanley Park, même s'il serait temps de le renommer... Inutile de vous tordre le cou pour apercevoir la mer, l'hôtel a dû perdre la vue dont il jouissait quand les Ocean Towers, de belles résidences privées, se sont intercalées. Parking gratuit. Accueil moyen.

B & B

Les agences de réservation pullulent. En voici quelques-unes. Mais pas d'illusions, c'est cher. Un guide des *bed & breakfast* assez bien fait répertorie les adresses certifiées. Disponible dans les offices du tourisme et dans chacun des établissements ci-dessous. ● www.wcbbia.com ●

■ *A Home away from Home* (passe-moi les pantoufles, chérie !) *:* 1441 Howard Avenue, Burnaby, BC. ☎ 294-1760. Fax : 294-0799.
■ *Canada West Accommodations :* ☎ 929-1424. Appel gratuit : ☎ 1-800-561-3223. Fax : 929-6692. *B & B* à Vancouver, Victoria et Whistler.
■ *Old English Bed & Breakfast*

Registry : 1226 Silverwood Crescent, North Vancouver. ☎ 986-5069. Fax : 986-8810.
■ *AAA Bed & Breakfast Registry :* ☎ 875-8888. Appel gratuit : ☎ 1-800-463-9933.
■ *Vancouver B & B Registry :* ☎ 298-8815. Fax : 298-5917.

Où manger ?

On se restaure fort bien à Vancouver, vous vous en doutiez. Cuisine multiethnique, à l'image de la ville. En outre, vous ne vous y ruinerez pas. Les « Bon marché » le sont vraiment et, en fin de parcours, vous pourrez vous offrir un « chicos » sans commettre d'attentat au portefeuille. Nous avons divisé ce chapitre en deux secteurs géographiques bien différents (bien que pour ceux, celles possédant un véhicule, les distances se révèlent vite abattues !). Nous distinguerons d'abord Downtown et ensuite au sud de Downtown, au-delà des Granville et Cambie Bridges (un quartier bien séduisant du point de vue gastronomique !).

DOWNTOWN, DANS CHINATOWN

Chinatown souffre de la proximité de Hastings, une des rares rues à éviter à Vancouver et pas mal de petites adresses sympas ont plié bagage. On peut toujours manger pour pas cher dans les nombreux *noodles*, mais le quartier s'éteint plus ou moins vers 20 h et mieux vaut ne pas y faire long feu. Plus animé et intéressant de jour.

Bon marché

I●I *Kam Gok Yuen* (plan couleur II, D2, *51*) *:* 142 East Pender Street ; au cœur de Chinatown. ☎ 683-3822. Autour de 6 $Ca le plat. Un des rares restos chinois à servir tard le soir, jusqu'à minuit (0 h 45 le samedi). Décor très sobre. Éclairage au néon et serveuses en costume jaune canari. Copieux et pas cher. Spécialiste de *BBQ*.
I●I *New Capital Smorgasboard*

(plan couleur II, D2, *52*) *:* 158 East Pender Street ; non loin de Main Street. ☎ 681-1828. Sert jusqu'à 21 h. Fermé le mercredi. Au sous-sol. Propre. La bonne adresse si vous avez très faim. Prenez le *smorgasboard* qui signifie « buffet ». Pour moins de 8 $Ca, on se sert à volonté. *Salad-bar*, soupes, poisson, poulet, porc, bœuf au curry, nouilles, légumes divers, etc. Bon service.

DOWNTON, DANS GASTOWN

Bon marché

I●I *The Only Fish and Oyster Café* *(plan couleur II, D2, 53)* : 20 East Hastings Street. ☎ 681-6546. Ouvert de 11 h 30 à 20 h 30 (le dimanche, de 12 h à 19 h). Moins de 10 $Ca le repas. Resto asiatique. On ne vient pas ici pour la déco (Formica jaune et carrelage) ni pour la frime, mais pour déguster toutes sortes de poissons pas chers. Attention, ce n'est pas de la grande cuisine (c'est même plutôt rustique), et la propreté est parfois un peu limite. *Clam chowder* parfois un peu fade, poisson et fruits de mer trop cuits ou nageant dans l'huile. Plus une expérience à tenter si l'on veut connaître un resto qui n'a pas été repeint depuis la mort de Confucius. Incontestablement, une institution à Vancouver.

Prix moyens

I●I *The Old Spaghetti Factory* *(plan couleur II, D2, 55)* : 53 Water Street ; entre Abbott et Carrall Street. ☎ 684-1288. Ouvert de 11 h 30 à 22 h, jusqu'à 23 h le samedi. Plats de 10 à 15 $Ca. La bonne vieille *Spaghetti Factory* qui fait recette tant aux États-Unis qu'au Canada. Mobilier de récup autour de l'incontournable tram, un style pseudo 1900 et des murs couverts de vieilleries, vraies ou fausses, peu importe. C'est chaleureux, les serveuses sont charmantes, la nourriture ne déçoit jamais et l'addition reste sage. D'ailleurs, ça ne désemplit pas, mais on n'attend jamais bien longtemps.

I●I *Water Street Café* *(plan couleur II, D2, 54)* : 300 Water Street (à l'angle de Cambie, en face de l'horloge à vapeur). ☎ 689-2832. Plats sans surprise mais bien cuisinés, de 6 à 12 $Ca. Quelques spécialités : *seafood salad*, salade de tomates aux croûtons et fromage de chèvre. Situé dans les murs de l'ancien hôtel *Régina*, l'un des seuls à avoir résisté à l'incendie de 1886. Les grandes baies vitrées qui donnent sur l'horloge à vapeur rendent la salle très lumineuse, et une petite terrasse vous accueille même aux beaux jours.

Plus chic

I●I *Umberto Al Porto* *(plan couleur II, D2, 56)* : 321 Water Street. ☎ 669-3732. Fax : 669-9723. ● www. umberto.com ● Ouvert tous les jours de 11 h 30 à 22 h, les vendredis et samedis jusqu'à 23 h. Fermé les samedi midi et dimanche. Plats italiens finement préparés, entre 12 et 13 $Ca à midi, autour de 10 $Ca pour les pâtes, à peine plus cher le soir. Au choix, la douceur toscane de la salle du bas, ou, à l'étage, la vue sur North Vancouver et ses monts enneigés, garantis presque à l'année (on les a vus en juin) et sur la baie, même si vous devez d'abord enjamber les voies ferrées du regard. Le rendez-vous des yuppies du quartier. Quelques plats : *mustaccioli alla zingara, cannelloni porto, gamberi ubriachi, coniglio in umido*. Grand choix de vins américains, français et locaux. Accueil prévenant et efficace.

I●I *C Restaurant* *(plan couleur II, A-B3, 50)* : 1600 Howe Street. ☎ 681-1164. Fax : 605-8263. Ouvert tous les jours. Environ 25 $Ca sans le vin. Entrée discrète au fond de Howe Street (attention de ne pas louper la rue sinon vous vous retrouvez sur le Grandville Bridge), mais ne vous y fiez pas, tout Vancouver connaît l'adresse. Dans un décor épuré, c'est ici que se signent les gros contrats. Cher, mais une cuisine vraiment fine et inventive. « C » comme *sea*, poissons et *sashimis* servis sur des pierrades. Intéressante sélection de vins. Terrasse agréable.

DOWNTOWN, DANS LE QUARTIER DE WEST END

Bon marché

I●I Benny's Bagels *(plan couleur II, A1-2, 78)* **:** 1780 Davie Street. ☎ 685-7600. Ouvert tous les jours de 7 h à 23 h. Diverses formules petit déjeuner ou *lunch* pour moins de 5 $Ca, sandwichs de 3 à 5 $Ca, 3 $Ca les 6 *bagels* à emporter. *Benny's Bagels* est une chaîne (autre adresse sur le campus de l'université, 102 University Boulevard), mais les 15 variétés de *bagels* sont fabriqués sur place. Prendre le temps de déguster un de ces petits beignets en terrasse, face à l'English Bay, c'est se mettre au rythme de West End.

I●I Bread Garden *(plan couleur II, A1, 68)* **:** 1040 Denman Street. 685-2996. Fax : 685-5703. Également un sur Robson, au niveau de Bute Street, et un autre à Kitsilano. Ouvert tous les jours de 6 h à minuit, jusqu'à 2 h les samedi et dimanche. Des sandwichs autour de 5 $Ca, jus de fruits, *cappuccino,* desserts et cookies tout frais. Là encore, une chaîne de café-sandwicherie dont les Canadiens ont le secret... Des produits frais, un environnement boisé accueillant et une terrasse chauffée super sympa. Parfait pour faire un break avant de partir à la découverte du Stanley Park.

I●I Great Wall Mongolian BBQ *(plan couleur II, A1, 76)* **:** 717 Denman Street. ☎ 688-2121. Ouvert tous les jours. Un self sympa et économique (on peut s'en tirer pour une poignée de dollars), pâtes fraîches, bol de soupe et riz de pain. À midi, 5,95 $Ca le saladier ou formule *all you can eat,* servie de 11 h 30 à 15 h, à 7,95 $Ca et vous vous resservez à volonté. Buffet avec viandes, légumes et sauces variées plus ou moins épicées, le tout grillé sous vos yeux.

I●I Poncho's Mexican Restaurant *(plan couleur II, A1, 57)* **:** 827 Denman Street. ☎ 683-7286. Ouvert de 17 h à 23 h. Fermé le lundi. Bonne et copieuse nourriture mexicaine. Quelques spécialités autour de 12,50 $Ca : *pollo a la poblana, huachinango a la vera cruzana, enchilada verde,* « combinaisons » diverses avec riz et haricots. Le cadre simple mais chaleureux avec de grands sombreros en guise d'abat-jour, et la margarita maison vous mettent tout de suite à l'aise. Accueil très sympa.

I●I Café S'il Vous Plaît *(plan couleur II, C2, 58)* **:** 500 Robson Street, à l'angle de Richards. ☎ 688-7216. Ouvert du lundi au samedi de 9 h à 22 h, jusqu'à minuit le samedi. Fermé le dimanche. Petit snack sans prétention, calme, complètement décalé dans le quartier maintenant branché de Yaletown. Nourriture très correcte. Au comptoir ou sur les banquettes, les prix sont les mêmes (moins de 10 $Ca).

I●I Capers *(plan couleur II, A1, 59)* **:** 1675 Robson Street. Ouvert tous les jours de 8 h à 22 h. Sandwichs autour de 6 $Ca. On le reconnaît de loin, d'un vert en accord avec la philosophie des lieux. On peut y manger sur des tables hautes, mais c'est aussi un petit supermarché de produits naturels et biologiques. Les fruits et légumes n'ont jamais paru aussi alléchants, presque trop beaux, il faut dire qu'un système d'arrosage les rafraîchit en permanence. Le grand luxe. Terrasse chauffée et protégée, grandes chaises en bois. Très bonnes salades, pains de toutes sortes, étalages de fruits et légumes très appétissants, etc. Idéal pour préparer un bon pique-nique. Pensez à y repasser pour vos cadeaux de voyage. Le 1er mercredi du mois, 5 % de la recette sont versés à œuvre de charité. *Politically correct* sur toute la ligne, bravo !

Restos de nuit

I●I Doll and Penny's *(plan couleur II, B2, 60)* **:** 1167 Davie Street. ☎ 685-3417. Ferme assez tard, à 2-3 h en fin de semaine, et c'est vrai qu'on y va plutôt en fin de soirée. Pour vous mettre dans l'ambiance, le vendredi, grand show de *drag queens* sur la petite scène au fond de la salle. Réservation indispensable. On s'affale sur l'un des canapés, dans un décor de théâtre ou de cabaret, plein d'objets hétéroclites aux murs. C'est un lieu de rendez-vous, une atmosphère... et aussi un resto, où l'on peut manger pour moins de 10 $Ca. Mais la nourriture n'a pas vraiment d'importance à cette heure tardive. D'ailleurs, il n'y a guère de lumière pour voir ce que l'on a dans l'assiette. *Burgers* honnêtes, garniture copieuse.

|●| **Hamburger Mary's** (plan couleur II, A2, 61) : 1202 à l'angle de

Prix moyens

|●| **Liliget Feast House** (plan couleur II, A2, 77) : 1724 Davie Street, juste avant de croiser Denman Street. À peine visible de la rue, seul un panneau vous indique le petit escalier vers le restaurant en sous-sol. ☎ 681-7044. Ouvert de 17 h à 22 h. Soupes autour de 5 $Ca, plats autour de 10 $Ca, plus cher pour les fruits de mer. Cuisine traditionnelle amérindienne, du saumon du Pacifique aux divers gibiers (de la pintade au caribou). Les plats aux noms barbares sont les meilleurs : *potlatch platter* (saumon grillé, huîtres, moules et *oolicans* fumés). Laissez-vous tenter.

|●| **Café de Paris** (plan couleur II, A1, 76) : 751 Denman Street. ☎ 687-1418. Ouvert tous les soirs de 7 h 30 à 22 h, du lundi au vendredi également de 11 h 30 à 14 h, et pour le *brunch* le dimanche. Établi depuis plus de 20 ans, ce restaurant attire

Plus chic

|●| **Joe Fortes** (plan couleur II, B2, 63) : 777 Thurlow Street ; à l'angle de Robson Street. ☎ 669-1940. Appel gratuit : ☎ 1-877-669-JOES. Fax : 669-4426. ● joefortes@intouch.bc.ca ● Ouvert midi et soir jusqu'à 23 h (minuit les vendredi et samedi, 22 h le dimanche). Joe Seraphin Fortes fut l'une des plus grandes figures locales : ancien marin puis barman, il passa sa retraite à

Bute et Davie Streets. ☎ 687-1293. Ouvert 24 h/24. Déco *happy days* qui ne craint pas l'outrance. Réputé pour ses petits déjeuners, des simples *pancakes* (8 $Ca) aux menus plus consistants tels que le *West Coast* (œufs et saumon fumé, 8,50 $Ca). Mention particulière pour le *Bute Street Express* (œuf, bacon, saucisse, patates et toast) à 4,29 $Ca seulement. On peut s'y rendre également le soir pour goûter aux multiples *burgers* (10 $Ca environ), ou siroter une margarita sur la petite terrasse.

tous les friands du « bon goût » français. Prix spécial pour la cave. Cuisine de type bistrot, cassoulet toulousain et bouillabaisse provençale, cuisine française adaptée (bison fumé sur céleri remoulade), plats de 15 à 20 $Ca, hors-d'œuvre pour 6 $Ca environ, plateau de fromages et chariot de desserts.

|●| **Cactus Club Café** (plan couleur II, B2, 62) : 1136 Robson Street. ☎ 687-3278. Fax : 681-3274. Une formule qui marche, puisqu'ils sont neuf *Cactus Club* à être implantés au Canada. Au cœur de l'animation. Cadre *teenager* avec des TV partout, branchées sur les chaînes sportives ou musicales, mais plutôt rigolo avec les fils téléphoniques qui parcourent le plafond et les fausses têtes d'animaux. Bonne nourriture, tendance *burger* amélioré. Accueil très dynamique. Vivant et bruyant toute la journée.

enseigner la natation à des milliers d'enfants et à sauver des vies. En 1923, il eut droit, à son enterrement, au plus important cortège de l'histoire de Vancouver. Immense salle haute de plafond, bruyante et animée. Clientèle yuppie, femmes élégantes. Possède la réputation d'être l'un des meilleurs *single bars*. Comptoir en U pris d'assaut. Terrasse. Remarquable sélection de whiskies écossais et de bières à la pression (O'Kanagan, Shaftebury bitter, Granville Island, etc.). Très réputé également pour son poisson et ses huîtres. On a surtout aimé le *special pan fried Cajun oysters*, la *Joe lite clam chowder*, le *fish trio (mako shark, local halibut, BC sockeye salmon)*. Réservez ou préparez-vous à une bonne file d'attente.

DOWNTOWN, DANS LE QUARTIER DE YALETOWN

|●| **Subeez** *(plan couleur II, C3, 75)* : 891 Homer Street, à l'angle de Homer et de Smith. ☎ 687-6143. Pour un déjeuner rapide et léger, bonnes salades de fruits de mer (*cobb salad* à 10,95 $Ca, *hot seafood salad* à 12,95 $Ca). Pour de plus gros appétits, lasagnes, plats végétariens, *pesto*, *jambalaya* et currys. Un des nouveaux endroits tendance de Yaletown. On croirait entrer dans une B.D. de Bilal, tant les énormes piliers en béton et les conduites apparentes en alu semblent s'éloigner de l'idée communément admise d'un « cadre chaleureux ». Pourtant, cet ancien hangar haut de plafond et aux grandes fenêtres est réellement accueillant. La musique peut sembler assourdissante mais la clientèle, jeune et techno, en redemande. Choix de vins et bières à la pression affichés sur de grands tableaux noirs. Côté resto, on vous donne la carte à l'entrée et vous choisissez votre table. Le service est lent, mais pour contrer toute réclamation, c'est présenté dans le menu comme une des caractéristiques de l'endroit... vous voilà prévenu.

AU SUD DE DOWNTOWN

De bon marché à prix moyens

|●| **Sophie's** *(Cosmic Café ; plan couleur I, C2, 64)* : 2095 W 4th Avenue ; au nord de Broadway, à l'angle d'Arbutus. ☎ 732-6810. Ouvert tous les jours de 8 h à 21 h 30. Compter de 6 à 7 $Ca pour des œufs à toutes les sauces, des *burgers* et des club-sandwichs. Quelques spécialités à tonalité cajun et québécoise : *po'boy Louisiana*, *oyster burger*, *Santa Fé chicken*, crevettes à la cajun. Cadre rigolo, décor farfelu (voitures d'enfants, chapeaux, affiches, etc.). Particulièrement kitschy et coloré. Des familles et des jeunes du coin viennent s'écraser sur les banquettes de moleskine et créent une ambiance affairée et vivante. Au tableau noir, les spécialités du jour.

|●| **Sala Thai** *(plan couleur I, C3, 65)* : 3364 Cambie Street. ☎ 875-6999. Ouvert de 11 h 30 à 2 h 30 du lundi au vendredi, et tous les soirs, jusqu'à 22 h. Plats autour de 8 $Ca. Décor dans les gris et rose, colonnes corinthiennes. Excellente cuisine thaïe. Plats particulièrement copieux. Trois variétés de *tom yam* (délicieuse soupe épicée). Salades diverses. Bœuf sauce d'huîtres, porc à l'ail, *Sala Thai ruam mitr* (crevettes, palourdes, seiche et poisson), *noodle and rice*.

|●| **Isadora's** *(plan couleur I, C2, 66)* : 1540 Old Bridge Street, Granville Island. ☎ 681-3748. Fax : 681-4538. Juste en dessous du pont Granville. Ouvert pour le *lunch* de 11 h 30 à 17 h 30 du lundi au vendredi, de 15 h à 17 h 30 les samedi et dimanche, dîner de 17 h 30 à 21 h (sauf le lundi). Les samedi et dimanche, *brunch* de 9 h à 14 h 30. Restaurant-coopérative soutenu par 1 500 actionnaires. Salle d'un grand volume avec mezzanine. Atmosphère animée et chaleureuse. Beaucoup de choses prévues pour les enfants (terrain de jeux à l'extérieur, petites tables et chaises pour manger, etc.). Très bonne cuisine à prix fort raisonnables. Pour le *lunch*, *babaghannouj* (caviar d'aubergines), soupe *(seafood chowder)*, *burgers*, salades, *fish stew*. Pour le dîner, *baked snaper*, *wild chinook salad*, *vegetarian lasagna*. Délicieux desserts : *carrot cake*, *apple crumble*.

Au fait, les bénéfices sont réinvestis dans des projets communautaires. Les actionnaires touchent leurs dividendes sous forme de repas annuel. L'un des restos les plus sympas de la ville pour les familles !

|●| Nyala *(plan couleur I, B2, 67)* : 2930 4th Avenue West ; à l'angle de Bayswater. ☎ 731-7899. ● www. nyala.comv ● Ouvert tous les jours de 17 h à 23 h (jusqu'à 2 h les jeudi, vendredi et samedi). Vous ne pouvez passer à côté de ce resto flashy aux couleurs de l'Afrique. Salades autour de 5 $Ca, de 12 à 15 $Ca pour un plat, les mercredi et dimanche, *all you can eat* végétarien pour 10,95 $Ca. Sympathique et goûteuse initiation à la cuisine éthiopienne. Quelques plats typiques bien corsés : le *yedoro watt* (poulet mariné citron, ail et gingembre), le *yedoro kay watt* (agneau sauce au poivron rouge), le *yasa watt* (poisson frais sauce berbère), le *kitfo* (steak tartare éthiopien), le chevreau sauce berbère, etc.

Bon marché et ouvert 24 h/24

|●| Naam *(plan couleur I, B2, 69)* : 2724 West 4th Avenue, à l'angle de Stephens. ☎ 738-7151. Ouvert tous les jours 24 h/24. On adore ce resto chaleureux où s'imbriquent sans heurts vieux et néo-babas, étudiants, écolos, employés du coin. Bois dominant dans le décor, bonnes fragrances épicées. Musique folk. Sur le côté, aux beaux jours, terrasse verdoyante avec quelques tables au soleil. Remarquable nourriture végétarienne qui démontre qu'elle peut fort bien ne pas rimer avec tristesse. Carte bien fournie : *salad-bar, enchilada* aux épinards, *burrito* de luxe, *naam burgers, pasta stir fry, dragon bowl.* Succulents gâteaux (au chocolat ou aux noix de pécan, entre autres). Parfois, de la musique le soir de 19 h à 22 h.

Prix moyens

|●| Bridges Bistro *(plan couleur II, A3, 70)* : 1696 Durenleau Street, Granville Island. ☎ 687-4400. Ouvert de 11 h à 23 h. Autour de 15 $Ca le plat. Au rez-de-chaussée de ce restaurant chicos, on trouve un genre de brasserie avec une nourriture locale type *burgers, seafood,* sandwichs et salades diverses. Mais aussi l'une des plus séduisantes terrasses de Vancouver, face au port de plaisance et au pont de Burrard, avec le cri des mouettes en prime. Les yuppies s'y ruent dès la sortie des bureaux. Très chouette d'y aller boire un verre le soir.

|●| Accord *(plan couleur I, D3, 71)* : 4298 Main Street ; près de la 27th Avenue, à hauteur du Queen Elizabeth Park. ☎ 876-6110 et 876-3963. Ouvert de 17 h à 3 h. Assez excentré. N'intéressera que les routards motorisés amateurs de cuisine chinoise et du hors piste. Ici pas de chichis ni lampions ou autres dragoneries de pacotille. Murs presque nus et clientèle asiatique. On vient en famille se régaler d'une authentique nourriture servie généreusement. C'est vraiment festif. Concernant les soupes, bols de nouilles et autres *phos,* entre *large, medium* et *small,* toujours choisir la *small* (presque pour deux déjà !). Longue carte avec de goûteux plats de *seafood,* les *sizzling hot pots* et les *tappans.*

De prix moyens à plus chic

|●| Tama Sushi *(plan couleur I, C2, 72)* : 1595 West Broadway. ☎ 738-0119. Ouvert le midi du lundi au vendredi de 11 h 30 à 14 h (à peine un peu plus tard l'été), et tous les soirs service jusqu'à 22 h 15 (22 h 45 les vendredi et samedi). Plats autour de 7 $Ca, menus complets *Tama Box* ou *Bento Box* (soupe *miso,* riz salade et *sushi* ou *tempora*) pour moins de 10 $Ca. Oubliez l'immeuble sans grâce dans son banal environnement de béton. Contournez The Byte Place sur la droite et grimpez les marches d'un pas allègre : le cadre de ce petit paradis du sushi contraste plaisamment avec l'extérieur. Ici, tout n'est qu'espace, lumière. Décor sobre et frais, contemporain et chaleureux à la fois. Bref, faisant montre d'une discrète élégance. Accueil sympa teinté d'une souriante familiarité. Si vous avez pris bien soin de vérifier, le matin en les enfilant, que vos chaussettes ne sont point trouées, vous squatterez l'un des charmants boxes où l'on laisse ses chaussures à l'entrée. Les autres disposeront de tables « normales » ou d'un long comptoir présentant l'avantage de voir préparer les sushis et autres « bateaux » de sashimi à partir de poissons d'une merveilleuse fraîcheur. Quand vous félicitez le chef de son talent, il vous rétorque que celui-ci date de 1 000, voire

2 000 ans! Beau choix entre sushi, sashimi combo, chicken teriyaki, poulet et coquilles Saint-Jacques, steak et tempura, seafood boat pour deux... Prix tout à fait raisonnables eu égard à la qualité des produits.

|●| **Seasons in the park** (plan couleur I, C3, 73) : 33rd Avenue et Cambie Street, dans le Queen Elizabeth Park, à côté du Bloedel Floral Conservatory. ☎ 874-8008. Appel gratuit : ☎ 1-800-632-9422. Fax : 874-7101. ● info@settingsun.com ● Le midi, plats de 12 à 15 $Ca, presque le double le soir. Mais où Bill (Clinton) et Boris (Eltsine) ont-ils mangé lorsqu'ils se sont rencontrés en 1993 lors du sommet de Vancouver? Mais ici! Et qu'ont-ils mangé? Du crabe avec des raviolis aux épinards, le tout saupoudré de parmesan! Faites comme eux. La vue sur Vancouver, avec les jardins au premier plan et les montagnes derrière, est merveilleuse.

Encore plus chic

|●| **Bishops** (plan couleur I, C2, 74) : 2183 West 4th Avenue. ☎ 738-2025. Fax : 738-4222. Ouvert le soir seulement de 17 h à 22 h (21 h le dimanche). Minimum de 25 $Ca le repas. Cadre particulièrement raffiné. Peintures et sculptures indiennes. Énormes bouquets de fleurs fraîches. Atmosphère et clientèle vraiment chicos, accueil compassé. Ici, découvrez la nouvelle cuisine BC (British Columbia, pas Below Christ!). Elle se révèle inventive, très inspirée,

en de subtiles combinaisons d'arômes, de belles associations de légumes. Goûtez aux légères coquilles Saint-Jacques aux petits légumes frais (harmonieusement composées), aux praires ou moules à la vapeur délicatement parfumées, au filet de saumon poché au yaourt, au curry végétarien basmati, au char-grilled filet of beef (aux cerises séchées au soleil et cognac), aux grilled skewer of sea scallops, etc. Vins chers.

Où boire un verre? Où écouter de bons concerts?

Comme sa voisine américaine Seattle, Vancouver est réputée pour le dynamisme de sa vie musicale. Bien sûr, le festival folk de l'été attire les foules, mais sa scène rock et blues reste aussi certainement la plus vivante du Canada. De nombreux groupes de qualité naissent et se font connaître à Vancouver, gloires locales plus ou moins éphémères, parfois plus grosses « pointures ». Tous ont enflammé et enflamment encore les petites mais chaudes estrades des clubs et pubs surchauffés. Poussez la porte de ces lieux enfiévrés et les nuits de Vancouver deviennent furieusement rock! Et si les défoulements nocturnes ne vous suffisent pas, si vous voulez faire trembler les enceintes de ce Vancouver sound, rendez-vous chez les bons disquaires de Seymour Street, entre Dunsmuir et Pender, ou branchez-vous sur C-Fox

(99.3 FM) et CITR (101.9 FM), la radio de l'université. La plupart des clubs sont payants mais pas ruineux. Petite sélection des clubs, pubs musicaux, pubs « sociologiques ». Pour tous les goûts...

♟ *Le Yale (plan couleur II, B3, 80) :* 1300 Granville Street, à l'angle de Drake, bar de l'hôtel du même nom. Peu après Granville Bridge. Ouvert de 11 h 30 à 1 h 30 ; le samedi, de 13 h 30 à 1 h 30 ; le dimanche, de 14 h à minuit. L'endroit le plus réputé pour le blues et le R & B, le droit d'entrée des musiciens. Excellente atmosphère en fin de semaine. Bonnes bières (dont une brune) à la pression.

♟ *Automotive Billiards Club (plan couleur II, C3, 81) :* 1095 Homer Street. ☎ 682-0040. Immense. Une vingtaine de tables de billard, mais on n'y boit que des jus de fruits (section spéciale pour boire de la bière). Tous les jeunes s'y retrouvent. Bonne musique (genre acid-jazz).

♟ *Soho Café et Billiards (plan couleur II, B3, 82) :* 1144 Homer Street. ☎ 688-1180. À partir de 11 h du lundi au vendredi, midi le week-end, et jusque tard le soir. Dans un entrepôt aux briques apparentes, vieil édifice historique. Belle vue sur False Creek. On boit à table (mais pas au billard).

♟ *Bar None (plan couleur II, B3, 83) :* 1122 Hamilton Street. ☎ 689-7000. Entrée : 5 $Ca. Bonne présentation demandée, mais ils sont plutôt tolérants. Grandes salles. Bar, plus billards. Clientèle trentenaire active, qui fuit les derniers lieux à la mode pour retrouver le son rassurant du funk. Bonne musique, endroit chaud et tamisé, assez *upper class*.

♟ *Yale Town Brewing Company (plan couleur II, C3, 84) :* 1110 Hamilton et 1111 Mainland. ☎ 688-0039. Ouvert jusqu'à 1 h. Bar bourré de monde. Clientèle jeune tendance B.C.B.G. Beau linge même ! 6 bières de fabrication maison, de la blonde légère à la brune plus âpre et « nourrissante ». Également resto : pizzas, pâtes, poisson et viande grillés.

♟ *Hungry Eye (plan couleur II, D2, 86) :* 23 West Cordova Street. ☎ 688-5331. Excellente programmation. Clientèle jeune et un peu marginale.

♟ *Carnegie's (plan couleur I, C2, 87) :* 1619 West Broadway. ☎ 733-4141. Bar américain très style californien. Clientèle assez yuppie. Bons concerts de jazz pratiquement tous les soirs (sauf le dimanche). Fait aussi resto.

♟ *The Ivanhoe Pub (plan couleur II, D3, 89) :* Main et National. En face de la gare *Via Rail*. Immense pub avec un comptoir en coude au milieu. Clientèle variable suivant les heures de la journée. On aime bien l'après-midi avec ses habitués de tout poil, éthyliques notoires, p'tits vieux du coin, employées et yuppies saupoudrés de quelques punkies à crêtes de coq roses, autour de la bière la moins chère du district.

♟ *The Town Pump (plan couleur II, D2, 94) :* 66 Water Street ; près d'Abbott Street. ☎ 683-6695. Ouvert tous les soirs. Cadre bois et brique. Plusieurs salles avec des coins intimes, piste de danse et groupes plutôt rock'n'roll, en général d'excellente qualité. En fin de semaine, venir de bonne heure sinon file d'attente. *Cover charge*. Expos de tableaux et photos.

♟ *Railway Club (plan couleur II, C2, 95) :* 579 Dunsmuir Street. ☎ 681-1625. À l'angle de Seymour et Dunsmuir Streets. Salle au 1er étage. Petits groupes tous les soirs. Faune assez new-wave. Très bon enfant.

♟ *Starfish Room (plan couleur II, C3, 96) :* 1055 Homer Street. Ouvert tous les soirs. Un des endroits préférés des fans de rock à Vancouver. Bons concerts.

♟ *Arts Club Lounge (plan couleur II, AB-3, 93) :* 1585 Johnston Street, Granville Island. Salle de billard chaude et enfumée à l'américaine, qui s'anime selon les concerts. Jeunesse hétéroclite. Petite terrasse quasiment sur l'eau très agréable. Accueille notamment certaines prestations du Jazz Maurier Festival fin juin.

Plusieurs *cafés-restos* à la décoration parfois étrange sur Commercial Drive, entre William Street et 1st Avenue :

♟ *Joe's Café (plan couleur I, D2, 90) :* à l'angle de Commercial Drive et de William Street. Ferme à 1 h. Assez excentré. Dans un quartier populaire. Tenu par un Portugais, ancien torero qui a raccroché après une blessure. *Cool* et branché. L'été, les consommateurs débordent sur le trottoir pour prendre le soleil en buvant les très bons *espressos* de Joe. Également de succulents sandwichs de charcuterie latine. L'établissement dispose de plusieurs tables de billard ; on paie à l'heure.

♟ *La Quena (plan couleur I, D2, 91) :* 1111 Commercial Drive. ☎ 251-6626. Ouvert de 11 h à 23 h (20 h le lundi). Très sympathique *coffee-shop*. Fréquenté par la communauté du Salvador et du Nicaragua, les étu-diants, écolos, militants de gauche. Possibilité de grignoter végétarien, et plats sud-américains, sandwichs. Bon *cappuccino*. *Bill-board* avec annonces locales. Certains soirs, spectacles de chansons, poésie, etc.

♟ *Waazubee Café (plan couleur I, D2, 92) :* 1622 Commercial Drive. ☎ 253-5299. Entre 1st Avenue et Graveley. Ouvert tous les jours jusqu'à 1 h environ.

♟ *Bukowski's (plan couleur I, D2, 88) :* 1447 Commercial Drive. L'écrivain de la *Beat Generation* aurait sans doute trouvé l'endroit un peu *clean* à son goût, mais l'adresse attire déjà pas mal de monde. *DJ* et musique non stop. Quelques écrits et photos de l'artiste sur les tables. Belle terrasse.

Où voir un *comedy-show* ou une pièce de théâtre ?

Nullos in ingliche, s'abstenir !

– *Yuk Yuk's (plan couleur II, C3, 100) :* 750 Pacific Boulevard South. ☎ 687-5233. Fermé les lundi et mardi. En général, trois comiques se succèdent chaque soir. Seul théâtre de ce genre à Vancouver. Préférable de réserver.

– *Theater Sports (plan couleur II, A3, 101) :* Pacific Space Center, 1100 Chestnut Street. ☎ 738-7827. Spectacles (impros souvent) excellents en général, du mercredi au dimanche à 20 h, et à 22 h les vendredi et samedi.

– *Arts Club Theater (plan couleur II, A3, 102) :* 1585 Johnston Street. Renseignements : ☎ 687-1644. Une institution à Vancouver pour ses thèmes de société. Deux salles sur Granville Island. Bar sympa pour prolonger la soirée.

– *Queen Elizabeth Theater (plan couleur II, C2, 103) :* à l'angle d'Hamilton Street et West Georgia Street. Renseignements : ☎ 665-3050. Construit par deux architectes montréalais, un ensemble de 3 salles inauguré en 1959, qui préfigure le Lincoln Center de New York et la place des Arts de Montréal.

Où danser ?

– *Luv-a-fair (plan couleur II, B3, 110) :* 1275 Seymour Street ; proche de Drake Street. ☎ 685-3288. Boîte très cotée auprès des juniors de la ville. Punkies bon chic et new-wave se retrouvent autour d'une bière. Petite mezzanine avec tables de billard américain. Tous les genres : hip-hop, industrial, jazz, grunge, house, noise, etc. N'oubliez pas votre passeport, il est exigé à l'entrée.

– *The Grace Land (plan couleur II, B3, 111) :* 1250 Richards Street. ☎ 688-2648. Très grandes salles.

Déco high-tech, tons gris, très branchée. La boîte fait de son mieux pour donner un aspect *cold* mais les gens restent chaleureux. Plus jeunesse populaire. Grand brassage ethnique : Blancs, Noirs et Asiatiques. Pas trop sélectif à l'entrée. Danseurs sur scène le week-end. Musique new-wave et rock des *Eighties*. Plutôt reggae le mercredi, hip-hop parfois.

– **The Commodore** *(plan couleur II, C2, 112)* : 870 Granville Mall. ☎ 681-7838. En plein centre. Énorme boîte récemment refaite. C'est là que passent tous les grands groupes en tournée. Pas mal de musique africaine aussi. Tous les mardis en été, *disco night*, style Travolta-Bee Gees. Assez délirant. Au moins une heure de queue !

– **Mars Bar** *(plan couleur II, B3, 113)* : au sud de Richards Street. Architecture moderne. Très branché. Clientèle 20-30 ans. Boîte genre techno-dance.

– **Richard's on Richards** *(plan couleur II, C3, 114)* : 1036 Richards Street. ☎ 687-6794. Non loin de Helmcken Street. Appelé également *Dick on Dick*. Ambiance *meat market*, très yuppy, tendance « m'as-tu-vu ». Tenue correcte exigée. Sélection aiguisée à l'entrée. Bons groupes de temps à autre, mais cette boîte n'est pas exactement notre tasse de thé.

À voir

LES MUSÉES

★ **Museum of Anthropology** *(plan couleur I, A2)* : 6393 NW Marine Drive. ☎ 822-5087. • www.moa.ubc.ca • Situé au cœur de l'université (UBC). En voiture, prendre Marine Drive jusqu'à l'université. C'est indiqué. En bus, prendre le n° 10 UBC. Ouvert de 10 h à 17 h. Nocturne jusqu'à 21 h le mardi de septembre à juin. Fermé le lundi de début septembre à mi-mai. Visite indispensable. Superbe exemple d'architecture moderne, inspiré des habitations des Premières Nations, où place est faite à la lumière et à l'espace. Le musée offre une vision de qualité sur les sept groupes culturels et linguistiques habitant la côte nord-ouest américaine à partir de sculptures, totems, ustensiles...

– Le clou du musée est la *collection de totems indiens*. Chacun reçoit une parcelle de lumière venant du ciel. Ces immenses pièces de bois travaillées prennent ici toute leur dimension. La galerie dans laquelle ils sont présentés *(The Ramp)* accueille également d'étranges et beaux objets usuels en bois. La salle s'ouvre dans le fond sur une immense baie vitrée d'où l'on peut voir d'autres totems, dans une petite clairière. Les totems étaient érigés le plus souvent devant les habitations indiennes. Ils étaient le symbole de fierté d'une famille, ou étaient élevés en l'honneur d'un défunt. Leurs formes sont souvent empruntées à la nature et leur symbolique, très complexe, peut se lire à différents niveaux. Leur interprétation est donc ouverte. Certains desseins de l'artiste sont évidents, d'autres ne l'étaient que pour lui ou sa famille. On retrouve souvent la grenouille, le castor, le loup et l'ours dans les formes sculptées. Certains sont dotés de longs becs, rompant le rythme vertical de l'œuvre.

Sur la droite, dans le *Great Hall*, notez la « vaisselle de festin », énormes plats creusés, accrochés les uns aux autres et dotés de roulettes. Deux têtes de serpents sculptées, avec cuillère en bouche, en forment les extrémités. Ces plats contenaient du sucre, distribué comme cadeau pendant les *potlatches* du début du XXe siècle. Pendant ces cérémonies, les invités, par leur présence, se portaient garants de la pérennité des traditions, lors de mariages, hommages aux défunts, etc. D'autres objets : coffres de rangement, pirogues, panneaux de mur, tombes familiales, etc.

VANCOUVER

– *Galerie des objets d'art* : belle présentation du fin du fin des cultures indiennes (appelée aussi salle des chefs-d'œuvre). Objets remarquablement travaillés et ciselés dans l'or, l'argent, l'ivoire, la corne, le bois, l'os. D'une esthétique extrêmement raffinée. Objets domestiques, cuillères, peignes, « capteurs » d'âme en os, hauts de coiffure, vaisselle, plats, figures diverses.
– *Research Collections* : là aussi, un large éventail des arts indiens. Seuls les spécialistes s'y retrouveront. Présentation assez touffue. Beaucoup de masques. Riche section arctique : jeux, vannerie, instruments de pêche.
Sculptures de Bill Reid, grand artiste indien, notamment la *Légende de Raven et des premiers humains* en cèdre jaune.
– *Galerie des autres cultures* : là aussi, fascinante présentation des cultures indonésienne, chinoise, mélanésienne, aborigènes d'Australie, etc. Impossible, bien sûr, de tout citer, mais on notera les superbes porcelaines de jade de Chine, les masques coréens, etc. Ne pas manquer, à gauche dans le hall d'entrée, la salle des céramiques (poêle allemand polychrome de 1560, bouteilles des anabaptistes d'Ukraine, majoliques italiennes).

★ *Maritime Museum* (plan I, C2, *121*) : 1905 Ogden Avenue, près du Vannier Park. ☎ 257-8300. Ouvert de 10 h à 17 h (dernière visite à 16 h). Fermé le lundi de novembre à début mai. Salle Saint-Roch fermée également le lundi du 9 septembre au 18 mai. Non loin du planétarium.
Petit musée doté de très belles maquettes. Reconstitution d'une cabine de pilotage et d'un *sloop of war*. Belles estampes, gravures, uniformes. Toutes les 20 mn, on peut visiter le *Saint-Roch*, premier vaisseau à avoir traversé les eaux de l'Arctique, d'Halifax à Vancouver, en 1944. Le bateau a été restauré. Visite guidée intéressante. Remarquables expos temporaires. À 200 m, dans la crique, un petit *Heritage Harbour* avec une jonque, deux steamers (l'*Ivanhoé* et le *Master*).

★ *University of British Columbia* (plan couleur I, A2) : la 3e université canadienne propose, en plus du Musée anthropologique, un parc de 763 ha, un jardin japonais, un centre nautique, un musée de Géologie. Tours du campus gratuits de 8 h 30 à 16 h 30. Réservations : ☎ 822-3131. Pour s'y rendre, bus n° 4 ou 10 South de Granville Mall.

★ *Vancouver Museum* (plan couleur II, A3) : 1100 Chestnut Street, à l'ouest du Burrard Bridge, dans le Vannier Park. ☎ 736-4431. Bus n° 22. Ouvert tous les jours de 9 h à 17 h, jusqu'à 21 h les jeudi et vendredi. Fermé le lundi hors saison. Entrée : 15 $Ca ; 10 $Ca jusqu'à 19 ans ; gratuit pour les moins de 5 ans. L'organisation du musée a subi quelques changements. Mais on y trouve toujours des expos tournantes sur l'histoire de la ville et de la région, et d'autres intéressantes sur les nombreuses communautés immigrées de Vancouver.

★ *Pacific Space Center* (plan couleur II, A3) : 1100 Chestnut Street. Au même endroit que le Vancouver Museum. ☎ 738-7827. Ouvert de 10 h à 17 h du mardi au dimanche, tous les jours en juillet-août. Entrée : 12 $Ca ; réductions enfants. Spectacles à 15 h, 19 h 30 et 21 h. Spectacles supplémentaires à 12 h, 13 h et 14 h les samedi et dimanche et pendant les vacances. Rien de plus que les autres planétariums, mais fascinant pour les novices.

★ *Art Gallery* (plan couleur II, B-C2, *125*) : 750 Hornby Street, à l'angle de Robson Street. Infos : ☎ 662-4700. Située dans l'ancienne Court House, au cœur de la ville. Ouvert de 10 h (12 h le dimanche) à 17 h. Entrée gratuite le jeudi de 17 h à 21 h. La galerie propose essentiellement des collections de peinture et sculpture tournantes. La seule expo permanente est celle d'*Emily Carr* qu'on vous conseille fortement. C'est la plus grande collection de ses œuvres au Canada. Emily Carr (1871-1945) s'est employée à peindre des totems et des paysages indiens tels qu'elle les ressentait. Les Indiens la surnommaient « Celle qui vit ». Le tableau *The Crying Totem* reflète parfaitement cette sensation qu'elle avait d'aller au-delà de la sculpture indienne par la peinture. Il en ressort une impression forte qui se transforme parfois en malaise. De même, certains paysages de forêt, froids au premier abord, s'éclairent peu à peu. On trouve un relief créé par la profondeur des verts. On a le sentiment d'entrer dans sa peinture. On trouve également quelques autres peintres contemporains d'Emily Carr, comme Georgia O'Keeffe et Irène Hoffar Reid. Salle avec des paysages canadiens, une autre avec des natures mortes.

★ *The Canadian Craft Museum (plan couleur II, C2, 126) :* 639 Hornby Street, à l'intersection de Georgia. Entrée sur Cathedral Place. ☎ 687-8266. Fax : 684-7174. Ouvert les lundi, mardi, mercredi, vendredi et samedi de 10 h à 17 h, le jeudi de 10 h à 21 h, les dimanche et jours fériés de 12 h à 17 h. Musée installé dans un très beau lieu. On y admire le meilleur de l'artisanat canadien dans des expos temporaires par thèmes. Jetez un œil de l'extérieur, pour savoir si l'expo présentée vous intéresse.

★ *Bloedel Floral Conservatory (plan couleur I, C3) :* dans le Queen Elizabeth Park, un poumon vert de 53 ha situé 33rd Avenue et Cambie Street. ☎ 872-5513. Pour s'y rendre, bus n° 15 sur Burrard. Ouvert de 9 h à 20 h (17 h en hiver), de 10 h à 21 h les samedi et dimanche. Des essences rares, des fleurs superbes. Un musée végétal vivant. Sous un dôme composé de multiples alvéoles, de superbes plantes tropicales s'épanouissent. On est surtout fasciné par les oiseaux étranges et bigarrés. De la plate-forme devant, magnifique panorama sur la ville. Profitez-en pour vous promener dans le splendide jardin *(Sunken Garden)*.

★ *Van Dusen Botanical Garden (plan couleur I, C3) :* 37th Street et Oak Street. ☎ 266-7194. Du centre-ville, prendre le bus n° 17 Oak Street et descendre à 37th Street. Ouvert de 10 h au coucher du soleil. Visite guidée gratuite chaque dimanche à 14 h. Entrée : 5,5 $Ca ; réductions étudiants et familles. Des centaines d'hectares de jardins, de fleurs odorantes (fuchsias, roses, etc.), de pelouses soigneusement entretenues. Chaque partie du jardin représente une région du monde. Un très chouette but de balade, à faire en tour organisé ou seul, aidé du petit fascicule donné à l'entrée pour les enfants.

STANLEY PARK *(plan couleur I, C1)*

Le poumon de Vancouver. Vraiment fantastique. Situé à la pointe ouest de la presqu'île, face à l'océan. Ce vaste parc, aussi grand que le Downtown, donne du charme à la ville, c'est peut-être aussi cela qui lui confère son caractère californien. Espaces verts dégagés, petites piscines, sculptures, pistes cyclables, balades à poney, mini-golf, points de vue sur l'océan, tout cela à 10 mn du cœur de la ville. Bus n° 19 sur West Pender Street, entre Homer et Cambie Streets (renseignements : ☎ 261-5100). Génial ! On peut y voir d'énormes pins de Douglas, noyés dans une luxuriante végétation due au climat humide de la région. On vous conseille vivement de louer un vélo et de vous y balader un après-midi. On y trouve également l'aquarium. Revenez le soir par la promenade de l'English Bay qui longe la rade de la pointe du Stanley Park jusque vers le centre-ville. Animation assurée et superbes couchers de soleil sur la baie.

Vers la porte de Brockton, très beaux totems indiens. Beaucoup d'Asiatiques viennent s'y faire photographier. À l'entrée du Lion's Gate Bridge, panorama imprenable sur la baie de Prospect Point. À propos, on parle de remplacer le vénérable pont, devenu pour les autorités incapable d'assurer le trafic grandissant de voitures. Mais pour beaucoup de gens, la perte de l'un des landmarks les plus célèbres de Vancouver serait un désastre. Le vieux pont sur sa baie représente une telle image de la ville ! Débat ouvert...

Vers Third Beach, quelques pins géants. Belle plage de sable. Piste cyclable traversant la presqu'île d'est en ouest, longeant le Beaver Lake et ses grands arbres. En été, du Victoria Day au Labour Day, les plages sont surveillées de 11 h 30 à 21 h. Tous renseignements : ☎ 738-8535.

★ *L'aquarium* (plan couleur I, C1) : ☎ 682-1118. Pour s'y rendre, bus n° 19 West sur Pender. Le week-end, d'avril à octobre, correspondance avec le n° 52 de la Stanley Park Loop. Ouvert tous les jours, de 9 h 30 à 20 h du 1er juillet au 6 septembre, de 10 h à 17 h 30 le reste de l'année. Poissons de toutes les mers, présentés dans de larges aquariums. L'entrée n'est pas donnée, mais ces fonds servent aux commandants Cousteau locaux. La plupart de ces aquariums sont de vrais chefs-d'œuvre. Quelques requins et de gigantesques poissons d'Amérique du Sud. La section la plus intéressante est celle consacrée aux baleines. Spectacle de *killer whales* (baleines tueuses), aussi connues sous le nom d'orques épaulards. Les *killer whales* doivent leur nom au fait qu'elles attaquent les autres baleines, mais pas les hommes. Quelques *beluga whales* (baleines blanches) qui vivent en grands groupes et remontent très loin le Saint-Laurent ; leur tête bizarrement dessinée et leur grand sourire les rendent sympathiques. Au sous-sol, chouette expo sur les autres mammifères marins. Un des aquariums les plus complets, les plus intéressants et les plus beaux d'Amérique du Nord.

ROBSON SQUARE

En plein cœur de la ville. Cette large esplanade à plusieurs niveaux, agrémentée de fontaines, de restaurants, de terrasses, de promenades, est l'un des lieux de rendez-vous des yuppies à midi. Il n'y a pas grand-chose à y faire, mais le quartier vaut le coup d'œil, architecturalement. Les anciens immeubles ont été conservés. Ils ne sont pas écrasés par les constructions récentes, au contraire, les architectures se mêlent harmonieusement, laissant les espaces ouverts et le soleil percer. À noter, le nouveau *palais de justice,* coiffé d'une immense verrière inclinée à 45° et réfléchissant la lumière. Étonnant d'audace et de sobriété. Plus loin, l'ancien palais de justice dresse ses colonnes austères. Tout autour du grand espace vert, des banques aux lignes modernes et des hôtels du début du XXe siècle se côtoient. Cela dit, peu d'animation dans l'après-midi et en soirée. Vaut mieux se rabattre sur Davie et Denman Streets.

LE QUARTIER DE DENMAN ET DAVIE STREETS, PRÈS DE LA MER

Un des quartiers les plus animés de la ville, de jour comme de nuit. Le bout de Robson Street, Denman Street, puis Davie Street forment un quartier aux allures très européennes : boutiques chic, cafés avec terrasses, restaurants de tous les coins du monde. Les rues qui montent et qui descendent au rythme de la colline rappellent San Francisco à bien des égards. L'ambiance y est très *easy-going*. Les jeunes s'y retrouvent les soirs d'été pour « cruiser » en bagnole. Au bout de Denman Street, avant de tourner dans Davie Street, on arrive à l'*English Bay Beach,* la plage la plus fréquentée de Vancouver. Atmosphère de vacances : parterres de verdure, cyclistes, vendeurs de glaces... Le soir, les amoureux viennent voir le soleil se coucher sur les bateaux ancrés dans la baie.

GASTOWN (plan couleur II, D2)

Le plus vieux quartier de la ville, situé sur Water Street. Depuis quelques années, on a remis cet ensemble d'entrepôts et de vieilles bâtisses au goût du jour. Boutiques chic, restos et commerces en tout genre ont permis de sauver quelques charmantes maisons de brique du XIXᵉ siècle, ainsi que de beaux édifices de pierre grise, ornés de frises harmonieuses, voués à la destruction. Malgré cela, le quartier n'a pas su éviter complètement le genre surfait et faux chic. On peut tout de même y faire un tour, ne serait-ce que pour jeter un œil à l'*horloge à vapeur* sur Water Street, à l'angle de Cambie Street. On y verra également, sur Mapple Tree Square, la **statue de Gassy Jack** (Jack le Bavard) qui donna son nom au quartier. John Deighton (de son vrai nom) avait ouvert un saloon en 1867 pour les bûcherons qui travaillaient dans les environs. Il acquit rapidement une grande notoriété auprès d'eux et devint Gassy Jack. Aujourd'hui on est allé jusqu'à lui élever une statue pour relancer (un peu artificiellement) le quartier. De mémoire d'alcoolique, on n'avait jamais vu ça !

On vous déconseille les quelques rues de Skidrow, coincées entre Gastown et Chinatown, où se concentrent SDF et clodos. Quartier pas toujours très sûr.

CHINATOWN (plan couleur II, D2)

Dans East Pender Street, entre Carrall et Gore. Pour s'y rendre, bus n° 22 North de Burrard ou n° 19 ou 22 East sur Pender Street. Bien moins esthétique mais beaucoup plus vrai que Gastown, le quartier de Chinatown n'a pas besoin de légende pour vivre, son histoire et son présent suffisent. On y trouve la deuxième communauté chinoise d'Amérique du Nord après celle de San Francisco. Les Chinois débarquèrent lors de la ruée vers l'or et surtout, dix ans plus tard, en 1881, pour la construction du chemin de fer (voir votre collection de *Lucky Luke*). Arrivés par centaines, ils travaillèrent d'arrache-pied pour accumuler un petit magot qui, une fois de retour en Chine, leur aurait permis de faire vivre aisément leur petite famille. Mais tel ne fut pas le cas, et la plupart d'entre eux s'installèrent sur place, conservant leurs coutumes et surtout leur esprit communautaire. Les visages pâles ne voyaient pas cela d'un très bon œil et les Chinois eurent à affronter nombre de brimades, tant sociales qu'économiques (expéditions punitives, salaires de misère, etc.). Mais rien ne vint à bout de la vénérable communauté et la fin de la Seconde Guerre mondiale vit une nouvelle vague d'immigrants redonner de la vigueur au quartier.

La situation s'est complètement inversée depuis la riche et dernière vague d'immigrés venant de Taiwan, de Chine et surtout de Hong Kong. Environ 110 000 Asiatiques se sont ainsi constitués une base de repli à Vancouver, où leur emprise immobilière et financière n'est pas très bien vécue par les Blancs. Surtout lorsqu'ils rasent les maisons de bois et les arbres pour les remplacer par des tours en béton (appelées *monster houses*). Les « astronautes » de Vancouver (ils sont toujours dans un avion entre le Canada et la Chine, où ils continuent leur business) se passent en outre de l'anglais grâce à leurs deux chaînes de télévision, leurs trois radios et autant de journaux en cantonais.

Les Chinois, ici plus qu'ailleurs, montrent leur capacité à vivre à l'étranger tout en conservant leurs coutumes, leurs tenues vestimentaires et bien souvent leur mystère. Allez vous balader dans les rues aux échoppes étonnantes : herboristerie, commerce de K7 du hit-parade chinois, petits restos en général hyper copieux, objets religieux, etc. Attention, la nuit, certaines rues ne sont pas sûres, notamment le coin entre Main Street et Hastings qui est mal famé aussi bien de jour que de nuit.

Quelques endroits à voir

★ **Sun Yat Sen Park and Garden** (plan couleur II, D2, 131) : 50 East Pender Street et 578 Carrall Street, à la hauteur de West Pender Street. ☎ 689-7133.

Adorable oasis en pleine ville avec un petit lac couvert de nénuphars où bar-
botent des tortues et un kiosque au milieu. Le vendredi en été, concerts de
musique chinoise. Une fidèle reproduction d'un jardin de la dynastie Ming, un
des premiers à avoir été construit à cette échelle hors de Chine, avec des
matériaux importés à cet effet (accès payant; ouvert de 10 h à 16 h 30). Si
vous êtes fauché, vous pouvez en voir l'essentiel depuis le parc. Si vous
faites cette sympathique visite, n'oubliez pas de déguster un thé au jasmin
gracieusement offert avant la sortie.

★ **Le building Sam Kee** (plan couleur II, D2, **132**) **:** Carrall et Pender
Streets. Pas vraiment spectaculaire, mais révélateur de ce qu'est l'Amérique. En 1913, le propriétaire d'un immeuble amputé par l'élargissement de
la rue, ne renonça pas à faire du business pour autant. Sur la mince bande
de terrain qui lui restait, il reconstruisit un building commercial de 1,80 m de
large sur 33 m de long, avec boutiques au rez-de-chaussée et bureaux à
l'étage. Depuis il s'enorgueillit de figurer au Guiness Records Book (comme
immeuble commercial le plus étroit du monde).

– Le dimanche matin, allez voir les Chinois faire leur gym par centaines au
Queen Elizabeth Park. Impressionnant, d'autant qu'il y a aussi pas mal de
manieurs de sabres et de bâtons (kendo).

GRANVILLE STREET (plan couleur II, B3)

Quartier de banques et de grands magasins le jour (Eaton Center, à l'angle
de Georgia Street), Granville Street est plutôt hantée par une foule bigarrée,
faite de clodos et de prostituées, le soir. C'est aussi le coin des cinémas,
assez fréquentés le week-end et le mardi soir (séance à moitié prix ce soir-
là). La plupart des lignes de bus passent par cette rue.

GRANVILLE ISLAND (plan couleur II, A-B3)

Ancien secteur industriel rénové, situé exactement sous le Granville Bridge.
Pour s'y rendre en bus, le n° 50 de la ligne BC Transit (False Creek) s'arrête
à l'entrée de l'île; le n° 51 de la ligne Granville Island part de Granville Street
et va jusqu'au Public Market. Possibilité également d'utiliser le traversier du
bas de Hornby Street. Liaison aussi avec le Musée maritime par le Granville
Island Ferry. Enfin, à pied ou à vélo c'est encore le mieux! Centre d'information ouvert de 9 h à 18 h. ☎ 666-5784.
Nombreuses attractions et restos divers parmi les ateliers de réparations et
les magasins de vente de bateaux et pièces détachées.

★ Une chose intéressante : **Public Market** (le marché), ouvert tous les jours
de 9 h à 18 h. Bâti en 1917. Ancienne usine de câbles qui brûla dans les
années cinquante. Très coloré. Étals de fruits frais, vraiment pas chers. Des
stands de nourriture proposent également d'excellents fruits de mer.
♙ Une boutique consacrée aux mômes, **Kids Only** : ouverte de 10 h à 18 h
(21 h le vendredi). Attention, c'est un piège pour le portefeuille!

★ Ne pas manquer de visiter la **Granville Island Brewing Company** : 1441
Cartwright Street. ☎ 687-2631. Ouvert de 9 h à 19 h (21 h les vendredi et
samedi). Tours guidés à 12 h, 14 h et 16 h.

– Vie culturelle loin d'être absente avec deux bons **théâtres**.

♟ Pour se reposer la tête et les gambettes, deux superbes terrasses : le
Bridges et le **Backstage Lounge.**

Où prendre un bain d'eau de mer ?

– *Jericho Beach :* à 5 mn à pied de l'AJ, à la pointe est de Jericho Park (voir « Où dormir ? »). Peu fréquenté. Possibilité de louer des dériveurs et des planches à voile.
– *Kitsilano Beach (plan I, C2) :* appelée *Kits Beach*. Très populaire. Beaucoup de monde. La Côte d'Azur de Vancouver.
– *Wreck Beach :* plage de nudistes. Pour s'y rendre, prendre le sentier à droite de l'entrée du musée d'Anthropologie, sur le campus de UBC, puis bifurquer à gauche après avoir contourné les totems, pour rejoindre un chemin qui s'enfonce dans le sous-bois. Pour aller au musée, voir ci-dessous.

Fêtes et manifestations

– *Polar Bear Swim :* une bande d'allumés se baignent le 1er janvier sur l'English Bay Beach.
– *Nouvel An Chinois :* mi-février, quinze jours de fêtes dans le quartier chinois, notamment autour du Dr Sun Yat Sen Park. Au programme, parades, concerts... et diseuses de bonne aventure.
– *Bard on the Beach Shakespeare Festival :* de juin à septembre. Forcément pour ceux qui maîtrisent la langue de Shakespeare... et les aléas climatiques. Pièces jouées sous des tentes, sur la plage d'English Bay. Programme disponible à l'office du tourisme ou dans les kiosques.
– *Festival d'été francophone de Vancouver :* mi-juin. ☎ 736-9806 ● www/ ccfv.bc.ca ● Attention, francophone ne veut pas dire français, et vous serez surpris de voir la diversité des spectacles proposés, des tempos africains au folklore québécois...
– *Du Maurier Jazz Festival :* fin juin-début juillet. Les salles de jazz de Vancouver accueillent quelques grands noms de la scène internationale. À ne pas manquer.
– *Vancouver Folk Music Festival :* sur Jericho Beach, près de l'University of BC. Groupes folk canadiens et américains en juillet.
– *Symphony of Fire :* fin juillet-début août. Toute la ville est alors tournée vers la mer pour suivre cette compétition internationale de feux d'artifice sur l'English Bay Beach. Foule énorme.
– *Vancouver International Film Festival :* fin septembre-début octobre. Avec la venue de 50 pays et environ 300 films présentés, ce festival commence à faire parler de lui. Informations : ● www.viff.or ●
– *Programme* des événements sportifs et autres : ☎ 661-73-73 (24 h/24).
– *Vancouver's free Arts Hot Line :* ☎ 684-ARTS. Informations sur les spectacles (musique, danse, concerts : théâtre, cinéma, etc.).

Achats

Si vous demandez à un Vancouverois où faire du shopping, il vous enverra direct sur Robson Street. Des marques à des prix à peine plus abordables qu'en France (DNKY, Gap, Guess, Banana Republic, ou la petite dernière, Bebe, ultra-tendance). Pas au niveau de toutes les bourses mais une vraie leçon de mode à l'œil : il suffit de suivre les Japonaises très branchées pour connaître la mode de l'année prochaine. Dans un autre style, entrez dans les boutiques « techno », où vous faites vos achats au son des *mix* du *DJ* à l'entrée.

♧ *Pacific Center* *(plan couleur II, C2, 140)* : 700 West Georgia Street. Une galerie marchande relie le centre commercial de Vancouver Center aux grands magasins d'Eaton et de Bay. Pour l'habillement essentiellement mais sans grand intérêt ni pour le choix ni pour les prix.

♧ *Art et sculpture inuit* *(plan couleur II, C2, 141)* : Marion Scott Ltd, 481 Howe Street (au coin de Pender). Bonne sélection d'œuvres d'artistes divers (dont certains majeurs tels George Tatanic ou Olivoo Tunnillic). Possibilité de marchander.

♧ *Spirit Wrestler Gallery* *(plan couleur II, D2)* : 8 Water Street. ☎ 669-8813. Sculptures, masques, dessins et peintures dont certaines œuvres de grands maîtres, tel Judas Oollooha.

♧ *Inuit Gallery* *(plan couleur II, D2)* : 345 Water Street. ☎ 688-7323. Très belle sélection de masques et de sculptures notamment. Marchander ferme.

♧ *Maple Delights, Gourmet Bistro & Shoppe* *(plan couleur II, C2)* : ☎ 682-6175. Fax : 682-6245. Ouvert du lundi au vendredi de 6 h 30 à 23 h

et le week-end de 1 h à 23 h. Vous connaissiez forcément le sirop d'érable mais le chocolat, la confiture, la vinaigrette ? Des souvenirs de voyage dans des bouteilles stylisées ou des coffrets en bois qui feront leur effet à votre retour.

♧ *Lush* *(plan couleur II, A1, 144)* : 1118 Denman Street. Ouvert tous les jours de 10 h à 23 h. Venue de Londres, cette boutique fait fureur (Madonna en raffole) : savons et crèmes de toutes les couleurs, vendus à la coupe, comme du fromage.

♧ *Hill's Indian Crafts* *(plan couleur II, D2, 142)* : 165 Water Street, dans Gastown. ☎ 685-1828. Beaux lainages tricotés par les Cowichans, Indiens de la côte est de l'île de Vancouver.

♧ *Taj Mahal Trading Center* *(plan couleur II, D2)* : 44 Water Street. ☎ 685-1934. Petite boutique sans prétention comme il en existe beaucoup sur Water Street mais ici on vous imprime sur T-shirts ou sweatshirts le motif de votre choix, et ce à des prix imbattables. Une bonne petite adresse qui vous fera gagner du temps et de l'argent.

– Pour les CD : deux magasins se font une guerre féroce, pour le plus grand bonheur des clients :

♧ *A & B Sound* *(plan couleur II, C2)* : 556 Seymour Street. ☎ 687-5837. Également sur Hastings et Marine Drive.

♧ *Virgin Megastore* *(plan couleur II, B2)* : 788 Burrard Street. ☎ 669-2289.

À voir à North Vancouver

★ *Capilano Suspension Bridge* : 3735 Capilano Road. ☎ 985-7474. En voiture : prendre Georgia Street, traverser le Stanley Park puis le Lion's Gate Bridge jusqu'à Marine Drive. Prendre à droite puis à gauche sur Capilano Road. C'est à quelques kilomètres sur la gauche. En bus, prendre le n° 246 Highland West sur Georgia Street ; descendre sur Ridge Wood et Capilano, puis marcher. Ouvert de mai à octobre de 8 h 30 à 20 h ; de novembre à avril, de 9 h à 17 h. Entrée (chère) : 9,95 $Ca par adulte ; réductions enfants et étudiants ; gratuit pour les moins de 6 ans. Pont suspendu de 137 m, traversant une gorge profonde. Excitant et flippant à la fois de se sentir ballotté par les vibrations et les balancements du pont. Bon, n'y allez pas exprès. Après la visite, on a un peu le sentiment de s'être fait avoir. Allez plutôt à *Lynn Canyon* : le pont suspendu est certes moins impressionnant mais il y a moins de monde et, surtout, c'est gratuit.

★ *Grouse Mountain :* en poursuivant sur Capilano Road, après le pont suspendu. Un téléphérique vous conduit au sommet de Grouse Mountain. ☎ 984-0661. Pour s'y rendre en bus, n° 236 (Grouse Mountain) du terminal du *Seabus* à North Vancouver (en été seulement) ; sinon, n° 246 Highland West sur Georgia Street, correspondance à Edgemont Village pour le n° 232. Le téléphérique fonctionne de 9 h à 22 h toute l'année. Départ toutes les 15 mn. Au sommet, animation sur le thème du bois, belles sculptures. Bien sûr, la vue sur Vancouver y est magnifique mais franchement, pour le prix, offrez-vous plutôt un bon repas à notre santé.

À voir dans les environs

★ Toujours plus vers le nord, le *Mount Seymour Provincial Park* offre de très belles balades.

★ *Vers Horseshoe Bay :* en empruntant Marine Drive, vers l'ouest, depuis North Vancouver, on longe la côte à travers les sous-bois sauvages. Quand la toison forestière se fait moins dense, on découvre des criques croquignolettes et quelques villas surplombant la baie. Cette agréable balade mène à Horseshoe Bay, petit port reculé encadré de monts verdoyants et de nombreux îlots. C'est de là que l'on prend le ferry pour Nanaimo, sur l'île de Vancouver (voir le circuit dans la rubrique « Quitter Vancouver »).

★ *Squamish :* à 67 km au nord de Vancouver, avant le Garibaldi Park. Squamish est une destination connue des grimpeurs de tout poil, car on y trouve le *Stawamus Chief,* le second plus grand monolithe de granit au monde. Les bûcherons y viennent aussi au mois d'août pour le championnat du monde de *Logger's Sports*. Mais ce qui attire le plus de monde à Squamish, ce sont les aigles à tête blanche. Ils viennent se sustenter de saumons de fin novembre à mi-février, avec un pic en janvier (mois du festival avec décompte des aigles – 3 701 en 1994 – photos, expéditions, expositions...). Le site d'observation le plus célèbre se trouve à *Brackendale,* quartier résidentiel entre Tenderfoot Creek et Downtown Squamish.

★ *Vers Whistler et le parc Garibaldi :* après Horseshoe Bay, très belle route jusqu'à Whistler. Au passage on peut voir le *British Columbia Museum* situé à 52 km. ☎ 688-8735 et 896-2233. Ce musée minier est ouvert du 15 mai au 15 octobre.
Les baroudeurs de Prisunic pourront louer un équipement de chercheur d'or et aller tenter leur chance dans le coin. Évidemment, économiquement, c'est pas viable du tout.

★ Juste après, on peut aller voir les *Shannon Falls,* impressionnantes cascades, et les *Brandywine Falls,* baptisées ainsi par deux employés du chemin de fer qui y jetèrent deux bouteilles de brandy et de vin ! Nombreux campings bien aménagés dont celui de *Porteau Cove* où se retrouvent les plongeurs, les fonds étant réputés.

Quitter Vancouver

En voiture

Trois directions majeures pour quitter Vancouver : la Highway 99, vers le Nord, autoroute gratuite qui relie Whistler en moins de 2 h ; la même vers le sud, pour rejoindre l'Interstate 5 vers Seattle. Enfin la transcanadienne, la Highway 1, pour partir explorer les parcs et le reste du Canada.
■ *Auto Drive-away :* 1080A Marine Drive, North Vancouver. ☎ 985-0936. Pour le Canada et les États-Unis.

En avion

→ *L'aéroport* est assez éloigné de la ville. ☎ 276-61-01. Navette du terminus *Greyhound* (150 Dunsmuir) au quai 20 toutes les 30 mn de 6 h 12 à 22 h 10. 10 $Ca. Durée du trajet : 40 mn. Mais à partir de 3 personnes, il vaut mieux prendre un taxi (durée 25 mn, 20 à 30 $Ca). L'*Airport Express Bus* passe également toutes les demi-heures devant la plupart des grands hôtels. Renseignements : ☎ 273-9023. L'aéroport de Vancouver étant privé, des « frais d'amélioration de l'aéroport », d'un montant de 15 $Ca, sont demandés à l'embarquement.

En train

🚆 *Gare BC Rail* *(plan couleur I, C-D1)* : 1311 West 1st Street, North Vancouver. ☎ 984-5246 et 631-3500. Fax : 984-5005. ● www.bcrail.com/bcrpass ● Ne dessert que la Colombie britannique.
– *Vers Prince George :* 3 départs par semaine, à 7 h 30.
🚆 *Gare Via Rail* *(plan couleur II, D3)* : 1150 Station Street. ☎ 669-3050. Appel gratuit : ☎ 1-800-561-8630. ● www.viarail.ca ● Liaisons transcanadiennes en 3 jours, en passant par Winnipeg, Sashatoon, Edmonton, Jasper et Kamloops. Départ les mardi et vendredi.
■ *Amtrak :* ☎ 1-800-USA. ● amtrak-p@ix.netcom.com ● Trains tous les jours pour Seattle.

En bus

🚌 *Greyhound Bus Terminal* *(plan couleur II, D3) :* 1150 Station Street. ☎ 482-87-47. Appel gratuit : ☎ 1-800-231-2222.
– *Vers Seattle :* 5 départs par jour.
– *Vers Calgary :* 6 départs par jour, entre 7 h et 1 h, direct ou non.
– *Vers Toronto :* 4 départs par jour. Certains bus poussent jusqu'à Montréal. Avec un billet valable 30 jours, on descend où l'on veut.
– *Vers Jasper :* 3 départs par jour, entre 7 h et 18 h.
– *Vers White Horse :* 1 départ à 8 h tous les jours sauf le samedi.

En ferry vers l'île de Vancouver

⌐ Il y a deux points de départ pour les ferries : pour Victoria et Nanaimo, le principal est à *Tsawwassen*, dans la banlieue sud de Vancouver, à un peu plus d'une demi-heure de voiture de Downtown Vancouver. L'autre est à *Horseshoe Bay*, au nord de Vancouver à environ 20 km de Downtown. Il relie seulement Nanaimo. Compter 1 h 30 à 2 h de traversée. Des deux points de départ vous pouvez prendre des ferries pour Victoria et pour Nanaimo (la 2ᵉ ville de l'île).
■ *BC Ferries :* infos sur Internet, ● www.bcferries.bc.ca ● ou fax : 381-5452. Si vous avez un véhicule, mieux vaut réserver : ☎ (604) 444-2890, ou appel gratuit : ☎ 1-800-724-5223.
– *À partir de Tsawwassen :* les bus vous conduisent du centre-ville de Vancouver au centre de Victoria en empruntant le ferry de Tsawwassen. *Pacific Coach Lines :* départs de Pacific Central Station, 1150 Station Street. ☎ 662-7575. Durée du trajet d'un centre-ville à l'autre : 3 h 15. Plusieurs départs par jour. Une belle traversée parmi les îles.
Un bon tuyau : les petits malins préfèrent prendre le bus n° 601 à l'intersection de Granville Avenue et de Broadway (9th Avenue) jusqu'au terminus de Ladner Exchange; de là, ils prennent le bus n° 640 – et le n° 404 du 15 avril à Thanksgiving (2ᵉ lundi d'octobre) – jusqu'à l'embarcadère de Tsawwassen où ils achètent un billet pour le ferry sur place. Alternative : prendre le bus n° 99 Sud sur Granville, puis enchaîner avec le n° 17 jusqu'aux ferries. Départ des ferries chaque heure de 7 h à 22 h. Arrivé sur

Vancouver Island, prendre le bus n° 70 jusqu'à Victoria. Ces petits rusés épargnent ainsi environ le prix de ce guide. Suivez leur exemple... En voiture, aux heures de pointe, environ une heure d'attente. La combine : prendre le premier ferry, celui de 7 h. Vous embarquez directement à partir de 6 h 30-6 h 45. On paie avant d'embarquer (*Visa* et *Mastercard* acceptées).

– ***En ferry de Horseshoe Bay vers l'île de Vancouver :*** prendre le bus n° 250 ou 257 sur Georgia ou le n° 99 Nord, qui passe par Granville Avenue. Départs des ferries vers Nanaimo de 7 h à 22 h. Environ 15 ferries par jour en été.

Mais si vous n'êtes pas motorisé ou si vous avez peu de temps, mieux vaut prendre le ferry à Tsawwassen. L'intérêt principal de ce ferry plus éloigné est de vouloir éviter Victoria (parce que vous connaissez déjà, sinon ça serait dommage !) ou de pouvoir faire le circuit suivant qui allie la voiture (indispensable) et le ferry : de Horseshoe Bay à Langdale en bateau, puis on conduit de Langdale à Earl's Cove d'où on reprend le ferry jusqu'à Saltery Bay. De là, rouler jusqu'à Powell River. De Powell River, prendre le ferry pour Comox sur l'île de Vancouver puis descendre la côte jusqu'à Nanaimo. Possibilité de revenir sur Horseshoe Bay ou de poursuivre vers Victoria. De Victoria, on peut pousser jusqu'à Vancouver ou vers Seattle dans l'État de Washington (États-Unis). Cet itinéraire est sauvage et peu fréquenté. Nombreux campings sur tout le parcours. Pour entreprendre ce petit tour, il vaut mieux avoir du temps devant soi, aimer prendre le bateau, bien entendu, et avoir plaisir à se retrouver là où les autres ne vont pas. Carte de la région indispensable.

WHISTLER   IND. TÉL. : 604

La grande station de ski de Vancouver devient en été La Mecque du VTT et du golf. Pour ceux qui n'auraient pas le temps de visiter la Colombie britannique, cette station chic à la canadienne, donc assez décontractée, offre un beau condensé de mer (la route de Vancouver à Whistler est absolument époustouflante !) et de montagnes. Très fréquentée en toutes saisons et relativement chère, mais comme dans toutes les stations de sports d'hiver, n'oubliez pas qu'ici la basse saison correspond à l'été.

Né avec le tourisme, le domaine de Whistler n'est pas grand, mais morcelé. De Vancouver, on arrive d'abord sur Whistler Creekside et le lac Alta, puis plus haut dans le cœur de la station, Whistler Village et Village North. Au-dessus, Blackcomb Mountain complète la station. Méfiez-vous donc des distances et vérifiez bien où vous voulez vous rendre avant de sortir.

Adresses utiles

◻ *Chambre de commerce :* au centre de Whistler Village. ☎ 932-5528. Appel gratuit pour le central de réservations : ☎ 1-800-944-7853.

▭ *Autobus :* *Maverick Coach Lines* pour Vancouver Downtown. ☎ 932-5031. À Vancouver : ☎ 255-1171. Réservation recommandée.

◢ *Chemin de fer :* *BC Rail* de North Vancouver. ☎ 932-2134.

■ *Location de bicyclettes :* au *Carleton Lodge*, au *Day Lodge*, au *Château Whistler Resort*, au *Glacier Lodge*, etc.

■ *Taxis :* ☎ 932-3333.

@ *Whistler Internet Café :* Town Plaza, dans North Village, près du restaurant *Val d'Isère*. ☎ 905-2980. Accès Internet, boissons et pâtisseries.

Où dormir ?

Bon marché

▲ *Hostelling International Whistler :* 5678 Alta Lake Road. ☎ 932-5492. Fax : 932-4687. • whistler-@hihostels.bc.ca • Pas facile à trouver. Avant Whistler, prendre la direction du restaurant *Les Deux Gros* et longer le lac sur plusieurs kilomètres. Nuitée à 18,50 $Ca si vous avez la carte des AJ, sinon 23 $Ca pour les non-membres. Un des plus beaux emplacements de Whistler pour cette AJ. Clientèle pas jeune d'ailleurs (réductions importantes pour les enfants). Le chalet tout en bois se trouve juste au bord du lac avec les montagnes derrière. Grand salon avec cheminée, billard, piano et canapé moelleux. Prêt de canoës, location de VTT et motos de neige. Sauna. 4 bus par jour aller-retour pour Whistler Village.

▲ *The Shoestring Lodge :* 7124 Nancy Greene Drive. ☎ 932-3338. Appel gratuit : ☎ 1-877-551-4954. Fax : 932-8347. • www.shoestrin glodge.com • Continuer sur la Highway 99 un peu plus haut que Whistler Village. Juste à côté du *Boot Pub*. Dortoirs de 4 personnes, compter 16 $Ca en été et jusqu'à 25 $Ca en pleine saison ; chambres doubles à 50 $Ca (80 $Ca en hiver). Très propre. Chaque dortoir possède sa propre salle de bains. Les chambres privées n'ont pas grand intérêt, mais difficile de trouver moins cher à Whistler. Ambiance sympa. Bus-navette vers les pistes.

Chic

▲ *Blackcomb Lodge :* 4220 Gateway Drive, sur la grande place de Whistler. ☎ 932-4155. Appel gratuit : ☎ 1-800-667-2855. Fax : 932-6826. • www.blackcomblodge.com • Chambre double à partir de 145 $Ca. Bien situé au centre du village.

Plus chic

▲ *Château Whistler Resort :* 4599 Château Boulevard, à Blackcomb. ☎ 938-8000. Appel gratuit : ☎ 1-800-268-9411. Fax : 938-2070. • www.sunnygolf.com/chatrst.ht • Compter 189 $Ca la nuit. En bas des pistes, l'un des grands hôtels de Whistler.

Où manger ?

I●I *Old Spaghetti Factory :* 4154 Village Green, dans le *Crystal Lodge*, à Whistler Village. ☎ 938-1081. Ouvert de midi à 22 h. Environ 15 $Ca le plat. Sans surprise, mais bon rapport qualité-prix. Une chaîne que vous avez sans doute déjà croisée au Canada.

I●I *La Bocca :* 4232 Village Stroll, sur la grande place de Whistler Village. ☎ 932-2112. Tenu par le même propriétaire que *La Brasserie des Artistes*, à côté. Pâtes pour 16 $Ca, fondues savoyarde et chinoise (à base de légumes) pour 20 $Ca. Déco chaleureuse et colorée, ambiance sympa. Carte de vins plus longue que le menu.

I●I *Val d'Isère :* dans Village North, de l'autre côté de Village Gate Boulevard par rapport à Whistler. ☎ 932-4666. Fax : 932-2186. Plats de 8 à 18 $Ca, compter 30 $Ca pour un repas complet. Spécialités de gibier et de truites préparées par un Alsacien, Roland Pfaff.

I●I *Les Deux Gros :* tout près de la Highway, avant Whistler à la hauteur du lac Alta. ☎ 932-4611. Fax : 932-2744. Ouvert le soir. Autour de

25 $Ca par personne. Avec ce nom, resto français bien sûr, avec même le terrain de boules et le drapeau. Le deuxième gros est parti, mais on y mange toujours bien.

Où boire un verre ? Où sortir ?

Whistler dort peu la nuit, et la journée de ski se prolonge souvent dans les nombreux bars et boîtes éparpillés dans le village. C'est un tout petit monde, alors n'hésitez pas à demander au bar des entrées gratuites pour les boîtes et les concerts du soir.

▼ *La Brasserie des Artistes :* 4232 Village Stroll, ☎ 932-3569, et l'*Amsterdam Pub*, juste à côté, pour prendre un premier verre.
▼ *Boot Pub :* 7124 Nancy Greene Way. ☎ 932-3338. Un peu au nord du village, en continuant la Highway 99. Scène reconnue pour ses concerts de blues notamment.
▼ *Maxx Fish :* sur la place principale de Whistler. Hip-hop, concerts, *DJ,* blues et funk.

À faire

L'ensemble des trois stations, Whistler Village, Backcomb et Whistler's South Side, forme le plus grand domaine skiable du Canada. Il n'est pas rare qu'on puisse skier l'été, mais d'autres activités prennent le relais :
– *Rafting :* plusieurs formules en fonction de l'âge et l'expérience, de quelques heures à une journée entière. Pique-nique et séances d'observations d'oiseaux, les aigles notamment. *C3 Rafting*, ☎ 938-1821 ; *Wedge Rafting*, ☎ 932-7171 ; *Whistler River Adventures*, ☎ 932-3552.
– *Canoë-kayak :* pour une expérience relax, le *lac Alta* offre des balades sans aucun danger dans un site magnifique. Ceux qui cherchent à mouiller leur chemise iront plus haut, se frotter aux rapides du *Green Lake*. *Whistler Sailing and Watersports Centre :* location de canoës et de kayaks, balades guidées. ☎ 932-7245.
– *VTT :* le moyen de transport le plus répandu l'été à Whistler. De nombreux chemins aménagés, guides disponibles à la chambre de commerce et dans les magasins de location. *Glacier Shop :* ☎ 938-7744. *Wild Willie's :* ☎ 938-8036. *Whistler Mountain Bike Park and Learning Centre :* ☎ 932-3434.
– *Randos :* de superbes balades à faire autour de Whistler. Pas si peinard qu'il n'y paraît... méfiez-vous des ours ! L'hiver, certains descendent jusqu'au village, vous avez donc toutes vos chances de faire de belles rencontres. *Whistler Summer Adventures*, randos guidées de 2 à 4 h, ☎ 932-8484. Prenez le *Last Lake Loops*, un des nombreux chemins aménagés, qui conduit jusqu'au lac où aires de pique-nique et de baignades ont été aménagées.

Achats

⌂ *Cow's Whistler :* 102-4295 Blackcomb Way, dans Whistler Village. Un bœuf de magasin avec que des vaches. Sous forme de réveils, de tabliers, de casquettes, de chaussettes, d'affiches et de glaces... au lait, bien sûr !

– L'ÎLE DE VANCOUVER –

Terre de contrastes, cette île d'une superficie de 34 000 km², qui protège les côtes sud de la Colombie britannique, n'est réellement développée que dans sa partie sud, où l'on trouve Victoria, la coquette capitale très *British* bordée de jardins soigneusement entretenus.

À quelques dizaines de kilomètres au nord, l'île n'est déjà plus qu'une immensité sauvage qui, pour sa majeure partie, est restée inexploitée. La densité de la végétation, le gigantisme de ses arbres, la faiblesse de l'infrastructure routière, la faune sauvage qui l'habite font de l'île un des derniers bastions naturels non foulés par l'homme. Les endroits les plus éloignés se résument à de petits villages qui raviront les amateurs d'authenticité, ainsi que les adeptes de pêche et de randonnées sans fin. C'est également sur cette île que les plus grosses fortunes de Vancouver ont décidé d'avoir leur résidence secondaire.

Un peu d'histoire

Propriété de la Compagnie de la Baie d'Hudson au moment de la fondation du fort Victoria en 1843, l'île devint colonie de la Couronne en 1848 avant d'être rattachée à la Colombie britannique en 1866. Deux ans plus tard, Victoria en devenait la capitale et voyait fleurir un bouquet d'édifices publics ainsi que de splendides jardins pour la promenade des notables.

VICTORIA 75 467 hab.   IND. TÉL. : 250

Ville principale de l'île et capitale de la Colombie britannique, Victoria semble vivre à l'anglaise avec ses jardins fleuris, ses maisons victoriennes, ses entrepôts et autres *warehouses* à la belle architecture de brique. Ici, le quadrillage des rues échappe pour une fois à l'éternel damier, parce qu'il suivait à l'époque l'emplacement des fermes. Son côté *British* et son climat tempéré attirent évidemment beaucoup de retraités, de riches Américains et les touristes. Mais ne vous y fiez pas, les adeptes de l'*afternoon tea* se font rares, et la proximité de l'université empêche la ville de s'endormir au coucher du soleil. Depuis une dizaine d'années, de plus en plus d'anciens entrepôts ou magasins sont aménagés en de chaleureux bars et restaurants, qui se remplissent le soir venu. Charmante et bien vivante, Victoria constitue un bon point de départ pour une balade dans l'île, ainsi qu'un agréable point de chute pour les routards fatigués.

Début juillet, le festival Ica Folk Fest, très populaire attire des musiciens du monde entier.

Adresses et infos utiles

🛈 **1 Travel Infocentre** *(plan II, A2)* : 812 Wharf Street. Au-dessus du port, pratiquement en face de l'*Em-* *press Hotel*. ☎ 953-2033. Appel gratuit pour les réservations de logement : ☎ 1-800-663-3883. Fax :

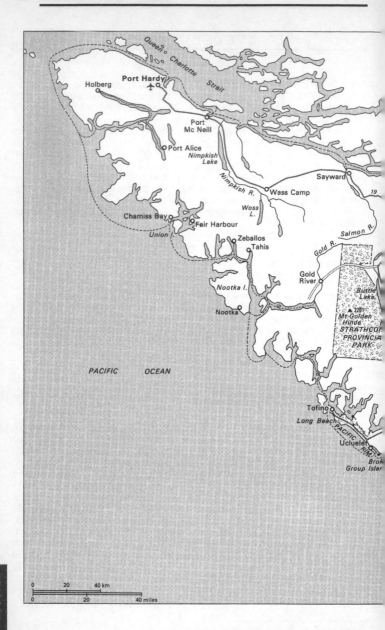

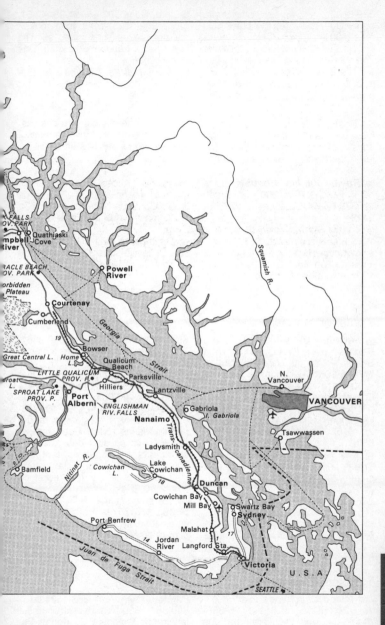

L'ÎLE DE VANCOUVER

382-6539. ● www.tourismvictoria. com ● Ouvert tous les jours de 8 h 30 à 17 h 30 en saison. Comme à Vancouver, un service impeccable et une documentation quasi exhaustive sur l'île et la ville de Victoria.

𝟐 *Tourism Association of Vancouver Island* *(plan II, A2) :* Bastion Square, Suite 302-45. ☎ 382-3551. Fax : 382-3523. Pour tous renseignements plus spécifiques sur l'île tout entière (randonnées, etc.). Doc très fournie.

■ ***Provincial Park Office :*** ☎ 387-4550. Pour avoir des infos sur les parcs de l'île.

✉ ***Post Office :*** la poste principale n'est pas dans le centre, les opérations courantes sont possibles dans les « pharmacies », sortes de fourre-tout qui vendent aussi bien des cassettes vidéo que des médicaments... alors pourquoi pas des timbres !

■ ***Royal Jubilee Hospital*** *(hors plan I par D2, II) :* 1900 Fort Street. ☎ 370-8000. Urgences : ☎ 370-8212.

@ ***Cyber Station*** *(plan II, B2, 6) :* 1113 Blanshard Street. ☎ 386-4687. ● www.cyber.bc.ca ● Ouvert tous les jours de 8 h 30 à 22 h, à partir de 10 h le week-end et jusqu'à 17 h le dimanche. Accès Internet, imprimantes, scanner, etc. à partir de 5,50 $Ca la demi-heure (ou 1 $Ca les 5 mn si vous êtes très très rapide).

■ ***Consigne :*** à la station de bus, sur Belleville Street, en face du *Crystal Court Motel.*

Transports en ville

■ ***Location de vélos :*** *Harbours Rentals (plan II, A2),* 811 Wharf Street, à côté du Travel Infocentre. ☎ 995-1661. Location de vélos et scooters à des prix raisonnables. Ouvert tous les jours.

– ***Location de voitures :***
■ *Budget Rent-a-Car (plan II, A3, 7) :* 757 Douglas Street. ☎ 953-5300.
■ *Avis Rent-a-Car :* 843 Douglas Street, un bloc plus haut que le précédent. ☎ 386-8468.
■ *Rent-a-Wreck (plan I, B1, 8) :* 2634 Douglas Street. ☎ 384-5343. Un peu plus cher.
■ ***Tours de ville :*** *Gray Line Victoria (plan II, A3, 9),* 700 Douglas Street. ☎ 388-5248. Fax : 388-9461. Tours dans Victoria et dans les environs.

⛴ ***Victoria Harbour Ferry :*** sur le port, plusieurs arrêts, dont l'*Empress Hotel,* l'*Ocean Pointe Resort* ou le *Coast Harbourside Hotel.* ☎ 708-0201. En service tous les jours, départ toutes les 15 mn. Pour changer des *kabukis cabs* et des calèches, ces petits bateaux-taxis font des sauts de puce le long de Victoria Harbour pour le prix d'un ticket de bus, 2,50 $Ca.

🚌 ***Bus en ville, BC Transit :*** ☎ 382-6161. Très pratique. Se procurer absolument leur brochure, fort bien réalisée.

Transports dans l'île

🚌 ***Island Coachlines*** *(plan II, A3, 10) :* 700 Douglas Street. ☎ 385-4411. Liaisons régulières en bus pour Nanaimo, Parkville, Port Alberni, Tofino. De Nanaimo pour Courtenay et Port Hardy. Consigne.

🚃 ***Gare Via Rail*** *(plan II, A1) :* 450 Pandora Avenue. ☎ 383-4324 ou 1-800-561-8630. Autorail climatisé sur la ligne de Victoria à Courtenay. Par Chemainus, Nanaimo, Parksville. Quelques passages très *scenic* ! S'arrête partout.

Où dormir ?

Campings

≜ Fort Victoria RV Park : 340 Island Highway. ☎ 479-8112. Fax : 479-5806. ● www.fortvicrv.com ● Prendre Douglas Street North qui devient la Highway 1, puis à gauche sur Helmaken, enfin à droite quand on rencontre la Highway 1A. Bus n° 14 ou 15. Confort correct. Assez éloigné.

≜ Thetis Lake Campground : 1-1938 West Park Lane ; non loin de la Highway 1. ☎ 478-3845. Fax : 478-6151. Ouvert toute l'année. Ombragé. 100 places. Lac à proximité. Douches et lave-linge. Sentiers de randonnée.

≜ Humpback Valley Campground : 2960 Irwin Road RR6. ☎ 478-6960. Ouvert du 15 mai au 15 septembre. À 20 km, sur la Highway 1 (vers Nanaimo). Au km 16 (station Shell), tourner à gauche dans la Sooke Lake Road. Dans un environnement forestier agréable. Bon confort. Location de kayaks.

≜ Victoria East : Saanichton. ☎ 652-3232. À 20 km de Victoria par la Highway 17 et à 11 km de Swartz Bay. Tourner à Mount Newton X, puis aller jusqu'au *Waddling Dog Inn*. Confortable et ombragé. Accès à la plage.

Bon marché

≜ Ocean Island Backpackers Inn *(plan II, B1-2, 21)* : 791 Pandora Avenue. ☎ 385-1788. Appel gratuit : ☎ 1-888-888-4180. ● www.oceanisland.com ● Très central, à quelques blocs de Market Square. Réception ouverte 24 h/24. Vraiment pas cher, à partir de 16 $Ca la nuit, et chambres doubles à 40 $Ca à peine. Ambiance surf et piercing. Possibilité de parking.

≜ Youth Hostel *(plan II, A2, 20)* : 516 Yates Street. ☎ 385-4511. Fax : 385-3232. ● victoria@hihostels.bc.ca ● Ouvert toute l'année, 24/24. 120 places, divisées en deux grands dortoirs et plusieurs chambres. Nuitée en dortoir à 16 $Ca pour les membres (20 $Ca sans la carte des AJ), et (36 ou 40 $Ca) pour les chambres doubles. Très chouette. En plein centre-ville. L'une des premières *warehouses* de la ville (1882), joliment rénovée. Petit salon, cuisine. Ils vendent également quelques produits de dépannage :

VICTORIA

A ↖ *DUNCAN, NANAIMO*　**B**　*DUNCAN, NANAIMO* ↗　**Airport** ↗

Gorge

Road

Burnside Rd. E.

Douglas

Nanaimo

NORD

The Gorge

Selkirk Ave.

↑⇒ **36**

Craigflower

Topaz

Selkirk Water

St.

St.

1

Ellery St.

Barfield Park

Hillside Ave.

Government

■ **8**

Devonshire Rd

Pine St.

Skinner

Catherine

Aston

St.

Point Ellice House

St.

Douglas

ESQUIMALT

Wilson

William St.

POINT ELLICE BRIDGE

Bay

Rock Bay

←

69 ♟

Esquimalt Rd

Russell St.

Bay St.

Upper Harbour

voir plan II

Dunsmuir Rd

Victoria West Park

Esquimalt Rd

Store St.

Herald

2

63 ♟

Kinta

Rd

Wharf

Pandora

JOHNSON ST. BRIDGE

Johnson

Yates

Victoria Harbour

Laurel Point

Fort

St.

St.

Shoal Point

Humboldt

41 ▣

29 ▲

Camel Point

Dallas St.

Fife St.

Kingston

Belleville

Quebec

St.

Government

Douglas

39 ▣ **33** ▲

Superior

St.

3

St. Lawrence St.

Michigan

Parliament

Montreal

Simcoe

MacDonald Park

48 ▣

St.

Ferry

Dallas

Oswego

Niagara

Toronto St.

23 ▲

Ogden Point Docks

Road

Menzies

95 ★

Government

Battery

32 ▲

4

Holland Point

Dallas

Road

0　200　400 m

Finlayson Point

VICTORIA

VICTORIA – PLAN I

rasoirs, brosses à dents, etc. Une bonne adresse.

🏠 *Selkirk Guesthouse (hors plan I par A1, 36)* : 934 Selkirk Avenue. ☎ 389-1213. Appel gratuit : ☎ 1-800-974-6638. Fax : 389-1313. Paraît un peu excentré, mais en vérité facile d'accès. Du centre-ville, en voiture, traverser le pont Johnson, tourner à droite dans Tyee ; aller tout droit dans Skinner, puis Craigflower ; tourner à droite dans Arcadia : on arrive sur Selkirk. Sinon, bus n° 14 Craigflower qu'on prend à Douglas et Yates. Descendre à l'arrêt Tillicum. Ça semble long mais en fait, la ville est à 10 mn en bus, 30 mn à pied... et à peu près pareil en canoë. Chambres charmantes pour couples et familles, avec salle de bains et kitchenette de 40 à 60 \$Ca, et deux dortoirs de 10 lits, de 18 à 20 \$Ca la nuit. Accueil très décontracté. Le jardin est un vrai paradis pour enfants : barbecue, jacuzzi, trampoline. Une course à faire ? Hop, un tour de canoë et le tour est joué. L'une de nos adresses préférées au Canada. Téléphoner avant de venir, car c'est vite complet ! Il est tellement difficile d'en repartir...

🏠 *YMCA* et *YWCA (plan II, B2, 22)* : 800 Courtney Street, à l'angle de Quadra Street. ☎ 386-7511. Compter 20 \$Ca en dortoirs, 55 \$Ca pour l'une des 6 chambres privées. Cher mais c'est moderne et propre. Mieux que l'hôtel (mais moins bien que l'AJ). Si vous arrivez tard, une sonnette est située sur la gauche de l'entrée, assez en hauteur. Café et laverie, accès à la piscine et salle de gym tout proches.

■ **Adresses utiles**

- ℹ **1** Travel Infocentre
- ℹ **2** Tourism Association of Vancouver Island
- 🚆 Gare Via Rail
- **6** Cyberstation
- **7** Budget Rente-a-Car
- **9** Gray Line Victoria
- **10** Island Coachlines
- **110** Black Ball Transports
- **111** Victoria Express
- **112** Victoria Clipper

🏠 **Où dormir ?**

- **20** Youth Hostel
- **21** Ocean Island Backpackers Inn
- **22** YMCA et YWCA
- **24** Crystal Court Motel
- **25** Helm's Inn
- **26** Dominion Hotel
- **28** Royal Scot Inn
- **34** Taj Mahal Agra House

🍽 **Où manger ?**

- **40** John's Place
- **42** Day and Night
- **44** Pagliacci's
- **45** Don Mee
- **46** Café Mexico
- **47** Kwong Tung Seafood Restaurant
- **49** Chandlers
- **50** The Keg
- **51** Milestone's
- **53** Pescatore's
- **92** Camille's

🍸 **Où boire un verre ? Où sortir ?**

- **26** Hunter's Steakhouse & Lounge
- **61** The Sticky Wicket
- **62** Swan's
- **64** Millenium
- **65** Legends
- **66** House of Blues
- **67** The Jet Lounge
- **70** Hugo's

● **Où prendre le thé ? Où acheter de merveilleux chocolats ?**

- **81** Roger's
- **94** The Empress

★ **À voir**

- **90** Royal British Columbia Museum
- **91** Thunderbird Park et Elliot Street Square
- **92** Maritime Museum of British Columbia
- **93** Parliament Building
- **94** Empress Hotel
- **97** Market Square

🛍 **Achats**

- **100** Christmas
- **101** Victoria Eaton Center

VICTORIA

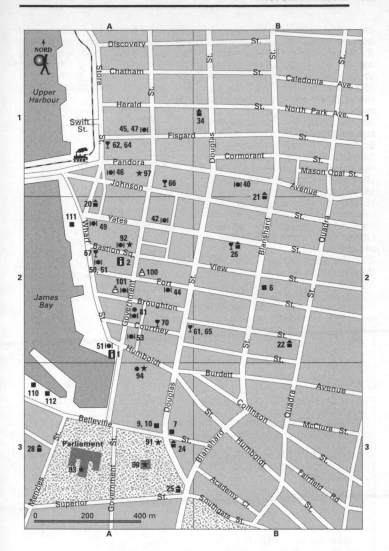

VICTORIA – PLAN II

De prix moyens à plus chic

≜ *Dominion Hotel* (plan II, B2,
26) *:* 759 Yates Street. ☎ 384-4136.
Appel gratuit : ☎ 1-800-663-6101.
Fax : 382-6416. Un ancien bâtiment
de la ville récemment rénové.
Charme et confort à prix raison-
nables, à partir de 90 $Ca la double.
Chambres claires et spacieuses,

dans les tons pastel, très agréables.
Bar-restaurant *Hunter's* sympa au
rez-de-chaussée.

≜ *The James Bay Inn* (plan I, B3,
23) *:* 270 Government Street. ☎ 384-
7151. Appel gratuit : ☎ 1-800-836-
2649. Fax : 385-2311. ● www.ja
mesbayinn.bc.ca ● Fort bien situé.

Pas loin du centre et à trois blocs du Beacon Hill Park. Chambres doubles de 104 à 117 $Ca selon la vue. Un hôtel aux allures de résidence secondaire, une façade soignée et un intérieur chaleureux. Les bow-windows éclairent les chambres déjà spacieuses. Au cœur d'un quartier résidentiel. Bon rapport qualité-prix. Rénové.

▪ *Crystal Court Motel (plan II, A3, 24)* : 701 Belleville Street, à l'angle de Douglas Street. ☎ 384-0551. Fax : 384-5125. • www.victoriabc.com/accom/crystal • Chambre double à 80 $Ca, 60 $Ca hors saison, et à peine plus cher à 3 ou 4 personnes. Petit motel bleu et blanc en plein centre. Chambres fonctionnelles et très propres.

▪ *Helm's Inn (plan II, A3, 25)* : 600 Douglas Street, à l'angle de Superior. Au pied du Beacon Hill Park, à quelques blocs à peine du port. ☎ 385-5767. Appel gratuit : ☎ 1-800-66-4356. Fax : 385-2221. • www.helmsinn.com • De 99 à 109 $Ca la chambre double, compter 10 $Ca de

plus avec cuisine. Prix hors saison particulièrement intéressants. Pas loin du *Crystal Court Motel*. Très agréable motel dans le même bloc que le Royal BC Museum. Chambres claires et confortables. Parking gratuit.

▪ *Royal Scot Inn (plan II, A3, 28)* : 425 Quebec Street. ☎ 388-5463. Appel gratuit : ☎ 1-800-663-7515. Fax : 388-5452. • www.royalscot.com • À 50 m du port, un motel aux chambres vastes et bien équipées. De 99 à 159 $Ca la double. Sauna, piscine et jacuzzi.

▪ *Admiral Motel (plan I, B3, 29)* : 257 Belleville Street. ☎ et fax : 388-6267. Appel gratuit : ☎ 1-888-8ADMIRAL. • www.admiral.bc.ca • L'un des motels chers des motels du port, très intéressant hors saison, notamment en mai-juin. Chambre double à 125 $Ca, jusqu'à 169 $Ca en plein été. L'ancre au-dessus de la porte et la façade bleue et blanche donnent le ton. Les chambres ont toutes de grands balcons donnant sur la baie, ainsi que salle de bains, TV, téléphone, frigo et machine à café.

B & B

Plusieurs centaines de maisons disponibles à Victoria et dans les environs. Certains *B & B* ne sont pas plus chers que les motels à prix modérés. Impossible de les vérifier tous. Vous pouvez faire votre choix à l'office du tourisme, ou vous renseigner auprès des adresses ci-dessous :

▪ *Best Canadian B & B Network :* 1064 Balfour Avenue. ☎ 738-7207. Fax : 732-4998.

▪ *Canada West Reservation Service :* ☎ 990-6730. Appel gratuit : ☎ 1-800-561-3223. Fax : 990-5876. • www.b-b.com •

▪ *Vacations West :* 185-911 Yates Street. ☎ 383-1863. Fax : 383-0144. • www.vacationswest.ca •

▪ *Western Canada B & B Inkeepers Association :* ☎ 255-9191. Fax : 642-7538. • www.wcbbia.com •

▪ *Renouf House (plan I, D2, 38)* : 2010 Stanley Avenue. ☎ 595-4774. Fax : 598-1515. • renouf@islandnet.com • Du centre-ville, prendre Pandora jusqu'à l'embranchement avec Begbie, puis tourner à gauche sur Stanley. Sinon, bus n° 22 jusqu'à

Fernwood et Gladstone. Chambres doubles entre 45 et 70 $Ca la nuit, avec ou sans salle de bains privée. Une maison blanche, très simple mais qui date de 1912. Tenue par un jeune couple très sympa, cette adresse offre l'accueil et le charme d'un *B & B* pour le prix d'un petit hôtel. Ça ne se refuse pas !

▪ *Piermont Place B & B* (ex-*Trudy's; plan I, D3, 31)* : 810 Piermont Place. ☎ 592-5703. Appel gratuit : ☎ 1-800-487-8397. Fax : 592-5703. • piermont@ampsc.com • Près de la Government House et du Craigdarroch Castle. Un peu excentré, mais pas loin du tout en voiture. Quatre chambres avec ou sans salle de bains, de 90 à 110 $Ca. On peut loger à 4 dans certaines chambres. Le patron se charge de venir vous chercher au terminal de bus ou de ferry, et vous emmène dans le centre-ville le matin. Superbe quartier résidentiel. Calme garanti. Moderne et confortable *B & B* et bon accueil. Petit déjeuner agréable derrière une bow-window. Réduction pour nos lecteurs sur présentation du *GDR* et pour les enfants de moins de 12 ans. Cartes de crédit acceptées. On y parle le français. Réservation recommandée.

▣ *The Laird's (Campus View House; hors plan I par D1, 37)* : 1840 Midgard Avenue. ☎ 477-3069. Appel gratuit : ☎ 1-800-597-9119. À l'est de la ville, à un bloc de l'université de Victoria. Quartier résidentiel là aussi. Conviendra à ceux possédant un véhicule (10 mn du centre). Midgard Avenue donne dans Shelbourne Street, en dessous de McKenzie. Compter 75 $Ca pour deux. Demeure moderne au milieu d'un jardin. Non-fumeurs. Accueil courtois. L'accent est mis sur la tranquillité du voisinage et de la maison. Pour ceux, celles recherchant précisément cela. Possibilité de se faire « pick-uper » gratuitement en ville. Trois chambres dont 2 avec salle de bains privée. Agréable *breakfast* dans la Sun Room. Cartes de crédit acceptées.

▣ *Battery Street Guesthouse (plan I, B4, 32)* : 670 Battery Street. ☎ 385-4632. Vénérable maison de 1898 avec un long balcon. Quelques poiriers dans le jardinet. À un bloc seulement de la mer et du Beacon Hill Park. Six chambres correctes pour deux. *No smoking*.

▣ *Andersen House (plan I, B3, 33)* : 301 Kingston Street ; à l'angle de Pendray. ☎ 388-4565. Fax : 388-4563. ● andersen@islandnet.com ● À deux pas du Victoria Harbour et du parlement. Compter entre 100 et 150 $Ca en haute saison, mais vraiment superbe. Demeure victorienne qui a conservé tout le charme d'antan. Façade colorée, véranda haute de plafond, cheminées anciennes, décor de stucs. Beau mobilier. Quatre chambres confortables. Bon petit déjeuner. Une chambre avec un vaste balcon, une autre avec double jacuzzi. Petite kitchenette dans une des grandes qui ont aussi un coin salon. Lecteur CD dans chaque chambre. Décoration très personnalisée, notamment avec les céramiques faites par la propriétaire. Plusieurs petites terrasses. Il est également possible de dormir sur un beau bateau amarré au port tout proche. Accueil agréable.

▣ *Taj Mahal Agra House (plan II, B1, 34)* : 679 Herald Street. ☎ 380-1099 et 383-4662. Fax : 380-1099. Un bloc au nord de Fisgard. À la lisière de Chinatown, rue élégante. Pas loin à pied du centre. Non-fumeurs. Un amusant *B & B* (plutôt un petit hôtel) reproduisant de façon stylisée l'architecture moghole. Bien tenu. La plupart des chambres sont sans charme particulier, mais de bon confort. Deux, un peu plus chères, possèdent cependant une plaisante décoration indienne avec ameublement cossu, plantes vertes, etc. Cartes de crédit acceptées.

Plus chic

▣ *Ryan's B & B (plan I, B3, 39)* : 224 Superior Street. ☎ 389-0012. Fax : 389-2857. ● www.bc1.com/users/ryans ● Compter de 135 à 175 $Ca la nuit. Une superbe maison de 1892, d'extérieur fleuri et coloré, restaurée avec beaucoup de goût et une pointe d'excentricité qui fait tout son charme. On laisse ses chaussures à l'entrée pour mieux apprécier les 10 cm d'épaisseur des moquettes... un délice ! Les chambres sont personnalisées, spa-

cieuses et agréables. Accueil très sympa.

▣ *Dashwood Manor (plan I, C4, 35)* : 1 Cook Street. ☎ 385-5517. Appel gratuit : ☎ 1-800-667-5517. Fax : 383-1760. ● www.dashwood-manor.com ● Très grande demeure de style Tudor au bord du Beacon Hill Park, à 10 m du bord de mer. 14 suites, les moins chères à partir de 75 $Ca hors saison, mais autour de 165 $Ca l'été. Bel ameublement ancien, décor raffiné, beaux objets, atmosphère très Old England comme le rappelle le nom des chambres (l'occasion unique de dormir à *Buckingham* ou à *Windsor*!). Prix de la plus belle vue ex-aequo pour les chambres qui donnent sur le bord de mer et celles qui regardent les montagnes. Cheminée, jacuzzi et cuisine. Réfrigérateur rempli tous les jours pour pouvoir se faire un petit déj' « maison ». Cartes de crédit acceptées.

≜ *Oak Bay Beach Hotel (hors plan I par D4, 27) :* 1175 Beach Drive. ☎ 598-4556. Appel gratuit : ☎ 1-800-668-758. Fax : 598-6180. ● reservations@oakbaybeachhotel.

bc.ca ● Suivre le bord de mer direction « Oak Bay Village ». ☎ 598-4556. Appel gratuit : Chambres de 185 à 265 $Ca en saison, de 114 à 155 $Ca en hiver, et de somptueuses suites à partir de 300 $Ca. Une superbe demeure de style Tudor surplombant la mer. Le jardin, qui descend en terrasse jusqu'à la plage, est un petit paradis. La *British touch* règne du sol au plafond, belles poutres de bois, coloris pastel et papiers fleuris, un cadre tout aussi chaleureux que l'accueil. On se prendrait presque pour un lord anglais...

Où manger ?

Bon marché

|●| *John's Place (plan II, B1, 40) :* 723 Pandora Avenue. ☎ 389-0711. Ouvert de 7 h à 22 h (23 h les vendredi et samedi et de 7 h à 15 h puis de 17 h à 22 h le dimanche). Menu pour le petit déj' à partir de 6 $Ca, le dimanche, *brunch* de 7 h à 15 h autour de 7 $Ca. Décor sympa à l'américaine, bois clair, banquette de moleskine et vieilles photos aux murs. Vers la cuisine aussi, ça tire vers le culte de James Dean. Clientèle jeune et étudiante. Bonne cuisine pas chère avec des spécialités : *eggs Valentine* (avec asperges et saumon), *huevos rancheros*. Au petit déjeuner, populaire *flapjacks*. Un clin d'œil vers l'exotisme avec le poulet égyptien ou indonésien et le *chanlong's honey garlic ribs* (sauté au gingembre et aux oignons). En dessert, quatre sortes de *cheese cakes*.

|●| *Paradiso di Stelle (plan II, A2) :* 10 Bastion Square, en face du Tourism Association of Vancouver Island. ☎ 920-7266. Un café italien très populaire pour ses véritables glaces, ses pâtisseries et ses sandwichs. On y trouve également de vrais cafés serrés, et, à notre connaissance, le meilleur *ice-tea* de la ville.

|●| *Barb's Place (plan I, A3, 41) :* Fisherman's Wharf, 310 Erie Street. ☎ 384-6515. Au bout d'Ontario. Si vous n'êtes pas motorisé, le *Victoria Harbour Ferry* vous y conduira. Ouvert tous les jours de mai à octobre de 10 h au coucher du soleil, *if weather permits*. Petit déjeuner (3 $Ca) jusqu'à 11 h. Ensuite, poisson frais et frites empaquetés dans du journal comme dans le temps pour 6 $Ca environ. *Halibut*, huîtres, *seafood chowder, fish burger*, salades qu'on mange dehors sur de grosses tables prises d'assaut aux beaux jours, ou à même le ponton. En profiter pour aller voir les curieux *house-boats* plus loin. Très populaire le week-end. Un endroit romantique pour les routards pas forcément pleins aux as.

|●| *Day and Night (plan II, A2, 42) :* 622 Yates Street. Un peu plus haut que l'auberge de jeunesse. Ouvert 24 h/24. *Pasta express* à 4,50 $Ca, menu pour un petit déjeuner complet pour moins de 4 $Ca. Clientèle hétéroclite, faite d'insomniaques et de belles de nuit. Le moins cher de la ville, mais atmosphère pas folichonne. Jetez un œil au *special*, toujours indiqué sur la vitrine.

Prix moyens

|●| *Milestone's* (plan II, A2, **51**) : 812 Wharf Street, non loin du Travel Infocentre, face au port. ☎ 381-2244. Ouvert à partir de 11 h du lundi au vendredi, et pour le petit déjeuner à partir de 9 h les samedi et dimanche. Compter environ 10 $Ca par personne le repas. Resto de chaîne honorable, très apprécié pour sa terrasse au bord de l'eau. Cuisine internationale, quelques plats d'influence méditerranéenne (*pita* aux poivrons, *hummous*), d'autres lorgnant vers les cuisines chinoise ou locale.

|●| *Med Grill* (plan II, B2) : 1010 Yates Street. ☎ 888-0597. Un des derniers *spots* de Victoria, chic et vraiment pas cher : entrées à 6 $Ca, plats autour de 15 $Ca. Un ancien magasin de tapis changé en une belle salle haute de plafond, dans une déco chaleureuse et soignée. Les serveurs s'affairent autour d'un bar immense d'où l'on peut voir toutes les cuisines. Viandes et poissons préparés avec goût et originalité, demander en particulier le *fish feature* du jour. Service efficace et souriant. Belle terrasse aux beaux jours.

|●| *Pagliacci's* (plan II, A2, **44**) : 1011 Broad Street, près de Fort Street. Petite rue entre Government et Douglas. ☎ 386-1662. Ouvert de 11 h 30 à minuit pour le déjeuner, le goûter, le dîner puis la musique *live*. *Brunch* le dimanche de 11 h à 13 h. Déco jeune, colorée : peinture murale de New York, photos posées sur une corniche autour de la salle, éclairage à la bougie. L'été, c'est souvent complet ; le soir, réservez. Atmosphère animée, bruyante. Lumière très tamisée, au point qu'on ne voit plus ce qu'on a dans l'assiette. Ce n'est pas grave, le nombre de clients qui s'y pressent plaide en faveur de la qualité de la cuisine. Plats rigolos comme le *Mae West* (veau au vin blanc et citron), le *hot travestite* (poulet sauté aux artichauts), les *prawns al Capone*. Prix tout à fait abordables à midi et encore acceptables le soir. Très bonne adresse. Réserver.

|●| *Don Mee* (plan II, A1, **45**) : 538 Fisgard, entre Store et Government. ☎ 383-1032. Ouvert tous les jours. Plats entre 12 et 16 $Ca, *seafood* autour de 15 $Ca et menu à plusieurs assez avantageux à 14 $Ca par personne. Au 1er étage. Resto chinois réputé, notamment, pour son *dim sum* le dimanche, de 11 h à 14 h. Prendre un numéro à l'entrée, l'attente n'est pas longue. Les petits chariots *(carts)* virevoltent entre les tables. Arriver de bonne heure, car nombre de délicates petites douceurs partent vite, comme ces *clams* doucement parfumées, les petits poulpes frits, les *spare-ribs*, les *dumplings*. À la carte : crabe en bassin grillé ou à la vapeur avec cuisson de son choix, *Don Mee's assorted cold platter*, etc. Beaucoup de familles chinoises, c'est bon signe !

|●| *Café Mexico* (plan II, A1, **46**) : 1425 Store, au premier étage de Market Square. ☎ 386-5454. Ouvert midi et soir. Bonne cuisine mexicaine à prix très doux, *chili* à 6 $Ca, *quesadillas* entre 5 et 8 $Ca, et desserts intéressants. Déco chaleureuse, très verte, qui abrite de petits recoins tranquilles. La petite terrasse sur Market Square invite au cocktail. Possibilité de *take out*.

|●| *Kwong Tung Seafood Restaurant* (plan II, A1, **47**) : 548 Fisgard Street. ☎ 381-1223. Ouvert midi et soir tous les jours. Cadre pas folichon. Cuisine du Sichuan, un peu chère à la carte mais les menus proposés offrent un très bon rapport qualité-prix (environ 10 $Ca). Propose le *dim sum* même le soir, ce qui offre une solution économique à plusieurs.

|●| *James Bay Tea-Room and Restaurant* (plan I, B3, **48**) : 332 Menzies Street, à l'angle de Superior Street. Juste derrière le parlement. ☎ 382-8282. Ouvert tous les jours de 7 h (8 h le dimanche) à 21 h. Petite maison blanche et fleurie au toit pentu. On y prend le thé entouré de portraits de la famille royale et de Churchill. *Cosy* et kitschy tout à la fois. Dentelles aux fenêtres. Atmosphère *British* perfidement délicieuse. *Breakfast* servi jusqu'à

11 h 30 et *afternoon tea* de 13 h à 16 h 30 (pas 17 h, *shocking !*). Sinon, plats anglais traditionnels : *steak and kidney pie, Welsh rarebit, roast beef and Yorkshire pudding, Cornish pasty,* etc. Bons gâteaux : *home made sherry triffle, cheese cakes.* Le soir, *nightly dinner specials* avec soupe ou salade et légumes frais.

I●I The Cheesecake Café *(plan II, A2) :* 910 Government Street, à côté de l'Eaton Center. ☎ 382-2253. Le temple du *cheese cake.* Boissons et gâteaux à moins de 5 $Ca. Même si vous n'aimez pas ce gâteau typiquement anglo-saxon, c'est ici que vous commencerez à l'apprécier. Pas moins de 16 types différents, tous frais du jour. Pour les réfractaires, également de très bonnes salades : épinards, peu de pommes de terre (!) et crevettes. Fait aussi *take away.*

De prix moyens à plus chic

I●I The Keg *(plan II, A2, 50) :* 500 Fort Street. ☎ 479-1651. Ouvert de 16 h 30 à 22 h du dimanche au jeudi, jusqu'à 23 h les vendredi et samedi. Plats copieux entre 17 et 22 $Ca. Le resto relax à l'américaine, pour ceux qui ne jurent que par les steaks de plus de 200 g. Musique parfois envahissante, premier étage moins bruyant, avec des coins et recoins partout. Service efficace. Excellents cocktails. *House wine* à prix raisonnable.

I●I Chandlers *(plan II, A2, 49) :* 1250 Wharf Street, à l'angle de Yates. ☎ 385-3474 et 386-3232. Ouvert midi et soir jusqu'à 23 h. À midi, formule *lunch,* snacks, *seafood* sur le pouce. Plats de 14 à 20 $Ca le soir, plus huppé, et plus cher. Installé dans un ancien entrepôt en brique qui fut à la fin du XIXe siècle le siège du Yuken Gold Rush Trade et situé sur le circuit des cars asiatiques, le resto ne fait plus beaucoup d'efforts au niveau des prix, mais la cuisine à base de poisson et fruits de mer tient toujours la route. Grand choix de saumons et *halibut* (flétan) grillé de première qualité. *Special* du jour toujours copieux.

I●I Camille's *(plan II, A2, 92) :* 45 Bastion Square, en face du Maritime Museum. ☎ 381-3433. Salle en sous-sol. Ouvert le soir seulement à partir de 17 h 30, réservation recommandée. Plats de 16 à 20 $Ca. Un des restos chics de Victoria, cuisine côte ouest très fine et grande sélection de vins régionaux. Ne paye pas de mine comme ça, mais a été élu le meilleur endroit de la ville pour un premier rendez-vous... ça ouvre des perspectives !

I●I Pescatore's *(plan II, A2, 53) :* 614 Humboldt Street. ☎ 385-4512. Tout près du croisement avec Government. Ouvert seulement le soir, à partir de 16 h 30, réservation fortement conseillée. Cher (plats à partir de 20 $Ca). Vous êtes ici dans un des restaurants de poissons et fruits de mer les plus appréciés de la ville. Décor pseudo-colonial très coloré (boiseries, ventilo au plafond, parquet). On peut également dîner au bar. Très convivial. Quelques spécialités : *Indian curry shrimps, seafood salad,* beignets de saumon, *halibut,* bar d'huîtres.

Où boire un verre ? Où sortir ?

Régulièrement, de nouveaux bars voient le jour dans les anciens entrepôts et magasins désaffectés. Cela donne toujours un résultat sympa, avec de hauts plafonds et une certaine ambiance. Mais en se multipliant, ils restreignent leur durée de vie, Victoria n'étant pas non plus La Mecque de la vie nocturne ! Certains bars font des specials, entrée et boissons à prix réduits un jour par semaine, il suffit de suivre le flot d'étudiants pour les trouver. Boîtes à l'intérieur des pubs ou dans les hôtels. Petite *cover charge* d'environ 5 $Ca. Arriver de bonne heure pour avoir de la place et éviter les longues files d'attente. Ferment souvent tôt (entre 1 h et 2 h). Consommations à prix modérés. Depuis le 1er janvier 1999, interdiction de fumer dans tous les endroits publics. Si certains bars vous semblent pourtant passer outre, sachez que c'est vous qui payez l'amende !

Y The Sticky Wicket *(plan II, A-B2, 61)* **:** 919 Douglas Street. Nombreuses salles et bars dans tous les coins. Riche décor d'acajou sculpté et de glaces gravées. *Game-room* (*darts, pools*, etc.). Tout au fond, petite piste de danse animée. Communique avec *Cuckoo's Nest* et surtout *Big Bad John's*, autres pubs du *Strathcona Hotel*. Ce dernier possède une atmosphère bien à lui. Pour les *peanuts' addicts*.

Y Swan's *(plan II, A1, 62)* **:** 506 Pandora Street, à l'angle de Store Street. ☎ 361-3310 ou 1-800-668-7926. Bel exemple de restauration à partir d'un ancien magasin de 1913 ; les murs de brique rouge donnent un certain cachet. Quelques jeunes, mais clientèle plutôt autour de la quarantaine. En été, patio agréable et fleuri, réservé au restaurant. Possibilité d'y manger midi et soir, *brunch* le dimanche jusqu'à 14 h. Bon *halibut and chips*. Au bar, bières et vins locaux.

Y Spinnakers *(plan I, A2, 63)* **:** 308 Catherine Street. ☎ 386-2739. Pub dominant les flots face aux côtes américaines au loin, particulièrement animé. On y va autant pour le petit déjeuner que pour les bons choix de bières à la pression.

Y The Jet Lounge *(plan II, A2, 67)* **:** Wharf Street. 5 $Ca l'entrée ; l'une des boîtes les plus populaires du moment. Musiques différentes selon les soirs de la semaine. Chandelles et vieux canapés de récup, un style qui a fait des émules à Victoria. Arriver tôt le week-end.

Y Hugo's *(plan II, A2, 70)* **:** 625 Courtney Street, sous l'hôtel *Magolia*. Au fur et à mesure de la soirée, les lumières se tamisent tandis que la musique augmente. Groupes

certains soirs. Plutôt chic et branché. On sirote un cocktail maison sur des banquettes surélevées qui se font face pour faciliter les rencontres. Le plus : une ligne directe pour appeler un taxi en fin de soirée. À quand le concept dans les boîtes françaises ?

Y Hunter's Steakhouse & Lounge *(plan II, B2, 26)* **:** 759 Yates Street, dans le *Dominion Hotel*. ☎ 384-74-94. À deux pas des cinémas, c'est ici que se retrouvent les jeunes de Victoria avant ou après la séance. Ambiance jeune, sympa pour commencer la soirée. Si la faim se fait sentir, gril et *tapas* honorables.

Y Millenium *(plan II, A1, 64)* **:** 1605 Store Street, juste à côté du *Swan's*. ☎ 383-2340. Boîte assez jeune, *clean* et animée, surtout le weekend.

Y Legends *(plan II, A-B2, 65)* **:** 919 Douglas Street. ☎ 383-7137. Immense salle. Le week-end, ambiance folle. *DJ* en orbite dans sa capsule au milieu. Fluos tapageurs, néons et postes TV qui crachent, *pools,* baby-foot. Jeunesse riante, gentille et bruyante.

Y House of Blues *(plan II, A1, 66)* **:** 603 Pandora Avenue. ☎ 386-1717. Jeunesse de bonne famille faisant sagement la queue le samedi soir.

Y Esquimalt Inn *(plan I, A2, 69)* **:** 856 Esquimalt Road. ☎ 382-7161. Spécialiste du *country and western*, royaume des santiags et des bérets à pompons. Groupes jouant à partir de 21 h. Possibilité de leçons de danse gratuites certains soirs (*Texas two step, line dance*, etc.). Prix des boissons raisonnables et pas mal d'occasions de lier connaissance.

Où prendre le thé ? Où acheter de merveilleux chocolats ?

– **The Empress** (plan II, A3, **94**) : 721 Government Street. ☎ 384-8111. Appel gratuit : ☎ 1-800-268-9411. Tout le charme d'une gracieuse dame née au début du XXᵉ siècle. Au choix : le *Tea Lobby* récemment rénové ou l'élégante *Palm Court*. Éminemment chic, bien entendu. En fait, peu de « routards » se bousculent pour l'*afternoon tea*. Non pas à cause de la tenue correcte exigée, là encore on peut faire un effort, mais parce que le prix de cette douce collation s'élève maintenant à 40 \$Ca. Pour les *scones addicts* exclusivement !

– **James Bay Tea-Room and Restaurant** (plan I, B3, **48**) : voir « Où manger ? ».

– **The Blethering Place** (hors plan I par D4, **82**) : 2250 Oak Bay Avenue. ☎ 598-1413 ou 1-888-598-1413. À l'entrée d'Oak Bay Village. Si vous êtes déçu de ne pas retrouver l'esprit *British* à Victoria, allez jusqu'à Oak Bay Village, un quartier d'irréductibles à 10 mn du centre-ville. Même si l'appellation de « village » peut être trompeuse (inutile de chercher la place de l'église et le café d'en face), Oak Bay s'enorgueillit de

perpétuer les traditions, comme celui de l'*afternoon tea* à The Blethering Place. Un décor à la Holly Hobbie, des fleurs sur les tables, les nappes, les murs, la moquette... et jusqu'au tablier des serveuses. Vous pouvez y prendre un solide petit déjeuner, assister aux animations musicales en soirée (pour les amateurs de musique celtique), ou retrouver les amies de Miss Marple pour le thé. *Scones* et grands choix de pâtisseries maison, thé complet pour moins de 5 \$Ca. *Charming !*

– **Rogers'** (plan II, A2, **81**) : 913 Government Street. ☎ 384-7021. Fax : 384-5750. Ferme à 19 h tous les jours. Au début du XXᵉ siècle, parce qu'il avait du mal à faire venir ses friandises de San Francisco, Charles W. « Candy » Rogers décida un jour de les fabriquer lui-même ; entre autres, les célèbres *Victoria creams* commandées depuis par la Maison-Blanche et la famille royale d'Angleterre. Boutique adorable, riches boiseries, élégant décor pour faire emplette de *plain creams, creams* aux noisettes, *almond brittle, mint wafers, peppermint chews*, etc.

À voir

★ **Royal British Columbia Museum** (plan II, A3, **90**) : 675 Belleville Street, à l'angle de Douglas. ☎ 387-3014. Ouvert de 9 h 30 à 19 h du 1ᵉʳ juillet au 8 septembre et de 10 h à 17 h 30 le reste de l'année. Fermé les jours de Noël et du Nouvel An. Riche musée utilisant la technique du diorama géant. Didactiques et vivants, les commentaires, en voix off ou sur panneaux, résument bien les épreuves successives qu'ont subies les Premières Nations. Certaines sections sont absolument merveilleuses (notamment la ferme reconstituée).

– *Au 2ᵉ étage :* la première partie est consacrée à la culture indienne. Artisanat, techniques de pêche, tissages, rituels, cosmogonie, figures haidas (haut lieu du chamanisme). Arrivée des Blancs et ses conséquences, maquette d'un village shédan, vêtements de cérémonie kwakiutl magnifiques, totems traditionnels, masques. Section consacrée aux divers traités, promesses, doléances des Indiens qui ne furent jamais respectés par les Blancs. Expo d'objets d'art sculptés ou ciselés dans l'argilite (minerai carbonifère) dans lequel les Haidas créèrent un art tout à fait original.

L'autre partie de l'étage abrite une remarquable reconstitution d'une petite ville de l'Ouest canadien (1870-1920). Avec tous les bruitages, on s'y croirait! Grande qualité des dioramas et des objets présentés. Reconstitution également des industries de bois et d'une conserverie de poisson, d'une mine d'or et son moulin à eau, d'une ferme (paysage poétique superbement rendu), etc. Section sur les sciences, les explorateurs et autres aventuriers, la colonisation... Visite du *Discovery* de Vancouver.

– *Au 1er étage :* section d'histoire naturelle. Mammouth, faune, flore. Tout est mis en scène avec un grand souci de pédagogie et en milieu naturel (quasiment en dimension réelle), dioramas du littoral et de la forêt côtière, avec les *Douglas firs,* les *Western red cedars,* tous les géants de la forêt. ▼ ☗ *Tea-room* et *gift-shop.*

★ *Thunderbird Park et Elliot Street Square (plan II, A3, 91) :* à l'extérieur du musée, atelier d'artistes indiens que l'on peut visiter en semaine et grands totems. Possibilité également de visiter la maison du Dr Helmcken (de 11 h à 17 h du 1er mai à fin septembre, de 12 h à 16 h du 1er février à fin avril et du 1er octobre au 15 novembre ; ouvert pendant 10 jours à Noël ; ☎ 361-0021 et 387-4697) qui, incroyable, a toujours été là ! Il fut l'un des pionniers de la ville et préféra son dur labeur aux honneurs de la politique. Vous verrez la chambre du docteur laissée intacte par sa fille. Ameublement et objets domestiques d'époque. Fort belle collection sur la médecine. Notez les trois étapes successives de construction de la maison, au fur et à mesure que la famille s'agrandissait. La partie arrière (de 1852) est la plus vieille. Le jardin autour est un ancien cimetière d'enfants. Chênes plusieurs fois centenaires. La petite école à côté est considérée comme la plus ancienne demeure de Victoria (1843), mais elle, en revanche, a été réinstallée ici.

★ *Maritime Museum of British Columbia (plan II, A2, 92) :* 28 Bastion Square. Entre Yates et View. ☎ 385-4222. Fax : 382-2869. ● www.mmbc. bc.ca ● Ouvert tous les jours de 9 h 30 à 16 h 30. Abrité dans la première BC Provincial Court House (de 1899).

– *Au rez-de-chaussée :* maquettes, instruments de bord, matériel pour réparer les voiles, l'odieux canon de baleinière, le *28-foot skiff* des pêcheurs locaux, salle des machines, etc. Dommage que la présentation soit un peu vieillotte ; le musée gagnerait à penser une nouvelle conception muséographique !

– *Au 1er étage :* salles consacrées à la vie du capitaine Cook et aux grands steamers, belles maquettes là encore. Sections de phares, balises et de la marine de guerre. Une curiosité : on y trouve le plus ancien ascenseur d'Amérique encore en état de marche.

★ *Parliament Building (plan II, A3, 93) :* ☎ 387-3046. Ouvert de 8 h à 17 h (en semaine). Visite guidée toutes les 20 mn. Durée : 30 mn. Gratuit. L'édifice est d'une architecture classique, caractéristique des constructions symétriques et austères de la fin du XIXe siècle avec des réminiscences de styles roman, victorien et Renaissance italienne. Seuls les dômes de cuivre réveillent un peu l'ensemble. Au sommet du dôme central, on a placé George Vancouver, qui fut le premier à faire le tour de l'île. La statue de cuivre de l'illustre marin s'oxyda et tourna au vert comme toute toiture de cuivre qui se respecte. Mais les habitants de Victoria s'offusquèrent qu'on puisse le présenter de cette couleur : « A-t-on déjà vu un marin avoir le mal de mer ? », disait-on alors. La statue fut recouverte d'or.

Pendant votre visite, vous remarquerez le vitrail du jubilé de la reine. Réalisé par un membre du clergé, ce vitrail n'avait pas eu le temps d'être « visé » par la famille royale avant les cérémonies. Il fut donc présenté mais immédiatement refusé. *Shocking !* On y voit le soleil se coucher sous le drapeau de Sa Majesté. Or le soleil ne se couche jamais sur l'Empire. On renversa donc le symbole.

★ Faites un petit tour dans l'*Empress Hotel (plan II, A3, 94)* au 721 Government Street, en plein centre. ☎ 348-8111. Construit en 1908 par la Canadian Pacific Railway, au temps des certitudes engendrées par la conquête ferroviaire. Énorme masse de style victorien qui fut bâtie sur un marais boueux, l'hôtel repose sur des centaines de piles en bois allant jusqu'au fond rocheux. Allez au *Bengal Bar* dont les peaux de tigres et les ventilos ont enchanté la reine d'Angleterre et Rudyard Kipling. Dans son hall encombré de chinoiseries et de palmiers, Michael Cimino y a tourné une scène de *L'Année du Dragon*.

★ **La maison d'Emily Carr** *(plan I, B4, 95) :* 207 Government Street ; entre Simcoe et Toronto. ☎ 387-4697. Fax : 387-5129. Ouvert de mi-mai à mi-octobre de 10 h à 17 h. Fermé les mardi et mercredi. C'est dans cette adorable demeure, au milieu d'un grand jardin, que naquit Emily Carr en 1871. Vous visiterez sa chambre à coucher, la salle à manger avec ses objets familiers, et vous l'entendrez expliquer ce qu'était un *Sunday dinner* à la maison. Au cours du processus de restauration de la maison, on redécouvrit le papier peint d'origine, vieux de 130 ans.

★ **Butchart Gardens** *(hors plan I par C1) :* 800 Benvenuto Avenue, West Saanich. Infos : ☎ 652-5256 et 652-4422. Fax : 652-3883. Entrée : 16 $Ca environ. Pour y aller en voiture, prendre Blanchard Street qui devient la Highway 17 ; continuer jusqu'à Keating Cross Road, que l'on prend sur la gauche. En tout, c'est à 21 km du centre de Victoria. En bus, prendre le n° 75 sur Douglas Street. Ouvert tout l'été, de 9 h à 22 h 30 (21 h la première quinzaine de septembre et 19 h la première quinzaine de juin, 18 h en mai et la 2ᵉ quinzaine de septembre). Téléphoner pour les autres horaires de l'année. De juillet à septembre, feux d'artifice le samedi soir et concerts en soirée. Imaginez un grand parc transformé en un fabuleux jardin coloré de mille espèces de plantes, arbustes, bosquets fleuris, fontaines, pièces d'eau... Les espaces sont regroupés par style : jardins japonais, italien, etc. ; un côté naturel et civilisé à la fois. Très réussi (entrée pouvant paraître cependant chère pour certains lecteurs). Beaucoup de monde le week-end. Parterre de roses du monde entier assez exceptionnel.

★ **Art Gallery of Greater Victoria** *(plan I, C3, 96) :* 1040 Moss Street. Infos : ☎ 384-4101. Fax : 361-3995. Ouvert du lundi au samedi de 10 h à 17 h (21 h le jeudi), et le dimanche de 13 h à 17 h. Entrée payante.
Le musée présente en permanence des œuvres d'Emily Carr qui tournent selon des thèmes (totems, arbres, etc.). Il abrite le seul sanctuaire shinto d'Amérique du Nord qui a été acheté avec les fonds de la loterie de la Colombie britannique. Petit fonds de peintures et meubles européens. Sinon, expositions temporaires, parfois très bien.

★ Si vous avez une voiture, descendez Douglas Street ou Government Street vers le sud, jusqu'à **Dallas Road** (la route côtière). Enfilades de belles demeures classiques ou modernes devant lesquelles de charmants parterres de fleurs sont disposés. Différents beaux points de vue sur la baie. Balade agréable en fin de journée. Superbe coucher de soleil. En poussant vers l'est, on rencontre le charmant petit cimetière historique de *Ross Bay*. Particulièrement romantique en automne.

★ **Market Square** *(plan II, A1, 97) :* entre Johnson et Pandora. Pas loin de la *Youth Hostel*. Ensemble d'harmonieux bâtiments de brique autour d'une cour carrée, avec de nombreux passages et passerelles. Sympathiques magasins écolos, librairies (ah, la *Wimsey Book, Mystery and Crimes* !), boutiques de cadeaux... On en trouve même une, insolite (tant que ça ?), *The Rubber Rainbow*, spécialisée dans la vente des préservatifs sous forme de... cadeaux, avec des présentations vraiment colorées et originales...

★ **Chinatown** *(plan II, A1) :* rendez-vous à la belle porte chinoise sur Fisgard (appelée la « porte de l'Intérêt harmonieux »). Ce fut le deuxième plus ancienne ville chinoise d'Amérique. Longtemps appelée la « cité interdite » à cause des trafics qui s'y déroulaient, des fumeries d'opium, salles de jeu clandestines, ruelles coupe-gorge. Faux murs et passages secrets permettaient aux voyous et aux gangs d'échapper à la police. Arpenter la *Fan Tan Alley* (entre Pandora et Fisgard) pour s'en convaincre. Elle fut l'une des plus dangereuses. Considérée aujourd'hui comme la ruelle la plus étroite du Canada.

Les choses qu'on peut ne pas voir ou ne pas faire

– La *promenade en bateau*, l'*Undersea Garden* (sauf si vous avez le temps), le *Wax Museum*, le *Crystal Garden* (cher et pas exaltant) et le *Craigdarroch Castle* (grande maison victorienne de style écossais construite par un riche industriel, visite ennuyeuse).
– **Les baleines :** avant, on vous déconseillait d'aller voir les baleines car vraiment, à force d'être approchées, ces petites bêtes sensibles flippaient et s'en allaient voir plus loin. Aujourd'hui, on ne peut plus les approcher à moins de 150 m. D'où un certain bien-être pour elles et pour nous une certaine frustration. Si vous tenez absolument à en voir, car c'est quand même sympa, prenez plutôt un bateau à Tofino, ou au nord de l'île pour les orques.

Achats

ᐃ *Christmas (plan II, A2, **100**) :* 1022 Government Street. Tout, mais alors vraiment tout pour décorer un sapin de Noël. D'ailleurs ce doit être un business rentable puisque 3 magasins se sont spécialisés dans ce créneau. Boules, guirlandes et personnages à profusion...
ᐃ *Victoria Eaton Center (plan II, A2, **101**) :* à l'angle de Government et Fort. ☎ 389-2228. Ouvert de 9 h 30 à 17 h 30 (21 h les jeudi et vendredi ; le dimanche, de 12 h à 17 h). Plus de 120 boutiques s'ouvrant sur un gigantesque atrium de style victorien, dominé par une énorme horloge du temps de l'Empire. Pas mal de charme avec ses plantes vertes, sa promenade, ses fontaines, etc.

ᐃ *A & B Sound (plan II, A2) :* 641 Yates Street, entre Government et Douglas. Prix aussi attractifs qu'à Vancouver.
ᐃ *Antique Row :* sur Fort Street. Plusieurs magasins d'antiquité en enfilade. Plus original que le faux totem comme souvenir de voyage.
ᐃ *Munro's Book :* 1108 Douglas Street, en face de l'Eaton Centre. Ouvert en été de 9 h à 19 h 30 du samedi au mercredi, jusqu'à 21 h les jeudi et vendredi. Les habitants de Victoria affectionnent cet ancien bâtiment de caractère, ses vitraux et ses rayonnages en bois. Vous y trouverez de beaux livres sur l'île de Vancouver ainsi que pas mal d'ouvrages sur les artistes du coin.

Quitter Victoria

En bus

🚌 *Pacific Coach Lines :* bus pour retourner à Vancouver. ☎ 385-4411. Appel gratuit : ☎ 1-800-661-1725. ● www.victoriatours.com/Home ● 8 départs quotidiens par le ferry de Swartz Bay à Tsawwassen. Beaucoup moins cher de prendre le bus urbain n° 70 de Victoria à Swartz Bay, puis possibilité d'acheter un billet *Pacific Coach Lines* sur le bateau pour Vancouver (plus pratique que les bus urbains avec lesquels il faut changer, mais beaucoup plus cher). Par les bus urbains, à partir de Tsawwassen, prendre le n° 640 ou n° 404 jusqu'à Ladner Exchange, puis le n° 601 vers Granville Avenue. Ou le n° 17 puis le n° 99. Vers 8 h, bus allant directement à l'aéroport international de Vancouver.

En bateau

⌐ *Black Ball Transports* (plan II, A3, 110) : 430 Belleville Street. ☎ 386-2202. Ferry reliant Port Angeles aux États-Unis. 2 départs quotidiens de mars à mai et d'octobre à novembre, un seul de novembre à février.

⌐ *Victoria Express* (plan II, A2, 111) : terminal au *Regent Hotel* sur Wharf Street. ☎ 361-9144. ● www.ferrytravel.com/vexpress ● Bateau de passagers seulement pour Port Angeles. Billets en vente à l'office du tourisme. 1 h de transport. 4 trajets en été.

⌐ *Washington State Ferries :* de Sydney (au nord de Victoria) à Anacortes (États-Unis). ☎ 381-1551 ou 656-1531. ● www.wsdot.wa.gov/ferries ●

⌐ *Victoria Clipper* (plan II, A3, 112) : 1000A Wharf Street. ☎ 382-8100. À Seattle : ☎ (206) 448-5000 ou 800-888-2535. ● www.victoriaclipper.com ● Vedette rapide directe de Victoria à Seattle. Plusieurs départs quotidiens de mi-juin à fin septembre, 3 départs par jour du 21 mai au 17 juin, 1 vedette par jour le reste de l'année.

En avion

✈ De *Victoria International Airport,* vols pour Vancouver (25 mn) et Seattle (45 mn). Situé à Sydney, 38 km au nord de Victoria. Bus par *Airporter Service :* ☎ 386-2526.

PETIT TOUR DANS L'ÎLE DE VANCOUVER

Si vous restez plusieurs jours sur l'île, partez vers Tofino, la route à elle seule vaut vraiment le voyage. Des paysages de montagne à couper le souffle et à l'arrivée, le superbe parc national du Pacific Rim. L'île s'étend sur 500 km, mais vous êtes au Canada, alors prenez en compte les temps réels :

Victoria → Nanaimo :	110 km	1 h 30
Victoria → Port Alberni :	195 km	3 h
Victoria → Campbell River :	264 km	5 h
Victoria → Port Hardy :	502 km	8 h
Port Alberni → Tofino :	122 km	2 h
Campbell River → Gold River :	91 km	1 h 30

CHEMAINUS 4 000 hab.	IND. TÉL. : 250

À 1 h 30 de route de Victoria, un peu au nord de Duncan, Chemainus a deux facettes. Le vieux village encore préservé, et une rue commerçante, succession de *gift shops* et autres attrape-touristes. Chemainus, c'est l'histoire d'un petit village de bûcherons transformé volontairement en « attraction touristique » pour faire face au déclin de l'industrie du bois. Pour faire face au déclin de l'industrie du bois, un programme de revitalisation a été lancé en 1980 : l'histoire de la ville a été peinte sur les murs des principaux bâtiments. Et depuis, le festival des Murales est né... Aujourd'hui, cela donne une trentaine de peintures réalisées par de nombreux artistes nord-américains, éparpillées dans tout le village, et qui racontent pour la plupart des scènes de la vie locale et industrielle passée. On aime ou on n'aime pas !

Adresses utiles

🏠 *Chemainus Infocentre :* Chemino Drive. ☎ 246-3944. Sur la route principale, tourner à droite sur Willow Street. Ouvert de 9 h à 17 h toute la semaine. Un catalogue des *B & B* avec photos est à votre disposition pour faire votre choix.

🏠 *The Arts & Business Council Office :* Box 1311. ☎ 246-4701. Fax : 246-3251. ● www.chemainus. com ●

🚌 *Island Coach Lines :* bus pour Victoria, Nanaimo, Parkville, Port Hardy. ☎ 246-3341.

Où dormir ?

🛏 *Chemainus Hostel :* 9694 Chemainus Road. ☎ 246-2809. À l'entrée du village. 6 lits pour les hommes et autant pour les femmes. Compter 15 $Ca la nuit. Charmante maison particulière. Bien tenue. Salle à manger-cuisine commune agréable. Sanitaires impeccables. Salon, laverie.

🛏 *Olde Mill House B & B :* 9712

Chemainus Road. ☎ 416-0049. Appel gratuit : ☎ 1-877-770-6060. Fax : 246-4457. ● oldemill@gec.net ● Deux chambres avec salle de bains à 75 $Ca et une suite avec une terrasse pour 85 $Ca. Petite maison en bois, blanche et fleurie, au charme désuet. Pour une étape romantique. Allergique aux toutous s'abstenir.

NANAIMO 72 000 hab.   IND. TÉL. : 250

Deuxième ville de l'île après Victoria, Nanaimo n'est pourtant pas très touristique. Plutôt une ville-étape, où vous devrez peut-être passer une nuit à l'arrivée du ferry. Avant tout liée à l'industrie du bois, elle subit durement le contrecoup de la crise asiatique.

Adresses utiles

🏠 *Tourism Nanaimo :* 2290 Bowen Road. ☎ 756-0106. Appel gratuit : ☎ 1-800-663-7337. Fax : 756-0075. ● tourism.nanaimo.bc.ca ● À 4 km du centre mais bien indiqué. Tenu par des volontaires qui pourront vous aider dans vos réservations.
■ *Location de voitures :* Budget, 17 Terminal Avenue South. ☎ 754-7368. Et à l'aéroport, *Avis*, 3350 Spitfire Rd, Cassidy. ☎ 245-4166.
🚌 *Island Coach Lines :* bus pour

Victoria et Port Hardy. ☎ 753-4371.
@ *Tanis'Web Cafe :* 120 Commercial Street. ☎ 714-0302. Fax : 714-0312. Ouvert tous les jours de 8 h à 22 h, jusqu'à 20 h le dimanche. Accès Internet à 5,50 $Ca de l'heure, services de fax, imprimantes, scanners, etc. Boissons et sandwichs à petits prix. Le décor n'a pas dû beaucoup évoluer ces vingt dernières années, mais l'accueil réchauffe l'atmosphère.

Où dormir ?

■ *Nicol Street Hostel :* 65 Nicol Street (c'est la route principale). ☎ 753-1188. Fax : 753-1185. Ouvert du 1er mai au 15 septembre. Chambres à moins de 20 $Ca. On peut y planter sa tente. TV. Douches, cuisine commune, etc. Ne vous attendez pas au grand confort. Inscription de 16 h à 23 h.

B & B

■ *Carey House B & B :* 750 Arbutus Avenue ☎ 753-3601. Compter 50 $Ca la double. L'un des moins chers de la ville. Chambres en sous-sol bien aménagées, kitchenette attenante, salle de TV à disposition.
■ *B & B on the Green :* 2471 Cosgrove Crescent. ☎ 758-4565. Un peu plus de 55 $Ca la double. Un accueil vraiment sympa. Une adresse superbe, 2 chambres coquettes et confortables. Patio et jardin. Terrain de golf attenant.
■ *Beach Drive B & B :* 1011 Beach Drive. ☎ 753-9140. Bien situé non loin de l'arrivée des ferries. Chambre double à 50 $Ca, et 35 $Ca la simple. Accueil chaleureux.

Où manger ?

I●I *Cactus Club Café :* 801-5800 Turner Road, à l'intersection avec Island Highway. Une valeur sûre si vous devez passer une nuit à Nanaimo. Même concept que celui de Vancouver, de la viande de première qualité, un service « punchy » et une atmosphère dans l'ensemble très très cool. Une des rares adresses ouvertes aussi le soir pour prendre un verre.

À voir

★ *Nanaimo District Museum :* 100 Cameron Road, à côté du bureau du tourisme et de la gare routière. ☎ 753-1821. Fax : 753-1777. ● ndmuseum @island.net ● Ouvert tous les jours en saison et du mardi au samedi le reste de l'année. Petit musée intéressant. Reconstitution d'une galerie de mine, section d'histoire naturelle (nombreux fossiles).

À voir dans les environs

★ *Parksville :* petite ville mignonne et paisible, sauf pendant quelques jours, début juillet, lors du fameux concours... de châteaux de sable. La ville devient alors méconnaissable, les étrangers affluent et la bière coule à flots. Une année, la ville connut même un record de 30 000 visiteurs pour ses châteaux de sable !

★ *MacMillan Provincial Park :* ce parc traversé par la route reliant Port Alberni à Qualicum Beach-Parksville possède une étonnante partie dénommée *Cathedral Grove*. Peu après le *Cameron Lake*, avant d'arriver à Port Alberni, ne pas manquer de s'arrêter à cet endroit qui représente le dernier vestige de la célèbre forêt de type presque équatorial qui couvrait l'île, il y a plus de 1 000 ans. Au parking, venant de Nanaimo, deux itinéraires. Commencer par celui à gauche de la route (plus de lumière). L'arbre le plus vieux de cet itinéraire a été évalué à 800 ans. Une grande partie de cette forêt brûla il y a 3 siècles. Le *Douglas fir* (pin) y domine, ainsi que le *Western red cedar*. C'est le plus grand arbre du Canada. Une curiosité : ces arbres géants semblent ne reposer que sur des racines aériennes. L'explication est simple : une graine a poussé sur un tronc mort *(nurse log)*, les racines ont progressivement enserré le tronc jusqu'à terre, puis le tronc a pourri jusqu'à se désagréger complètement. Résultat : cette extraordinaire impression de géant suspendu dans le ciel. Plusieurs arbres immenses abattus (l'un d'eux sert même de pont). C'est vraiment un écosystème génial impliquant plusieurs centaines de plantes, champignons et animaux. Ainsi, cette *Devil Club*, plante aux feuilles très larges se donnant les moyens de capter un maximum de la lumière concédée par les géants, et l'*Oplomax Horridum* (arme abominable), nommée ainsi à cause de ses épines venimeuses. Beau spectacle quand les rayons de soleil jouent avec les lichens et les mousses en filaments qui pendent des arbres. Quelques animaux : le célèbre *woodpecker*, l'écureuil, le cerf. Sentiers de promenade aménagés (de 15 à 30 mn). Vraiment super !

PORT ALBERNI 19 000 hab.   IND. TÉL. : 250

Étape obligée entre Victoria et Tofino, Port Alberni est le point de départ vers le parc national Pacific Rim. N'y perdez pas trop de temps, la route jusqu'à la côte ouest est magnifique, et il vous faudra encore 2 h environ pour rejoindre Ucluelet.

Adresses utiles

❶ *Infos touristiques :* à l'entrée de la ville en venant de l'est.

🚌 *Island Coach Lines :* bus pour Victoria par Nanaimo, et tous les jours pour Ucluelet et Tofino. ☎ 724-1266.

🚌 *Orient Stage Lines :* bus quotidien pour Ucluelet et Tofino. ☎ 723-6924.

■ *Alberni Valley Chamber of Commerce :* site 215-C10, Port Alberni. ☎ 724-6535.

Où dormir ?

🛏 *Friendship Lodge :* 3978 8th Avenue. ☎ 723-6511. Tout près du centre. Ouvert tous les jours. Compter 15 $Ca en dortoir et 25 à 30 $Ca pour une chambre privée. Petit hôtel de 14 chambres. Tarifs de groupes. En dépannage, pas cher mais confort minimum.

À voir dans les environs

★ *Clayoquot Sound :* en continuant la route vers Tofino, vous allez traverser Clayoquot Sound, l'ancienne forêt vierge de l'île *(ancient temperate rain forest)*. Celle-ci est menacée par les coupes forestières et la construction de nouvelles routes. Écolos de Colombie britannique, Verts divers, amoureux de la nature se mobilisent sans répit pour combattre le projet de destruction. Au lieu-dit Black Hole, vous pourrez déjà vous faire une idée du désastre (collines rasées dans les années 1980). Dans les Clayoquot Peace Camps

et les magasins écolos de Victoria, vous disposerez d'un abondant matériel expliquant tout le problème.
– Pour plus d'infos : *Friends of Clayoquot Sound*, Box 489, Tofino, BC V0R-2Z0. ☎ (250) 725-4218. À Victoria : ☎ 386-5255. Fax : 386-4453.

UCLUELET 1 800 hab.   IND. TÉL. : 250

Une fois arrivé à Ucluelet (prononcer « You-clou-let »), on ne peut aller plus loin. C'est un mot indien voulant dire « Port sûr et accueillant ». En hiver, environ 1 800 habitants (majoritairement des pêcheurs). En tonnage, 3ᵉ port de pêche de Colombie britannique.
C'est surtout le seul village avec Tofino où l'on puisse loger à proximité du parc national Pacific Rim, le plus beau et le plus fréquenté de l'île.

Adresse utile

■ *Ucluelet Chamber of Commerce* (informations touristiques) : ☎ 726-4641. Fax : 726-4611. ● www.ucluelet.com/ucoc/ ● Ouvert de 10 h à 18 h. Informations sur les possibilités de pêche et visites des îles voisines, dont Clayoquot.

Où dormir ?

En été, pensez à réserver.

Camping

▲ *Ucluelet Campground :* bien situé en bord de mer. ☎ 726-4355. Compter environ 25 $Ca pour deux. Pas donné et pas très propre.

De bon marché à prix moyens

▲ *Sheila's Country Cottages :* 2425 Pacific Rim Highway, PO Box 284. ☎ et fax : 726-4655. Ouvert toute l'année. À 2 km avant le village, sur la gauche. Coquets petits chalets dans un environnement boisé. Bien en retrait de la route. Barbecue.
▲ *Suzie's Seaview B & B :* 249 Albion Crescent, Box 302. ☎ 726-1281. De 65 à 70 $Ca. La maison ne paie pas de mine mais l'intérieur est vraiment confortable et la vue sur la mer, superbe. Suzanne parle le français et prépare des petits déjeuners gargantuesques.
▲ *Burley's B & B :* 1073 Helen Road, Box 550. ☎ et fax : 726-4444. Compter de 55 à 60 $Ca pour deux en saison et le week-end. Au bout du village face à la mer, quelques belles chambres à prix très corrects. Grand salon très clair avec vue sur la baie, billard au sous-sol, grande terrasse et beau jardin. On y parle le français. Non-fumeurs. Cartes *Visa* et *Mastercard* acceptées.
▲ *Pacific Rim Motel :* Peninsula Road (la rue principale). ☎ 726-7728. Bien tenu et prix raisonnables : 75 $Ca en saison.
▲ *Thornton Motel :* 1861 Peninsula Road, PO Box 490. À l'entrée du village, sur la gauche. ☎ 726-7725. Fax : 726-2099. ● bjpeder @cedar.alberni.net ● Compter 80 $Ca la chambre. Jolie façade fleurie, couleur coquille d'œuf. Certaines des 18 chambres possèdent des kitchenettes.

≜ *Little Beach Resort :* 1187 Peninsula Road, à la sortie du village. ☎ 726-4202. Fax : 726-7700. Des petites maisons tenues par des Chinois, avec kitchenette et salon. Surtout, le seul hôtel d'Ucluelet où de la terrasse on aperçoit l'océan. Bon rapport qualité-prix.

≜ *Canadian Princess :* sur le quai, dans le port. ☎ 726-7726. Appel gratuit : ☎ 1-800-663-7090. Fax : 726-7121. Ouvert de mars à fin septembre. Pour 75 $Ca, vous dormirez dans une véritable cabine de bateau, avec un grand salon et un pont

où se promener. Pensez à demander celles qui donnent sur l'eau. Mais comme le *Canadian Princess* est avant tout un bateau de pêche, attendez-vous à être réveillé très tôt. Sinon, le motel à côté dépend de la même direction mais il faut alors compter 110 $Ca la chambre.

≜ *West Coast Motel :* sur le port. ☎ 726-7732. Marc et Marcelle viennent du Québec. Ils tiennent ce petit motel qui ne paie pas de mine mais où l'on trouve piscine intérieure, salle de gym, squash et sauna. Chambres à tous les prix.

Où manger ?

|●| *The Matterson House :* 1682 Peninsula Road. Bonnes soupes, sandwichs et *special* du jour vraiment intéressant pour moins de 6 $Ca. Petit resto familial où les pêcheurs du coin aiment reprendre des forces. La salle n'est vraiment pas grande, mais se double d'une petite terrasse si le temps le permet.

|●| *Wickaninnish :* à mi-chemin entre Ucluelet et Tofino, sur la plage du même nom. ☎ 726-2206 et 7706. Parking gratuit pour les clients du restaurant. Ouvert de 11 h à 22 h, mais on vous conseille de venir ici avant le coucher du soleil pour vous promener le long de l'immense

plage, puis d'aller manger des fruits de mer en regardant le soleil enflammer le Pacifique depuis la salle pourvue d'immenses baies vitrées. Mêmes prix qu'ailleurs.

|●| *Eagle's Nest Pub :* sur Waterfront Drive, suivre la direction de l'*Island Fishing Resort*. Plus un bar où l'on vient jouer au billard devant les grands matchs télé qu'un grand restaurant, mais une chaleureuse ambiance. Cuisine tendance cajun, *fish and chips* et fruits de mer. *Burgers* autour de 8 $Ca, *seafood chowders* de 3 à 5 $Ca. Choix de bières à la pression.

Manifestations

– *Pacific Rim Summer Festival :* les deux dernières semaines de juillet à Ucluelet et àTofino.
– *Pacific Rim Whale Festival :* en juillet.

TOFINO 1 300 hab. | IND. TÉL. : 250

Véritable petit coin de paradis situé à 5 h de route de Victoria et à 3 h de Nanaimo, ce petit port de pêche possède de charmantes *coves* (petites baies) où les jours semblent trop courts. Plus touristique qu'Ucluelet pour son excellente situation de péninsule, tout au bout des plages de Tonquin Beach et MacKenzie. Son climat tempéré lui permet d'attirer les voyageurs tout au long de l'année, en particulier les jeunes, qui en ont fait un spot de surf très recherché.

Adresses utiles

◻ *Office du tourisme :* Campbell Street (rue principale). ☎ 725-3414. Ouvert de 10 h à 18 h. En saison, si vous n'avez pas réservé, ils sauront vous orienter vers les logements encore disponibles.

🚌 *Bus Shuttle :* ☎ 726-7779.
🚌 *Island Coach Lines :* ☎ 724-1266.
◼ *Tofino Car Rental :* ☎ 725-1221 ou ☎ 1-800-593-9389.

Où dormir ?

Très conseillé de réserver en été car il y a beaucoup de monde pour un potentiel de logements quand même limité, malgré la construction permanente de nouveaux hôtels.

Campings

⛺ 2 campings sont situés à l'intérieur même du parc. ☎ 726-7721. Celui de *Pointe Green* est le plus confortable.

⛺ *Crystal Cove Resort :* 1165 Cedarwood, à 2 km avant Tofino. ☎ 725-4213. Fax : 725-4219. Compter 50 $Ca pour deux. Bon confort. Plage accessible. Environnement sympa. Luxeux *cottages* à louer également. *Hot tub* et piscine.

⛺ *Bella Pacifica Campground :* 400 Makenzie Beach, à 4 km environ de Tofino. ☎ 725-3400. Fax`:
725-2400. De 24 à 33 $Ca suivant l'emplacement en saison, compter 10 $Ca de moins hors saison. Site sauvage, en bordure d'une plage superbe. Confort correct. Table en bois et *fire pit* sur chaque emplacement, laverie.

⛺ *Hot Springs Cove Campground :* à quelques centaines de mètres du Hot Springs Cove Government Dock. Ouvert toute l'année. ☎ 725-3318. Confort rudimentaire, mais pas cher du tout (moins de 10 $Ca par personne).

Bon marché

⛺ *The Windrider :* 231 Main Street. ☎ 725-3240. Fax : 725-3280. ● whole@island.net ● Nuitée à 25 $Ca en dortoir, compter 65 $Ca pour une chambre privée. Une auberge améliorée, mais réservée aux femmes seulement. Grand confort, cheminée et jacuzzi. Un vrai havre de paix en bord de mer.

⛺ *The Wolf House (Wilp Gybuu) :* 311 Leighton Way, à 5 mn à pied du centre. ☎ 725-2330. Fax : 725-1205. ● wilpgybu@island.net ● Au bout de la rue principale, prendre First Street sur la gauche, puis Arnet Street à droite. Leighton Way est la première à gauche. Ouvert toute l'année. Compter de 75 à 85 $Ca la nuit. Wendy et Ralph se sont installés dans cette maison récente, en bois, qui ne paie pas de mine de l'extérieur. 3 chambres très bien décorées, salon et living à disposition, vue sur la mer spectaculaire l'hiver. Ralph est indien et fabrique des bijoux en argent. Réserver. Non-fumeurs.

⛺ *Whaler's Retreat B & B :* 450 Neill Street. ☎ 725-2669. Appel gratuit : ☎ 1-800-613-9699. ● whalersretreat@island.net ● Dans une jolie maison en bois, deux chambres à 75 et 85 $Ca, et une suite pour 4 personnes à 90 $Ca avec jacuzzi. Accueil très sympa de Shirley et petit déj' bon et copieux.

⛺ *B & B Edgar's :* 260 Campbell Street. ☎ 725-3923. Tout au bout de la rue, après c'est le grand large. Compter 70 $Ca pour deux. Calme garanti. Maison très plaisante, avec un superbe jardin devant. Tenue par un charmant monsieur, dont le grand-père, paraît-il, fut le premier habitant de Tofino. Intérieur *cosy*. Chambres agréables. L'une au sous-sol, très pratique pour les familles (avec entrée indépendante). Bon rapport qualité-prix. Deux vélos sont sont mis à la disposition des clients. Barbecue dans le jardin.

■ *Tides Inn Bed & Breakfast :* 160 Arnet Road, Box 325. ☎ 725-3765. De 85 à 95 $Ca. Au sud du bourg. De la poste, descendre 1st Street, tourner à droite dans Arnet. C'est presque au bout. Ouvert toute l'année. Une oasis de charme. Adorable maison dans les tons marron, avec vue sur une petite baie de rêve. Ne manque qu'un dauphin joueur qui y vivrait et ferait des pirouettes pour les hôtes. Accueil très sympa de Val et James Sloman. Chambres confortables, une avec cheminée, une avec jacuzzi, une superbe familiale en rez-de-jardin pouvant recevoir 5 personnes. *Seaside deck* pour admirer le paysage et *hot tub* pour se relaxer (si, si!). Beau petit déjeuner. L'une de nos meilleures adresses dans l'île. Réserver!

■ *Park Place :* 341 Park Street. ☎ 725-3477. Ouvert toute l'année. Au bout du bout du monde, niché dans les bois. Une allée verdoyante mène à cette ravissante demeure de bois et de verre, située au-dessus de l'un des plus beaux panoramas de la région. Un long balcon fleuri, suspendu au-dessus du roc, court tout autour. Idéal pour observer baleines, phoques et dauphins. Somptueux couchers de soleil (encore!). En contrebas, petite plage déserte. Joan et Jim Bristow accueillent fort courtoisement et proposent 2 chambres autour de 85 $Ca pour deux, ainsi qu'un copieux petit déjeuner. Petit supplément pour une seule nuit (mais qui songerait à n'y passer qu'une nuit?).

■ *Schooner Motel :* Box 202, Tofino BC VOR-220. ☎ 725-3478. Dans la rue principale, très central. Intéressant à plusieurs. Réfrigérateur, cuisinière, baignoire et TV.

De prix moyens à plus chic

■ *Weigh West :* 634 Campbell Street. ☎ 725-3277. Appel gratuit : ☎ 1-800-665-8922. Fax : 725-3922. ● www.weighwest.com ● Hôtel donnant sur le port, à côté du *Blue Heron*. Compter de 100 à 130 $Ca pour une chambre double, avec cheminée, *hot tub* et cuisine. N'intéressera que ceux qui veulent être « en ville ».

■ *Ocean Village Beach Resort :* 555 Hellsen Drive. À 3 km de Tofino. ☎ 725-3755. Compter 105 $Ca de juin à septembre, tarifs très intéressants hors saison. Sur la plage de Mackenzie, spacieux *cottages* en cèdre, en forme de carène de navire renversée. Large vue sur la mer pour beaucoup d'entre eux. Environnement superbe. Cuisine équipée. Piscine et laverie.

■ *Crystal Cove Beach Resort :* 1165 Cedarwood. À 2 km avant Tofino. ☎ 725-4213. Fax : 725-4219. ● crystalc@cedar.alberni.net ● Superbes bungalows en rondins au bord de l'eau pouvant loger jusqu'à 6 personnes, 170 $Ca la nuit. Plus intéressant à plusieurs (190 $Ca pour 2 chambres). Excellent confort. Bel ameublement. Cuisine équipée, salon avec cheminée, grande salle de bains. Compter 10 $Ca par personne supplémentaire.

■ *Middle Beach Lodge :* 400 Mackenzie Beach Road, 3 km avant Tofino. ☎ 725-2900. Fax : 725-2901. Environ 165 $Ca la nuit, 175 $Ca en *cabins*. Petit hôtel familial entre la forêt et la plage avec un agréable salon donnant sur l'océan. Un second *lodge* a récemment ouvert, tout aussi élégant et reposant que le premier. Le plus convivial des hôtels situés au bord du Pacifique.

■ *Best Western Tin Wis :* juste avant Tofino. ☎ 725-4445. Appel gratuit : ☎ 1-800-661-9995. Fax : 725-4447. Construction moderne en bois, donnant sur la pelouse et pinède au bord de la plage. Le site au bord du Pacifique est superbe, et les baies vitrées sur la mer font oublier le mobilier plutôt quelconque. En revanche, les prix des chambres pour

3 ou 4 sont intéressants (environ 135 $Ca).

🛏 **Pacific Sands Beach Resort :** 1421 Parc Rim Highways, à 7 km avant Tofino. ☎ 725-332. Appel gratuit : ☎ 1-800-565-2322. Fax : 725-3155. De 150 à 195 $Ca. En face d'une superbe baie, avec une pe-

louse donnant sur la plage, un *resort* très agréable. Les chambres équipées de kitchenette sont spacieuses. Et si l'on est en fonds, on peut même faire trempette dans un jacuzzi face à l'océan avant de se réchauffer devant la cheminée de sa chambre.

Encore plus chic

🛏 **Wickaninnish Inn :** sur la route de Tofino, une dizaine de kilomètres avant d'arriver au village. ☎ 725-3100. Appel gratuit : ☎ 1-800-333-4604. Fax : 725-3110. ● www.wickinn.com ● Compter de 300 à 380 $Ca de juin à septembre, environ 100 $Ca de moins le reste de l'année. Le grand jeu romantique.

Les vagues cassant sur les rochers par grande tempête offrent un fabuleux spectacle en hiver. Toutes les chambres combinent cheminée et balcon avec vue sur la mer, certaines ont également un jacuzzi. Services thalasso et autres soins du corps en sus. Non-fumeurs.

Où manger ?

|●| **The Blue Heron Restaurant & Dockside Marine Pub :** Campbell Street. ☎ 725-3277. Un bar-resto sur le port, rendez-vous connu des Français. *Opa sushi* de 2 à 6 $Ca pièce, *fish and chips* autour de 10 $Ca. Excellent pain aux céréales fait maison. Goûter au *salmon and chips*, aux *Dungeness crab, cod, halibut*, etc. Les amateurs de crustacés se régaleront. Au pub, possibilité de snacks et sandwichs divers. Belle vue sur la baie et les montagnes en arrière.

|●| **The Common Loaf :** face à la poste, vers le bout du village. Self bien agréable pour le petit déjeuner, à l'intérieur ou en terrasse. Bons *muffins* autour de 1,25 $Ca. Point de chute des routards et des surfeurs locaux.

|●| **Sea Shanty Restaurant :** 300 Main Street. ☎ 725-2902. Plats de *seafood* de 8 à 15 $Ca pour le *lunch*, 10 à 22 $Ca le soir. Resto tout en

bois, terrasse agréable d'où l'on peut observer le va-et-vient des hydravions et la vue sur Clayoquot Sound.

|●| **The Schooner :** 331 Campbell Street. ☎ 725-3444. En été, ouvert tous les jours midi et soir. Compter 25 $Ca par personne. Dans une belle maison rouge. Ambiance très maritime : le bar est installé dans la proue d'un navire renversé tandis que la coque abrite les cuisines, des cartes marines et des photos de bateaux recouvrent les murs et complètent agréablement le décor. Ici, la spécialité (ne pas oublier que le homard, c'est à l'autre bout du pays qu'on le trouve), c'est leur *seafood platter* comprenant crevettes, coquilles Saint-Jacques, sole, saumon, *halibut, snapper* et huîtres grillées. On a également aimé la *seafood chowder*, particulièrement agréable après une virée en mer. En dessert, on garde un bon souvenir du *pecan pie* aux framboises.

À voir. À faire

– **Pêcher un saumon** à Tofino est assurément un grand souvenir pour tout pêcheur fier de l'être. Des guides embarquent les lève-tôt pour une longue matinée de pêche au large, en quête de ce noble poisson qui baigne dans

ces eaux fraîches. La plupart de ces guides ont leur « bureau » sur la rue principale, des panneaux les indiquent.
– Possibilité également de *louer des kayaks* pour une superbe balade dans la baie, autour de ses nombreuses îles.
– *Voir des orques :* si vous souhaitez en voir autrement qu'en aquarium, il est temps d'embarquer sur l'une des vedettes qui vous les fera approcher dans leur milieu naturel. Nombreuses possibilités le long de la rue principale.
– *Survol en hydravion :* c'est certes un peu cher, mais certainement inoubliable. Renseignements et réservations sur le port au bout du village. *Tofino Airlines LTD :* ☎ 725-4454.

★ *LE PARC NATIONAL PACIFIC RIM*

🅸 *Centre d'information :* à l'entrée du parc en allant vers Tofino. ☎ 726-4212. Fax : 726-7721. Ouvert tous les jours de 9 h 30 à 18 h 30. Vous y trouverez une excellente documentation en français et tous les renseignements nécessaires. Prenez-y votre *pass* pour le parc, sinon, lorsque vous vous garerez sur les parkings, votre voiture pourrait être remorquée.

★ *Wickanninish Interpretative Center :* dans le Pacific Rim National Park, ouvert de 10 h 30 à 18 h en saison. Tout sur la faune, la vie sous-marine locale. Audiovisuels et expos (de mi-juin à septembre).

Il y a plein de balades à faire, soit le long de l'océan, soit au cœur de la forêt humide, soit en mer. Nous en avons sélectionné une de chaque type (les plus belles bien sûr).
– *Balade le long de l'océan :* en fin de journée, 2 h avant le coucher du soleil, allez vous promener sur Frank Island (située entre Chesterman Beach et Cox Bay). En voiture, en quittant Tofino, juste après *The Dolphin Motel* (sur la gauche), prenez la petite route sur la droite (Lynn Road) menant à un parking. Puis, marchez jusqu'à la plage et partez vers la gauche. Vous longez la côte en découvrant de superbes villas largement espacées les unes des autres, perdues en pleine nature et toutes dans un style différent avant d'arriver à Frank Island accessible uniquement à marée basse (prévoir de revenir avant la marée haute !). Environnement sauvage et superbe à souhait. Un moment calme, simple et pur. La vraie sérénité...
– *Balade au cœur de la forêt humide :* le sentier d'environ 45 mn est aménagé sur des rondins et jalonné de panneaux explicatifs en français. Pour avoir un point de vue, il faut monter à Radar Hill, où se trouvait un radar construit lors de la guerre froide pour détecter les missiles. Quant aux baleines, qu'on ne peut plus approcher à moins de 150 m, on vous conseille vivement de ne pas vous contenter de cette sortie, somme toute assez frustrante, mais de l'accomplir avec une virée vers Spring Cove. C'est à peine plus cher, mais cela vous prendra une bonne demi-journée. Vous verrez des baleines, des otaries, des lions de mer, vous vous promènerez dans la forêt humide et vous vous baignerez dans des flaques d'eau chaude. Très rigolo de discuter avec son voisin dans ces minuscules piscines et de sentir les flots glacés de l'océan venir vous rafraîchir les doigts de pied.
– *Sortie en mer :* vous êtes presque assuré à 100 % de *voir des baleines* lors de votre sortie puisque les différentes compagnies se communiquent par radio les meilleurs spots du moment. Ne pas oublier cependant que les baleines grises ne migrent que de mars à mai. De petits groupes, néanmoins, s'attardent jusqu'à octobre.

■ *Chinook Charter :* 450 Campbell Street. ☎ 725-3431 ou 1-800-665-3646. Fax : 725-2360. ● chinook- @cedar.alberni.net ● Inutile de comparer les prix, ils se sont tous alignés à Tofino : 50 $Ca pour voir les baleines, 75 $Ca pour la balade jusqu'aux sources chaudes. *Charter* n'est pas trop fort, on sent très vite qu'on n'est pas des pionniers, mais le talkie-walkie du guide n'enlève rien au bonheur un brin angoissé d'approcher une baleine. Horaires assez souples et départ garanti même pour deux personnes (en zodiac). Arrêts sur des réserves naturelles d'oiseaux. Ils offrent une deuxième chance en cas d'échec.

■ *Seaside Adventures :* ☎ 725-2292 ou ☎ 1-888-332-4252. Fax : 725-2390. ● www.seaside-adventures.com ● Réservation possible jusqu'à 1 h avant le départ; cela vous permet de ne pas prendre de risque vis-à-vis de la météo. Cependant, les bateaux peuvent déjà être complets lors de votre réservation de dernière minute. À vous de voir.

CAMPBELL RIVER 29 000 hab.　　　　　　　　IND. TÉL. : 250

À 5 h de route de Victoria, on est encore pourtant seulement à la moitié de l'île. Pour arriver là, il faut être poussé soit par le démon de la pêche, soit celui de la marche. Campbell River est en effet reconnue comme capitale de la pêche au saumon, alors tous à vos cannes... Si vous n'êtes pas amateur, le parc provincial de Strathcona, à une demi-heure de là, est l'un des plus sauvages de l'île, et offre de superbes balades.

Adresses utiles

■ *Campbell River & District Chamber of Commerce :* 1235 Shoppers Row. ☎ 287-4636. Fax : 286-6490. ● www.vquest.com/crchamber ●

■ *Cybercafé On Line Gourmet :* voir « Où manger ? ».

Où dormir ?

🛏 *Rivers Ridge B & B :* 2243 Steelhead Road. ☎ 286-9696. Deux chambres avec salle de bains à 60 $Ca. Accueil chaleureux de June et Franck. Copieux petit déj', pain maison, *scones*, *muffins* et confiture. Cuisine et barbecue à disposition sur demande.

🛏 *Sea Blue Salmon Charters :* 623 Holm Road. ☎ 923-6079. Fax : 923-7332. À Willow Point, à 10 mn de la plage. Chambres doubles de 55 à 59 $Ca. Maison simple et agréable. Pour les amateurs, possibilité de partir à la pêche au saumon.

🛏 *Passage View Motel :* 517 Island Highway. ☎ 286-1156. Appel gratuit : ☎ 1-877-286-1156. Fax : 286-1139. Classique motel en bois gris et bleu, en bord de mer, à dix minutes à pied du centre de Campbell River. Compter de 50 à 70 $Ca la chambre, 10 $Ca de plus avec kitchenette. Calme et belle vue sur le Discovery Passage.

🛏 *The Anchor Inn :* 216 Island Highway. ☎ 286-1131. Appel gratuit : ☎ 1-800-663-7227. Fax : 287-4055. ● www.anchorinn.bc.ca ● Nettement plus cher, à partir de 150 $Ca la nuit. Donne sur l'océan. Organise des sorties de pêche (cher). Piscine et jacuzzi.

Où manger ? Où prendre le petit déjeuner ? Où surfer sur le Net ?

|●| *On Line Gourmet :* 970 Shoppers Row, un peu avant la chambre de commerce, sur la gauche. ☎ 286-6521. Ouvert de 8 h à 17 h 30 du lundi au vendredi et de 8 h30 à 16 h le samedi. Internet : 5 $Ca/heure, 3,5 $Ca la demi-heure. Le jeudi de 15 h à 17 h 30, accès gratuit au Web. Simple et accueillant, couleur vert et bois, un café chaleureux pour prendre un petit déjeuner. Formules traditionnelles ou simplement *muffins* et *bagels*, sandwichs variés autour de 6 $Ca.

|●| *Moxie's :* 1360 Island Highway. ☎ 830-1500. Dans le nouveau complexe commercial. Restaurant familial très prisé des habitants de Campbell River. Copieux sandwichs et soupes pour moins de 7 $Ca. Le resto du dimanche midi, où les enfants s'attaquent à des glaces plus grosses qu'eux. On s'y bouscule pour le *brunch*.

|●| *Sushi Bar :* dans une aile de l'*Anchor Inn,* surplombe le mer. Spectacle tout aussi fascinant à l'intérieur, puisque les *sushis* sont créés sous vos yeux. Assortiment de *sashimis* pour 19 $Ca, *sushis* 15 $Ca, *tempuras* 4 $Ca. S'il vous restait des réticences à manger du poisson cru, celui-ci est si frais qu'il fond dans la bouche. Élu meilleur *sushi bar* (par nos soins).

|●| *Tex Mex :* concurrent direct du *Sushi Bar,* puisque situé dans l'aile opposée de l'*Anchor Inn.* On y va surtout pour ses *margaritas* (5 $Ca) et son ambiance en fin de semaine. Repas autour de 10 $Ca par personne.

À voir. À faire

★ *Discovery Pier :* un pont en bois qui s'avance dans la mer, gratuit pour les curieux, 2 $Ca pour pouvoir pêcher pendant 2 h. Possibilité de louer le matériel de pêche et même de participer au concours du plus gros saumon (le pari est lancé !).

Dans les environs

★ *Quadra Island :* ferry toutes les heures environ, compter 15 mn et 0,5 $Ca pour la traversée.
Beaucoup de possibilités de locations (zodiac, bateau de pêche) ou de tours organisés (pêche, balades à la rencontre des baleines et des ours ou tout simplement pour aller admirer la faune). Renseignez-vous à la chambre du commerce pour trouver la meilleure formule selon ce que vous recherchez.

★ *Le parc provincial de Strathcona :* à 50 km de Campbell River. Le plus grand parc de l'île, avec ses lacs, ses glaciers, ses forêts et les Della Falls (les plus hautes chutes du Canada, 440 m, mais à plusieurs jours de marche), demeure parfaitement sauvage. On y trouve un superbe *lodge* qui est plus qu'un hôtel : un esprit. Lorsque Jim Boulding hérita de cette terre, il pensa faire fortune comme son père en coupant tout. Puis il se ravisa et décida d'y construire un *lodge* pour que les gens puissent découvrir la nature. David, malgré son accent québécois, vient de Lille. C'est lui qui s'occupe de toutes les activités nature. Du *lodge* on peut louer des kayaks, escalader les glaciers, partir à la découverte de la faune, etc.

– Plan des *randos* disponible au *Strathcona Park Lodge*. Ne soyez pas effrayé par la longueur des balades : pour les *Lupin Falls*, estimée à 20 mn, nous avons compté 5 mn de marche, 5 autres pour reprendre son souffle,

5 mn pour la photo souvenir et les 5 dernières pour le retour... Soit les Canadiens marchent lentement, soit ils nous sous-estiment !

Strathcona Park Lodge : à 40 km de Campbell River, à l'entrée du parc. ☎ 286-3122. Fax : 286-6010. ● www.strathcona.bc.ca ● Des petits chalets disséminés le long du lac avec des chambres simples et confortables : de 40 à 70 $Ca avec salle de bains commune ; de 70 à 90 $Ca avec salle de bains privée ; 20 $Ca de plus en bord du lac. Locations de chalets : 95 $Ca, très intéressant à plusieurs. Possibilité de *package* (repas, activités, etc.). Également des lits en dortoir. Le petit dernier, l'*Alpine Chalet* sur le mont Washington, est idéal pour le ski de rando en hiver ou l'escalade en été.

À voir dans d'autres coins de Vancouver Island

★ **Sooke :** l'East Sook Park n'est pas loin et accessible en bus. Petites randonnées bien balisées, plus une le long de la côte, de 8 h environ.

★ **Carmanah Pacific Park :** à l'est du West Coast Trail. On y trouve, là aussi, les derniers géants survivants de la forêt humide *(rain forest)*. Certains culminent à plus de 90 m de hauteur. Végétation luxuriante. Accessible par une piste carrossable avec une voiture normale.

★ **Goldstream Park :** sur la Highway 1 vers Duncan. Facilement accessible de Victoria, par bus ; s'arrêter au *Freeman King Visitor's Center*. Nombreux sentiers se faufilant sous des *Douglas firs*, vieux parfois de 5 à 6 siècles, ou de beaux *Western red cedars*. À l'automne, montée des saumons dans la rivière. Chouette randonnée au mont Filayson (environ 1 h de montée) d'où l'on bénéficie d'un intéressant panorama.

★ Les explorateurs férus d'histoire monteront bien plus au nord, jusqu'à **Gold River** (village moderne de bûcherons, sans intérêt), à l'ouest de Campbell River, puis poursuivront la route vers **Muchalar Inlet**. Un bateau les conduira là où le capitaine Cook débarqua pour la première fois.

★ **Telegraph Cove :** tout à fait au nord de l'île, avant Port Hardy. Le plus joli village de l'île a été construit dans les années 1920 et 1930. En tout et pour tout, une dizaine de maisons sur pilotis, chacune avec sa plaque racontant l'histoire de ses habitants. L'un des meilleurs lieux de la côte pour voir les orques.

Le West Coast Trail

Le *West Coast Trail* est une superbe randonnée pédestre de 77 km (avec beaucoup de passages difficiles, autant le savoir !) qui vous prendra de 6 à 8 jours le long de la côte ouest, du village de *Bamfield* (au nord) au village de *Port Renfrew* (au sud). À l'origine, ce sentier fut tracé pour permettre aux naufragés rescapés de rejoindre la civilisation. Paysages très diversifiés, couchers de soleil inoubliables, soirées au coin du feu dans des endroits que peu d'hommes ont foulés... Facile dans sa partie nord-ouest, la randonnée devient nettement plus dure dans sa partie sud-est. Sachez aussi qu'il n'est pas possible de quitter le WCT une fois qu'on s'y est engagé, à moins de revenir sur ses pas.

Néanmoins, une version plus courte (de Pachana à Nitinat Narrows) est possible.

IMPORTANT ! Devant le succès de la randonnée et les problèmes de pollution et d'érosion posés, il est désormais nécessaire de réserver plusieurs mois à l'avance. Les autorités du parc veulent ainsi réduire le nombre de randonneurs (52 quotidiens) et éviter une dégradation trop rapide du sentier.

Accès en voiture

Selon que l'on part du nord ou du sud...
– **Du point de départ nord :** de Port Alberni à Bamfield, 100 km de route non bitumée. Compter 2 h. On peut se rendre de Port Alberni à Bamfield par le ferry qui descend l'Alberni Inlet. Durée : 4 h.
– **Du point de départ sud :** de Victoria à Port Renfrew, 100 km dont 80 km de route bitumée. Compter 1 h 30. On peut aussi passer par Cowichan Lake, 56 km de route non bitumée. 1 h de route.

Accès en bus

Le **West Coast Trail Connector** relie Victoria à Port Renfrew chaque jour. Départs à 7 h et 14 h. Durée du trajet : 2 h 30. Ce bus passe aussi par French Beach, Jordan River et China Beach. Pour Bamfield : départ chaque jour de Victoria à 8 h. Durée du trajet : 4 h. Ces bus se prennent en face du Royal BC Museum. (*West Coast Trail :* 1299 Camrose Cres, ☎ 380-0580, bus pour Bamfield au départ de Victoria ; il se prend peut-être toujours de l'endroit indiqué mais l'adresse et le téléphone de la compagnie sont ceux donnés ci-dessus). Infos : ☎ 985-4301. Ils sont assez chers. Si votre balade ne dure pas trop longtemps, il vaut mieux louer une voiture. Ou alors rejoignez les nombreux auto-stoppeurs sur ces 2 trajets.

Informations

🛈 Deux **centres d'infos** ouverts de 9 h à 17 h tous les jours l'été et situés aux extrémités du sentier.
– *Au nord :* à 5 km de Bamfield, à Pachena Bay. ☎ 728-3234.
– *Au sud :* à côté du Recreation Center, à Port Renfrew. ☎ 647-5434.
■ *Pacific Rim National Park :* ☎ 726-4212. Fax : 726-77-21.
■ *Provincial Park Office :* ☎ 387-4363.

Si vous comptez entreprendre cette randonnée, il vous faudra faire une halte au centre d'infos. On vous aidera à préparer votre voyage. N'oubliez pas de demander la carte *Contour Map of the West Coast Trail*. Indispensable ! Elle vous indique les sites de camping, les points de source, les dangers, etc. Notifiez votre date de départ auprès des *rangers*. Si vous ne réapparaissez pas, au moins on organisera des recherches afin de récupérer le guide... De toute façon, évitez de partir seul.

Planter sa tente

Des sites de camping sont indiqués tout le long du parcours et sur la carte. Ils sont en général proches d'une petite rivière. Eau potable, mais il est préférable de la faire bouillir. Feux autorisés sur les plages uniquement. Apportez une longue cordelette pour accrocher votre nourriture dans un sac fermé et en hauteur, hors de portée des ours. Au moment de quitter les lieux, emportez avec vous TOUTES vos ordures, ne laissez rien traîner derrière vous.

Quitter Vancouver Island

– **De Victoria à Port Hardy :** environ 10 h de bus.
– **Port Hardy-Prince Rupert :** en ferry. Compter 15 h de voyage particulièrement agréable. Possibilité d'observer orques et dauphins. Paysages similaires à ceux des fjords de Norvège. Le bateau (1 départ tous les 2 jours)

part très tôt le matin, vers 7 h 30. Il faut donc dormir à Port Hardy. En été, si vous êtes en voiture, une réservation pour le ferry est indispensable. Méfiez-vous, celle-ci n'est valable que lorsque vous avez payé le prix de votre passage. Compter environ 420 $Ca pour une voiture et 2 passagers. Pour plus d'infos : ☎ (604) 444-2890, ou appel gratuit, ☎ 1-800-724-5223. Fax : 381-5452. ● www.bcferries.bc.ca ●

– *Prince Rupert-Prince George :* en bus. Retour à Vancouver en train et bus. Train recommandé. Un peu plus long, mais paysages plus sauvages et meilleurs arrêts photo !

DE PRINCE RUPERT À PRINCE GEORGE   IND. TÉL. : 250

Il s'agit surtout d'un parcours de liaison vers les Rocheuses, même si la route est parfois très belle, surtout au début lorsqu'elle longe la rivière Skeena. Pensez à faire le plein car c'est le grand désert et les stations-service sont espacées de 100 km et plus. Évitez de dormir à Prince George, une grande ville industrielle (et ça se sent !). Les deux villes-étapes les plus agréables sont Smithers pour ses *B & B* et Fort Saint James pour son lac, mais les hébergements y sont rares. Essayez de réserver.

★ *PRINCE RUPERT*

Ville-étape obligée, le ferry arrivant très tard et partant très tôt. Sans grand intérêt même si le site est beau.

Adresses utiles

▣ *Travel Info :* 1st Avenue et McBride Street. ☎ 624-5637. Appel gratuit : ☎ 1-800-667-1994.

▦ *Greyhound Lines :* 822 3rd Avenue West. ☎ 624-5090. Appel gratuit : ☎ 1-800-661-8747.

⌐ *BC Ferries :* l'embarcadère est à 3 km du centre. Ferries tous les 2 jours pour Port Hardy (nord de l'île de Vancouver) et pour les îles de la Reine-Charlotte. ☎ 624-9627. Appel gratuit : ☎ 1-800-663-7600. N'oubliez pas, si vous êtes motorisé, de réserver et de payer votre billet pour que la réservation soit valable. Ces ferries sont le plus souvent complets.

Où dormir ?

Plein de motels mais impersonnels. Parmi les mieux situés sur le bord de mer à prix corrects :

▤ *Inn on the Harbour :* 720 1st Avenue. ☎ 624-9107. Appel gratuit : ☎ 1-800-663-8155. Fax : 627-8232.

▤ *Ocean View :* 950 1st Avenue. ☎ 624-6259. Motel propre. En dépannage.

▤ *Pioneer Rooms :* 167 3rd Avenue. ☎ 624-2334. Dans une maison bleue d'un autre siècle, des chambres à tout petits prix avec cuisine commune et commodités à l'extérieur. Ambiance assez *strange*. À vous de voir...

▤ *Pacific Inn :* 909 3rd Avenue West. ☎ 627-17-11. Fax : 627-42-12. Hôtel confortable à prix modérés. Chambres doubles de 75 à 85 $Ca. Accueil sympa.

★ PORT EDWARD'S

★ *North Pacific Cannery :* dans le village de Port Edward's, à 20 km de Prince Rupert. ☎ 628-3538. Ouvert tous les jours en été de 10 h à 19 h. Sinon, du mercredi au dimanche de 10 h à 16 h. Visiter une conserverie de saumon peut paraître une idée saugrenue. Mais il n'y a pas que la fabrique, il y a aussi tout le village sur pilotis établi en 1889 où vivaient Japonais, Chinois, Indiens et Européens. C'est d'ailleurs l'un des seuls villages de Colombie britannique qui reste aussi bien conservé.

★ HAZELTON

★ *Ksan Indian Village Museum :* à 2 ou 3 km de la *highway* et d'Hazelton. Ouvert de 10 h 30 à 16 h 30. En hiver, fermé les mardi et mercredi. Tour guidé toutes les heures à l'intérieur de ce village indien reconstitué. C'est la seule solution pour entrer dans les maisons. Pour ceux qui s'intéressent aux Indiens. En été, spectacle tous les vendredis.

★ FORT SAINT JAMES

Petit village situé près du superbe lac Stuart. On y verra surtout le **fort**. Ouvert de 9 h 30 à 17 h 30 en été ; de 10 h à 17 h de mi-juin à fin septembre. Le **fort** a été reconstitué dans son état de 1896 lorsque la Compagnie de la Baie d'Hudson y commerçait. En juillet et août, des comédiens font revivre la vie d'antan.

Où dormir ?

▣ *Stuart Lodge :* à 5 km après Fort Saint James. ☎ 996-7917. Cinq chambres équipées avec balcon donnant sur le lac. Gerhard, qui est charmant, pourra vous prêter un canoë ou vous louer un bateau à moteur.

★ SMITHERS

Où dormir en cours de route ?

▣ *Glacier B & B :* avant Smithers en venant de Prince Rupert, en direction du glacier Gulch. ☎ 847-2020. ● www.bbcanada.com/1503.html ● Compter entre 55 et 70 $Ca. L'un des plus agréables *B & B* de Colombie britannique. Dans une jolie maison en bois entourée d'un jardin et d'une mare avec jet d'eau et canoë. Le tout face au glacier. Salle de séjour avec billard. De plus, Barbara est charmante et ses 3 chambres sont à des prix très modérés...

▣ *Lakeside B & B :* à 1 km de Smithers en venant de Prince Rupert.

☎ et fax : 847-9174. Magnifique vue sur le glacier et ponton donnant directement sur le lac. Quatre chambres à prix doux.

▣ *The Ptarmigan B & B :* prendre la route vers le glacier Gulch juste avant Smithers en venant de Prince Rupert et c'est juste à droite. ☎ 847-9508. Un peu moins agréable que les précédents car il lui manque la vue. Mais les 3 chambres de ce chalet perdu dans les bois sont incomparablement plus conviviales que les motels de la ville. De plus, Margaret et Dave sont charmants.

LE PARC PROVINCIAL DU MONT ROBSON
IND. TÉL. : 250

Avec ses 3 954 m, le mont Robson est le point culminant des Rocheuses canadiennes. Une montagne massive et superbe lorsqu'elle ne se perd pas dans les nuages.

Adresse utile

🛈 *Travel Info :* au pied du mont Robson. Ouvert de début mai à fin septembre de 8 h à 17 h (8 h à 21 h de mi-juin à fin août). C'est là que vous devez vous faire enregistrer si vous voulez camper près du lac Berg.

Où dormir ?

Campings

🛏 *Robson Meadows et Robson River :* ces deux campings sont situés à proximité du Travel Info du parc. 125 places dans le premier, une vingtaine dans le deuxième. Douches, toilettes et bois à disposition dans les deux. Bon point de départ de randonnées.

🛏 *Robson Shadows Campground :* quelques kilomètres après le Travel Info, un peu après l'entrée ouest du parc. ☎ 566-4821. Fax : 566-9190. Une trentaine de places, au bord de la rivière Fraser. Compter 15 $Ca. Vous y trouverez un mini-snack et la possibilité de faire du rafting avec *Mount Robson Whitewater Rafting Co* (☎ 566-4879) ou d'autres activités. Ambiance sympa.

Cabins

🛏 *Mount Robson Lodge :* même endroit, mêmes coordonnées et mêmes services que le *Robson Shadows Campground*. Une vingtaine de cabines entièrement équipées, pour des prix allant de 70 à 100 $Ca. Confort correct.

🛏 *Terracana :* à 30 km du Travel Info en direction de Prince George. ☎ 968-4304. Fax : 968-4445. Hans s'est installé au Canada il y a vingt ans. Les chalets, extrêmement confortables, font face à la rivière Fraser. Très calme et loin de tout. Chevaux, rafting, *jet boat*. Nettement plus cher que le précédent.

Où manger ?

🍴 *Café Mount Robson :* au même endroit que le Travel Info. Petit snack, agréable et bien tenu, en self-service. Bons *burgers*.

À voir. À faire

La plus belle balade consiste à monter vers les lacs qui entourent le mont Robson. Pour le *lac Kinney,* 2 h 30 suffisent pour faire l'aller et retour. En revanche, le *lac Berg* est à 22 km. Dommage, c'est le plus beau. Quelques portions du chemin qui y mène sont un peu dures pour le citadin habituellement motorisé, mais la nature superbe lui fait oublier les éventuelles petites douleurs musculaires et le poids du sac à dos. Le paysage montagneux est grandiose, riche de sous-bois très denses, de torrents franchis par des ponts suspendus, de cascades jaillissant d'à-pics impressionnants, de moraines... pour enfin arriver au lac Berg avec ses glaciers dont des morceaux se détachent parfois, donnant au lac sa coloration turquoise. Pour camper près du lac ou sur le chemin où plusieurs campements sont aménagés, il faut payer un petit droit et se faire enregistrer au Travel Info. Deux refuges, non équipés de lits, se trouvent au bord du lac. Très sympa pour y rencontrer d'autres courageux. Bonne idée de se baser sur l'un des campements proches du lac et de faire les autres balades possibles à partir de là, dont la *Snowbird Pass*. De quoi s'occuper pour 2 ou 3 jours au moins !

– Si vous êtes paresseux et riche, vous pouvez toujours vous faire déposer en hélicoptère près du lac tous les lundi et vendredi. Départ de Valemount. Un peu plus de 100 $Ca par personne.

LE PARC PROVINCIAL DE WELLS GRAY   IND. TÉL. : 250

Ce parc n'est pas très spectaculaire mais on peut y faire des dizaines de randonnées, y compris à cheval, à VTT et en canoë, et y voir les plus belles chutes de Colombie britannique. De plus, il y a plusieurs ranchs en pleine nature. Une bonne raison d'y rester 1 jour ou 2.

Adresse utile

🏠 **Centre d'information du parc :** à Clearwater, à 40 km de l'entrée. ☎ 674-2646. Ouvert de 9 h à 17 h.

Comme d'habitude, on y trouve toutes les infos possibles sur le parc et sa région.

Où dormir ?

La meilleure formule dans la région, c'est le ranch. En général, ils proposent soit un toit (des *cabins* le plus souvent), soit un emplacement de camping.

🛏 **Wells Gray Ranch et camping :** à 27 km de Clearwater. ☎ 674-2774. Fax : 674-2197. Ambiance western pour ces 10 chambres entièrement meublées en bois qui donnent sur des champs où galopent des chevaux. Une minuscule chapelle et des tipis complètent l'ambiance. Dans le saloon, un vénérable Wurlitzer accompagne les repas, chers mais de qualité ; bon buffet et petit déjeuner copieux. On peut également y camper pour un prix raisonnable. De nombreuses activités sont proposées en plus si vous avez les moyens.

🛏 **Nakiska Ranch :** à une trentaine de kilomètres de Clearwater. ☎ 674-3655. Fax : 674-3387. Trois cabanons et 2 chambres dans un très bel environnement. Pas de camping. Tenu par des Suisses allemands. Allergique aux chiens, fuyez !

🛏 **Trophy Moutain Buffalo Ranch et camping :** à 20 km de Clearwater. ☎ 674-3095. Fax : 674-3131. Sympa les bisons, mais les 4 chambres sont sans charme et l'ambiance fort germanique.

🛏 **Helmcken Falls Lodge :** à l'entrée du parc. ☎ 674-3657. Fax : 674-2971. Hôtel sympathique dans le style des chalets autrichiens. Plus cher que les précédents. On peut y dîner.

🛏 **Wooly Acres :** à 5 km de Clearwater par une route sur la droite.

☎ 674-3508. Fax : 674-2316. Ce *B & B* est le plus éloigné du parc, mais il est nettement moins cher que les autres. Trois grandes chambres dans un chalet avec les moutons à côté. Bon accueil.

Où manger ?

|●| *Flour Meadow Bakery & Café :* à Clearwater, prendre la route qui mène au Wells Gray Park. La boulangerie est 300 m plus loin, sur la droite. ☎ 674-3654. On y trouve surtout des *muffins*, des *buns*, des *cookies* et toutes sortes de pains. Idéal pour le petit déj'. Quelques salades également à midi, légères. Terrasse agréable quand il fait beau.

|●| *Clearwater Country Inn :* au *Country Inn* de Clearwater, comme son nom l'indique. Pas le grand luxe, mais le cadre est pas mal et la nourriture correcte, bien que sans surprise. Vous ne trouverez pas grand-chose d'autre dans le coin.

À voir. À faire

L'entrée du parc se situe à une quarantaine de kilomètres de Clearwater. Une fois à l'intérieur, vous pouvez encore avancer avec votre véhicule sur un certain nombre de routes, notamment jusqu'au lac. Certaines routes secondaires ne sont accessibles qu'aux 4x4. Puis des dizaines de sentiers de randonnées vous invitent à la marche. À vous de choisir. Quelques sites à ne pas manquer tout de même :

★ *Helmcken Falls :* la rivière se précipite pour plonger 141 m plus bas dans un canyon. Magnifique et spectaculaire.

★ *Bailey's Falls :* fin août-début septembre, on peut voir des saumons de 15 kg tenter en vain de franchir ces chutes. Superbe.

★ *Lac Clearwater :* vous pouvez y louer un canoë et passer une ou plusieurs nuits sur les campements établis au bord du lac. Sorte de retour à la nature très apaisant et dépaysant. Si vous êtes plus pressé, vous pouvez aller en bateau jusqu'aux *Rainbow Falls* avec *Clearwater Lake Tours*. ☎ 674-2121 ou 674-3052. Compter 4 h pour la balade.

LES PARCS NATIONAUX DU MONT REVELSTOKE ET DES GLACIERS
IND. TÉL. : 250

Revelstoke (la ville) peut constituer une étape agréable sur la route des Rocheuses, qui passe par les parcs du mont Revelstoke et des Glaciers.

Adresses utiles

🛈 *Offices du tourisme*
– À l'intersection de la Highway 1 et de la Highway 23 Nord, c'est-à-dire à hauteur de Revelstoke. ☎ 837-7451. Ouvert de mai à septembre, tous les jours de 9 h à 19 h.
– 204 Campbell Avenue, en centre-ville. ☎ 837-5345. Ouvert toute l'année, du lundi au vendredi, de 8 h 30 à 17 h. Ouvert également le samedi en été, de 10 h à 17 h.
– *Centre d'information du Rogers Pass*, dans le parc des Glaciers. ☎ 837-7500 ou 814-5253. Ouvert de 8 h à 20 h 30 en été, de 9 h à 17 h en mi-saison et de 7 h à 17 h en hiver.

Où dormir ?

Campings

≜ Deux ***campings*** existent à l'intérieur du parc des Glaciers, à Illecillewaet, à 3 km à l'ouest du Rogers Pass, et près du ruisseau Loop, à 2 km du précédent. Aucune réservation. Premier arrivé, premier servi. Confort rudimentaire. Pas de douches, mais des toilettes et l'eau courante. Ouverts de juin à fin septembre.

≜ ***Canyon Hot Springs :*** situé entre les deux parcs, sur la Highway 1. ☎ 837-2420. Fax : 837-3171. Dans un beau cadre de forêt, très agréable avec ses deux piscines d'eau naturellement chaudes à 40 °C et 26 °C. On peut aussi y barboter sans camper (mais dans un cas comme dans l'autre, c'est payant). Sanitaires précaires. Pas de douches.

VERS REVELSTOKE

Prix moyens

≜ ***The Regent :*** 112 East 1st Street. ☎ 837-2107. Fax : 837-9669. Un hôtel un peu à l'ancienne au cœur de Revelstoke.

≜ ***Nelles Ranch :*** à 3 km de Revelstoke, sur la Highway 23 Sud. ☎ 837-3800. Un *B & B* dans un vrai ranch en bordure de forêt, avec un corral plein de chevaux. Si vous êtes en fonds, prenez la plus grande des 9 chambres, elle mesure le triple de la plus petite et coûte à peine plus cher.

≜ ***The Peaks Lodge :*** à 5 km à l'ouest de Revelstoke, sur la Highway 1. ☎ 837-2176. Appel gratuit : ☎ 1-800-668-0330. Fax : 837-2133. Joli

petit hôtel avec des chambres aux tissus presque provençaux. Belle vue mais un peu proche de la route.

≜ ***Three Valley Lake Château :*** à 19 km à l'ouest de Revelstoke, sur la Highway 1. ☎ 837-2109. Fax : 837-5220. Chambres classiques mais avec petit balcon donnant sur d'agréables jardins et un lac. Piscine. Pas très cher si l'on est en famille ou à plusieurs. Le propriétaire de l'hôtel a reconstitué à côté une ville fantôme, avec des bâtiments transplantés et d'autres reconstruits. Visites guidées de 45 mn, de 8 h à 17 h.

VERS LES GLACIERS

Prix moyens

≜ ***Canyon Hot Springs :*** dans le même endroit que le camping du même nom, possibilité de louer des chalets de 2 à 8 personnes. L'endroit est sympa, mais c'est quand même cher.

≜ ***Hillside Lodge :*** à 13 km avant Golden en venant du parc national des Glaciers. ☎ et fax : 344-7281. Quatre chambres spacieuses avec balcon dans un gros chalet en pleine nature avec un torrent en contrebas et la chaîne des montagnes tout autour. Hubert et Sonja louent également 5 petits chalets isolés. Possibi-

lité de prendre le petit déjeuner et le dîner. Un endroit vraiment très agréable, à la décoration chaleureuse et à l'accueil sympathique.

≜ ***Blaeberry Mountain Lodge :*** le *lodge* est indiqué sur la route, à une dizaine de kilomètres avant Golden en venant du parc national des Glaciers. ☎ et fax : 344-5296. En 1993, Renata a quitté son Allemagne natale pour s'installer ici. Une mare, des balançoires, des chevaux en liberté dans la prairie, le tout dans un magnifique cirque de montagnes au bout du monde. Renata loue des

VTT et son mari organise des sorties en raft. 4 chambres dans un grand chalet et 2 petits chalets individuels. Dans les deux cas, les prix défient toute concurrence. Vraiment idéal pour décompresser. L'une de nos adresses préférées en Colombie britannique.

Plus chic

🛏 *Glacier Park Lodge :* au bord de la route, au Rogers Pass, dans le parc des Glaciers même. ☎ 837-2126. Appel gratuit : ☎ 1-800-528-1234. Fax : 837-2130. Un hôtel sans charme particulier mais idéalement situé au cœur du parc des Glaciers. Compter 150 $Ca pour deux en été, moitié-prix en basse saison. On y trouve également une épicerie et une station-service ouverte jour et nuit.

À voir. À faire

★ *Railway Museum :* à Revelstoke, le long de la voie ferrée, c'est-à-dire sur Victoria Road. Ouvert en été de 9 h à 20 h. Hors saison, se renseigner auprès du musée (☎ 837-6060) ou de l'office du tourisme. Entrée payante. Très bons panneaux illustrés de vieilles photos retraçant la construction du chemin de fer à travers les Rocheuses. Magnifique loco de 1948 avec même l'un de ses derniers mécaniciens qui vous expliquera comment elle fonctionnait.

★ *Le mont Revelstoke :* à la sortie de Revelstoke, vers Golden, prendre à gauche une route en lacet qui serpente pendant 25 km. Du parking, on peut prendre une navette ou monter à pied à travers les prairies d'altitude. Du sommet, vue magnifique à 360° sur les Rocheuses, ce qui est rare.

★ *Le parc des Glaciers :* un parc un peu à l'écart de l'épine dorsale des Rocheuses, mais qui mérite néanmoins un détour si vous avez le temps. Assez peu de possibilités de randos mais les paysages sont superbes.

LES PARCS NATIONAUX DE YOHO ET DE KOOTENAY   IND. TÉL. : 250

En continuant sur la route des Rocheuses depuis les deux parcs précédents, vous tomberez sur Golden, ville qui ne présente strictement aucun intérêt si ce n'est de posséder des motels en pagaille et d'être stratégiquement bien placée par rapport aux différents parcs de la région. Puis vous accéderez à Yoho et Kootenay, deux parcs petits par la taille mais grands par l'intérêt. Côté Kootenay, Radium Hot Springs est un gros village avec des motels pour une fois plutôt bien construits et sympathiques. La ville doit sa renommée à ses piscines d'eau chaude, plaisantes certes, mais il n'y a pas de quoi fouetter un chat. Voir notre rubrique « À voir. À faire » si ça vous intéresse quand même.

Adresses utiles

🛈 *Centre d'information dans Yoho :* à Field, dans le parc Yoho. ☎ 343-6783. Ouvert de 8 h 30 à 19 h en été, de 9 h à 17 h au printemps et en automne et de 9 h à 16 h en hiver.

🛈 *Centre d'information dans Kootenay :* situé aux piscines de Radium Hot Springs. ☎ 347-9505. Ouvert de 9 h à 19 h en été, de 9 h 30 à 16 h 30 en automne et au printemps. Fermé en hiver.

Où dormir?

Campings

≜ Des campings rudimentaires sont aménagés dans le parc de Yoho. Le seul possédant des douches est celui de **Kicking Horse,** mais il est relativement cher. Aucune réservation possible.

≜ Il existe également 30 places de camping près du lac O'Hara. Réservation indispensable très longtemps à l'avance. ☎ 343-6433. Quelques places supplémentaires, très convoitées, sont distribuées chaque jour au centre d'info de Field. Réservation impossible pour celles-ci.

≜ Trois campings se trouvent dans le parc de Kootenay. Là encore, premier arrivé, premier servi. Le seul équipé de douches est celui de **Redstreak**, mais il est assez cher et vraiment très près de Radium Hot Springs.

Prix moyens

≜ **West Louise Lodge :** en plein cœur du parc de Yoho, non loin de Field et à 11 km à l'ouest de Lake Louise, sur la Highway 1. ☎ 343-6311. Fax : 343-6786. Ce *lodge* a beau être situé près de l'autoroute, il offre une vue somptueuse sur le lac qui lui fait face et sur les montagnes enneigées. Prix raisonnables. Petit déjeuner inclus.

≜ **Lake O'Hara Lodge :** à 11 km de la route transcanadienne après Field. ☎ 343-6418. Hors saison : ☎ (403) 678-4110. Ce *lodge* est impossible d'accès sans une réservation prévue longtemps à l'avance. Il se situe en effet sur l'un des plus beaux lacs des Rocheuses et, à ce titre, l'un des plus préservés. En hiver, on y accède à skis ; en été uniquement en bus. Même l'accès à ce lieu magique nécessite une réservation à effectuer au parc de Yoho (☎ 343-6783). Sinon, vous pouvez toujours y aller à pied... Seulement 14 km à parcourir ! Sachez enfin que l'établissement est réservé aux non-fumeurs.

≜ **Kootenay Park Lodge :** sur la Highway 93, au beau milieu du parc. ☎ (403) 762-9196. Dix cabanons équipés de kitchenettes, adorables comme tout, avec une vue magnifique. À l'intérieur, on s'y sent comme dans un cocon et on a vraiment envie de s'y blottir à deux près du feu. Prix vraiment honnêtes, ce qui ne gâche rien, mais réservation indispensable car c'est le seul hôtel du parc.

À RADIUM HOT SPRINGS

Bon marché

≜ **Motel Tyrol :** sur la Highway 93 avant l'entrée du parc. ☎ 347-9402. Fax : 347-6363. Un petit motel pour une fois plutôt réussi et bien équipé, surtout au regard des prix qu'il affiche.

Prix moyens

≜ **Mount Farnham Bungalows :** sur la Highway 93, juste avant l'entrée du parc. ☎ 347-9515. Fax : 347-9302. Les chalets sont enfouis sous les arbres tout près des piscines.

≜ **The Chalet :** 5063 Madsen Road. ☎ 347-9305. Fax : 347-9306. Ce gros chalet domine toute la vallée. Il offre une superbe vue. Prix moyens à chic.

À voir. À faire

★ *Les chutes de Takakkaw :* l'attraction principale du parc de Yoho (si l'on excepte le gisement géologique du *Burgess Shale* pour les amateurs). 380 m de bouillonnements et de rebondissements. Prévoyez un pull ou un K-way si vous voulez les voir de près : c'est la rincée !

★ *Emerald Lake :* également dans le parc de Yoho, à 11 km de Field. Un très beau lac dans un cadre superbe, et où il n'y a en général pas trop de monde. On peut faire le tour à pied (environ 5 km) ou louer un canoë si on préfère faire travailler les bras et reposer un peu les jambes.

★ *Les Paint Pots* (ou « Pots de Peinture ») *:* à 20 km de Castle Junction, en allant vers Radium Hot Springs. Il s'agit de sources minérales saturées en oxydes ferreux dans d'énormes trous, dont les contours forment une glaise rouge-ocre. Ces pots de peinture naturels furent longtemps exploités par les Amérindiens des plaines pour leurs peintures de guerre ou la décoration des tipis.

★ *Sources thermales Radium :* à Radium Hot Springs. ☎ 347-9485. Vous pouvez venir faire trempette dans les piscines d'eau de source. Une est à 40 °C, l'autre à 27 °C. Tarifs préférentiels pour les familles et les seniors.

LA VALLÉE DE L'OKANAGAN   IND. TÉL. : 250

Cette vallée est sans doute la seule de Colombie britannique où il n'y a pas de forêts à perte de vue. Avec ses lacs et ses vergers, l'Okanagan est la deuxième région fruitière du Canada. On y trouve des vignobles et, près d'Osoyoos, un désert de poche. Le climat y étant sec et chaud, on se baigne dans les lacs. De juin à octobre, ceux qui cherchent un petit job pourront y faire la cueillette. Si Kelowna en est la capitale, Osoyoos et Penticton sont les deux villes les plus agréables pour un séjour.

★ *OSOYOOS*

À 3 km de la frontière américaine (ouverte 24 h/24), cette petite ville, bien que très touristique, est pleine de charme. Beaucoup de motels se sont établis près de son lac, mais allez savoir pourquoi, presque toutes leurs chambres donnent sur les parkings. Sachez enfin qu'on s'y baigne et que vous ne trouverez guère en Colombie britannique d'eau plus chaude. Alors, profitez-en !

Adresse utile

🛈 *Office du tourisme :* à l'intersection des routes 3 et 97. ☎ 495-7142.

Où dormir ?

⚓ *Sandy Beach :* 6706, Ponderosa Drive, sur la plage en se dirigeant vers l'autre rive. ☎ 495-6931. Tenu par une vieille dame, un des rares motels dont la plupart des bungalows donnent sur la plage.

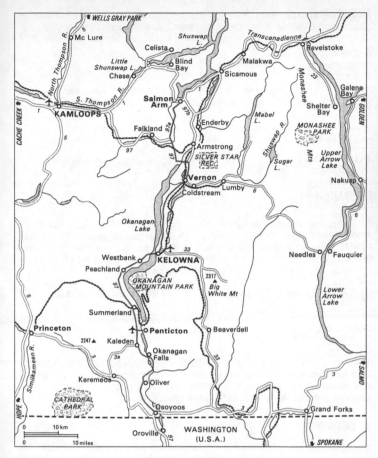

LA VALLÉE DE L'OKANAGAN

À voir. À faire

★ *Le musée :* à côté de Main Street au bord du lac. Ouvert de mi-juin à fin septembre de 10 h à 16 h. Certainement l'un des meilleurs de ces petits musées que l'on rencontre dans toutes les villes du Canada. Un véritable capharnaüm avec, pêle-mêle, un missile Falcon, une collection de papillons, des poupées, ou encore un patient en train de se faire torturer par son dentiste. Un vrai bonheur !

★ *Le désert de poche :* une incongruité ici, mais ce véritable mini-désert est un prolongement du désert mexicain. En fait, il n'y a pas grand-chose à voir, et en plus c'est payant. Entrée : 2,50 \$Ca. Pour y aller, prendre la Highway 3 Est et tourner à gauche dans la 45th Street puis continuer jusqu'au bout. Ce territoire dépend des Indiens Inkameeps. Vous n'avez pas besoin d'autorisation pour vous y rendre, mais si sur place vous rencontrez un Indien, demandez-lui si vous ne le dérangez pas. Après tout vous êtes chez lui et cette politesse évitera qu'un jour l'accès de ce lieu soit interdit à d'autres.

★ *PENTICTON*

Petite ville à taille humaine sans trop de constructions hideuses. Joliment située entre deux lacs et assez touristique.

Adresse utile

🖪 *Office du tourisme :* 888 Westminster Avenue West. ☎ 493-4055.

Où dormir?

🛏 *Hostelling International Penticton :* 464 Ellis Street. ☎ 492-3992. L'auberge de jeunesse locale. Possibilité de dormir en dortoir ou en chambre. Laverie et location de bicyclettes.

🛏 *Golden Sands :* 1028 Lakeshore Drive. ☎ 492-4210. Fax : 492-0339. Pratiquement le seul motel du coin dont la plupart des chambres donnent vraiment sur le lac et le bateau *Sicamous* (inutile de le visiter, il n'y a rien à voir). Préférer les chambres du 1er étage. Prix moyens.

À voir. À faire

Penticton est surtout connu pour son zoo (à 8 km au sud de la ville), qui possède de nombreuses espèces venues du monde entier. Ici, on a même le droit de nourrir les animaux. On peut trouver ça bizarre, mais en tout cas ça plaît aux enfants. À faire de préférence en voiture.

★ *KELOWNA*

En arrivant du nord, la première impression est épouvantable. Sur des kilomètres, les motels succèdent aux centres commerciaux. En fait, dès que l'on quitte la *highway*, Kelowna apparaît comme une ville charmante avec des villas au bord du lac.

Adresse utile

🖪 *Travel Info :* 544 Harvey Avenue (c'est le prolongement de la *highway*). ☎ 861-1515.

Où dormir? Où manger?

🛏 *Abbott Villa Inn :* 1627 Abbott Street. ☎ 763-7771. Appel gratuit : ☎ 1-800-578-7878. Fax : 762-2402. Au même prix que tous les épouvan- tables motels situés le long de la route, un petit établissement idéalement placé près du parc Waterfront, en plein centre-ville. Prendre une chambre au 1er étage avec balcon, table et parasol. Très bien équipé.

📶 *Willow Inn :* 235 Queensway Avenue. ☎ 762-2122. Fax : 762-2077. La moitié des chambres donne sur le lac et le port. Bon rapport qualité-prix, en plein centre.

📶 *Prestige Inn :* 1675 Abbott Street. ☎ 860-7900. Fax : 860-7997. Dans le centre, à côté du lac. Prix moyens à chic.

📶 |●| *Eldorado :* 500 Cook Road, à 10 mn en voiture du centre. ☎ 763-7500. Fax : 861-4779. L'hôtel est fort agréable mais cher. En revanche, on peut déjeuner (sauf le dimanche) sur son ponton, face au lac, aux mêmes prix qu'ailleurs.

|●| *Marina Village Pub :* juste après le pont flottant, à gauche en venant du nord. ☎ 769-6666. Chouette terrasse donnant sur le lac où l'on peut déguster de surprenants sandwichs, comme celui servi chaud avec de la dinde, du crabe et du cheddar fondu. Et c'est plutôt bon.

LE PARC PROVINCIAL DE MANNING
IND. TÉL. : 250

Un peu comme le parc de Wells Gray, ce parc n'a pas la beauté spectaculaire de ceux des Rocheuses, mais il se prête merveilleusement à toutes sortes d'activités et en particulier à la randonnée. C'est d'ailleurs d'ici que part le *Pacific Crest Trail*, une petite marche de 3 860 km qui relie Manning à... Mexico ! Si jamais l'envie vous en prend, prévoyez 6 mois pour suivre ces anciens chemins des Indiens et des trappeurs qui furent ensuite développés par le service américain des forêts.

Adresses utiles

🖸 *Centre d'information du parc :* au milieu du parc, à 100 m de la Highway 3, non loin du *lodge*. ☎ 840-8836. Ouvert tous les jours de 8 h 30 à 16 h 30. Une carte lumineuse y indique toutes les randonnées possibles.

■ *Location de chevaux :* à proximité du *lodge* en direction du lac Lightning. ☎ 840-8844.
■ *Location de VTT et de canoës :* au *lodge*.

Où dormir ?

C'est l'un des gros problèmes. Il n'existe qu'un seul *lodge* dans le parc. Sinon il faut dormir à plus de 50 km, à Princetown ou à Hope.

📶 *Manning Park Resort :* à l'intérieur du parc. ☎ 840-8822. Fax : 840-8848. Le *lodge* en lui-même n'est pas sublime, la vue non plus, mais il est confortable et surtout idéalement placé. Prix moyens. Comme d'habitude, une réservation s'impose.

Campings

📶 Le plus agréable des 4 campings situés à l'intérieur du parc est celui qui se trouve près de lac Lightning. Réservations possibles à l'office du tourisme.

À voir. À faire

★ Même si vous ne faites que passer par Manning, allez au moins voir le **Lightning Lake**, un superbe lac émeraude où l'on voit sauter les truites, et montez vers *Cascade Lookout* pour la vue.

– Les plus belles **randonnées**, au milieu des prairies d'altitude, partent de ce sommet situé à 1 960 m.

★ HOPE (IND. TÉL. : 604)

Cette grosse bourgade, sans être déplaisante, n'est pas follement excitante. Pourtant vous risquez d'y dormir car elle est idéalement située à l'entrée des gorges de la rivière Fraser, qui est un grand centre de rafting où les hôtels sont rares, et non loin du parc de Manning où il n'existe qu'un hôtel. Guère étonnant donc que la ville compte autant de motels.

Adresse utile

◨ *Office du tourisme :* 919 Water Avenue, près de la rivière Fraser. ☎ 869-2021. Ne vous étonnez pas d'y trouver des brochures sur Stallone, c'est ici qu'a été tourné le premier *Rambo*.

Où dormir ?

🛏 *Swiss Chalets Motel :* sur la Highway 1, le long de la rivière Fraser en montant vers le nord. ☎ 869-9020. Appel gratuit : ☎ 1-800-663-4673. Fax : 869-7588. Les chalets, à 5 mn à pied du centre, donnent sur la rivière Fraser, particulièrement tumultueuse à cet endroit-là.

🛏 *Windsor Motel :* 778 3rd Avenue. ☎ 869-9944. Fax : 869-9975. Ce motel à taille humaine donne sur le parc qui constitue le centre-ville.
🛏 *Skagit Motor Inn :* 655 3rd Avenue. ☎ 869-5220. Fax : 869-5856. Un motel plutôt calme, à l'ombre de quelques arbres et à deux blocs du centre.

Avec Club-Internet,
découvrez le Web du Routard
et l'univers passionnant d'Internet

Connectez-vous sur www.routard.com, le Web du Routard

Ce site permet au «Routarnaute» de préparer gratuitement son voyage à l'aide de conseils pratiques, d'itinéraires, de liens Internet, de chroniques de livres et de disques, de photos et d'anecdotes de voyageurs...

• Une sélection de 40 destinations, avec une montée en charge d'une destination par mois.

• Le Manuel du Routard (tout ce qu'il faut savoir avant de prendre la route, de la taille du sac à dos à la plante des pieds) et la Saga, pour mieux connaître les petits veinards qui font les Guides du Routard.

• L'espace «Bons Plans», qui propose tous les mois les meilleures promotions des voyagistes.

• Des rubriques à votre libre disposition : l'espace forum, l'espace projection et les petites annonces.

• Une boutique pour les plus fortunés....

• ...et plein d'autres rubriques.

Surfez sur www.club-internet.fr, le portail riche en service et en information de Club-Internet

• **De l'information** en continu avec EuropeInfos et les reportages de la rédaction de Club-Internet.

• **De nombreux outils** de recherche, pour tout trouver sur le web :
  - le moteur de recherche : que cherchez vous sur Internet ?
  - les guides : plus de soixante fiches pratiques pour vous aider dans votre vie quotidienne.
  - l'annuaire : une sélection de sites classés par thèmes.

• **Des services** toujours plus de services pour vous simplifier la vie :
  - Météo
  - Finance
  - Emploi...

• **Un espace abonné**, une rubrique réservé aux abonnés de Club-Internet pour gérer à distance votre compte, pour bénéficier d'avantages partenaires...

www.routard.com | www.club-internet.fr
le club le plus ouvert de la planète

Bénéficiez du meilleur de l'Internet avec Club-Internet !

LES FORFAITS ZEN

Nous avons conçu plusieurs forfaits correspondant à tous les types de consommation Internet : ces forfaits incluent le coût des communications téléphoniques liées à l'Internet.

Tout est compris, vous maîtrisez votre budget Internet.

> ### ❯ FORFAIT **47F – 5H**

> **2 MOIS GRATUITS**
> **5H d'Internet gratuites par mois, pendant 2 mois,**
> pour toute souscription au forfait 47F-5H avant le 31/12/00.
> Offre réservée aux nouveaux abonnés.
> Au-delà des 5H, la minute supplémentaire est à 0,22 F.

> ### ❯ FORFAIT **97F – 20H**

> ### ❯ FORFAIT **157F – 40H**

> ### ❯ FORMULE SANS ABONNEMENT *à 0.22F la minute*.

LES AVANTAGES EXCLUSIFS DES ABONNÉS

- Le site Surfez Disney, www.club-internet.fr/surfezdisney, réservé aux membres de Club-Internet, vous ouvre les portes d'un monde merveilleux : des jeux, des activités, des histoires le tout en musique.
- la carte de membre Club-Internet, elle donne droit à des réductions auprès des partenaires Club-Internet.
- Netclubber, le magazine des abonnés Club-Internet.
- 5 adresses électroniques à personnaliser.
- 100 Mo pour votre page personnelle.

Pour vous abonner ou pour plus d'informations :
0 801 800 900 (appel local)

Le plein de campagne

Plus de 1 700 adresses, dont 100 inédites,
de fermes auberges, chambres d'hôtes et gîtes,
sélectionnés dans toute la France.

Le Guide du Routard

Hachette Tourisme

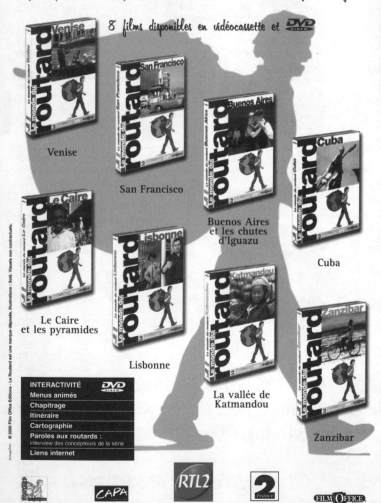

Le monde du routard

Une nouvelle collection de films de voyage ...

... pour prendre le temps de réellement découvrir le monde qui vous fascine

8 films disponibles en vidéocassette et DVD VIDÉO

Venise

San Francisco

Buenos Aires et les chutes d'Iguazu

Cuba

Le Caire et les pyramides

Lisbonne

La vallée de Katmandou

Zanzibar

INTERACTIVITÉ DVD VIDÉO
Menus animés
Chapitrage
Itinéraire
Cartographie
Paroles aux routards :
interview des concepteurs de la série
Liens internet

CAPA

RTL2

2 France

FILM OFFICE Éditions

Les films de la série "Emmenez-moi" diffusés sur France 2

INDEX GÉNÉRAL

INDEX

OÙ TROUVER LES CARTES ET LES PLANS ?

les **Routards** *parlent aux* **Routards**

Faites-nous part de vos expériences, de vos découvertes, de vos tuyaux pour que d'autres routards ne tombent pas dans les mêmes erreurs. Indiquez-nous les renseignements périmés. Aidez-nous à remettre l'ouvrage à jour. Faites profiter les autres de vos adresses nouvelles, combines géniales... On adresse un exemplaire gratuit de la prochaine édition à ceux qui nous envoient les lettres les meilleurs, pour la qualité et la pertinence des informations. Quelques conseils cependant :
– Envoyez-nous votre courrier le plus tôt possible afin que l'on puisse insérer vos tuyaux sur la prochaine édition.
– N'oubliez pas de préciser sur votre lettre l'ouvrage que vous désirez recevoir.
– Vérifiez que vos remarques concernent l'édition en cours et notez les pages du guide concernées par vos observations.
– Quand vous indiquez des hôtels ou des restaurants, pensez à signaler leur adresse précise et, pour les grandes villes, les moyens de transport pour y aller. Si vous le pouvez, joignez la carte de visite de l'hôtel ou du resto décrit.
– À la demande de nos lecteurs, nous indiquons désormais les prix. Merci de les rajouter.
– N'écrivez si possible que d'un côté de la lettre (et non recto verso).
– Bien sûr, on s'arrache moins les yeux sur les lettres dactylographiées ou correctement écrites !

Le Guide du routard : 5, rue de l'Arrivée, 92190 Meudon

E-mail : routard@club-internet.fr
Internet : www.routard.com

36-15, *code* **Routard**

Les routards ont enfin leur banque de données sur Minitel : 36-15, code ROUTARD. Vols superdiscount, réductions, nouveautés, *fêtes* dans le monde entier, dates de parution des *GDR,* rancards insolites et... petites annonces.

Routard Assistance *2001*

Vous, les voyageurs indépendants, vous êtes déjà des milliers entièrement satisfaits de Routard Assistance, l'Assurance Voyage Intégrale sans franchise que nous avons négociée avec les meilleures compagnies, Assistance complète avec rapatriement médical illimité. Dépenses de santé, frais d'hôpital, pris en charge directement sans franchise jusqu'à 2 000 000 F + caution + défense pénale + responsabilité civile + tous risques bagages et photos + 500 000 F. Assurance personnelle accidents. Très complet ! Le tarif à la semaine vous donne une grande souplesse. Chacun des *Guides du routard* pour l'étranger comprend, dans les dernières pages, un tableau des garanties et un bulletin d'inscription. Si votre départ est très proche, vous pouvez vous assurer par fax : 01-42-80-41-57, mais vous devez, dans ce cas, indiquer le numéro de votre carte bancaire. Pour en savoir plus : ☎ 01-44-63-51-00 ; ou, encore mieux, Minitel : 36-15, code ROUTARD.

Imprimé en France par Aubin n° L 61039
Dépôt légal n° 7085-12/2000
Collection n° 13 - Édition n° 01
24/3368/8
I.S.B.N. 2/01/2433/68-5
I.S.S.N. 0768.2034